教育部哲学社会科学系列发展报告
MOE Serial Reports on Developments in Humanities and Social Sciences

中国现代物流发展报告 [2013年]

Report of China Logistics Development

国家发展和改革委员会经济运行调节局
南开大学现代物流研究中心 主编

北京大学出版社
PEKING UNIVERSITY PRESS

图书在版编目(CIP)数据

中国现代物流发展报告.2013年/国家发展和改革委员会经济运行调节局,南开大学现代物流研究中心主编.—北京:北京大学出版社,2013.9
(教育部哲学社会科学系列发展报告)
ISBN 978-7-301-23211-8

Ⅰ.①中… Ⅱ.①国… Ⅲ.①物流-经济发展-研究报告-中国-2013 Ⅳ.①F259.22

中国版本图书馆CIP数据核字(2013)第219644号

书　　名:中国现代物流发展报告[2013年]
著作责任者:国家发展和改革委员会经济运行调节局　南开大学现代物流研究中心　主编
责 任 编 辑:郝　静
标 准 书 号:ISBN 978-7-301-23211-8/F·3744
出 版 发 行:北京大学出版社
地　　址:北京市海淀区成府路205号　100871
网　　址:http://www.pup.cn　新浪官方微博:@北京大学出版社
电 子 信 箱:zyjy@pup.cn
电　　话:邮购部62752015　发行部62750672　编辑部62756923　出版部62754962
印 刷 者:北京鑫海金澳胶印有限公司
经 销 者:新华书店
730毫米×980毫米　16开本　21.5印张　410千字
2013年9月第1版　2013年9月第1次印刷
定　　价:88.00元

编 委 会

总　序

哲学社会科学的发展水平，体现着一个国家和民族的思维能力、精神状态和文明素质，反映了一个国家的综合国力和国际竞争力。在社会发展历史进程中，哲学社会科学往往是社会变革、制度创新的理论先导，特别是在社会发展的关键时期，哲学社会科学的地位和作用就更加突出。在我国从大国走向强国的过程中，繁荣发展哲学社会科学，不仅关系到我国经济、政治、文化、社会建设以及生态文明建设的全面协调发展，而且关系到社会主义核心价值体系的构建，关系到全民族的思想道德素质和科学文化素质的提高，关系到国家文化软实力的增强。

党的十六大以来，以胡锦涛同志为总书记的党中央高度重视哲学社会科学，从中国特色社会主义发展全局的战略高度，把繁荣发展哲学社会科学作为重大而紧迫的任务进行谋划部署。2004 年，中共中央下发《关于进一步繁荣发展哲学社会科学的意见》，明确了新世纪繁荣发展哲学社会科学的指导方针、总体目标和主要任务。党的十七大报告明确指出："繁荣发展哲学社会科学，推进学科体系、学术观点、科研方法创新，鼓励哲学社会科学界为党和人民事业发挥思想库作用，推动我国哲学社会科学优秀成果和优秀人才走向世界。"2011 年，党的十七届六中全会审议通过的《中共中央关于深化文化体制改革、推动社会主义文化大发展大繁荣若干重大问题的决定》，把繁荣发展哲学社会科学作为推动社会主义文化大发展大繁荣、建设社会主义文化强国的一项重要内容，深刻阐述了繁荣发展哲学社会科学一系列带有方向性、根本性、战略性的问题。这些重要思想和论断，集中体现了我们党对哲学社会科学工作的高度重视，为哲学社会科学繁荣发展指明了方向，提供了根本保证和强大动力。

为学习贯彻党的十七届六中全会精神，教育部于 2011 年 11 月 17 日在北京召开全国高等学校哲学社会科学工作会议。中共中央办公厅、国务院办公厅转发《教育部关于深入推进高等学校哲学社会科学繁荣发展的意见》，明确提出到 2020 年基本建成高校哲学社会科学创新体系的奋斗目标。教育部、财政部联合印发《高等学校哲学社会科学繁荣计划（2011—2020 年）》，教育部下发《关于进一步改进高等学校哲学社会科学研究评价的意见》、《高等学校哲学社会科学"走出去"计划》、《高等学校人文社会科学重点研究基地建设计划》等系列文件，启动了新一轮"高校哲学社会科学繁荣计划"。未来十年，高校哲学社会科学将着力构建九大体系，即学科和教材体系、创新平台体系、科研项目体系、社会服务体系、条件支撑体系、人才队伍体系、现代科研管理体系和学风建设工作体系，同时，大力实施高校哲学社会科学“走出去”计划，提升国际学术影响力和话语权。

当今世界正处在大发展、大变革、大调整时期，我国已进入全面建设小康社会的关键时期和深化改革开放、加快转变经济发展方式的攻坚时期。站在新的历史起点上，高校哲学社会科学面临着难得的发展机遇和有利的发展条件。高等学校作为我国哲学社会科学事业的主力军，必须充分发挥人才密集、力量雄厚、学科齐全等优势，坚持马克思主义立场观点方法，以重大理论和实际问题为主攻方向，立足中国特色社会主义伟大实践进行新的理论创造，形成中国方案和中国建议，为国家发展提供战略性、前瞻性、全局性的政策咨询、理论依据和精神动力。

自2010年始，教育部启动哲学社会科学研究发展报告资助项目。发展报告项目以服务国家战略、满足社会需求为导向，以数据库建设为支撑，以推进协同创新为手段，通过组建跨学科研究团队，与各级政府部门、企事业单位、校内外科研机构等建立学术战略联盟，围绕改革开放和社会主义现代化建设的重点领域和重大问题开展长期跟踪研究，努力推出一批具有重要咨询作用的对策性、前瞻性研究成果。发展报告必须扎根社会实践、立足实际问题，对所研究对象的发展状况、发展趋势等进行持续研究，强化数据采集分析，重视定量研究，力求有总结、有分析、有预测。发展报告按照“统一标识、统一封面、统一版式、统一标准”纳入“教育部哲学社会科学系列发展报告”集中出版。计划经过五年左右，最终稳定支持百余种发展报告，有力支撑“高校哲学社会科学社会服务体系”建设。

展望未来，夺取全面建设小康社会新胜利、谱写人民美好生活新篇章的宏伟目标和崇高使命，呼唤着每一位高校哲学社会科学工作者的热情和智慧。我们要不断增强使命感和责任感，立足新实践，适应新要求，以建设具有中国特色、中国风格、中国气派的哲学社会科学为根本任务，大力推进学科体系、学术观点、科研方法创新，加快建设高校哲学社会科学创新体系，更好地发挥哲学社会科学认识世界、传承文明、创新理论、咨政育人、服务社会的重要功能，为全面建设小康社会、推进社会主义现代化、实现中华民族伟大复兴作出新的更大的贡献。

教育部社会科学司

前　言

《中国现代物流发展报告》(以下简称报告)由国家发展和改革委员会经济运行调节局与南开大学现代物流研究中心共同组织编写,是反映我国物流业发展状况的年度报告。报告力图及时追踪我国现代物流业的发展过程,客观反映我国现代物流业的发展现状,准确把握我国现代物流市场的最新动态和发展规律,深入研究其发展过程中的热点与难点问题,为政府、企业和学术界研究、了解中国现代物流的发展提供参考。本报告自2002年首次发行以来,已连续出版十一年,融权威性、系统性、史料性、连续性于一体,更兼顾学术性和创新性,具有较高的理论价值和应用价值。

2012年是我国实施"十二五"规划承上启下的重要一年。面对复杂严峻的国际经济形势,我国加快转变经济发展方式,国民经济运行缓中企稳,物流市场总体保持了平稳增长。

《中国现代物流发展报告[2013年]》主要反映2012年度我国现代物流的发展状况。结合2012年我国物流业发展的最新动态,本报告主要突出了以下特点:

一是及时追踪物流业发展的前沿和最新热点问题。在关注服装物流、港口物流等特色行业物流发展的同时,对受到业界和学界普遍关注的中国物流服务创新、物流金融,以及网购物流的运作模式与发展趋势等热点问题进行了深入探讨和分析。

二是地区选取以点带面,突出地区特色和差异化。报告选取了物流业发展各具特色的浙江省、福建省、陕西省,对其物流产业布局、发展现状与特点进行了深入剖析。同时对港、澳、台地区物流业的最新动向与发展特征也予以系统考察,使报告涵盖大陆、香港、台湾、澳门两岸四地的物流业发展状况。

三是更加注重实际调研和一手资料。在国家发展和改革委员会经济运行调节局的领导下,组织了第十一次全国性物流市场调查。此次调查采用更加合理的问卷内容设计、调查调研方式和定量分析方法,辅以广泛深入的实地调研和访谈,保证了最终观点的客观性、合理性和有效性。

报告编写过程中得到了相关政府部门、科研院所、高校、行业协会、物流企业和工商企业的大力支持,在此一并表示感谢!

本报告实行分章主编制,具体分工如下:

第一章　主编　王　玲　参编人员　李　倬　吕　程
第二章　主编　蒋笑梅　参编人员　马思佳
第三章　主编　陈志卷　参编人员　何雨霖
第四章　主编　刘维林　参编人员　张　业
第五章　主编　李兰冰　参编人员　李金滔　袁菱霜　王海洋
第六章　主编　肖建华　参编人员　郭新明
第七章　主编　刘　勇　参编人员　张群艳
第八章　主编　徐　亚　副主编　苏雄义　参编人员　张海洋
第九章　主编　秦　凡　参编人员　刘　婷
第十章　主编　李　响　杨静蕾　参编人员　李艳梅
第十一章　主编　刘伟华　参编人员　王一家　刘　洋
第十二章　主编　刘　军　参编人员　彭著华
第十三章　主编　焦志伦　参编人员　王　欣
第十四章　主编　魏　然　参编人员　李　倬
附录 A　刘维林　张　业
附录 B　刘维林　张　业
附录 C　李　倬

目　　录

综合篇

地区篇

行业篇

专题篇

调研篇

附录

综合篇

导　言

2012年是中国实施“十二五”规划承上启下的重要一年。国际经济形势复杂严峻，国内改革发展稳定的任务艰巨。中国政府以加快转变经济发展方式为主线，把稳增长放在更加重要的位置，国民经济运行缓中企稳，物流业总体运行形势良好。本篇从物流发展环境、物流市场发展状况、物流设施与技术的发展以及物流发展相关政策与规划四个方面，全面总结与阐述了2012年度中国物流领域的总体发展状况，并对2013年的中国物流发展环境和物流市场发展趋势进行了展望。

第一章分析了2012年中国物流发展的经济环境与政策环境，对2013年中国物流发展环境进行了展望。报告认为，2012年，中国国民经济实现平稳运行，固定资产投资与国内消费持续增长，区域发展协调性不断增强，物流业保持了平稳增长，民生领域物流得到快速发展。但国民经济增速下降以及世界经济复苏缓慢，导致物流业整体增速和国际物流增速有所下滑，物流要素成本的持续上涨使物流行业的经营压力依然较大。多项国家级“十二五”规划与区域规划相继出台，发展现代物流作为重要内容列入其中，表明物流业在国民经济中的基础地位不断提升，为物流业发展提供了新的机遇。与此同时，国家大力推动流通领域改革，积极落实物流“国九条”，为物流业的发展创造了积极的政策环境。2013年是全面贯彻落实“十八大”精神的开局之年，中国经济步入中速增长阶段，世界经济复苏充满不确定性，铁路实施政企分开改革，中国物流发展将面临新的机遇与挑战。

第二章分析了2012年中国物流市场的总体规模和发展特征，并对2013年中国物流市场的发展趋势进行了展望。报告认为，2012年，中国物流市场总体规模继续扩大，多项物流总体指标呈现平稳增长态势，但增幅较上年有明显回落。社会物流总费用与GDP的比重未降反升，表明经济运行的物流成本依然较高。物流市场发展格局继续呈现调整态势，具体表现为外贸物流市场增长疲软，内贸物流市场稳步增长；东部物流市场规模扩张放缓，市场发展重点开始转向产业升级，中西部地区物流市场规模继续快速扩张；大宗生产资料物流量明显下滑，居民消费品物流保持较快增长。主要行业物流市场表现差异较大，汽车物流小幅增长，汽车物流企业加强成本控制；电子商务、食品冷链及医药物流等继续快速发展；钢铁物流金融市场风险集中爆发，仓储企业监管及风险防范水平亟待提升。物流行业大力实施资源整合与服务创新，行业转型升级步伐加快。2013年，中国物流市场总体规模的增长幅度将趋于缓和，物流市场结构调整的总体趋势仍将持续。行业物流向深化方向发展，中国物流市场细分化的广度与深度进一步加大。物流业的粗放发展方式将难以为继，行业转型升级有望进一步加快。

第三章分析了2012年中国交通基础设施、物流园区及物流中心、仓储设施、物流装备、物流信息化与标准化的发展状况。报告认为，2012年，中国交通基础设施建设稳步推进，运输网络布局不断完善，物流通道的通过能力持续增强。物流园区在规模不断扩大的同时，区域分布趋于合理，功能升级和服务升级态势显现。专业物流园区和专业化仓储设施建设步伐加快，自动化立体仓库建设力度加大。物流装备进一步向大型化、自动化、低碳环保方向发展。物流公共信息平台建设继续推进，信息化应用领域不断拓宽，一批新的国家物流标准相继出台实施。

第四章分析了2012年中国物流相关政策与规划的颁布与实施情况。2012年，中央政府各部门在综合交通、口岸发展、物流信息化建设等多个物流重要领域，密集出台了一批"十二五"规划，为中国现代物流体系的进一步发展和完善提供了详细的规划指导和实施保障。围绕关于加快物流业发展的总体要求以及"国九条"的贯彻落实，2012年国家和地方政府还在流通行业改革、鼓励航运业、仓储业发展以及吸引民间投资等多个方面密集出台了多项政策文件，这些文件更加侧重于政策的细化和具体落实，使国家对物流业发展的重视和支持有了更为实质性的进展。此外，税收领域"营改增"试点的实施与广泛推开，引发了物流企业的普遍关注，并将对中国物流业的发展产生深远影响。

第一章　中国物流发展环境

2012 年是实施“十二五”规划承上启下的重要一年。国际经济形势复杂严峻,国内改革发展稳定的任务艰巨。中国以加快转变经济发展方式为主线,把稳增长放在更加重要的位置,国民经济运行缓中企稳,经济社会发展稳中有进,为物流业发展创造了良好的经济环境。中国相继出台多个领域“十二五”规划,颁布实施一批国家级区域规划,大力推进流通领域改革,积极落实物流“国九条”,为物流业的发展创造了积极的政策环境。同时,党的十八大召开,标志着中国特色社会主义建设开启了新阶段,这将为我国物流业发展带来新的机遇。

第一节　中国物流发展的经济环境

2012 年,中国国民经济平稳运行,固定资产投资与国内消费持续增长,区域发展协调性不断增强,物流业保持了平稳增长,与民生相关的物流得到快速发展。但是,国民经济增速大幅下降,世界经济复苏依旧十分缓慢,使得物流业的增速有所下降,国际物流增速全面下滑。同时,经济运行中的要素成本较高,物流企业经营压力依然较大。

一、国民经济缓中企稳,物流业保持平稳增长

2012 年,中国国民经济总体保持缓中企稳的运行状态。国内生产总值达到 51.9 万亿元,继续保持世界第二大经济体的地位。但受世界经济复苏缓慢、国内经济转型等综合因素影响,按可比价格计算,2012 年 GDP 增速仅为 7.8%,创 2002 年以来的最低增幅,表明中国经济从“持续高速增长阶段”开始进入“中速增长阶段”。2002—2012 年国内生产总值及增速如图 1-1 所示。

尽管经济增速持续回落,但是经济增长的动力结构不断优化。2012 年,最终消费对 GDP 的贡献率达到 51.8%,比资本形成的贡献率高出 1.4 个百分点,继续成为经济增长的第一动力,消费、投资和出口协调拉动的经济增长模式初步形成;资本形成对 GDP 的贡献率为 50.4%,比 2011 年上升了 1.6 个百分点;受国际贸易和我国进出口总额增速大幅下降的影响,货物和服务净出口对 GDP 增长的贡献率为 -2.2%,但比去年增加 2.1 个百分点。2002—2012 年三大需求对 GDP 增长的贡献率如表 1-1 所示。

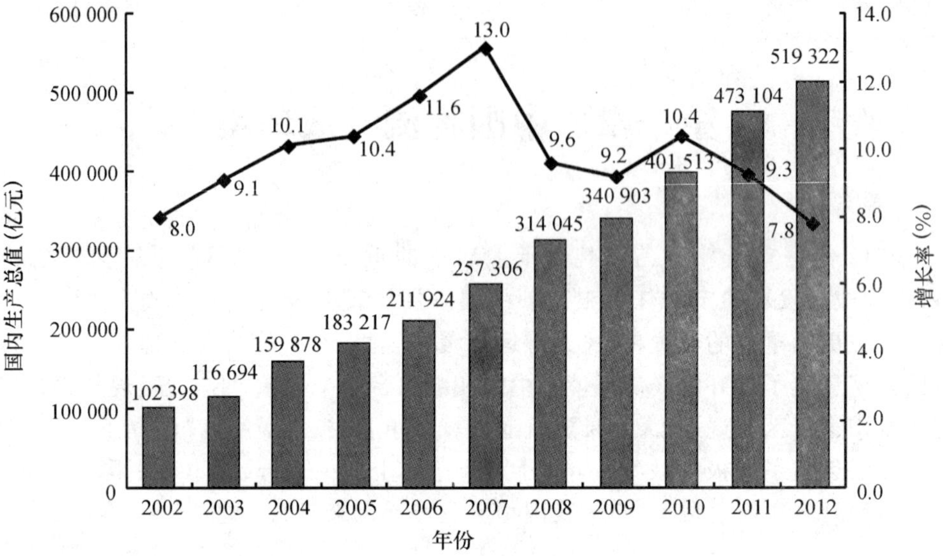

图 1-1 2002—2012 年国内生产总值及增长速度

资料来源:2002、2003 年的数据来源于 2002 和 2003 年的《中华人民共和国国民经济和社会发展统计公报》;2004—2012 年的数据来源于 2008 和 2012 年的《中华人民共和国国民经济和社会发展统计公报》。

表 1-1 2002—2012 年三大需求对 GDP 增长的贡献率 (单位:%)

年份	资本形成的贡献率	消费的贡献率	净出口的贡献率
2002	48.5	43.9	7.6
2003	63.2	35.8	1.0
2004	54.5	39.5	6.0
2005	38.5	38.7	22.8
2006	43.6	40.4	16.0
2007	42.5	39.6	17.9
2008	46.9	44 1	9.0
2009	87.6	49.8	-37.4
2010	52.9	43.1	4.0
2011	48.8	55.5	-4.3
2012	50.4	51.8	-2.2

资料来源:根据 2012 年《中国统计年鉴》和国家统计局局长马建堂"2012 年国民经济运行情况新闻发布会答记者问"相关数据整理。

伴随国民经济的平稳运行,中国物流业也实现了平稳较快增长,但增速有所下降。2012 年全国社会物流总额为 177.3 万亿元，按可比价格计算，同比增长 9.8%，但增幅较上年回落 2.5 个百分点。全国物流业增加值 3.5 万亿元，按可比价格计算，同比增长 9.1%。增速比上年下降了 4.8 个百分点①。

二、全球经济复苏放缓，国际物流增速全面下滑

2012 年，国际金融危机深层次影响继续显现，特别是欧洲主权债务危机深化、蔓延，世界经济复苏明显减速。国际货币基金组织的数据显示，2012 年，世界产出增速为 3.2%，比 2011 年下降 0.7 个百分点。其中，先进经济体增速为 1.3%，同比下降 0.3 个百分点；新兴和发展中经济体的增速为 5.1%，同比下降 1.2 个百分点，除东盟五国的增速有所提高外，其余各国均呈下滑态势。2011—2012 年世界主要国家经济增长速度及变动趋势如表 1-2 所示。

表 1-2　2011—2012 年世界主要国家经济增长速度及变动趋势

类别	国家	2011 年增速(%)	2012 年增速(%)	增速变化(百分点)
世界		3.9	3.2	-0.7
先进经济体	全部	1.6	1.3	-0.3
	其中:美国	1.8	2.3	0.5
	德国	3.1	0.9	-2.2
	法国	1.7	0.2	-1.5
	日本	-0.6	2.0	2.6
	英国	0.9	-0.2	-1.1
	加拿大	2.6	2.0	-0.6
	亚洲新兴工业化经济体	4.0	1.8	-2.2
新兴和发展中经济体	全部	6.3	5.1	-1.2
	其中:俄罗斯	4.3	3.6	-0.7
	中国	9.3	7.8	-1.5
	印度	7.9	4.5	-3.4
	东盟五国	4.5	5.7	1.2
	巴西	2.7	1.0	-1.7

资料来源：根据国际货币基金组织《世界经济展望报告》(2013)相关数据整理。

世界经济复苏放缓对全球贸易带来较大冲击，国际市场需求出现萎缩态势，世界贸易总额增速大幅下滑。2012 年，世界货物和服务贸易总额增速为 2.8%，不及 2011 年增速的一半，增速同比下降 3.1 个百分点。2008—2012 年世界货物和服务贸易进出口总额增长速度如表 1-3 所示。

① 国家发展改革委，国家统计局，中国物流与采购联合会. 2012 年全国物流运行情况通报. 2013-02-26.

表1-3 2008—2012年世界货物和服务贸易进出口总额增长速度 （单位:%）

年份	世界贸易总额	进口		出口	
		先进经济体	新兴和发展中经济体	先进经济体	新兴和发展中经济体
2008	2.8	0.5	8.9	1.8	4.4
2009	-10.7	-12.4	-8.0	-11.9	-7.5
2010	12.7	11.5	15.0	12.2	13.8
2011	5.9	4.6	8.4	5.6	6.6
2012	2.8	1.2	6.1	2.1	3.6

资料来源:根据国际货币基金组织《世界经济展望报告》(2010—2013)相关数据整理。

针对严峻复杂的国际贸易环境,国务院出台了促进外贸稳定增长的一系列措施,着力于稳增长、调结构、促平衡,使中国进出口贸易总额实现了平稳增长,但增速依然大幅下降。全年货物进出口总额为3.9万亿美元,同比增长6.2%,但增速大幅下降了16.3个百分点,增速成为自2000年以来仅次于2009年的又一低点。其中,货物出口总额为2.1万亿美元,增长7.9%,增速下降12.4个百分点;货物进口总额为1.8万亿美元,增长4.3%,增速下降20.6个百分点。净出口总额为0.2万亿美元,同比增加762亿美元①。2000—2012年我国货物进出口总额及增速如图1-2所示。

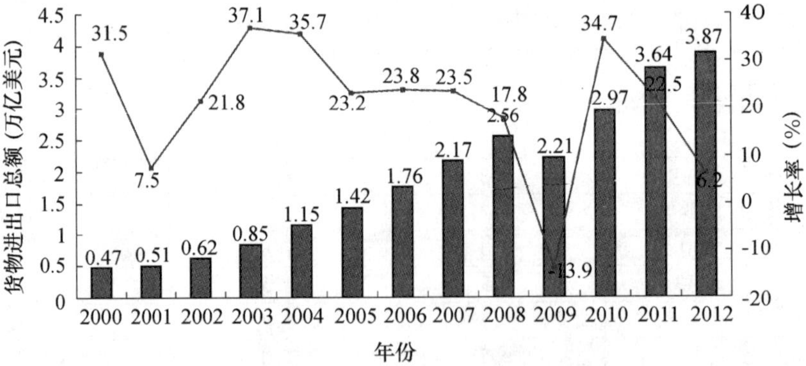

图1-2 2000—2012年中国进出口总额及增速

资料来源:根据《中华人民共和国国民经济和社会发展统计公报》(2000—2012)相关数据整理。

2012年,受进出口贸易总额增速下降的影响,中国国际物流市场规模增速全面下滑。全国规模以上港口完成货物吞吐量为97.4亿吨,同比增长6.8%,增速下降5.1个百分点。其中,外贸货物吞吐量为30.1亿吨,同比增长8.8%,增速下

① 国家统计局.中华人民共和国2012年国民经济和社会发展统计公报.2013-02-22.

降 2 个百分点；规模以上港口集装箱吞吐量为 1.77 亿标准箱，增长 8.1%，增速下降 3.3 个百分点①。民航机场货邮运输量完成 541.6 万吨，同比下降 2.0%。其中，国内航线完成货邮运输量 385.9 万吨，同比增长 2.5%，港澳台航线完成货邮运输量 20.0 万吨，同比下降 3.4%；国际航线完成货邮运输量 155.7 万吨，比去年同期下降 11.7%②。

三、固定资产投资持续增长，物流业投资增速明显提高

2012 年，全社会固定资产投资持续增长，增速逐渐趋于平缓。全年全社会固定资产投资 37.5 万亿元，比上年增长 20.3%，增幅下降 3.3%，扣除价格因素，实际增长 19.0%。东部地区投资 15.2 万亿元，比上年增长 16.5%；中部地区投资 8.8 万亿元，增长 24.1%；西部地区投资 8.9 万亿元，增长 23.1%；东北地区投资 4.1 万亿元，增长 26.3%③。

2012 年，全年完成交通运输、仓储和邮政业固定资产投资 3.0 万亿元，同比增长 9.1%，增速提高了 7.3 个百分点④，显著高于 2011 年 1.8% 的增速。其中，公路水路交通固定资产投资完成 1.5 万亿元，比上年略有增长并处于历史高位。公路水路固定资产投资主要用于加强短板建设，其中，内河建设投资比上年增长 23.1%，国省道改造的投资增长 5.9%，农村公路投资额也保持增长⑤。全国铁路固定资产投资（含基本建设、更新改造和机车车辆购置）完成 0.66 万亿元⑥。民航固定资产投资总额 1 464.6 亿元，其中，民航基本建设和技术改造投资 712.2 亿元，比上年增长 3.6%⑦。

在近几年投资的拉动下，交通基础设施建设步伐加快，新增主要生产能力大幅增加，新建铁路投产里程和增建铁路复线投产里程同比增幅高达 150% 左右。2008—2012 年交通固定资产投资新增主要生产能力如表 1-4 所示。

表 1-4　2008—2012 年交通固定资产投资新增主要生产能力

指标	单位	2008	2009	2010	2011	2012	2012 年同比增长（%）
新建铁路投产里程	公里	1 719	5 557	4 986	2 167	5 382	148
增建铁路复线投产里程	公里	1 935	4 129	3 747	1 889	4 763	152

① 国家统计局. 中华人民共和国 2012 年国民经济和社会发展统计公报. 2013-02-22.

② 中国民用航空局. 中国民航 2012 年 12 月份主要运输生产指标统计. http://www.caac.gov.cn/I1/K3/201301/P020130121509617038320.pdf, 2013-01-21.

③ 国家统计局. 中华人民共和国 2012 年国民经济和社会发展统计公报. 2013-02-22.

④ 国家统计局. 中华人民共和国 2012 年国民经济和社会发展统计公报. 2013-02-22.

⑤ 交通运输部. 2012 年公路水路交通运输行业发展统计公报. 2013-04-25.

⑥ 铁道部. 2012 年铁道统计公报. 2012-03-13.

⑦ 中国民用航空局. 2012 年民航行业发展统计公报. 2013-05-20.

（续表）

指标	单位	2008	2009	2010	2011	2012	2012年同比增长(%)
电气化铁路投产里程	公里	1 955	8 448	5 948	3 398	6 054	78.2
新建公路	公里	99 851	121 013	104 457	55 285	58 672	6.1
其中：高速公路	公里	6 433	4 391	8 258	9 124	9 910	8.6
港口万吨级码头泊位新增吞吐能力	万吨	33 099	31 318	27 202	26 639	49 522	85.9

资料来源：根据《中华人民共和国国民经济和社会发展统计公报》(2008—2012)相关数据整理。

四、国内消费持续增长，民生物流快速发展

在外需环境严峻、投资高增长不可持续的情况下，提振消费仍是我国扩大内需和实现经济增长的重要着力点。2012年，中国社会消费品零售总额21.0万亿元，比上年增长14.3%，扣除价格因素，实际增长12.1%。其中，城镇消费品零售额18.2万亿元，增长14.3%；乡村消费品零售额2.8万亿元，增长14.5%①。2008—2012年社会消费品零售总额及增长率如图1-3所示。

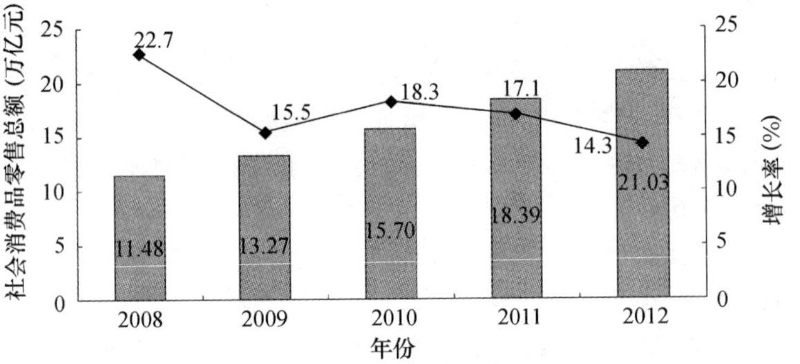

图1-3 2008—2012年中国社会消费品零售总额及增长率

资料来源：根据《中华人民共和国国民经济和社会发展统计公报》(2008—2012)相关数据整理。

近几年，随着人民收入和生活水平的提高，电子商务、网络购物等新兴的商贸流通方式正改变着人们的消费形式。2012年，在各类主要生活用品消费均保持增长的同时，网购物流需求增势迅猛。全年电子商务交易额达7万亿元，网购交易额超过1.2万亿元，分别占社会消费品零售总额的33.8%和5.8%②。

国内消费需求的持续增长和消费形式的变化，促进了物流业务的快速增长。全年单位与居民物品物流总额同比增长23.5%，增幅高于社会物流总额13.7个

① 国家统计局.中华人民共和国2012年国民经济和社会发展统计公报.2013-02-22.

② 中国物流与采购联合会.2012年中国物流业发展回顾与2013年展望.2013-02-07.

百分点[①]。与电商和网购配套的快递物流实现高速增长，全年完成业务量 57 亿件，同比增长 55%。与民生相关的快递、日化、医疗等部分物流业务同样保持较快增长，成为物流运行中的新亮点[②]。

五、区域发展协调性增强，物流一体化不断推进

近几年，中国深入实施区域发展总体战略，颁布实施了全国主体功能区规划，制定西部大开发新十年指导意见和一系列区域发展规划，加快推进西藏、新疆等地区跨越式发展，通过财政、投资等一系列政策措施，缩小区域间的差距，使全国区域发展的协调性进一步增强。

从固定资产投资看，东部地区的固定资产投资额在全国总投资额中占有绝对地位，但比重不断下降，中西部和东北地区的固定资产投资占全国总投资比重不断上升。区域投资结构不断优化，初步形成了东、中、西、东北地区统筹投资、协调发展的局面。2012 年，东部地区固定资产投资占全国的比例为 40.5%，比 2011 年下降了 1.4 个百分点。2009—2012 年中国四大区域固定资产投资额及占全国总投资额的比重如表 1-5 所示。

表 1-5　2009—2012 年中国四大区域固定资产投资额及占全国总投资额的比重

年份	东部		中部		西部		东北	
	投资额（万亿元）	比重（%）	投资额（万亿元）	比重（%）	投资额（万亿元）	比重（%）	投资额（万亿元）	比重（%）
2009	9.56	42.5	4.98	22.2	4.97	22.1	2.37	10.6
2010	11.60	41.7	6.29	22.6	6.19	22.3	3.07	11.1
2011	13.03	41.9	7.08	22.8	7.18	23.1	3.27	10.5
2012	15.17	40.5	8.79	23.5	8.87	23.7	4.12	11.0

注：固定资产投资按东部、中部、西部和东北地区计算的合计数据小于 100%，是因为有部分跨地区的投资未计算在地区数据中。

资料来源：根据《中华人民共和国国民经济和社会发展统计公报》(2009—2012) 相关数据整理。

从经济总量看，中国的经济重心仍在东部沿海地区，但中西部地区占全国经济总量的比重不断上升，东部地区的比重不断下降，区域经济已经进入了相对均衡发展的时期。东部地区占全国 GDP 的比重由 2008 年的 54.3% 下降到 2011 年的 52.0%，2012 年前三季度下降为 50.1%。2008—2012 年全国四大区域地区生产总值及其占全国总量的比重情况如表 1-6 所示。

① 国家发展改革委，国家统计局，中国物流与采购联合会. 2012 年全国物流运行情况通报. 2013-02-26.

② 中国物流与采购联合会. 2012 年中国物流业发展回顾与 2013 年展望. 2013-02-07.

表1-6 2008—2012年中国四大区域地区生产总值占全国总量的比重

(单位:万亿元)

区域	2008		2009		2010		2011		2012年前三季度	
	地区GDP	比重(%)	地区GDP	比重(%)	地区GDP	比重(%)	地区GDP	比重(%)	地区GDP	比重(%)
东部	17.76	54.3	19.67	53.8	23.20	53.1	27.14	52.0	—	50.1
中部	6.32	19.3	7.06	19.3	8.61	19.7	10.45	20.0	—	21.0
西部	5.83	17.8	6.70	18.3	8.14	18.6	10.02	19.2	—	20.5
东北	2.82	8.6	3.11	8.5	3.75	8.6	4.54	8.7	—	8.4

资料来源:2008—2012年数据来自中华人民共和国统计年鉴(2009—2012),2012年前三季度数据来自《国际经济环境影响下的2012—2013年中国区域经济》,http://www.ceweekly.cn/html/Article/2013012397733.html.

随着中国区域经济的协调发展,物流一体化的进程不断推进。2012年,长三角、珠三角、环渤海、中部地区等区域物流一体化积极推进。东部地区加快物流业的转型升级,中西部地区加快物流基础设施建设。北京、上海、广州、成都等一批国家级物流节点城市辐射和集聚作用明显增强,郑州、武汉、西安等一批中西部物流中心城市获得较快发展。

六、要素成本全面上涨,物流企业经营压力依然较大

2012年,物流要素成本依然持续上涨。一是燃油价格继续攀升。2012年,国家发展改革委共八次调整成品油价格,其中4次上调,4次下调,0号柴油价格累计涨幅为290元/吨,平均油价由年初的8 270元/吨涨到年末的8 560元/吨,上涨幅度为3.5%。二是工资水平提高。为实现居民收入增长和经济发展同步、劳动报酬增长和劳动生产率提高同步,我国不断提高最低工资标准。根据劳动和社会保障部发布的《最低工资标准》中"每两年至少调整一次"的规定,截至2012年9月底,全国共有18个省份先后调整了最低工资标准,平均调增幅度达到19.4%①。随着最低工资标准的提高,物流企业的人员工资也不断提高。2012年,物流企业的人力成本平均增长15%~20%。三是物流用地成本增加,大中城市物流业用地及仓库租金再度上涨。北京、上海、广州、深圳、海口的仓库租金平均上升20%以上②。四是物流企业税负依然较高。物流业被纳入"营改增"试点后,物流业各环节税率统一问题并没有解决,"交通运输业"普遍出现税负增加较多的问题。

在燃油价格上升、人力成本增加、仓储租金上涨和税负较高等压力下,物流企业生存空间进一步压缩。2012年1月至11月,全国重点物流企业主营业务收入

① 收入分配改革方案年内出台18省调整最低工资.http://www.e0734.com/2012/1026/109896.html.

② 中国物资储运协会.2012年仓储业发展回顾与2013年展望.http://search.10jqka.com.cn/snapshot/news/112f6c1fd046a7fb.html? qs=cl_news_ths&ts=2.

同比增长26.5%，而主营业务成本同比增长31.6%，主营业务收入利润率仅为3.7%。企业经营成本快于收入增长，物流企业的经营压力依然较大。

第二节　中国物流发展的政策环境

2012年，中国多个领域"十二五"规划相继出台，一批国家级区域规划颁布实施，发展现代物流作为重要内容列入其中。这不仅表明物流业在国民经济中的基础地位不断提升，而且也为物流业发展提供了新的机遇。同时，中国大力推动流通领域改革，积极落实物流"国九条"，为物流业的发展创造了积极的政策环境。

一、多项"十二五"规划出台，物流业的基础地位不断提升

2012年，为落实《中华人民共和国国民经济和社会发展第十二个五年规划纲要》，包括服务业、食品工业等在内的一批行业"十二五"规划相继出台，发展现代物流成为规划中的重要内容。这不仅体现了现代物流对于促进中国产业转型升级的重要作用，提升了物流在国民经济中的基础性地位，而且也为现代物流的发展提供了重要机遇和广阔空间。

2012年12月，国务院颁布《服务业发展"十二五"规划》，这是中国制定的第一部服务业发展规划。其中，加快发展生产性服务业、大力发展生活性服务业、提升农村服务业水平、拓展海洋服务业领域成为服务业发展的重点。交通运输业和现代物流业作为12个生产性服务业中的2个主要行业列入重点发展领域，大力发展农村物流、建设电子商务的物流配送体系、加快全国性出版物物流体系建设、大力发展海洋运输业和港口物流以及发展两岸物流合作等内容，也都作为促进电子商务、文化产业、农村服务业、海洋服务业以及内地与港澳地区服务业发展的重要举措列入规划。

2012年9月，国务院发布《国内贸易发展"十二五"规划》，这是改革开放以来中国第一部国家级内贸发展专项规划。该规划提出了统筹国内贸易协调发展等8项主要任务。其中，加快发展物流配送，加强电子商务物流配送体系建设，大力推进绿色物流，支持农产品冷链物流发展，大力发展面向国内贸易的第三方物流，合理规划和建设商贸物流集聚区，鼓励企业在境外设立中国商品交易和物流集散中心以及建设跨境物流通道等，成为发展国内贸易的重要举措。另外，城市物流配送体系示范工程被列入"十二五"时期国内贸易发展的重点工程。

此外，2011年10月工业和信息化部发布了《钢铁工业"十二五"发展规划》，提出了要积极开展仓储、物流等服务外包，完善物流配送体系；2011年12月国家发展改革委与工业和信息化部联合发布了《食品工业"十二五"发展规划》，提出要发展果蔬物流，建立水产品物流体系；2012年3月国家发展改革委发布了《煤炭工业发展"十二五"规划》，提出要发展现代煤炭物流，加快建立社会化、专业化、信息

化的现代煤炭物流服务体系，发展大型现代煤炭物流企业，推进煤炭物流规模化、集约化。

二、一批区域规划颁布实施，物流成为区域发展的重要支撑

2012年，国务院及相关部委密集批复了一批区域发展规划，以加大区域经济统筹协调力度，进一步促进区域的协调发展。这些规划主要反映了中国区域发展的战略。一是推进新一轮西部大开发，发布了《西部大开发“十二五”规划》、《云南省加快建设面向西南开放重要桥头堡总体规划(2012—2020年)》和《黔中经济区发展规划》；二是全面振兴东北地区等老工业基地，发布了《东北振兴“十二五”规划》、《关于支持中国图们江区域(珲春)国际合作示范区建设的若干意见》；三是大力促进中部地区崛起，发布了《中原经济区规划(2012—2020年)》；四是加大对革命老区、民族地区、边疆地区和贫困地区扶持力度，出台了《关于支持赣南等原中央苏区振兴发展的若干意见》。

在新一轮的区域规划中，发展现代物流作为重要内容被列入规划，成为区域经济发展的重要支撑。规划中涉及物流的主要内容包括：一是建设国家级、区域性物流节点城市；二是加强交通基础设施、物流园区和物流中心以及物流通道建设；三是大力发展商贸物流、农业物流、航空物流、港口物流等重点领域；四是构建区域物流公共信息服务平台。2012年出台的区域发展规划中涉及物流方面的主要内容如表1-7所示。

三、大力推动流通领域改革，着力提高物流运行效率

流通产业已经成为国民经济的基础性和先导性产业，但我国流通产业仍处于粗放型发展阶段，效率低、成本高等问题日益突出。为加快推进流通产业改革发展，2012年8月，出台了《国务院关于深化流通体制改革加快流通产业发展的意见》。该意见提出，要加强现代流通体系建设，积极创新流通方式，提高保障市场供应能力，全面提升流通信息化水平，培育流通企业核心竞争力，大力规范市场秩序，深化流通领域改革开放，到2020年，基本建立起统一开放、竞争有序、安全高效、城乡一体的现代流通体系。为贯彻落实《国务院关于深化流通体制改革加快流通产业发展的意见》，国务院办公厅于2013年1月下发《国务院办公厅关于印发降低流通费用提高流通效率综合工作方案的通知》，提出了降低农产品生产流通环节水电价格和运营费、完善公路收费政策、完善财税政策和便利物流配送等十大举措。

物流是流通中的重要环节，流通产业的发展需要物流行业的支持，物流效率的提高和物流成本的下降直接影响到流通环节的效率和成本。该意见和通知中与物流业密切相关的措施包括：(1) 大力发展第三方物流，促进企业内部物流社会化；(2) 支持建设大型物流配送中心、农产品冷链物流设施，农产品冷链物流的

表 1-7　2012 年出台的区域发展规划中涉及物流方面的主要内容

颁布时间	颁布部门	规划名称	与物流发展相关内容
2012.2	国务院	西部大开发"十二五"规划	• 积极向西开放门户，深化新疆与中亚、西亚、南亚及欧洲国家的合作，加快与内地及周边国家物流大通道建设； • 进一步完善交通基础设施，强化铁路建设、完善公路网络、优化民航布局、加快发展水运； • 积极发展现代运输方式和第三方物流，建设大型物流枢纽，发展全国性、区域性和沿边口岸物流中心。
2012.3	国务院	东北振兴"十二五"规划	• 构建东北粮食主产区连接华东、华南等粮食主销区的"北粮南运"物流体系； • 积极发展现代物流业，加快建立社会化、专业化、信息化、标准化的现代物流服务体系； • 加强物流基础设施的建设和衔接，有序建设一批重点物流园区，形成便捷、高效、畅通的物流网络； • 推动粮食、煤炭、钢铁、石化等重点领域物流发展； • 依托大连、营口港和长春、哈尔滨物流枢纽，建设东北地区的物流公共信息平台； • 深化与日韩、朝蒙在物流方面的合作。
2012.4	国务院办公厅	关于支持中国图们江区域（珲春）国际合作示范区建设的若干意见	• 定位为东北亚地区重要的综合交通运输枢纽和东北亚地区商贸物流中心； • 大力发展商贸物流，进一步完善基础设施，畅通人流、物流通道； • 大力发展对外贸易，进一步促进中俄、中朝物流等方面的合作。
2012.6	国务院	关于支持赣南等原中央苏区振兴发展的若干意见	• 大力发展现代物流业，进一步加快赣南等原中央苏区现代综合交通体系和快速通道建设，建成连接东南沿海与中西部地区的区域性综合交通枢纽和物流商贸中心； • 支持赣州、抚州创建现代物流技术应用和共同配送综合试点城市； • 推动赣州、吉安综合物流园区及广昌物流仓储配送中心等项目建设。

（续表）

颁布时间	颁布部门	规划名称	与物流发展相关内容
2012.8	国家发展改革委	黔中经济区发展规划	• 加快构建现代商贸物流体系，建成西南地区重要的物流枢纽； • 完善跨区域交通通道，推进现代物流服务和信息平台建设； • 大力发展统一配送、连锁经营、网络购物等新兴业态，完善现代物流服务网络体系； • 大力培育和引进第三方物流企业，支持贵阳建设物流区域性节点城市，培育发展一批地区性物流节点城市； • 鼓励贵阳、安顺联动发展，促进贵阳、安顺空港物流发展，打造西南地区重要的现代物流中心； • 鼓励遵义建设区域性现代商贸物流枢纽，形成黔北区域生产性服务业聚集区； • 支持毕节发展以能矿资源产品为主的物流产业，打造川滇黔三省结合部的重要物流中心； • 推动都匀、凯里重点发展以特色农产品为主的现代物流，形成西南地区连接华南地区的重要现代商贸物流枢纽。
2012.9	国务院	广州南沙新区发展规划	• 建设航运物流枢纽，构建国际物流枢纽； • 建设广州港南沙港区大型物流基地，重点发展口岸物流和产业物流； • 构建南沙保税港区保税物流体系，发展保税仓储与国际中转、配送、采购、展示等保税物流业务； • 发展南沙临港产业物流，推进先进制造业和进出口商品贸易国际物流基地建设； • 以物联网技术应用为重点，推动物流系统的自动化、系统化、网络化，建设智慧物流系统； • 吸引港澳和国际知名物流企业在南沙新区开展国际货运代理、内外贸物流、物流信息处理和咨询服务，创新物流合作模式，联手打造国际物流产业链，建设现代物流示范基地； • 建设南方物流信息交换中枢和国际电子商务中心。
2012.11	国务院	中原经济区规划（2012—2020）	• 完善综合交通体系，加快现代物流业发展，形成全国重要的现代综合交通枢纽和物流中心； • 加快建设郑州国际物流园区、航空物流园区，大力发展航空物流、保税物流和多式联运； • 建设郑州内陆无水港，建成覆盖中西部、辐射全国、连通世界的现代物流中心； • 推动物流园区、物流通道、枢纽场站等物流基础设施建设，打造一批区域性物流中心； • 大力发展食品冷链、邮政快递、汽车、电子产品等行业物流； • 加快建设电子政务、电子商务、交通、现代物流等公共信息服务平台和业务应用平台。

（续表）

颁布时间	颁布部门	规划名称	与物流发展相关内容
2012.11	国务院	云南省加快建设面向西南开放重要桥头堡总体规划（2012—2020 年）	• 构建连接东南亚、南亚，直达印度洋的国际物流通道； • 将昆明建设成为全国性物流节点城市和面向东南亚、南亚的区域性国际物流中心； • 建设大理、景洪、蒙自和临沧等区域性物流节点城市； • 推进磨憨、河口、瑞丽、猴桥、孟定口岸物流基地建设，发展保税物流； • 建设昆明国际空港综合物流园区； • 建设中国昆明螺狮湾国际商贸城、昆明现代国际综合物流中心、大理滇西物流商贸城等大型综合物流园区、专业物流中心； • 建设面向东南亚、南亚的物流公共信息平台； • 引进和培育一批物流企业，推动物流业国际合作，积极吸引世界知名物流企业在云南省设立区域性总部。
2012.9	国务院	福建海峡蓝色经济试验区发展规划	• 加快福州港基础设施建设，大力发展港口物流业，建成连接两岸、辐射内陆的现代物流中心； • 加快建设厦门全国性物流节点城市、福州区域性物流节点城市和平潭综合实验区、泉州、漳州、莆田、宁德地区性物流节点城市； • 建设一批现代物流园区、专业物流基地和物流配送中心； • 积极吸引境内外大型航运、物流企业入驻福建； • 加快发展以保税物流为特征的国际物流，吸引国际知名物流企业到福建沿海设立区域总部； • 建设两岸港口物流业合作基地。

冷库用电与工业用电同价;(3)从严审批新的一级及一级以下公路和独立桥梁、隧道收费项目,逐步推进西部地区取消政府还贷二级公路的收费工作;(4)深入推进收费公路专项清理,降低偏高的车辆通行费收费标准,抓紧修订《收费公路管理条例》,完善通行费形成机制;(5)规范收费公路经营者行为,加快推广省(区、市)内"联网收费、统一经营"模式;(6)抓紧落实提高小型微型企业增值税和营业税起征点政策,减轻流通业小型微型企业税收负担;(7)完善运输超限的不可解体物品车辆管理办法,引导物流企业合法装载,规范交通运输领域执法行为;(8)制定城市配送车辆管理指导意见,为配送车辆进入城区道路行驶提供通行便利;(9)鼓励发展统一配送、共同配送、夜间配送,降低配送成本。以上措施的实施,对于中国当前和今后一段时期,减低物流成本、提高物流效率、改善物流企业发展环境都具有重要意义。

四、积极落实"国九条",促进物流业健康发展

2011年8月,国务院办公厅发布《关于促进物流业健康发展政策措施的意见》(简称"国九条")。2012年,各相关部门按照该意见确定的内容、任务和政策措施,积极制定具体的专项规划,出台相关政策措施,在税收、土地等方面加快落实政策,有力改善了物流业的发展环境。

一是降低土地使用税。2012年1月,财政部和国家税务总局发布了《关于物流企业大宗商品仓储设施用地城镇土地使用税政策的通知》,对物流企业自有的(包括自用和出租)大宗商品仓储设施用地,减按所属土地等级适用税额标准的50%计征城镇土地使用税。

二是扩大营业税改征增值税试点范围。2012年7月,国务院常务会议决定扩大营业税改征增值税试点范围,将交通运输业和部分现代服务业营业税改征增值税试点范围,由上海市分批扩大至北京、天津、江苏、浙江、安徽、福建、湖北、广东和厦门、深圳10个省(直辖市、计划单列市)。

三是继续清理公路乱收费。交通运输部、国家发展改革委、财政部、监察部和国务院纠风办根据《关于开展收费公路专项清理工作的通知》,联合开展为期一年的收费公路违规及不合理收费专项清理工作,于2012年5月结束。全国共排查出771个需要整改的项目。撤销和调整了一批收费站,降低了一批收费公路通行标准,取消了一批超限超期收费公路,政府还贷二级公路取消收费工作也有新的进展。2012年4月,国务院下发《关于2012年纠风工作实施意见的通知》,提出要坚决纠正物流领域乱收费和公路"三乱"问题。交通运输部于2012年7月1日起实施的《路政文明执法管理工作规范》,分别从基本要求、行政许可、行政检查、行政强制、行政处罚、奖惩等方面对路政执法工作提出具体规范。

四是促进城市配送的发展。2012年6月,商务部印发《关于推进现代物流技术应用和共同配送工作的指导意见》,提出了完善城市共同配送节点规划布局、鼓励商贸物流模式创新、加快物流新技术应用步伐和加大商贸物流设施改造力度等主要任务。财政部和商务部下发通知,支持包括现代物流技术应用和城市共同配送项目在内的六类商贸流通服务业项目,广州、武汉、合肥等城市被纳入第一批现代物流技术应用和共同配送综合试点中央财政支持范围。

五、节能减排和循环经济规划颁布,绿色物流得到高度重视

为缓解资源环境约束,应对全球气候变化,促进经济发展方式转变,建设资源节约型、环境友好型社会,增强可持续发展能力,2012 年 8 月国务院发布了《节能减排“十二五”规划》。规划提出,到 2015 年实现单位国内生产总值能耗比 2010 年下降 16%,化学需氧量、二氧化硫排放总量减少 8%,氨氮、氮氧化物排放总量减少 10%。2012 年 12 月,国务院又发布了《“十二五”循环经济发展规划》,提出了构建循环型工业体系、循环型农业体系、循环型服务业体系,推进循环经济发展。可见,节能减排已对中国经济发展产生了倒逼机制,发展循环经济成为中国经济社会发展的重大战略任务,是推进生态文明建设、实现可持续发展的重要途径和基本方式。

作为物流的重要环节,交通运输既是能源消耗的重点行业,也是节能减排的重点领域。上述规划都提出了要推进交通运输节能,实施绿色交通行动,提升运输工具能源效率,引导树立节能减排和绿色低碳发展理念。根据交通运输部《关于印发〈建设低碳交通运输体系指导意见〉和〈建设低碳交通运输体系试点工作方案〉的通知》的精神,北京、昆明、西安等 16 个城市低碳交通运输体系建设试点城市实施方案获得交通运输部批复。交通运输部下发《交通运输节能减排专项资金申请指南(2012 年度)》,提出优先支持公路基础设施建设与运营领域、道路运输装备领域、港航基础设施建设与运营领域、水路运输装备领域、交通运输管理与服务能力建设和交通运输节能减排试点示范的项目。

第三节 中国物流发展环境展望

2012 年 11 月,党的十八大召开,标志着中国特色社会主义建设开启新阶段、迈上新征程。2013 年是全面贯彻落实十八大精神的开局之年,是为全面建成小康社会奠定坚实基础的重要一年。中国物流发展面临新的机遇与挑战。

一、党的十八大确定战略目标,物流业发展面临重大机遇

党的十八大确定了实现全面建成小康社会和全面深化改革开放的目标,提出了加快完善社会主义市场经济体制和加快转变经济发展方式的任务。“两个全面”和“两个加快”是中国现代化建设进入新阶段的新任务。

中国物流业发展进入新阶段,面临新机遇。一是要把握扩大内需特别是消费

需求的战略机遇,在有效满足消费需求、降低流通成本、提高流通效率中发挥物流业更大作用;二是要把握产业转型升级的战略机遇,推动物流需求社会化和供应链一体化,带动制造业服务化;三是要把握新型城镇化的战略机遇,加强城市物流服务体系的改造和建设,促进城乡物流一体化发展;四是要把握创新驱动的战略机遇,鼓励企业加快技术创新、服务创新和模式创新,形成科技进步和管理创新的新动力;五是把握开放型经济的战略机遇,打造国际物流服务网络,为其他产业"走出去"提供物流保障;六是要把握节约资源和循环经济的战略机遇,推行绿色物流、循环物流、低碳物流,走出一条可持续发展的道路①。

二、宏观经济增速适度放缓,物流业继续稳步调整

2013年,中国将继续实施积极的财政政策和稳健的货币政策,保持政策连续性和稳定性,增强前瞻性、针对性和灵活性。继续加快转变经济发展方式和调整经济结构,提高经济增长的质量和效益,以推动经济持续健康发展。国内生产总值增长的预期目标是7.5%左右②。

今后相当长时期内,中国GDP年均增速将在7%左右,这也决定了物流业将步入"中速增长阶段"。2013年至"十二五"末,虽然国内外经济大环境仍将偏紧,但中国仍然处于重要的战略发展机遇期。初步预测,2013年,中国社会物流总额和物流业增加值的增长幅度为10%左右,但社会物流总费用与GDP的比率下降的难度依然较大③。

三、全球经济增长缓慢回升,国际物流将稳定增长

2013年,国际金融危机深层次影响持续显现,世界经济复苏充满不确定性和不稳定性。预计全球经济增长有所加快,但经济回升将更加缓慢。根据国际货币基金组织的"2013年世界经济展望最新预测",2013年全球增长将缓慢回升,年度增长率平均将达到3.5%,比2012年的增速提高0.3个百分点。预计新兴市场和发展中经济体的增长将升至5.5%。大多数先进经济体增长乏力,许多新兴经济体和发展中经济体的经济增速的提升在很大程度上依赖于支持性的政策,但由于先进经济体的疲软将对外部需求以及商品出口国的贸易条件产生不利影响,并且进一步放松政策的空间已经很小,所以新兴经济体的增长也较为缓慢。2012年世界主要国家产出增长率和2013年预测产出增长率、2012年世界贸易量增长率及2013年预测分别如图1-4、图1-5所示。

---

① 中国物流与采购联合会.2012年中国物流业发展回顾与2013年展望.2013-02-07.

② 政府工作报告(2012年).http://news.xinhuanet.com/politics/2012lh/2012-03/15/c_111660147.htm,2013-03-05.

③ 中国物流与采购联合会.2012年中国物流业发展回顾与2013年展望.2013-02-07.

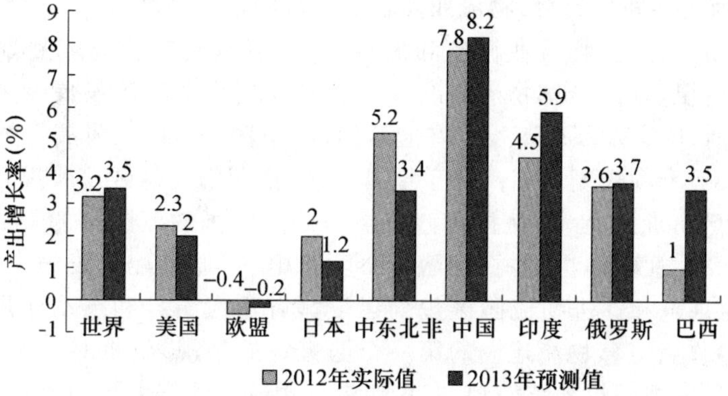

图 1-4　2012 年世界主要国家产出增长率和 2013 年预测产出增长率

资料来源:根据国际货币基金组织《世界经济展望报告》(2013)相关数据整理。

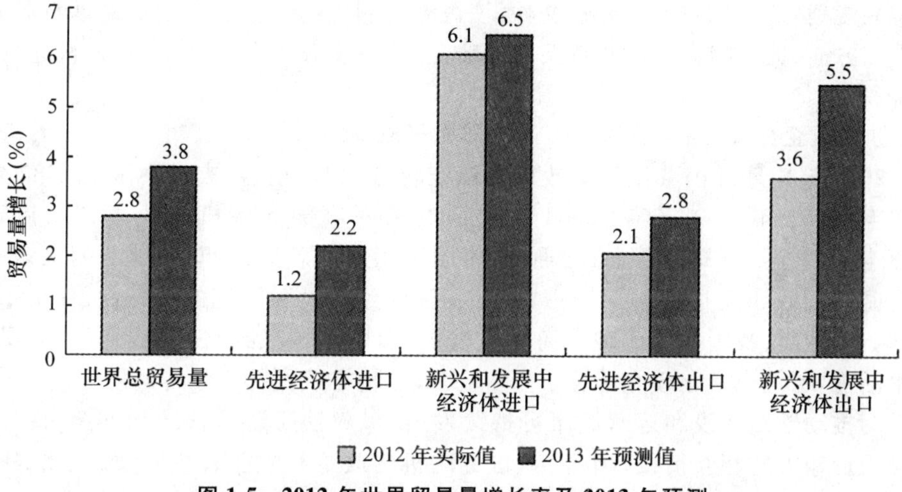

图 1-5　2012 年世界贸易量增长率及 2013 年预测

资料来源:根据国际货币基金组织《世界经济展望报告》(2013)相关数据整理。

全球经济的缓慢复苏对于改善中国外部环境有重大作用,但是国际环境仍然复杂多变,持续增长的条件依旧脆弱。预计 2013 年中国占全球贸易的份额有望保持稳定或微幅上升,中国对外贸易发展面临的内外部环境可能略好于 2012 年,但制约外贸稳定回升的阻力依然存在①。在此宏观背景下,预计中国国际物流将保持稳定增长。

---

① 商务部. 中国对外贸易形势报告(2012 年秋季). http://zhs. mofcom. gov. cn/aarticle/cbw/201210/20121008403601. html.

四、多部专项规划即将出台，物流业面临更积极的发展环境

为了贯彻和落实《物流业调整和振兴规划》,《粮食现代物流规划》、《农产品冷链物流发展规划》、《全国物流标准专项规划》和《商贸物流发展专项规划》已相继出台。目前，国家发展改革委正在起草编制《全国物流园区发展规划》、《应急物流专项规划》等专项规划，预计2013年出台。《全国物流园区发展规划》作为中国首个物流园区行业规划，将从国家政策层面确定中国物流园区的发展框架、用地区域、园区标准、管理办法，并在金融、用地、水电、交通等配套设施方面提供配套政策，这将对规范和促进物流园区规划建设具有重大指导和推动作用。《应急物流专项规划》作为应急物流建设的第一个国家级战略规划，将对“十二五”期间应急物流建设和发展进行系统规划，对提高应急物流保障能力起到重要作用。

此外，《物流业发展中长期规划(2012—2020年)》的编制工作已展开，该规划已被列入“十二五”期间报国务院审批的专项规划整体预案。作为继《物流业调整与振兴规划》之后的行业纲领性文件，该规划将明确物流业长期发展的基本思路、重点和方向，促进物流业在调整振兴基础上，进一步夯实产业基础，步入快速发展新阶段。

五、铁路政企分开，综合交通管理体制即将形成

2013年3月，《国务院机构改革和职能转变方案》出台，表明中国继1982年、1988年、1993年、1998年和2003年之后的第六次国务院机构改革开始启动。2008年组建了交通运输部，将交通部、中国民用航空总局的职责，整合划入该部，国家邮政局改由交通运输部管理，鉴于我国铁路建设和管理的特殊性，保留了铁道部。近些年，我国铁路实现了跨越式发展，保障了国民经济平稳运行和人民生产生活需要，但也存在政企不分、与其他交通运输方式衔接不畅等问题。

为推动铁路建设和运营健康可持续发展，保障铁路运营秩序和安全，促进各种交通运输方式相互衔接，2013年《国务院机构改革和职能转变方案》提出，中国将实行铁路政企分开，不再保留铁道部。组建国家铁路局，由交通运输部管理，承担铁道部的其他行政职责，负责拟定铁路技术标准，监督管理铁路安全生产、运输服务质量和铁路工程质量等。组建中国铁路总公司，承担原铁道部的企业职责，负责铁路运输统一调度指挥，经营铁路客货运输业务，承担专运、特运任务，负责铁路建设，承担铁路安全生产主体责任等。将铁道部拟定铁路发展规划和政策的行政职责划入交通运输部。交通运输部统筹规划铁路、公路、水路、民航发展，加快推进综合交通运输体系建设。国家继续支持铁路建设发展，加快推进铁路投融资体制改革和运价改革，建立健全规范的公益性线路和运输补贴机制，继续深化

铁路企业改革①。铁道部机构改革方案如图 1- 6 所示。

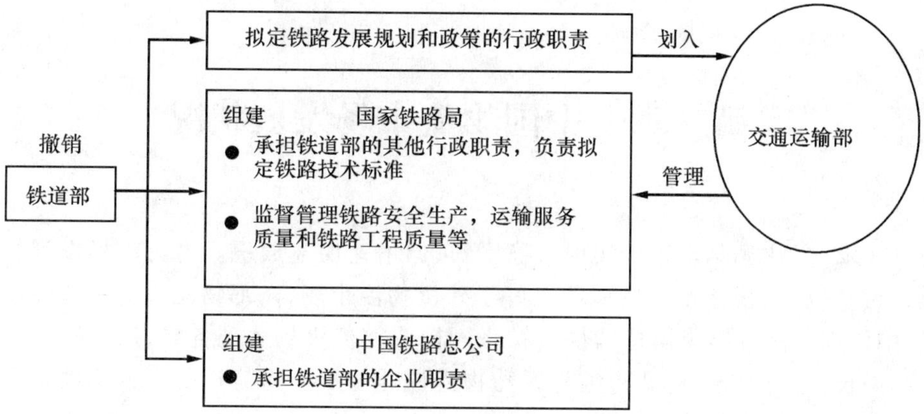

图 1-6 铁道部机构改革示意图

随着铁路政企职能的分离,综合交通管理体制基本形成,中国物流业管理体制将进一步完善。交通运输部统筹规划铁路、公路、水路、民航发展,有利于加快推进综合交通运输体系建设,推动各种运输方式协调发展和有机衔接,优化布局结构,促进综合物流体系的形成和建设。同时,推进政企分离,引进竞争机制,将有利于提高运营效率,促进综合物流体系效率的提升。

① 关于国务院机构改革和职能转变方案的说明. http://www.gov.cn/2013lh/content_2350848.htm, 2013-03-10.

第二章　中国物流市场发展状况

2012 年,中国物流市场实现平稳增长,但增速明显放缓。物流市场发展格局继续调整,内贸物流市场发展状况好于外贸物流市场,东部物流市场加快转型升级,中西部物流市场规模持续快速扩张。行业物流市场表现各异,汽车物流市场小幅增长,电子商务、食品冷链与医药物流快速发展。物流行业大力实施资源整合与服务创新,行业转型升级步伐加快。

第一节　物流市场总体规模状况

2012 年,中国物流市场总体规模继续扩大,多项物流总体指标呈现平稳增长态势,但增幅明显回落。社会物流总费用与 GDP 的比重未降反升,经济运行的物流成本依然较高。

一、社会物流总额

2012 年,全国社会物流总额为 177.3 万亿元,同比增长 11.9%,增幅回落 14.4 个百分点。扣除价格因素后,实际增长 9.8%,实际增速回落 2.5 个百分点。2008—2012 年社会物流总额及名义增速情况如图 2-1 所示。

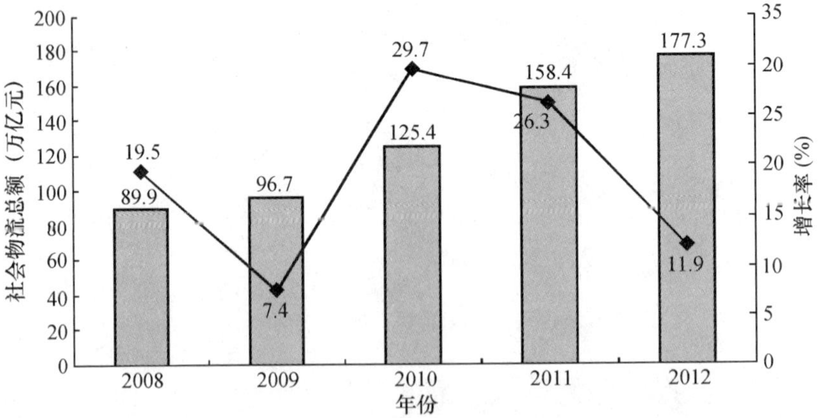

图 2-1　2008—2012 年全国社会物流总额及名义增速情况

资料来源:根据国家发展改革委、国家统计局、中国物流与采购联合会《全国物流运行情况通报》(2008—2012)相关数据整理。

从构成上看,2012 年工业品物流总额增长较快,实际同比增长 10%;在社会物流总额中的比重为 91.4%,较上年提高 1.2 个百分点。进口货物物流总额和农产品物流总额等均为小幅增长,在社会物流总额中的比重均略有下降。2008—2012 年社会物流总额构成情况如表 2-1 所示。

表 2-1　2008—2012 年社会物流总额构成情况

指标	2008		2009		2010		2011		2012	
	绝对值（万亿）	比重（%）	绝对值（万亿）	比重（%）	绝对值（万亿）	比重（%）	绝对值（万亿）	比重（%）	绝对值（万亿）	比重（%）
工业品物流	79.9	88.8	87.4	90.4	113.1	90.2	143.6	90.2	162.0	91.4
进口货物物流	7.8	8.7	6.9	7.1	9.4	7.5	11.2	7.1	11.5	6.5
农产品物流等	2.2	2.5	2.4	2.5	2.9	2.3	3.6	2.7	3.8	2.1
合计	89.9	100	96.7	100	125.4	100	158.4	100	177.3	100

资料来源:根据国家发展改革委、国家统计局、中国物流与采购联合会《全国物流运行情况通报》(2008—2012)相关数据整理。

二、社会物流总费用

2012 年,全国社会物流总费用依然较高,达 9.4 万亿元,较上年增长 11.4%。社会物流总费用与 GDP 的比率为 18.0%,较上年提高 0.2 个百分点。2008—2012 年社会物流总费用及增速情况如表 2-2 所示。

表 2-2　2008—2012 年全国社会物流总费用及增速情况

年份	社会物流总费用(万亿元)	比上年增长(%)	与 GDP 的比率(%)
2008	5.5	16.2	18.1
2009	6.1	7.2	18.1
2010	7.1	16.7	17.8
2011	8.4	18.5	17.8
2012	9.4	11.4	18.0

资料来源:根据国家发展改革委、国家统计局、中国物流与采购联合会《全国物流运行情况通报》(2008—2012)相关数据整理。

从构成上看,运输、保管、管理三项费用均出现了较快增长,三项费用的比重较上年略有变化。2012 年社会物流总费用构成情况如表 2-3 所示。

表 2-3　2012 年全国社会物流总费用构成情况

指标	绝对值（万亿元）	比上年增长（%）	比重（%）	比重较上年变化（百分点）
社会物流总费用	9.4	11.4	100	—
其中:运输费用	4.9	10.7	52.5	-0.3

（续表）

指标	绝对值（万亿元）	比上年增长（%）	比重（%）	比重较上年变化（百分点）
保管费用	3.3	11.9	35.2	0.2
管理费用	1.2	13.1	12.3	0.1

资料来源：根据国家发展改革委、国家统计局、中国物流与采购联合会《2012年全国物流运行情况通报》相关数据整理。

三、物流业增加值

2012年，全国物流业增加值为3.5万亿元，按可比价格计算，同比增长9.1%，增幅回落4.8个百分点。其中，交通运输物流增加值增长8.7%，仓储物流增长6.8%，批发、零售物流增长9.8%，邮政物流增长26.7%。全国物流业增加值占GDP的比重为6.8%，与上年持平；占服务业增加值的比重为15.3%，比上年下降0.4个百分点。2008—2012年物流业增加值及增速情况如表2-4所示。

表2-4 2008—2012年全国物流业增加值及增速情况

年份	物流业增加值（万亿元）	比上年增长（%）	占服务业比重（%）
2008	2.0	15.4	16.5
2009	2.3	7.3	16.1
2010	2.7	13.1	16.0
2011	3.2	13.9	15.7
2012	3.5	9.1	15.3

资料来源：根据国家发展改革委、国家统计局、中国物流与采购联合会《全国物流运行情况通报》（2008—2012）相关数据整理。

四、货运量与货运周转量

2012年，全国共完成货运量412.1亿吨，同比增长11.5%，增幅回落2.6个百分点；完成货运周转量17.3万亿吨公里，同比增长8.7%，增幅回落3.6个百分点。2008—2012年全国货运量、货运周转量及增速情况如表2-5所示。

表2-5 2008—2012年全国货运量、货运周转量及增速情况

年份	货运量		货运周转量	
	绝对值（亿吨）	增长速度（%）	绝对值（万亿吨公里）	增长速度（%）
2008	258.6	13.6	11.03	8.8
2009	282.5	9.2	12.21	10.7
2010	324.1	14.7	14.18	16.1
2011	369.7	14.1	15.93	12.3
2012	412.1	11.5	17.31	8.7

资料来源：根据国家统计局《中国统计年鉴》（2012）、《中华人民共和国2012年国民经济和社会发展统计公报》相关数据整理。

从不同交通运输方式看，公路运输增速明显快于其他方式，铁路和航空运输则出现了下降。公路货运量在全国货运总量中的比重上升了1.9个百分点，达到78.2%；公路货运周转量在全国货运周转量中的比重上升了2.4个百分点，达到34.7%。2012年各运输方式货运量、货运周转量及增速情况如表2-6所示。

表2-6　2012年各运输方式货运量、货运周转量及增速情况

指标	绝对数	比上年增长（%）	比重（%）	比重同比变化（百分点）
货物运输总量（亿吨）	412.1	11.5	—	—
其中：铁路	39.0	-0.7	9.5	-1.2
公路	322.1	14.2	78.2	1.9
水运	45.6	7.0	11.1	-0.5
民航（万吨）	541.6	-2.0	—	—
管道	5.3	-7.8	1.3	-0.3
货运周转量（万亿吨公里）	17.3	8.7	—	—
其中：铁路	2.9	-0.9	16.9	-1.6
公路	6.0	16.8	34.7	2.4
水运	8.1	6.9	46.6	-0.7
民航（亿吨公里）	162.2	-6.8	—	—
管道	0.3	9.1	1.8	0.0

资料来源：根据国家统计局《中国统计年鉴》（2012）、《中华人民共和国2012年国民经济和社会发展统计公报》相关数据整理。

五、港口货物吞吐量与集装箱吞吐量

2012年，中国港口生产增速明显放缓，港口货物及集装箱吞吐量增速较上年有明显回落。全国港口共完成货物吞吐量107.8亿吨，比上年增长7.3%，增幅回落了5.1个百分点。其中，外贸货物吞吐量30.6亿吨，同比增长9.7%，增幅回落1.7个百分点。2008—2012年全国港口完成货物吞吐量及增速情况如表2-7所示。

表2-7　2008—2012年全国港口完成货物吞吐量及增速情况

年份	全国港口货物吞吐量		其中：外贸货物吞吐量	
	绝对值（亿吨）	增长速度（%）	绝对值（亿吨）	增长速度（%）
2008	70.2	9.6	19.9	7.4
2009	76.6	9.0	21.8	9.8
2010	89.3	16.7	25.0	14.7
2011	100.4	12.4	27.9	11.4
2012	107.8	7.3	30.6	9.7

资料来源：根据交通运输部《公路水路交通运输行业发展统计公报》（2008—2012）相关数据整理。

2012年,全国港口完成集装箱吞吐量1.8亿标准箱,同比增长8.4%,增幅回落3.6个百分点,如图2-2所示。

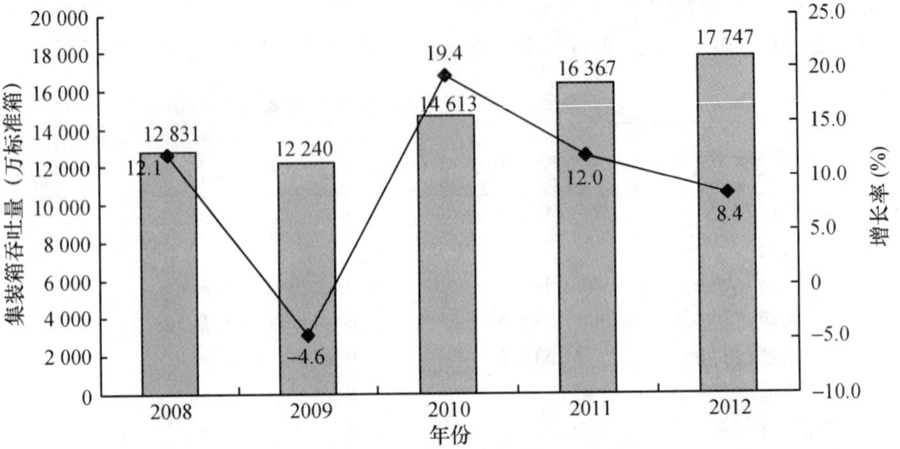

图2-2 2008—2012年全国港口集装箱吞吐量及增速情况

资料来源:根据交通运输部《公路水路交通运输行业发展统计公报》(2008—2012)相关数据整理。

六、民航货邮运输量与机场货邮吞吐量

2012年,中国航空货运市场延续了2011年的低迷状况,全国民航业共完成货邮运输量541.6万吨,同比下降2.0%。2008—2012年全国民航货邮运输量及增速情况如图2-3所示。

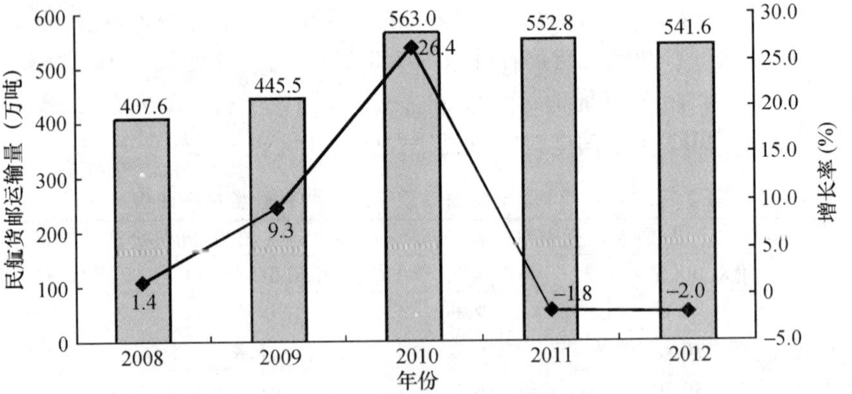

图2-3 2008—2012年全国民航货邮运输量及增速情况

资料来源:根据中国民用航空局《民航行业发展统计公报》(2010—2012)相关数据整理。

全国机场共完成货邮吞吐量 1 199.4 万吨,较上年增长了 3.6%,增幅较 2011 年上升 1.1 个百分点。2008—2012 年全国机场货邮吞吐量及增速情况如图 2-4 所示。

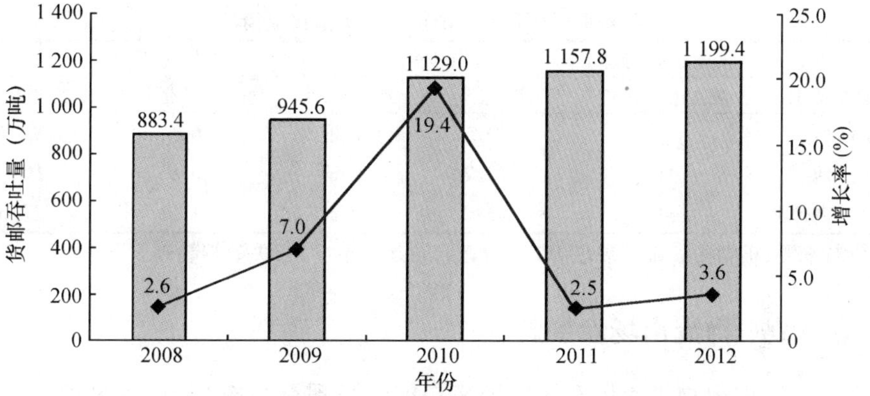

图 2-4　2008—2012 年全国民航机场货邮吞吐量及增速情况

资料来源:根据中国民用航空局《全国机场生产统计公报》(2008—2012)相关数据整理。

七、快递业务量

2012 年,中国快递业务量继续保持高速增长态势。全年规模以上快递服务企业共完成业务量 56.9 亿件,同比增长 54.8%,增幅较上年下降 2.0 个百分点。2008—2012 年全国规模以上快递服务企业业务量及增长情况如图 2-5 所示。

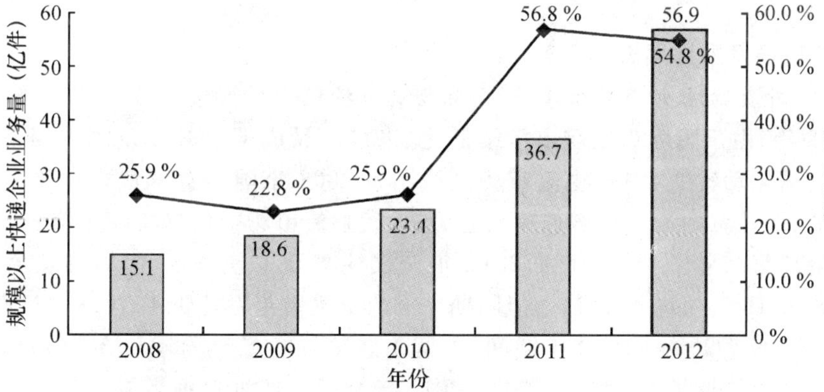

图 2-5　2008—2012 年全国规模以上快递服务企业业务量及增长情况

资料来源:根据国家邮政局《邮政行业发展统计公报》(2008—2012)相关数据整理。

分业务类别看,2012 年同城、异地、国际及港澳台快递业务量分别占全部快递业务总量的 23.1%、73.7%和 3.2%。与上年相比,同城业务量比重上升了 0.8 个百分点,异地和国际及港澳台业务量均略有下降。分地区看,东、中、西部地区快递业务量比重分别为 81.9%、10.5% 和 7.6%。与上年相比，东部地区业务量比重上升了 2.0 个百分点，中部地区和西部地区分别下降了 0.7 和 1.3 个百分点，如表 2-8 所示。

表 2-8 2012 年全国快递业务量构成情况

业务类别分布			地区分布		
业务类别	绝对值(亿件)	比重(%)	所在地区	绝对值(亿件)	比重(%)
同城	13.1	23.1	东部	46.6	81.9
异地	41.9	73.7	中部	6.0	10.5
国际及港澳台	1.8	3.2	西部	4.3	7.6

资料来源：根据国家邮政局《2012 年邮政行业运行情况》相关数据整理。

第二节 物流市场发展特征

2012 年，中国物流市场整体发展格局继续呈现调整态势，具体表现为外贸物流市场增长疲软，内贸物流市场稳步增长；东部物流市场规模扩张放缓，市场发展重点开始转向产业升级，中西部地区物流市场规模继续快速扩张；大宗生产资料物流量明显下滑，居民消费品物流保持较快增长。主要行业物流市场表现差异较大，汽车物流小幅增长，汽车物流企业着力压缩成本；电子商务、食品冷链及医药物流等继续快速发展；钢铁物流金融市场风险集中爆发，仓储企业监管及风险防范水平亟待提升。物流行业大力实施资源整合与服务创新，行业转型升级步伐加快。

一、物流市场发展格局继续调整

（一）外贸物流市场增长放缓，内贸物流市场稳步增长

2012 年，由于国际市场需求持续低迷、出口产品成本上升以及国内经济增长不断向内需驱动转变，中国物流市场延续了自 2008 年国际金融危机以来的格局调整趋势，即外贸物流市场增速逐渐趋缓，内贸物流市场则仍保持稳步增长态势。

以港口集装箱吞吐量为例，2012 年全国主要港口完成外贸集装箱吞吐量 10 633.8 万 TEU，仅增长 5.3%，但同期完成内贸集装箱吞吐量 4 816.8 万 TEU，同比增长 18.4%。2008—2012 年期间，外贸集装箱吞吐量年均增长 5.0%，内贸集装箱吞吐量年均增长 17.2%。2008—2012 年全国主要港口内贸及外贸集装箱吞吐量情况如表 2-9 所示。

表 2-9　2008—2012 年全国主要港口内、外贸集装箱吞吐量情况

年份	内贸集装箱吞吐量		外贸集装箱吞吐量	
	绝对值(万 TEU)	增速(%)	绝对值(万 TEU)	增速(%)
2008	2 555.2	30.1	8 739.2	5.7
2009	2 727.8	6.8	7 899.1	-9.6
2010	3 372.1	23.6	9 381.4	18.8
2011	4 069.5	20.7	10 102.8	7.7
2012	4 816.8	18.4	10 633.8	5.3

资料来源:根据中国港口协会集装箱分会《中国主要港口集装箱吞吐量快报》(2008 年 12 月—2012 年 12 月)相关数据整理。

此外,在航空货运及快递市场中,国内市场增速也明显高于国际市场。2012 年,全国机场国内航线完成货邮吞吐量 784.9 万吨,比上年增长 4.6%;国际航线完成 414.5 万吨,仅比上年增长 1.7%①。国内快递市场(包括同城及异地)完成业务量 55.1 亿件,同比增长 55.5%;国际及港澳台快递量完成 1.8 亿件,增速为 42.2%②。

在外贸物流市场持续低迷的情况下,内贸成为中国沿海港口的主要增长动力,港口企业越来越重视内贸物流市场,很多沿海港口深入挖掘内贸物流潜力,内贸业务快速增长。营口港作为国内内贸航线最密集、辐射港口最广泛的内贸集装箱枢纽港,不断健全港口功能,优化业务结构,加大市场开发力度,创新揽货方式,2012 年内贸集装箱吞吐量超过 400 万标箱,主要货种的市场份额进一步提升,内贸集装箱优势地位继续保持。太仓港依托区位优势,积极提升规模能力,大力开辟内外贸航线,优化口岸环境,2012 年完成内贸集装箱吞吐量 266 万标箱,同比增长 35.9%,内贸集装箱吞吐量居全国港口前列。厦门港在外贸集装箱吞吐量增长放缓后迅速改变发展战略,大力扶持内贸集装箱发展,不断吸引内贸航运业务,内贸业务大幅增长,2012 年完成内贸集装箱吞吐量 110 万标箱,同比增长 21.2%。

(二)东部地区物流市场加快转型升级,中西部地区物流市场持续快速扩张

2012 年,东部地区受国内外经济环境不佳,以及区域产业结构升级等多重因素影响,物流实物量增长放缓。东部地区物流行业积极实施转型升级,大力加强物流服务延伸力度,以应对物流市场的变化。中西部地区由于仍处于工业化、城市化快速推进阶段,物流市场发展仍以规模快速扩张为主。与此同时,随着电子信息、纺织服装等产业不断向中西部转移,中西部地区的高附加值货物也在快速增加。

① 中国民用航空局. 2012 年全国机场生产统计公报. http://www.caac.gov.cn/I1/k3/201303/t20130325_54626.html,2013-03-25.

② 国家邮政局. 2012 年邮政行业运行情况. http://www.spb.gov.cn/dtxx_15079/201301/t20130116_158179.html,2013-01-16.

2012 年,东部地区物流实物量增速较低。以货运量为例,东部 10 个省市中,上海的货运量增幅只有 1.1%,北京、天津、浙江、山东、江苏等 5 个省市的货运量增幅在 5.0% ~9.0% 之间,均明显低于全国 11.5% 的平均水平。

东部地区物流行业积极实施转型升级。如上海港集团作为国内规模最大的港口企业,积极从单一的码头运营商向综合港口物流服务商转型,率先将远洋运输中的“班轮化”经营模式引入长江运输,此外还开发了“洋山—外高桥港区”穿梭巴士、集卡专业化运输,专业仓储、分拨与配送等一系列物流服务,未来还将发展汽车物流、区域分拨中心和冷链仓储等新业态。深圳物流业由传统物流服务商加速向综合第三方物流和供应链管理服务商转变,截至 2012 年年末,全市供应链管理企业已有 300 多家,涌现出怡亚通、飞马、越海等一批以深圳为总部的现代化、规模化、品牌化物流领军企业。另外,深圳以前海深港现代服务业合作示范区开发为契机,推动物流总部型企业向前海聚集,大力打造前海物流总部基地。截至 2012 年年底,在前海保税港区内开展物流业务的企业已达 89 家,其中 42 家为世界 500 强企业。

2012 年,中西部地区物流市场规模继续保持快速增长态势。以货运量为例,中部六省除山西受煤炭消费下滑影响外,其余五省货运量增速均在 13.0% 以上,超过全国 11.5% 的平均水平。西部 12 个省区中,7 个省区的增速在全国平均水平以上。与此同时,随着电子信息等东部沿海产业转移项目的不断落成投产,2012 年中西部地区的高端货运需求也在迅猛增长。如电子信息产业的重要厂商富士康落户河南郑州后,郑州机场 2012 年全年完成货邮吞吐量 15.1 万吨,同比增长 47.1%,增速在全国大型机场中位居第一。由于惠普、戴尔、联想、宏碁四大 PC 制造厂商已在重庆形成全产业链布局,重庆机场货运量也实现高速增长,全年货邮吞吐量达 26.9 万吨,同比增长 13.1%。

物流需求的快速增长进一步推动了中、西部地区物流体系的建设。交通基础设施方面,2012 年中、西部地区交通基础设施投资分别高达 3 572 亿元和 5 325 亿元①。物流节点方面,2012 年西安高新、宁夏银川、山西太原武宿以及湖南衡阳 4 家综合保税区获准设立,郑州、武汉、成都、重庆、西安等中西部物流中心城市新建或竣工了一批大型电商、冷链、医药配送中心。国际物流通道方面,重庆渝新欧铁路自 2011 年开通后,相继解决了沿线各国便捷通关、换轨调装、冬季极低温运行等难题,吸引了惠普、宏碁等一批跨国企业的货源,目前单向班列已实现常态化,出口货物超过 10 亿美元,2013 年初又开通了回程班列。2012 年 10 月,全程

① 交通运输部. 2012 年交通运输经济运行情况. http://www.moc.gov.cn/zhuzhan/zhengwugonggao/jiaotongbu/guihuatongji/201302/t20130204_1364588.html,2013-02-04.

10 863 公里的武汉至欧洲 6 国“汉新欧国际货运专列”首开成功。该通道的开通，不仅可以更加方便地引进欧洲机电产品、汽车整车及零部件等高附加值产品，同时也能带动湖北省乃至整个华中地区的对外经贸合作。

（三）大宗生产资料物流市场增速明显下滑，居民消费品物流市场保持较快增长

2012 年，受全球经济疲软，国内经济减速，国内经济转型以及节能减排工作推进等因素的影响，电力、钢铁等资源消耗较大行业的增速明显放慢，煤炭、铁矿石、原油、钢材等大宗生产资料物流量的增速明显下滑，部分货种物流量甚至出现负增长。

2012 年，全国铁路全年煤炭运量完成 22.6 亿吨，比上年下降 0.4%。冶炼物资运量完成 8.6 亿吨，下降 1.4%。石油运量完成 1.4 亿吨，仅增长 1.7%[①]。全国规模以上港口 1—11 月份煤炭及制品吞吐量同比增长 2.3%，增速较 2010 年、2011 年分别下滑 22.2 个和 15.8 个百分点；石油天然气及制品吞吐量 6.7 亿吨，同比下降 1.5%，增速较 2010、2011 年分别下调 15.9 个和 6.6 个百分点[②]。2012 年，67 家大型仓储企业生产资料类仓储量下降 30% 以上，货场大量闲置[③]。

2012 年，中国各类主要生活用品消费量继续保持较高增长速度。如，肉禽蛋类销售额增长 18.0%，服装类增长 17.7%，日用品类增长 17.5%，通信器材类增长 28.9%，化妆品类增长 17.0%，家具类增长 27.0%，从而使居民消费物流市场规模不断扩大。另外，受消费品市场升级以及居民消费方式变化的影响，消费品物流市场也呈现出一些新的特点。一是居民对食品、药品的消费质量与消费安全的关注度大幅提高，从而推动食品冷链、医药物流快速发展。2012 年，大型食品、医药冷链基础设施建设项目不断涌现，如河北、山东、河南新建了一批规模大的食品冷库，河南、河北、浙江等省开建一批现代医药物流中心；二是消费者越来越习惯于网上购物，推动电商物流体系建设与快递行业快速发展。2012 年，京东商城物流体系投资超过 36 亿元，苏宁 11 个物流基地建成并投入使用，圆通、申通等国内大型企业在航空运输、转运中心及汽车运输等方面投入巨资，服务能力得到显著提升；三是随着消费市场日益向三、四线城市乃至农村地区下移，中小城市以及农村物流体系建设受到越来越高的关注。如专注家电物流配送的青岛日日顺公司近年来一直在三、四级城市及农村地区深入布局，截至 2012 年年末，已在全国 2 800 多个县建立配送站，在三、四级市场上实现了与一、二级市场相同的无缝覆

---

① 铁道部. 2012 年铁道统计公报. 2012-03-13

② 交通运输部. 2012 年交通运输经济运行情况. http://www.moc.gov.cn/zhuzhan/zhengwugonggao/jiaotongbu/guihuatongji/201302/t20130204_1364588.html,2013-02-04.

③ 中国物资储运协会. 2012 年中国仓储业发展回顾与 2013 年展望. http://search.10jqka.com.cn/snapshot/news/112f6c1fd046a7fb.html? qs = cl_news_ths&ts = 2.

盖。申通、圆通等国内大型快递企业在长三角和珠三角等发达区域的网点已经延伸到了乡镇和农村地区。

二、行业物流细分市场表现各异

(一)汽车物流市场小幅增长,汽车物流企业强化成本控制

2012年,在宏观经济增速放缓、购车优惠政策退出、城市治理拥堵、油价上涨等因素共同作用下,汽车消费需求受到抑制,汽车产销量增速放缓,汽车物流市场总体增幅较小。

据中国汽车工业协会统计,2012年中国累计生产汽车1 927.2万辆,同比增长4.6%;销售汽车1 930.6万辆,同比增长4.3%。从各细分市场看,乘用车物流市场实现小幅增长,商用车物流小幅下降,汽车出口物流快速增长。2012年乘用车生产1 552.4万辆,销售1 549.5万辆,同比分别增长7.2%和7.1%;商用车生产374.81万辆,销售381.1万辆,同比分别下降4.7%和5.5%。全年海关进口汽车109.1万辆,同比增长8.8%;出口量首次超过百万,达到105.6万辆,同比增长29.7%。

受汽车生产企业业绩差异的影响,汽车物流企业2012年表现各不相同。以上汽集团为主要服务对象的安吉汽车物流公司,2012年整车运输业务量约640万辆,同比增长10.0%[①]。长安民生物流由于其最主要客户长安汽车公司2012年的汽车产销量同比分别仅增长4.8%和5.6%,整车运输收入为20.8亿元,同比仅增长2.98%[②]。2012年前三季度,由于丰田汽车产销量未达预期,丰田汽车的物流服务商——同方环球公司累计实现整车发运73.7万台,与原计划相比减少了4.5万台[③]。

在汽车行业增长放缓以及行业竞争不断加剧的背景下,汽车整车、零部件企业的盈利能力均出现了不同程度下降,降低成本的压力进一步向汽车物流企业转移。为此,汽车物流企业采取多种措施来强化成本控制。一是通过优化运输结构,加大成品车铁路与水路运输比例来控制成本。铁路方面,汽车物流企业不断加大铁路成品车运量,2012年中国每天通过铁路发送的成品车班列已超过10列,日发送汽车近4 000辆,全年铁路运输成品车数量突破百万辆,同比增长30%[④]。水路方面,安吉汽车物流公司年内新增3艘滚装船,截至2012年年末已拥有滚装船15艘,汽车年水运量超过32万辆。一汽物流公司在泸州港和广东佛山分别开

---

① http://www.anji-logistics.com/Business.asp? ID=19.

② 重庆长安民生物流股份有限公司2012年年报. http://www.camsl.com/upload/b5xjpr_CAnnualReport.pdf.

③ http://www.tfgl.com.cn/news_details.aspx? ARTICLEID=c92f5367-488c-4a9b-ac06-2a1deca1fd2c.

④ 中国铁路商品汽车年运量突破百万辆. http://auto.china.com.cn/roll/20121228/466582.shtml.

建大型仓储运输基地，项目建成后，每年将有数十万辆汽车由陆路改走水路，运输成本将大大降低。二是通过优化管理来控制成本。如安吉物流在2012年年初成立了专门的优化团队，消除成本浪费。同时安吉物流还深入参与汽车厂新项目的规划，在汽车厂产业布局中提供物流方面的建议，以避免因规划不当而导致物流成本升高。

（二）网购物流市场继续大幅增长，电商快递领域竞争加剧

2012年，网络购物市场开始逐渐进入成熟期。全年网络购物市场交易规模达1.3万亿元，较上年增长66.2%，占社会消费品总零售额的6.2%①。

网络购物的迅猛增长，使电商物流市场成为2012年中国物流市场中的最大亮点。其中，市场份额最高的天猫、淘宝两大平台日均订单生成量高达1 200万单，比2011年的800万单增长了50%②；市场份额居第二位的京东商城日生成订单量80万单，全年物流费用（包括仓储、配送等费用）达100亿元，约占全年销售额的16%～17%③；当当网全年总订单量约为5 420万单，比2011年增长33%，仓储和送货费用为7.4亿元，约占全年总收入的14.2%④。受益于网购物流市场的快速增长，全国规模以上快递企业2012年完成快递包裹56.9亿件，业务收入首次突破1 000亿元，达1 055.3亿元，同比增长39.2%⑤。

电商快递市场的高成长吸引众多企业进入该市场，行业竞争进一步加剧。一是国内电商企业纷纷申请快递牌照，2012年京东商城、苏宁电器、唯品会和1号店均申请了快递牌照。二是以经营商务快件为主的国内高端快递企业纷纷进入电商快递市场。2012年8月，顺丰推出经济型“四日件”产品，进入电商快递市场；10月EMS在部分地区实施大幅降价策略，抢占电商快件市场；11月宅急送下调价格，大力发展电商市场。三是联邦快递和UPS等跨国快递企业也积极申请进入国内快递市场，两家企业已在2012年9月获得国内部分城市的快递业务经营资格。多家企业的进入使电商快递领域竞争更加激烈，行业整合加剧。2012年即有星辰急便、CCES等2家大中型快递企业倒闭，天天快递被申通快递收购。

① 艾瑞咨询. 2012年中国网络购物市场交易规模超1.3万亿. http://ec.iresearch.cn/shopping/20130125/192011.shtml.

② 将迎来十周岁生日“万能的淘宝”改变生活. http://biz.zjol.com.cn/05biz/system/2013/04/10/019271662.shtml.

③ 陈军君. 京东成本费用率是多少. http://jjsb.cet.com.cn/articleContent2.aspx?articleID=143807, 2012-08-22.

④ 中国电子商务研究中心. 2012年Q4及全年当当网财报（摘要）. http://b2b.toocle.com/detail-6087026.html, 2013-03-07.

⑤ 国家邮政局. 2012年邮政行业运行情况. http://www.spb.gov.cn/dtxx_15079/201301/t20130116_158179.html, 2013-01-16.

（三）食品冷链物流市场保持较快增长，冷链物流体系不断完善

随着国内消费者收入的不断增加以及对食品安全的重视，食品冷链的物流需求正在持续快速增长。在此背景下，2012年中国冷链物流继续保持快速发展速度态势，物流体系进一步完善。

2012年，一批大型冷库项目竣工投产或开始启动。例如，5个万吨级中央直属储备肉冷库竣工投产，2个储备库开工建设；河北邯郸4万吨冷库市场正式营业；贵州省投资2亿元的10万吨级现代冷库、宁夏邮政投资1.2亿元的冷链仓储物流配送中心、河南众品投资12亿元的江苏昆山冷链物流园开工建设。

一批具有综合服务能力的食品冷链物流企业初步形成。山东荣庆物流自1997年成立以来，目前已拥有780余台冷藏车，1万多平方米冷库，形成了覆盖全程冷链的冷藏干线运输、冷链市内配送和仓储业务三大板块，是美国百事、瑞士雀巢等世界500强企业和伊利、蒙牛等国内知名企业的优秀冷链物流供应商。2012年荣庆又获得3亿元外部投资，用于其山东高端冷链物流基地建设。安得物流自2006年进入冷链市场以来，先后投资1亿多元，购入高端冷藏车辆400多台，在全国建立了五大冷链配送中心，目前冷链业务年运作规模接近3亿元，并在餐厅配送、巧克力配送方面形成了很强的集成配送能力。

（四）医药物流市场规模增长迅速，医药物流中心建设进一步推进

随着人口老龄化的发展以及国家医保制度改革的深入推进，中国医药物流规模继续实现快速增长，配送中心建设得到进一步推进。

2012年，中国医药制造业实现主营业务收入17 950亿元，同比增长20.1%①。按2011年医药制造业11.9%的物流费用率粗略测算②，2012年中国医药制造业物流规模约为2 132亿元。另据商务部统计，2012年前三季度，全国药品流通行业销售总值已达8 342亿元，比上年同期增长18%。如按全年销售总值增长18%、配送费率1%粗略推算③，2012年中国医药流通领域物流规模约为107亿元。

2012年，一批大型医药配送中心竣工或开工兴建。国药集团河南物流中心（郑州）落成，该物流中心一期投资2.5亿元人民币，配置有国内最先进的、与国际接轨的一流技术设备，物流中心货物进、销、存全部用信息系统和自动化设备进行

① 国家发展改革委.2012年医药产业经济运行总结分析. http://www.sdpc.gov.cn/jjxsfx/t20130228_530240.htm,2013-02-28.

② 国家发展改革委.2012年全国重点企业物流统计调查. http://www.chinawuliu.com.cn/lhhkx/201212/07/200061.shtml,2012-12-07. 由于2012年调查结果尚未公布，这里暂用2011年数据估算2012年医药制造业物流成本。

③ 商务部.2011年度药品流通行业运行统计分析报告. http://www.gov.cn/gzdt/2012-06/21/content_2166920.htm,2012-06-21. 报告指出，2011年中国主要药品批发企业商品配送货值为4725亿元，配送费为47亿元，配送费率约为1%。

控制，是河南省乃至中部6省现代化程度最高的医药物流配送中心，可支持近150亿的年销售量。国药集团另一位于河南安阳的医药物流中心项目也于年内开工，该项目设计库容储存药品20余万件，年药品流通额可达50亿元，建成后国药将在河南拥有6个配送中心。九州通公司总投资1.3亿元、规划总建筑面积达49 786平方米的青岛物流中心落成，该中心配备了自动分拣、自动输送分类系统、货位精细管理及无线手持终端系统等先进设备，可实现药品的自动传输、搬运、补货、出库、自动分拣等功能。华润苏州医药物流配送项目2012年3月启动，该项目预计总投资3亿元，年销售规模50亿元，项目建成后将成为华润医药华东地区总部。

（五）钢铁物流金融市场风险集中爆发，仓储企业监管及风险防范水平亟待提升

2012年，钢材流通领域物流金融风险集中爆发，上百起仓单重复质押、空单质押等事件的发生，严重损害了钢材贸易企业以及开展物流金融业务的仓储企业的信誉，仓储监管企业遭遇重大诚信危机，监管及风险防范水平亟待提升。

2012年，政府实施紧缩性货币政策，严格控制对钢材贸易企业的贷款，导致资金密集型的钢材贸易企业陷入资金极度紧缺境地，借贷成本普遍大幅增加，这是质押监管业务事件大量爆发的原因。在高利率的驱使下，部分钢材贸易市场的经营者以市场内的钢材作质物，向银行借贷，套取资金后改变资金用途，违法发放高利贷。在违规放贷没有被及时制止的情况下，有的市场进一步发展到质物量短少、以次充好、以假充真，甚至到出具虚假仓单、虚假质物清单的程度。部分仓储监管企业由于自身管理以及风险防范方面的不足，被卷入其中。

几家大型仓储监管企业物流金融业务均出现风险事件，物流金融业务盈利能力下降，银行对仓储监管企业的信任度下降。根据中国物资储运协会的调查，67家会员单位2012年金融物流业务收入增长15%，明显低于上年30%的增速。质押监管量增长39%，收入增速低于监管量增速24个百分点。

虽然仓储企业2012年物流金融业务发展受挫，但从发展趋势看，物流金融是中小企业融资的有效途径，仓储质押监管业务仍具有很好的发展前景。仓储监管企业应大力加强规范管理，不断提高自身监管以及风险防范能力，以便更好地开展物流金融服务。

三、物流行业加快转型升级

（一）航运企业加强资源整合，以提升核心竞争力和抵御危机

受国内外需求放缓以及运力过剩等多重不利因素影响，2012年中国航运业运营极度低迷，出现全行业亏损，亏损企业达到80%。航运企业一方面通过实施内部资源整合来强化核心竞争力，另一方面通过加强企业间资源整合来抵御危机。

2012年，中远集团对旗下特种运输资源进行整合，将广州远洋运输公司木材、沥青船等26艘特种船舶整合进中远航运股份公司。中远航运是中远集团旗下主

要从事专业化特种杂货远洋运输的公司，此次整合进一步延伸了中远航运的特种船运输业务，壮大了其特种船队规模，对提升中远航运的市场竞争优势，以及加快实现"全球特种船运输领域最强综合竞争力"的战略目标起到了积极作用。

2012年10月，中远集运与中海集运在中国内贸集装箱市场上开展航线合作，双方选择在华北—福建线、东北—福建线、北方—福汕线三条航线上共同投船、合作经营。该项合作通过整合双方的运力资源，可以显著提升两家企业的航线覆盖面和班期密度，缩短交货期，并降低运营成本。

2013年1月，泛亚航运与中外运集运签署协议，以共同投船并互换舱位的形式，在渤海湾和上海至日本航线进行合作经营，旨在有效整合双方资源，满足华北、华东至日本航线客户不断精益化、多元化的服务需求。

（二）航空公司打造全流程货运产业链

2012年，全球航空货运市场不景气，仅仅依靠空中运输业务的国内传统航空货运企业投入大，利润率低，收益严重下滑，但既拥有自有货机，又拥有门到门递送网络的联邦快递、UPS等公司，依然取得了较好的盈利。为此，国内航空货运企业也积极探索向产业链两端延伸，着力打造航空货运和地面物流合一的全流程货运产业链，以增强服务能力和盈利能力。

2012年，东方国内航空公司对旗下货运资源中货航与东方远航物流实施了整合，从而构建了由东方远航物流统领的货运运营平台，拥有航空运输、卡车运输、快递、物流等4个板块的货运全产业链，初步完成了由传统货运企业向现代物流服务商的转型升级。截至2012年年末，东航货运系统中的定期与不定期卡车航班网络已初具规模，长三角卡车转运中心初步建成。

2012年6月，中国航空集团公司旗下的两家货运企业国货航与民航快递达成合作，通过共同搭建快速通道来提高快件产品的时效。合作业务开展后，国货航北京始发的国内XPS（满足客户临时的、紧急的运输需求，承诺违约赔偿运费）、XPQ（满足指定航班的运输需求，不承诺违约赔偿运费）、SML（小件）等高附加值产品以及客户具有快速处理需求的货物，整体服务时限从3个小时缩短到两个半小时。

南方航空公司继2011年9月与圆通速递开展国内空运业务合作后，2012年3月又与顺丰速运签订协议，在国内八个城市站点开展国内空运业务合作，在部分客机腹舱航班上开展固定舱位合作，并合作开发中转快件产品与网点利益共享，以共同拓展航空货运市场。

（三）公路货运企业探索新型集约化运营模式

2012年，公路快运领域的多个平台型企业积极探索新型集约化运营模式，这些企业依靠信息化和标准化手段，以实体基地为基础、以信息系统为纽带、整合市场运力资源，打造出比单个专线公司更高效、更安全的新型联盟体，促进了行业的转型升级。

2012 年年初，安能物流在卡车航班专线集运平台的基础上，推出专线整合的服务产品“定时达”卡车航班；8 月，卡行天下推出标准化的专线货运服务产品“中国直通车”，通过服务标准化、信息标准化、形象标准化、价格标准化，实现了物流服务的产品化。9 月，传化公路港在苏州正式发布“路港快线”——定点、定线、定班、定时、定价的“点点直达”货运服务。

这些新型货运产品的共同特点是实现了平台品牌担保的标准化服务，平台信息系统支撑下的品质监控，以及平台与加盟专线公司的分工协作。平台型公司的产品创新，给整个专线行业带来了全新的标准体系和组织模式，有效提升了公路快运市场的服务品质，促进了行业转型升级。

（四）快递业多渠道实施行业升级转型

得益于网络购物的爆炸式增长，中国快递业在短短几年内实现了超常规高速发展。但是，在连年高速增长的同时，中国快递业由于长期低价恶性竞争，也开始面临利润和服务质量下降的困境。为此，部分企业采取多种措施，积极谋求转型升级，以应对挑战。

快递企业通过大力提升设施设备及信息化水平，促进行业转型升级。顺丰速运、邮政速递、圆通等企业大幅增加空运能力，截至 2012 年年末，整个快递行业自有及包机数量总计达到 47 架，占全国 91 架全货机的一半以上。韵达快递自 2011 年下半年起在全网推广手持电子终端，至 2012 年年底已达 4 万多把，实现了快件信息的实时录入、跟踪与自动分拣，平均时效缩短两个多小时。另外，“三通一达”等主要快递企业近年来通过与信息服务商合作或自主研发，快递网络的信息化程度有了质的飞跃。

快递企业通过积极开发定制化产品和拓展服务，促进行业转型升级。2012 年 7 月，9 家快递企业与天猫商城签署协议，为其定制多项专属服务。其中，EMS 为天猫定制覆盖 73 个城市、1 400 多条线路的次日达服务。圆通、韵达、中通三大公司针对天猫平台推出累计覆盖 82 个城市、近 4 000 条快递线路的承诺时效服务。另外，针对消费者的不同需求，顺丰、申通、宅急送、百世汇通、海航天天等公司还陆续推出诸如快捷货到付款、晚间配送、预约时间上门、退换货服务、消费者自提等特色产品。

部分快递企业在通过加盟制实现全国布局之后，正逐步转向直营化，通过重构经营和管理模式，以加强风险控制和强化规范管理，促进行业转型升级。如中通 2010 年以来进行股权改制，陆续将各分拨中心直营化；韵达快递在省会、大城市、重要地级市的分拨中心也已收回，改为直营店。

(五)第三方物流企业加强服务创新,专业化服务水平不断提升

2012年,中国第三方物流企业在服务创新方面又取得了新的进展。一些企业积极探索新型业务运作模式,不断强化一体化物流服务能力,在专业化服务水平得到明显提升的同时,还获得了很好的经济效益。

例如,青岛中远物流在核电、光电、石化大件物流领域积极创新,运作水平和经济效益明显提升。在青岛海阳核电常规岛项目中,对原有的"车船直取"模式进行了改进和延伸,有效降低了货物吊装风险,并且在操作时间和成本控制方面取得了明显改进。另外,该公司还结合青岛区域经济结构和产业结构的特点和变化,聚焦新兴领域以及高成长性行业,不断创新商业模式和盈利模式,顺利完成了深圳华星、友达光电等光电设备物流项目,使公司在光电精密设备物流领域取得突破。2012年,青岛中远物流的高端物流板块经营利润同比增幅达23%。

深圳的供应链管理企业通过拓展服务链条,不断强化物流一体化服务能力。例如,领军企业越海全球物流公司一体化供应链服务已涵盖运输配送、国际货代、进出口代理、VMI仓储、保税物流、国际采购、供应链金融、分销及渠道管理、供应链解决方案、电商物流等诸多模块和环节,已成为中国IT产业最大的供应链服务商。怡亚通公司建立了涉及IT、家电、快速消费品、粮油、汽车市场等领域的供应链服务平台体系,为全球40余家500强企业和400多家国内外知名企业提供供应链服务,2012年实现营业收入74.8亿元,同比增长7.3%①。飞马国际大力拓展能源资源行业供应链服务,2012年实现营业收入147亿元,同比增长145.9%②。

第三节 物流市场发展趋势

2013年,由于国内外经济发展前景不佳,预计中国物流市场总体规模的增长幅度将趋于缓和,物流市场结构调整的总体趋势仍将持续。行业物流向深化方向发展,中国物流市场细分化的广度与深度进一步加大。物流业的粗放发展方式将难以为继,行业转型升级有望进一步加快。

一、物流市场总体规模增长趋缓

2013年,世界经济发展的前景仍不乐观。联合国发布的《2013年世界经济形势与展望》报告预测,世界经济增长在2013年很可能会继续保持低迷,并且在随后的两年中面临滑入再度衰退的风险。国内经济方面,中国已进入经济转型的关键期,政府工作报告将2013年经济增长目标定为7.5%,低于前几年8%的水平,

① 深圳市怡亚通供应链股份有限公司. 2012年年报. http://data. eastmoney. com/notice/20130426/oombp. html, 2013-04-26.

② 深圳市飞马国际供应链股份有限公司. 2012年年报. http://www. cfi. net. cn/p20130329004752. html,2013-03-29.

表明政府强调经济发展和社会建设并存，不再追求过高的经济增长速度。

由此可以预计，2013 年中国物流市场总体规模仍有望继续增长，但增长幅度将趋于缓和。物流市场发展重点由外贸向内贸市场调整、由东部向中西部地区调整、由大宗生产资料向居民消费品市场调整的总体趋势仍将持续。

二、行业物流深化发展

经过多年快速发展，中国物流市场目前无论是从需求还是供给方面，均开始进入行业物流深化发展阶段。行业物流的深化发展是中国物流市场逐步走向成熟的必然趋势。

在需求方面，受国内外经济增速趋缓影响，工商企业核心业务的竞争压力正在明显加大，这将促使其聚焦核心业务，增加非核心的物流业务的外包。实施物流外包，符合社会分工细化要求，有利于工商企业降低物流成本，减少资产投入，提高物流效率，并有助于增加社会物流需求，推动行业物流深化发展。在供给方面，中国本土物流企业专业化服务水平在不断提升，很多行业已经出现一批专业化服务水平较高的物流企业，外资物流企业对中国物流市场的渗透也越来越深，都将推动行业物流向深化方向发展。

未来一段时期，中国物流市场细分化的广度与深度都将进一步加大。专业物流企业会选择某个或某几个行业作为主要服务对象，市场定位将更加明确。同时工商企业内部物流部门，以及专业物流企业将不断加大服务创新力度，定制化的精益及增值物流服务能力将不断提升。

三、物流行业转型升级步伐加快

未来一段时期，中国物流业的转型升级有望进一步加快。一方面原因在于中国物流业的转型压力越来越大。随着中国物流市场增速趋缓，长期掩盖在高速增长下的诸如物流企业集中度不够，专业化服务能力不强，高成本低利润等一系列问题将更加突出，物流行业的粗放发展方式也将难以为继，这将迫使物流行业加快转变发展模式。低成本、粗放式的传统经营模式将让位于高效率、精益化的现代服务模式，规模、扩张式的资源投入方式将被功能性、集约化的资源整合模式取代。

另一方面原因在于一系列有利因素将推动中国物流业加快转型升级。政府支持物流业转型升级的政策力度在不断加大，新物流技术与新型物流设备不断被引入物流行业，物流业本身也在不断强化多方面的创新，这些因素都将促进物流业加快转型与健康发展。

第三章　中国物流设施与技术发展状况

2012年,中国交通基础设施建设稳步推进,运输网络布局不断完善,物流通道的通过能力持续增强。与此同时,物流园区规模继续扩大,优化升级趋势明显,专业化物流园区(中心)数量不断增加。物流装备进一步向大型化、自动化、低碳环保方向发展。物流公共信息平台建设继续推进,信息化应用领域不断拓宽,一批新的国家物流标准相继出台实施。

第一节　中国交通基础设施建设进展状况

2012年,中国综合运输体系建设取得新进展。公路、铁路、水路和民航基础设施建设稳步加强,综合运输网络持续完善,国际运输通道建设稳步推进,内贸集装箱通道建设进展顺利。

一、公路基础设施建设进展状况

(一)路网规模持续扩大

2012年,全国完成公路建设投资12 713.95亿元,比上年增长0.90%。截至2012年年底,全国公路总里程达423.75万公里,比上年同期增长3.19%;公路密度达到44.14公里/百平方公里,比上年同期增长3.20%[①]。中国2008—2012年公路总里程和公路网密度增长情况如图3-1所示。

(二)路网结构进一步优化

2012年,等级公路占全国公路总里程的比重继续提高。全国等级公路里程比上年末增加15.60万公里,达到360.96万公里,占公路总里程的85.20%,比重提高1.10%。其中,高速公路里程达到9.62万公里,比上年末增加1.13万公里,国道中,国家高速公路里程达到6.80万公里,已完成国家高速公路网规划目标的79%;二级及以上公路里程达到50.19万公里,增加2.83万公里,占公路总里程的11.8%,比重提高0.3%;沥青、水泥混凝土铺装路面里程达到229.51万公里,增加19.17万公里,占公路总里程的54.20%,比重提高2.30%[②]。

① 交通运输部.2012年公路水路交通运输行业发展统计公报.2013-04-25.

② 交通运输部.2012年公路水路交通运输行业发展统计公报.2013-04-25.

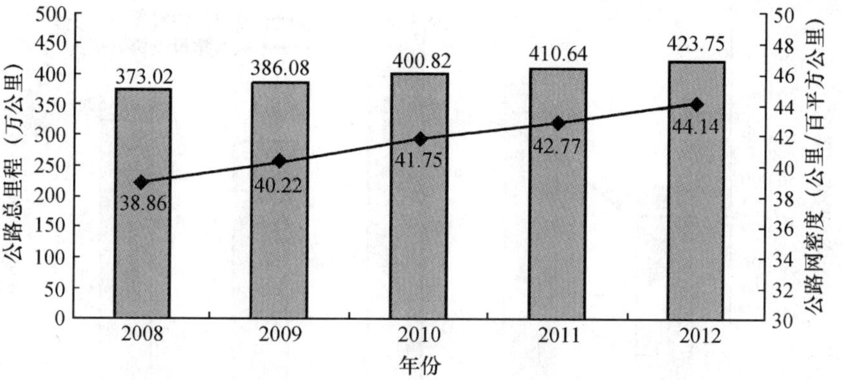

图 3-1　2008—2012 年公路总里程和公路网密度增长情况

资料来源：根据交通运输部《公路水路交通运输行业发展统计公报》(2008—2012)相关数据整理。

（三）农村公路建设继续加强

2012 年，全国农村公路建设完成投资 2 145.02 亿元，同比增长 6.7%，新改建农村公路 19.50 万公里，全国农村公路里程达到 367.84 公里。其中，通硬化路面的乡（镇）占全国乡（镇）总数的 97.43%，通硬化路面的建制村所占全国建制村总数的 86.46%，分别比上年末提高 0.25% 和 2.42%①。

二、铁路基础设施建设进展状况

（一）铁路固定资产投资稳步增长

2012 年，全国铁路固定资产投资完成 6 339.67 亿元，比上年同期增长 8.13%。其中，基本建设投资达到 5 185.06 亿元，比上年同期增长 12.45%，如图 3-2 所示。国家铁路和合资铁路完成投资 5 170.63 亿元，地方铁路完成投资 14.43 亿元。2012 年，中国路网大中型项目 309 个，完成投资 5 169.38 亿元，比上年同期减少 26.21%②。

（二）路网规模持续扩大，路网结构继续优化

2012 年，中国铁路路网规模持续扩大，全国铁路营业里程达到 9.80 万公里，比上年增长 4.70%，稳居世界第二位。路网密度 101.70 公里/万平方公里，比上年增加 4.60 公里/万平方公里③。

2012 年，中国铁路路网结构继续优化。西部地区营业里程达到 3.70 万公里，比上年增加 1 060 公里，增长 2.90%。2009—2012 年西部地区铁路营业里程增长

① 交通运输部. 2012 年公路水路交通运输行业发展统计公报. 2013-04-25.
② 铁道部. 2012 年铁道统计公报. 2013-03-13.
③ 铁道部. 2012 年铁道统计公报. 2013-03-13.

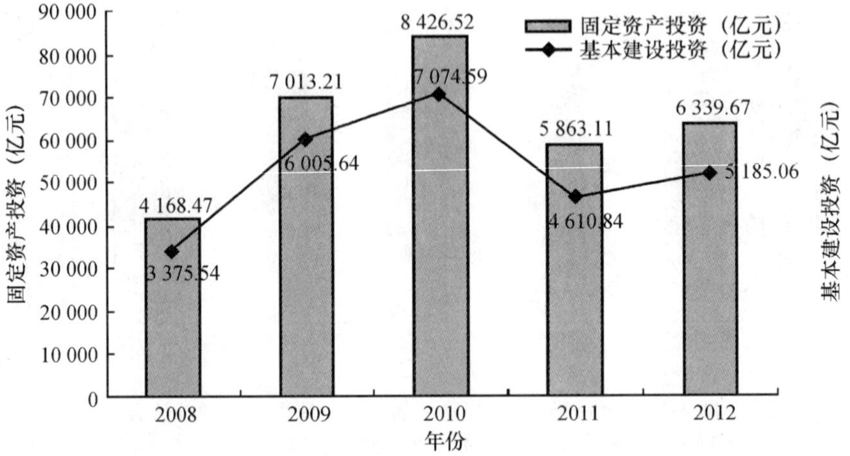

图 3-2　2008—2012 年铁路固定资产投资和基本建设投资增长情况

资料来源：根据铁道部《铁道统计公报》(2008—2012)相关数据整理。

情况如图 3-3 所示。同时，中国铁路复线里程比上年增长 10.80%，达到 4.40 万公里，复线率 44.80%；电气化里程比上年增长 10.80%，总里程达到 5.10 万公里，首次跃升为世界第一位，电气化率达到 52.30%[①]。

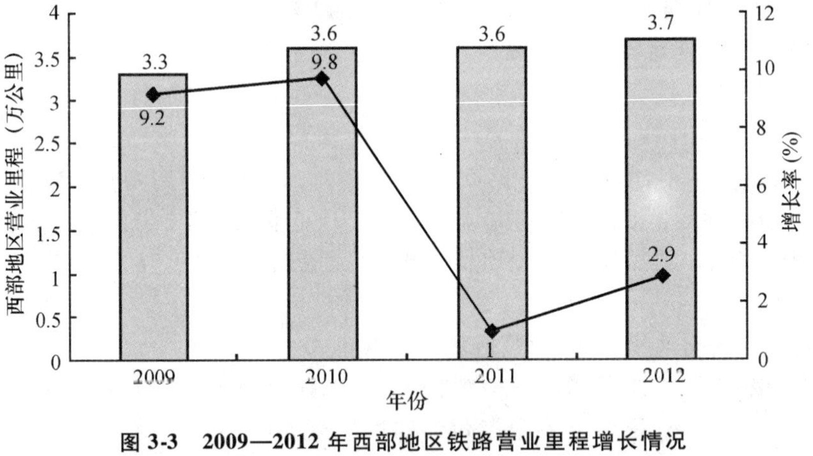

图 3-3　2009—2012 年西部地区铁路营业里程增长情况

资料来源：根据铁道部《铁道统计公报》(2009—2012)相关数据整理。

（三）"四纵四横"高速铁路网初具规模

2012 年，随着一批重要的高铁干线和高铁连接线相继通车运营，中国"四纵四横"高铁网初步建成，如图 3-4 所示。合蚌高铁的正式开通，将京广、京沪、沪汉蓉

① 铁道部. 2012 年铁道统计公报. 2013-03-13.

三条高铁主干线联结起来;京石、石武客专建成投入运营,使得世界上营业里程最长的京广高铁全线贯通;横跨东北三省的哈大高铁开通运营,成为中国首条高寒高铁线路。

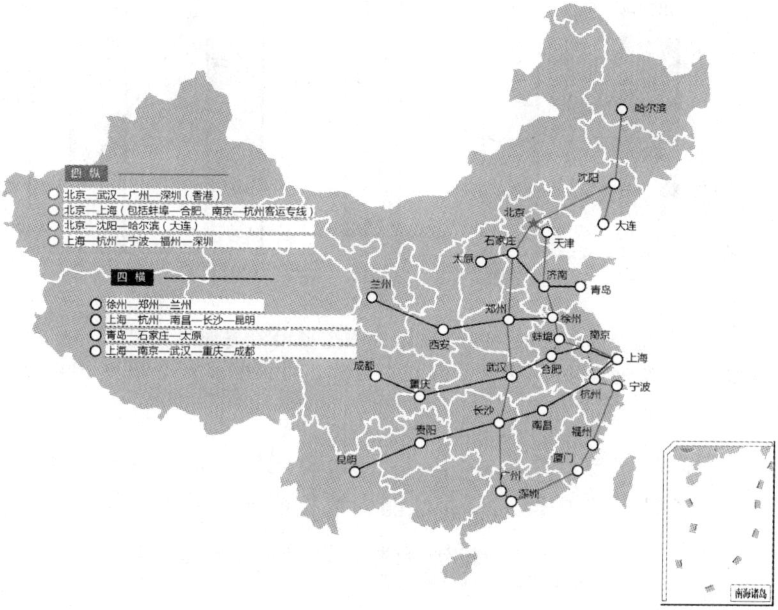

图 3-4 “四纵四横”高速铁路网示意图

高速铁路网的扩张,在提升客运运能的同时,货运运能也得以释放,给中国快递业带来新机遇,部分快递企业已开始利用高铁线路开展快递业务。中铁快运股份有限公司在天津西车站设立了国内第一家“高铁快运营业部”,开展当日达、次晨达和次日达等时限快运业务;顺丰快递与南昌铁路局合作,利用动检车开展运送快件业务。

三、水路基础设施建设进展状况

(一) 水运基础设施规模进一步扩大

2012 年,中国水运建设投资稳步增长,全年内河及沿海建设完成投资 1 493.82 亿元,比上年增长 6.30%,增速有所放缓。其中,内河建设完成投资 489.68 亿元,增长 23.10%;沿海建设完成投资 1 004.14 亿元,下降 0.30%。2008—2012 年中国水运建设投资增长情况如图 3-5 所示。

2012 年,中国水运基础设施规模继续扩大。港口建设方面,沿海港口新建及改(扩)建码头泊位 135 个,新增吞吐能力 32 401 万吨;内河港口新建及改(扩)建码头泊位 251 个,新增吞吐能力 12 025 万吨。内河航道建设方面,全年新增及改

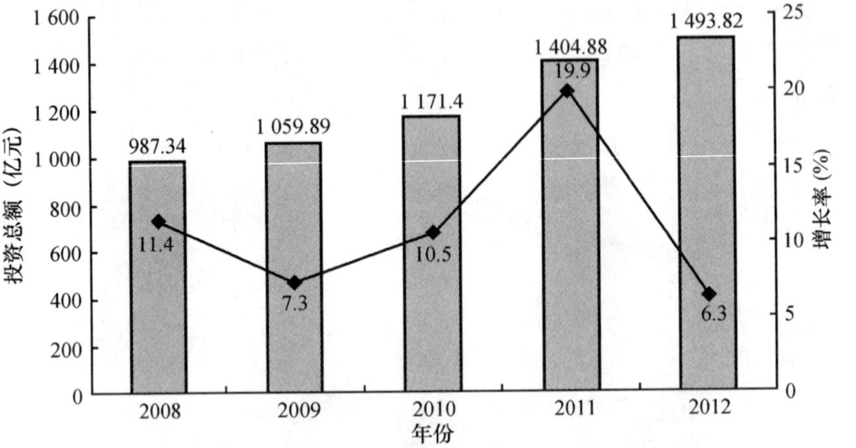

图 3-5　2008—2012 年中国水运建设投资增长情况

资料来源：根据交通运输部《公路水路交通运输行业发展统计公报》(2008—2012)相关数据整理。

善内河航道里程 686 公里，截至 2012 年年底，全国内河航道通航里程达到 12.50 万公里。2008—2012 年，中国港口吞吐能力增长情况如图 3-6 所示。

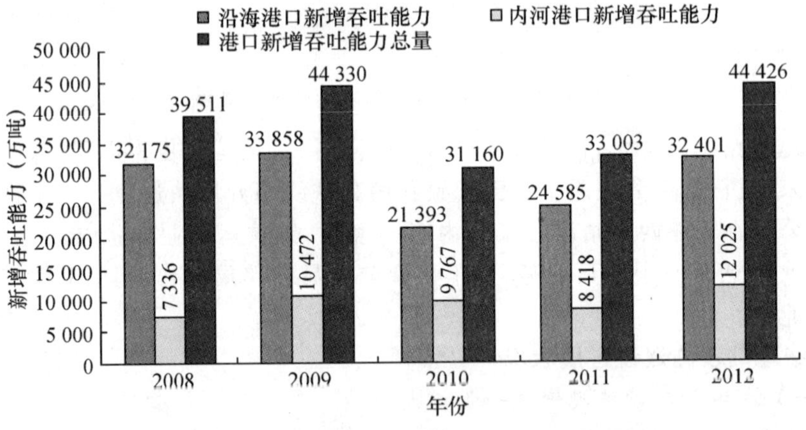

图 3-6　2008—2012 年中国港口吞吐能力增长情况

资料来源：根据交通运输部《公路水路交通运输行业发展统计公报》(2008—2012)相关数据整理。

（二）航道等级结构进一步优化

2012 年，中国内河航道发展迅速，高等级航道比重不断升高。从通航里程来看，2012 年中国内河航道通航里程达到 12.50 万公里，比上年年末增加 383 公里。其中，珠江水系、长江水系和淮河水系的航道通航里程增长程度较大，分别为 96

公里、70公里和21公里。从航道等级结构看，2012年中国内河等级航道6.37万公里，占总里程的51.00%，比上年同期提高0.70个百分点。其中，三级及以上航道9 894公里，占总里程的7.90%，比上年年末提高0.30个百分点①。2008—2012年，中国内河等级航道通航里程及占总里程比率如图3-7所示。

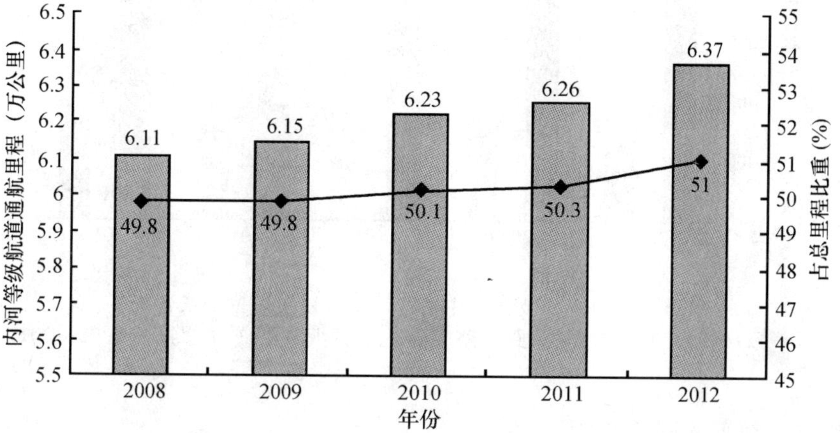

图3-7　2008—2012年中国内河等级航道通航里程及占总里程比率

资料来源：根据交通运输部《公路水路交通运输行业发展统计公报》（2008—2012）相关数据整理。

（三）港口码头泊位大型化及专业化程度继续提高

2012年，中国港口码头泊位继续向大型化方向发展。截至2012年年底，全国港口拥有万吨级及以上泊位1 886个，比上年同期增加124个。其中，沿海港口万吨级及以上泊位1 517个，增加95个，新增吞吐能力30 683万吨；内河港口万吨级及以上泊位369个，增加29个，新增吞吐能力5 250万吨。

在港口码头泊位不断向大型化发展的同时，也呈现出专业化程度不断提高的趋势。全国万吨级及以上泊位中专业化泊位997个，通用散货泊位379个，通用件杂货泊位340个，比上年年末分别增加55个、41个和18个。2008—2012年中国港口万吨级及以上泊位增长情况如图3-8所示。

四、民航基础设施建设进展状况

2012年，中国民航完成基本建设和技术改造投资712.2亿元，比上年增长3.6%。其中，机场系统完成固定资产投资总额498.7亿元，比上年增长0.7%，12个重点建设项目开工、在建或竣工②。2008—2012年，中国民航基本建设和技术改

① 交通运输部. 2012年公路水路交通运输行业发展统计公报. 2013-04-25.

② 中国民用航空局. 2012年民航行业发展统计公报. 2013-05-20.

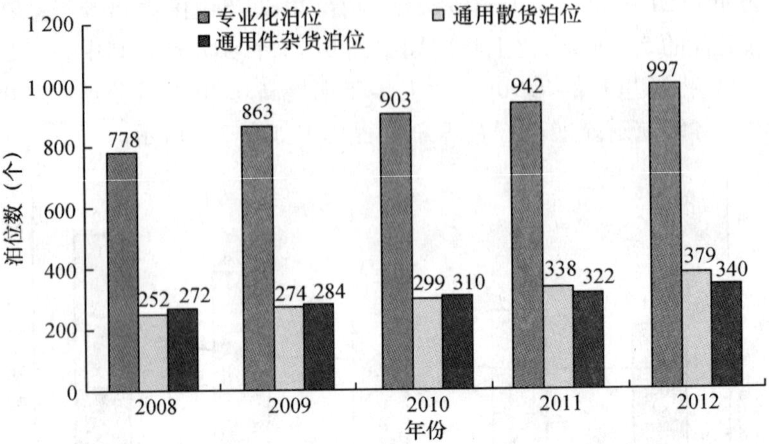

图 3-8　2008—2012 年中国万吨级及以上泊位增长情况

资料来源：根据交通运输部《公路水路交通运输行业发展统计公报》(2008—2012)相关数据整理。

造投资增长情况如图 3-9 所示。

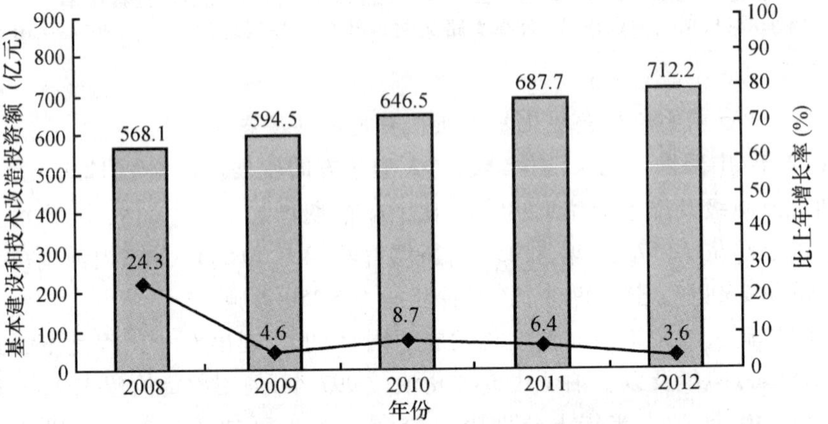

图 3-9　2008—2012 年中国民航基本建设和技术改造投资增长情况

资料来源：根据中国民用航空局《民航行业发展统计公报》(2008—2012)相关数据整理。

随着投资规模的不断扩大，中国民航基础设施规模继续增长。2012 年，中国境内颁证民用航空机场新增 3 个(黑龙江加格达奇机场、江苏扬州泰州机场和贵州遵义机场)，达到 183 个，其中定期航班通航机场 180 个，通航城市 178 个①。截至 2012 年年底，中国运输机场的区域分布如图 3-10 所示。

① 中国民用航空局. 2012 年全国机场生产统计公报. 2013-03-25.

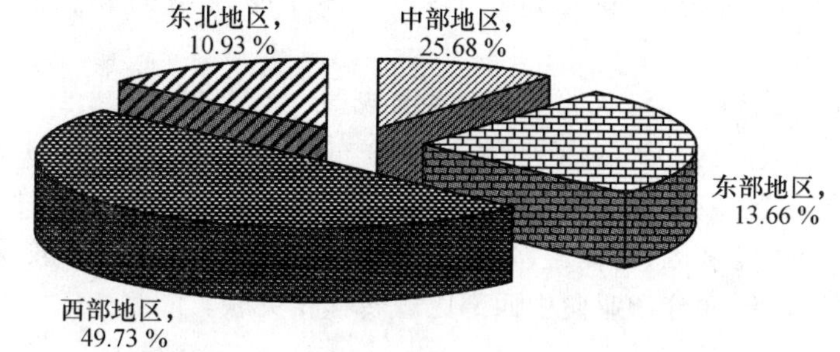

图 3-10　中国运输机场区域分布情况

资料来源：根据中国民用航空局《2012 年民航行业发展统计公报》相关数据整理。

五、运输通道建设进展状况

（一）国际运输通道建设继续推进

2012 年，中国国际运输通道建设取得新进展。2012 年 10 月，武汉开通经新疆抵达欧洲的“汉—新—欧”铁路国际货运专线，该专线的开通标志着继武汉市国际航空、江海直达航线开辟之后，又打通一条武汉直达欧洲的陆上货运大通道；2012 年 12 月，连云港首次开通至霍尔果斯集装箱直达列车，连霍直达列车的成功开行，标志着连云港港口的集装箱过境运输开辟了一条连接中亚和欧洲的新通道。

（二）内贸集装箱通道建设取得新进展

2012 年，中国多条内贸集装箱通道开通，提高了区域物流通达能力。2012 年 5 月，天津至宁夏集装箱铁水联运示范项目正式启动，该项目是中国首批 6 个集装箱铁水联运通道示范项目之一；2012 年 10 月，天津至珠海实现集装箱海上直航，华北与华南之间又增添一条全新的海上货物通道；2012 年 11 月，由中远集运公司、中海集运公司首次联合开辟经营的内贸集装箱航线“华北—福建线”正式启动，该航线旨在通过整合区域市场上的优势资源，提升航线覆盖面和班期密度。

第二节　中国物流园区（中心）及仓储设施发展状况

2012 年，中国物流园区在规模不断扩大的同时，区域分布趋于合理，功能升级和服务升级态势显现。专业物流园区和专业化仓储设施建设步伐加快，自动化立体仓库建设力度加大。

一、物流园区（中心）发展状况

（一）物流园区（中心）数量稳步增长

2012 年，中国物流园区（中心）数量增长较快。据中国物流与采购联合会统计，截至 2012 年 6 月，中国物流园区的总量为 754 个，对比 2006 年的 207 个和 2008 年的 475 个，分别增长了 264% 和 58.70%。其中，已经运营的物流园区 348

个,占 46%;在建的物流园区 241 个,占 32%;规划中的物流园区 165 个,占 22%①。

(二)物流园区(中心)优化升级趋势显现

2012 年,物流园区(中心)在区域间的分布趋向均衡,如图 3-11 所示。对比 2008 年物流园区区域分布,可知,北部沿海经济区和四个中西部经济区(长江中游经济区、黄河中游经济区、西南经济区、西北经济区)园区数量上升较快,这与中国产业结构调整升级、部分产业向中西部区域转移相关联。

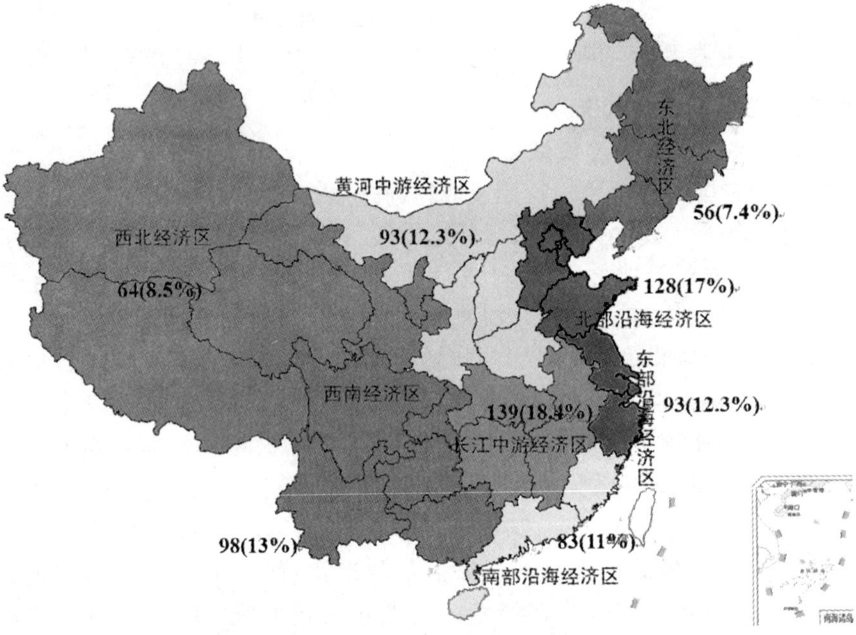

图 3-11　中国物流园区的主要分布

资料来源:中国物流与采购联合会和中国物流学会《第三次全国物流园区(基地)调查报告》。

2012 年,长三角地区部分省市已经形成物流园区(中心)网络化服务体系。如,上海市形成了以深水港、外高桥、浦东空港、西北综合四个重点物流园区为核心架构的网络布局,充分发挥了物流园区集聚辐射功能和产业带动提升作用;江苏省建立了全省园区联盟组织,打破园区单点运营模式,推动了物流园区网络化运营;浙江省基本形成了以省重点物流园区为核心,不同层级、不同特色的物流园

① 中国物流与采购联合会,中国物流学会. 第三次全国物流园区(基地)调查报告. http://www.chinawuliu.com.cn,2012-09-13.

区协调发展的物流服务体系。

（三）“无水港”建设稳步推进

2012 年，“无水港”项目建设步伐不断加快。衡阳无水港开始试运营；深圳港首个“无水港”在长沙启用；天津港分别在太原、呼和浩特、安阳新建无水港，使得天津港内陆无水港数量达 23 个；襄阳—宁波港集装箱海铁联运正式启动，实现了宁波港的功能向以襄阳为中心的鄂、豫、陕、渝地区延伸。

此外，太仓港在苏州工业园区开设“无水港”；青岛港与河南保税物流中心共同打造郑州“无水港”；广西西南（自贡）无水港项目正式签约，该项目总投资 100 亿元，占地 3 520 亩，计划于 2015 年基本建成①。

（四）物流园区（中心）专业化水平不断提升

2012 年，以新业态带动物流园区功能升级和服务提升的趋势显现。物流园区增值服务创新方面，上海洋山保税港区开展国际中转集装箱分拆拼装业务，提升了上海口岸的物流增值服务水平。物流园区与电子商务融合的服务创新方面，2012 年 10 月，亚马逊哈尔滨物流运营中心正式运营，该中心是集订单处理、数据中心、仓储与配送、零售商品、运营等模块为一体的电子商务平台；2012 年 11 月，天津武清开发区与中国网库正式签约，联手打造武清电子商务产业基地。物流园区与国际物流融合的服务创新方面，南京唯度京港国际物流中心全面启动建设，深圳前海新区规划打造具备区域生产组织中枢和国际供应链管理中心功能的保税港区。物流园区与保税物流融合的服务创新方面，东莞保税物流中心（B 型）开始运作，济南综合保税区和西安高新综合保税区均获国务院批准设立。

2012 年，中国专业物流园区（中心）建设发展迅速。农产品物流园区建设方面，东北亚农产品物流园在大庆开建，该项目总投资 37 亿元，总规划面积 6 000 亩②。医药物流园区建设方面，益丰医药物流园落成，该园区占地 82 亩，规划建筑总面积 6 万多平方米，已建成的首期项目可完成 50 亿元的年配送量③。钢铁物流园区建设方面，山东中瑞钢铁物流中心一期工程完工并投入使用，该项目投资 30 多亿元，占地 1 450 亩；河北百营钢铁物流中心一期工程均已完工并试营业，该项目总投资约 10 亿元，规划占地 450 亩，实际占地 627 亩，总建筑面积 23 万平方米，全部建成后，年货物吞吐量达千万吨④。铁路物流园区建设方面，前场铁路物流基地开工建设，该基地占地 6 500 亩，建成后，预计年货运量可达 1 800 万吨。

---

① 自贡“无水港项目”正式签约，投资 100 亿元. http://scnews.newssc.org, 2012-09-26.

② 全国最大农产品物流园将落户大庆，支撑农产品外销. http://e.dbw.cn, 2012-04-27.

③ 刘军，王永刚. 益丰医药物流园落户长沙高新区. 常德日报，2012-10-18.

④ 顺邦集团百营物流中心隆重开业. http://www.hbsbjt.com, 2012-06-19.

二、仓储设施发展状况

(一) 自动化立体仓库建设力度加大

2012年,经济结构的转型升级、人工成本和土地价格的大幅上升使得物流企业的经营压力增加。为应对困境,企业通过构建高架立体库来增加仓库空间利用率,并采用机械化和自动化设备取代人工作业。据不完全统计,2012年,国内建成130多座较大规模的自动化立体库,截至2012年年底,全国自动化立体库总量近1 300座。从建设规模来看,自动化立体仓库的建设规模越来越大,平均货位数在1万个左右,高度均在20米以上①。

(二) 多个专业化仓储设施运营或开工建设

冷藏仓储设施建设方面,2012年7月,呼和浩特市昌琈冷链物流仓储园区启动奠基,该项目投资8亿多元,拟建设普通库、恒温库、冷冻库、保鲜库等地下四层库房,大型货车可直接驶入,零散货物直接升降,设计总面积约42万平方米②。

烟草仓储设施建设方面,福建省三明市烟草公司的烟叶仓库、卷烟物流配送中心及三明金叶复烤有限公司烟叶仓库建设项目开工;川渝中烟涪陵卷烟配送中心项目开工建设,该项目总建设1.71万平方米,总投资1.29亿元,预计年配送卷烟22万箱③。

服装仓储设施建设方面,柒牌男装斥资1亿元人民币打造,位于福建省泉州市晋江的高级西装仓储物流中心主体工程竣工;森马服饰北方物流结算中心项目签约,该项目投资总额2.50亿元,建筑面积6.50万平方米,主要从事森马集团的"森马"和"巴拉巴拉"两大服饰品牌北方地区的销售、物流、结算业务,预计全部运营后年销售额达10亿元以上④。

电商仓储设施建设方面,京东商城郑州大家电物流中心运营;苏宁中山物流基地开工建设,该项目是珠三角至粤西地区家电零售企业首个自建大型物流基地,建成后,可支持40亿元以上的年销售规模,平均配送半径80—150公里,实现24小时配送到户⑤;苏宁兰州地区管理总部及物流中心入驻兰州高新区七里河园区项目正式签约,该项目建成后将支撑年40亿元以上商品销售配送能力⑥;苏宁集团与上海市工业综合开发区合作的苏宁华东地区总部项目正式签约,该项目占地面积约385亩,建设总面积20余万平方米,建成后每年可支持100亿元以上的

---

① 2012年中国物流装备业发展分析. http://www.56products.com,2013-02-20.

② 呼和浩特市昌琈冷链物流仓储园区开工奠基. http://inews.nmgnews.com.cn,2012-07-12.

③ 川渝中烟涪陵卷烟配送中心项目开工奠基. http://www.tobaccochina.com,2013-01-04.

④ 森马服饰北方物流结算中心项目举行签约仪式. http://www.tjuda.com,2012-04-05.

⑤ 黄庭辉,苏宁中山物流基地开工建设.广州日报,2012-05-11.

⑥ 甄燕红.苏宁电器兰州地区管理总部及物流中心入驻高新区七里河园区.兰州晚报,2012-07-28.

营销规模①。

医药仓储设施建设方面，国药集团河南物流中心（郑州）一期落成，位于河南安阳的医药物流中心项目也正式奠基开工；九州通集团青岛物流中心落成，武汉物流中心开工建设；华润苏州礼安医药物流配送项目启动；由石药集团投资3亿元的河北省医药物流中心建成，该中心仓库总面积近3万平方米，储存量可达35万件，支持年营业规模150亿元以上货物吞吐量②；浙江华东医药下沙现代物流中心完成一期建设，总建筑面积81 544.89平方米，总投资超2亿元，该中心具备了高速分拣系统、自动流水线、手持终端拣货、高架库等多项现代物流设备，并集成了物流系统管理的相关软、硬件设施③。

第三节　中国物流装备发展状况

2012年，中国各类运输工具总量持续增长，载重能力和专业化水平不断提升，并呈现低碳环保发展趋势。随着人力、土地、能源等诸多成本提高，中国低端仓储设备需求下降，仓储设备的需求向大型化、节能环保型方向发展。

一、运输工具发展状况

（一）运输工具载重能力不断提高

2012年，中国载货汽车总量和运载能力继续增长。截至2012年年底，中国载货汽车总量达到1 253.19万辆，总载重量达到8 062.14万吨，比上年年末分别增长6.30%和11.00%，平均吨位6.43吨/辆，比上年同期提高0.26吨/辆。其中，专用载货汽车增长迅速，截至2012年年底，中国专用载货汽车为68.60万辆，比上年增长8.80%，高于全部载货汽车增速2.50个百分点。

2012年，中国运输船舶载重水平继续提高。截至2012年年底，全国拥有水上运输船舶17.86万艘，比上年年末减少0.40%；净载重量提高7.50%，达到22 848.62万吨；平均净载重量提高7.80%，达到1 279.38吨/艘；集装箱箱位提高6.70%，达到157.36万TEU；船舶功率提高7.40%，达到6 389.46万千瓦。2008—2012年全国水上运输船舶拥有量如图3-12所示。

---

① 苏宁集团签约上海市工业综合开发区，携手打造大型物流中心. http://shzw.eastday.com,2012-07-10.

② 石药集团中诚医药暨河北省医药物流中心揭牌. http://www.sjz.gov.cn,2012-11-06.

③ 陈勇. 华东医药下沙现代物流中心投入运行. 杭州日报,2012-04-19.

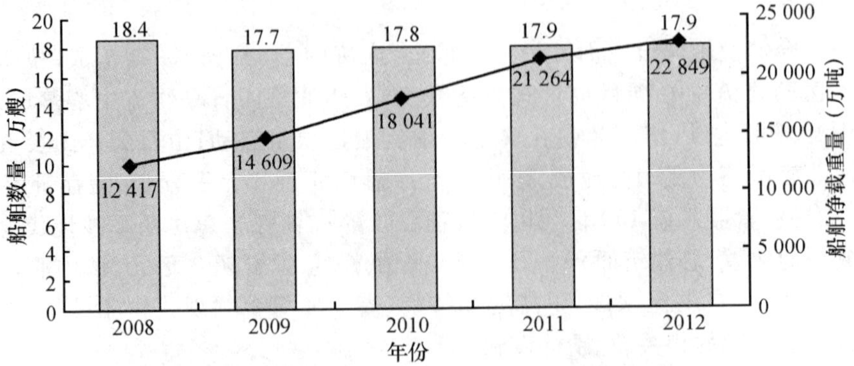

图 3-12　2008—2012 年全国水上运输船舶拥有量

资料来源:交通运输部《2012 公路水路交通运输行业发展统计公报》。

(二) 运输工具技术水平进一步提升

2012 年,中国完成了一些新的铁路快捷、重载新型货车及配套技术的研究。如,CRH380B 高寒动车组在哈大高铁投入运营;新研制的时速 160km/h 交流传动客运电力机车进入运用考核;自主研发的 DK-2 型机车制动机进入装车运用考核。

(三) 运输工具呈现节能环保趋势

2012 年,公路载货汽车向环保方向发展。北京“纯电动物流车示范运营”项目开始运营,该项目以城市末端物流配送为示范对象,建立了纯电动物流车队和地面配套充电设施,并辅以先进的车辆运行调度管理信息化平台,这是国内纯电动汽车首次在城市物流领域的规模化商业应用。

2012 年,中国铁路机车呈现节能环保趋势,电力机车比重首度超过内燃机车比重。截至 2012 年年底,铁路机车拥有量为 1.96 万台,比上年增加 35 台,其中内燃机车占 48.8%,电力机车占 51.2%①。

二、仓储设备发展状况

(一) 大型货架需求增长

2012 年,国内工业和商业企业对高效物流系统的需求增加,以自动化立体库、大型货架系统为代表的物流系统建设项目大量增加。因而,2012 年立体库货架市场需求保持高速增长。据中国物流产品网调查统计,2012 年货架出货量超过 46 亿元,同比增长 15%,其中仓库改造及立体库建设的大型货架系统项目所占比重大幅增加。

(二) 叉车呈现低碳环保发展趋势

2012 年,中国叉车行业呈现全年逐季下跌的趋势。根据中国工程机械工业协

① 铁道部. 2012 年铁道统计公报. 2013-03-13.

会工业车辆分会统计,2012 年中国机动工业制造企业共销售叉车 288 662 台,与 2011 年同期的 3 100 189 台相比,下降了 7%。在销售总量下降的同时,电动叉车、高效节能环保型叉车占总销量的比例有所上升。2012 年,全国共销售内燃平衡重乘驾式叉车 208 629 台,与上年同期相比下降 9.17%,然而电动叉车(包括电动平衡重乘驾式叉车和各类电动仓储叉车)销售量与上年同期相比,仅下降 0.58%,电动仓储叉车销售量与上年同期相比仅下降 0.76%①。

(三) 输送分拣设备需求高速增长

2012 年,输送分拣设备呈现高速增长态势。一方面,仓库向高效率的密集仓储形式发展,要求配备高效的输送分拣系统;另一方面,电子商务物流等行业高速发展,对订单处理的自动化技术要求不断提高,拉动了输送分拣设备市场需求的高速增长。据估计,2012 年中国物流输送分拣设备市场需求增长率在 20% 以上②。

第四节　中国物流信息化与标准化发展状况

2012 年,中国物流公共信息平台建设持续推进,行业物流信息平台建设不断推进。《物流标准目录手册》的修补完善对中国物流标准的编制和实施起到了有效的促进作用,各地政府也积极推进标准化建设,一批新的国家基础性物流标准和专业性物流标准陆续出台,医药物流行业标准化工作开始推动。

一、中国物流信息化发展现状

(一) 物流公共信息平台建设持续推进

2012 年,区域性交通运输物流公共信息平台建设取得新进展。截至 2012 年年底,开通交通物流公共信息平台的省份包括浙江、甘肃、江苏、福建、山东等省,湖北省交通运输物流公共信息平台建设工作启动,《江西省交通运输综合地理信息平台建设方案》通过评审。

2012 年,全国交通运输物流公共信息平台建设正式启动。该平台是在交通运输部和浙江省人民政府领导下,由多国共建、多层共建、多省共建、多方共建的服务于物流行业的公共、开放、共享的基础交换网络,致力于构建跨地区、跨行业、跨国界的物流信息无缝对接体系,实现区域平台、企业平台、相关行业或其他国家物流信息平台之间可靠、安全、高效的信息交换,统一提供公正、权威的物流相关公共信息服务,有效促进物流产业链各环节信息互通与资源共享。预计到“十二五”末,将基本建成该平台的物流信息基础交换网络,完成物流数据交换标准体系构

① 中国工程机械工业协会工业车辆分会.工业车辆行业回顾与展望.http://www.chinaita.org.cn.

② 王继祥.中国物流装备业发展现状与趋势.中国远洋航务,2013(3):46—47.

建,并实现与中国电子口岸等物流相关信息系统互联。

2012年,中国铁路货运电子商务系统开始试运行,该系统为铁路货运业务提供了网上办理平台,客户通过系统可查询铁路货运信息、提报运输需求、预约物流服务、提前预订铁路货运产品等;长江航运物流公共信息平台建设试点工程F包和G包交工验收;常州机场空港物流公共服务信息平台正式启用。

(二)行业物流信息平台建设全面展开

2012年,中国行业物流信息平台建设不断推进。浙江杭州邮政开发的医院物流配送平台上线运行,该平台实现了医院、邮政和药厂的中药配送全流程信息化。华强集团推出"华强宝"物流平台,采用线下与线上结合的模式,整合了速尔、韵达、港中能达、顺丰等多家快递公司的资源,推出了代收货款、快递费月结等服务。福建省烟草商业物流信息体系建设的一期工程"物流智能决策管理平台项目"正式启动,该项目包括决策管理信息平台和运输管理系统两部分,建成后,决策管理信息平台将实现省公司和九个地市公司全部上线,运输管理系统将在省公司和两个地市实现落地。

二、中国物流标准化发展现状

(一)《物流标准目录手册》继续完善

2012年8月,中国物流与采购联合会标准工作部与全国物流标准化技术委员会联合发布了2012年新版《物流标准目录手册》(以下简称《手册》)。新版《手册》共收录现行物流国家标准、行业标准、地方标准667项,在2011年《手册》的基础上,新增了国际货代、危险品物流,以及纺织品、化工品、塑料制品等其他类物流标准,增加了目录及标准索引等查询功能。

(二)各地方政府采用多种手段推进标准化建设

2012年,各省份陆续发布物流业发展规划或促进物流业发展意见,这些规划和意见均将"物流标准化建设"纳入其中。如2012年3月,山东交通运输部门出台《关于促进交通物流发展的指导意见》,提出"推广应用国家、行业物流标准,逐步普及GPS(全球定位系统)、GIS(地理信息系统)、RFID(无线射频识别)等物流新技术,提升行业信息化和标准化水平";2012年6月,河北省发布《关于促进物流业健康发展的若干政策措施》,提出要着力加强物流标准的制定和推广,促进物流标准的贯彻实施。

此外,部分地方政府通过成立技术委员会来指导和促进物流标准的制定、修订和推广应用。如安徽省于2012年3月成立物流信息标准化技术委员会,宁波市于2012年3月成立交通和物流标准化技术委员会。

(三)国家基础性物流标准编制工作进展顺利

依据《标准化事业发展"十二五"规划》和《2012年全国标准化工作要点》,

2012 年,中国正式制定、颁布和实施了多项国家基础性物流标准,内容涵盖物流服务、物流操作、物流信息化等多个方面,如表 3-1 所示。

表 3-1 2012 年制定、修订、发布或实施的国家基础性物流标准

类别	标准名称	状态
物流服务类国家标准	《物流企业客户满意度评估规范》	实施
	《物流企业岗位设置及能力要求》	制定
仓储、装卸、搬运类国家标准	《工业货架设计计算》、《通用仓库及库区规划设计参数》、《自动分拣设备管理要求》、《货架术语》、《货架分类及代码》、《托盘式货架》、《驶入式货架》、《易腐食品机动车辆冷藏运输要求》	实施
	《商用车背车装载技术要求》、《货架安装及验收技术条件》、《电能计量器具塑料周转箱尺寸及技术要求》、《电能计量器具瓦楞纸箱尺寸及技术要求》、《电能计量器具储运包装服务质量要求》、《钢筋加工配送中心规划及基本要求》、《气瓶搬运、装卸、库存和使用安全规定》、《共用系统塑料平托盘质量》、《共用系统用托盘维修管理规范》、《共用系统用托盘作业规范》、《重复使用包装箱通用技术要求》等	制定
物流信息化相关国家标准	《电子提单格式规范》、《国际货运代理海运提单》、《国际货运代理多式联运提单》、《电子航空货运分运单格式规范》等	实施
	《运输方式代码》、《道路交通运输 地理信息系统 数据字典要求》	颁布
	《商贸托盘电子标签运用规范》	制定

资料来源:根据国家发展改革委办公厅《关于印发 2012 年物流行业标准项目计划的通知》(发改办经贸[2012]3133 号)、《关于下达 2012 年第一批国家标准制修订计划的通知》(国标委综合[2012]50 号)、《关于下达 2012 年第二批国家标准制修订计划的通知》(国标委综合[2012]92 号)、《2012 年第 13、28、41、42 号中国国家标准批准发布公告》和中国物流与采购联合会《物流标准化动态》(3—12 期)整理。

(四) 国家专业性物流标准编制工作稳步推进

2012 年,中国正式制定、颁布和实施了多项国家专业性物流标准。这些物流标准有以下特点:一是继续完善农产品、汽车和冷链等领域的物流标准;二是重点关注化工产品逆向物流、钢铁物流、家电物流、医药和药品行业物流标准;三是初步颁布和制定出版物物流和口岸物流标准,如表 3-2 所示。

表 3-2 2012 年正式制定或颁布的国家专业性物流标准

类别	标准名称	状态
农产品物流国家标准	《食用农产品保鲜贮藏管理规范》、《农产品追溯要求——果蔬》	颁布
汽车物流国家标准	《汽车零部件物流器具分类及编码》、《汽车物流统计指标体系》	制定

（续表）

类别	标准名称	状态
冷链物流国家标准	《冷链物流分类与基本要求》、《药品冷链物流运作规范》、《食品冷链物流追溯管理要求》	实施
	《餐饮冷链物流服务规范》、《冷链运输车辆应用选型技术规范》、《冷链运输包装用低温瓦楞纸箱》	制定
化工物流国家标准	《非危液态化工产品逆向物流方案设计要求》、《非危液态化工产品逆向物流绩效评估指标》、《非危液态化工产品逆向物流通用服务规范》、《非危液态化工产品逆向物流作业规范》、《非危液态化工产品逆向物流突发事件的处理》	制定
钢铁物流国家标准	《钢铁物流包装标识规范》、《钢铁物流统计指标体系》、《钢铁物流验货操作规划》、《钢铁物流作业规范》、《钢铁物流互联网公共商务信息平台建设》、《钢铁物流互联网信息交互技术规范》	制定
家电物流国家标准	《家电物流干线运输规范》、《家电物流配送服务要求》、《家电物流配送中心仓储作业规范》、《家电物流配送中心服务规范》、《家电物流企业服务条件》、《家电物流信息服务规范》	制定
医药和药品物流国家标准	《药品批发企业物流服务能力评估指标》、《零售药店经营服务规范》、《药品流通企业诚信经营准则》、《药品流通行业职业经理人标准》、《药品流通企业通用岗位设置规范》	实施
	《医药物流仓储技术规范》	制定
出版物物流国家标准	《出版物物流接口作业规范》、《出版物物流退货作业规范》	实施
口岸物流国家标准	《口岸物流服务质量规范》	颁布

资料来源：根据国家发展改革委办公厅《关于印发2012年物流行业标准项目计划的通知》（发改办经贸[2012]3133号）、《关于下达2012年第一批国家标准制修订计划的通知》（国标委综合[2012]50号）、《关于下达2012年第二批国家标准制修订计划的通知》（国标委综合[2012]92号）、《2012年第13、28、41、42号中国国家标准批准发布公告》和中国物流与采购联合会《物流标准化动态》（3—12期）整理。

（五）医药物流行业标准化工作开始推进

2012年8月，中国医药商业协会和中国物流与采购联合会共同发布中国首部药品物流作业的国家标准——《药品物流服务规范》。《药品物流服务规范》作为推荐性国家标准，虽不具备强制性的法律意义，却是药品物流的专属标准。2012年11月，国药控股全国物流标准化管理委员会正式成立，该委员会计划在一年内完成《国药物流标准体系表/地图》中约200个标准的梳理和编写，并推进实施，以提升医药物流行业的标准化水平。

第四章　中国物流发展相关政策与规划

2012 年是“十二五”规划承上启下的关键一年，也是中央政府各部门、各地方政府积极贯彻推进《物流业调整和振兴规划》和《关于促进物流业健康发展政策措施的意见》（简称“国九条”）的重要一年。在物流相关的多个重要领域，政府多个部门陆续出台“十二五”规划，并围绕深化流通体制改革、推进行业转型升级密集出台相关政策。各部委与地方政府也积极贯彻落实国家文件，并制定专项配套意见与措施，促进物流行业健康发展。尤其是“营改增”试点的实施与广泛推开，对于中国物流业的发展产生了深远影响。

第一节　物流相关领域“十二五”规划的出台情况

为了指导和推进《中华人民共和国国民经济与社会发展“十二五”规划纲要》在各个领域的贯彻落实，各个部门 2012 年密集出台了多项“十二五”规划，其中涉及多个物流相关的重要领域，包括综合交通运输网络构建、口岸健康发展、信息化物流体系建设等多个方面，为中国现代物流体系的进一步发展和完善提供了详细的规划指导和实施保障。

一、综合交通运输体系规划正式发布

交通运输是国民经济和社会发展的重要基础，同时也在现代物流体系中发挥着重要的基础性作用。2012 年 7 月，国务院制定并发布了《“十二五”综合交通运输体系规划》，该规划首次明确提出以“适度超前”的原则，构建衔接顺畅、技术装备先进适用、服务高效的综合交通运输网络。长期以来，中国的交通运输相对于经济社会发展需求而言，经历了从“瓶颈制约”到“总体缓解”，再到目前“基本适应”的发展阶段。“十二五”时期，即将实现由“基本适应”向“适度超前”的转变。这意味着中国现代物流发展所依赖的交通基础设施水平在未来将得到进一步提升，由于交通供给能力限制所造成的一些瓶颈如通道能力不足、铁路货物运力紧张等问题将有望得到明显的改善。

该规划明确了“十二五”期间综合交通运输体系发展的目标里程和框架，即初步形成以“五纵五横”为主骨架的综合交通运输网络，总里程达 490 万公里。各运输方式的发展目标包括：基本建成国家快速铁路网，营业里程达 4 万公里以上；基

本建成国家高速公路网，通车里程达8.3万公里；完善煤炭、进口油气和铁矿石、集装箱、粮食运输系统，海运服务通达全球；70%以上的内河高等级航道达到规划标准，运输效率和服务水平显著提升；扩大和优化民用航空网络，80%以上的人口在直线距离100公里内能够享受到航空服务；基本建成42个全国性综合交通枢纽；形成跨区域、与周边国家和地区紧密相连的油气运输网络。

该规划同时确定了“十二五”时期基础设施、技术装备、运输服务、安全保障、节约环保五个方面的主要任务。其中，在交通基础设施方面明确提出了将“建设以连通县城、通达建制村的普通公路为基础，以铁路、国家高速公路为骨干，与水路、民航和管道共同组成覆盖全国的综合交通网络，发挥运输的整体优势和集约效能”。由于管理体制上的条块分割，各种运输方式的设施建设和运营管理缺乏衔接与协作，严重制约了中国物流企业提供“门到门”、多式联运等综合型物流服务的能力。此次规划将各种运输方式整体优势的发挥放在了突出的位置，加强了对各种运输方式的衔接与协作的要求，将有助于提升中国物流业的一体化运作水平和效率。

二、多项规划推进物流信息化建设

2012年，中国出台了《电子口岸“十二五”规划》、《电子商务“十二五”发展规划》和《物联网“十二五”发展规划》，加快了物流信息化建设的步伐。

（一）电子口岸规划加快提升国际物流信息化水平

为了提升中国的贸易便利化水平和促进对外贸易的健康发展，2012年7月，根据国务院对电子口岸建设工作的总体要求，结合电子口岸发展情况，国务院办公厅印发了《电子口岸发展“十二五”规划》。该规划强调“十二五”时期是电子口岸发展建设的关键阶段，提出到2015年符合国际“单一窗口”建设管理规则和通行标准、适应经济社会发展需要的中国特色“单一窗口”工程初步建成，包括要基本实现网络化协同口岸监管模式，基本实现大通关“一站式”服务体系，基本形成与电子口岸发展相适应的技术支撑体系。

该规划分中央层面电子口岸建设、地方层面电子口岸建设以及电子口岸配套设施建设三方面，明确了未来工作的重点任务。中央层面的任务主要包括建设跨部门综合信息共享数据库，推进跨部门联网项目建设，支持地方电子口岸开展大通关综合项目建设等；地方层面的任务主要是要建立通关及物流状态综合信息库，推进综合服务项目建设，促进互联互通，实现平衡发展；在配套基础设施方面则提出要扩大网络覆盖范围，加强平台支撑体系建设，强化信息安全保障，探索建立电子口岸云服务机制，推进电子口岸一体化客户服务体系建设。

该规划明确将“单一窗口”作为未来电子口岸发展的重点，同时对各级政府的任务进行了明确的分工，有利于加快口岸管理部门转变职能，长期制约中国国际物流运作效率的口岸业务协同和数据共享等问题将有望得到根本性解决。

（二）电子商务规划促进社会物流服务体系建设

物流服务体系是电子商务得以实现的必要支撑体系，而电子商务的完善也有助于促进物流信息化、一体化、创新化发展。近年来中国电子商务得到蓬勃发展，网络零售交易额在“十一五”期间年均增速达 100.8%。网络零售带动了快递服务的迅速发展，所带动的业务量占快递总量的一半左右。为了推进和引导电子商务的进一步发展，工业和信息化部于 2012 年 3 月发布了《电子商务“十二五”发展规划》。

该规划提出了电子商务发展的具体目标，即到 2015 年，电子商务交易额翻两番，突破 18 万亿元。其中，企业间电子商务交易规模超过 15 万亿元；网络零售交易额突破 3 万亿元，占社会消费品零售总额的比例超过 9%；电子商务制度体系基本健全，初步形成安全可信、规范有序的网络商务环境。该规划关于社会物流服务体系建设提出多方面要求，一方面将交通运输列为应用电子商务的重点行业，提出民航、铁路、公路和水运等行业自身要加快拓展电子客票、电子货单等服务；鼓励邮政、快递、物流配送企业依托实体网络发展电子商务。另一方面也明确了将加快建设适应电子商务发展需要的社会化物流体系，优化物流公共配送中心、中转分拨场站、社区集散网点等物流设施的规划布局，积极探索区域性、行业性物流信息平台的发展模式。在该规划的推动下，物流领域的电子化以及物流快递网络体系与电子商务的协同发展将成为未来物流领域发展的一个重要趋势。

（三）物联网规划提升物流信息的集成化和标准化

物流业是物联网应用的重要领域，作为国家战略性新兴产业的重要组成部分，物联网对提高流通效率、降低流通成本、实现物流信息化集成化具有重要推动作用。结合国家“十二五”规划纲要以及加快培育和发展战略性新兴产业的相关文件，工业和信息化部在 2012 年 2 月制定并发布了《物联网“十二五”发展规划》。

规划提出了到 2015 年物联网的发展目标，即要在核心技术研发与产业化、关键标准研究与制定、产业链条建立与完善、重大应用示范与推广等方面取得显著成效，初步形成创新驱动、应用牵引、协同发展、安全可控的物联网发展格局，要在技术创新能力、产业体系构建和应用规模与水平等方面取得明显进展。规划将智能物流、智能交通列为应用示范的重点领域，将建设库存监控、配送管理和安全追溯等现代流通应用系统，跨区域、行业、部门的物流公共服务平台，将电子商务与物流配送一体化管理纳入示范工程。

三、口岸发展规划将拓展国际物流通道并提升效率

口岸作为一个地区对外贸易以及国际交往的必经通道，是通往国际市场的便捷渠道，也是国际物流的关键环节。针对中国现有口岸在开放规模、通行能力不

足等问题，2012年5月，国家口岸管理办公室发布了《国家口岸发展规划（2011—2015年）》，提出了"十二五"期间口岸发展的目标以及六项重点任务，以推动口岸发展取得明显进展。规划提出"十二五"期间全国将有95个新开和扩大开放口岸项目列入规划，其中计划新开口岸39个。50个沿海水运口岸开放项目、31个边境口岸项目和4个内陆地区口岸开放项目列入该规划。

该规划一方面将重点对国家及地方各级口岸管理部门进行布局优化、设施改造和动态管理等方面的提升，即通过扩大沿海地区开放，加快沿边地区开放，促进内陆地区开放，进一步完善和落实口岸退出机制，推进口岸资源的优化整合，以解决一些开放较早的口岸设施设备老化及查验人员编制配备不足等问题。另一方面将完善口岸工作联络协调机制、强化口岸协作配合，从而深化口岸"大通关"建设，进一步提高通关效率，以保证多部门管理体制下口岸工作的整体性和联动性，实现口岸各部门间的协作配合。

"十二五"时期推进口岸发展的一系列措施将大大扩展国际物流的节点覆盖范围，同时口岸管理的体制机制创新以及效率的提升也将为中国的国际物流体系进一步融入全球供应链、实现高效运作提供便利条件。

四、公路水路环境保护规划加快推进物流业发展方式转变

为贯彻落实《国民经济和社会发展第十二个五年规划纲要》对环境保护工作的要求，交通运输部2012年1月发布了《公路水路交通运输环境保护"十二五"发展规划》。该规划提出了"十二五"时期公路水路交通运输环境保护工作的指导思想和原则，明确了"十二五"时期公路水路交通运输环境保护工作的发展目标和主要任务，对交通运输污染防治、生态保护、资源节约、环保管理和科研等领域进行了统筹规划，并提出了保障规划实施的政策措施。该规划是"十二五"时期公路水路交通运输环境保护工作的纲领性文件，体现了交通运输业发展的时代要求。

该规划不仅提出了降低环境污染、资源集约利用、事故应急处置以及环保管理体系等方面的要求，还提出了将加大交通运输环境保护科研资金投入，加强科技支撑，确保交通运输环境保护设施运行维护资金和环境保护管理工作经费。交通运输部还提出了将车辆购置税中安排资金用于环境保护试点专项建设的计划，该规划的制定和实施将为构建绿色交通运输体系，加快转变物流业发展方式发挥重要的指导作用。

第二节　2012年中国物流相关政策出台情况

围绕关于加快物流业发展的总体要求以及"国九条"的贯彻落实，2012年国家和地方政府在流通行业改革、鼓励航运业、仓储业发展以及吸引民间投资等多个方面密集出台了多项政策文件，这些文件更加侧重于政策的细化和具体落实，

使国家对物流业发展的重视和支持有了更为实质性的进展。

一、国家加大力度推动流通领域改革与发展

近年来国家对流通领域的改革与发展问题给予了高强度、持续性的关注，2012年8月，国务院正式发布了《国务院关于深化流通体制改革加快流通产业发展的意见》（国发〔2012〕39号），进一步明确了流通领域改革的指导思想、原则和任务。物流业作为流通业的一个重要组成部分，也已经引发国家决策层的高度重视，除了将大力发展第三方物流等多项措施列入该文件外，还在农产品流通、药品流通等相关政策文件中进一步强调物流体系的作用。

2012年3月，国务院下发《国务院关于支持农业产业化龙头企业发展的意见》（国发〔2012〕10号）。该意见明确提出鼓励和引导龙头企业参与现代物流中心建设，落实鲜活农产品运输“绿色通道”政策，结合实际完善适用品种范围，降低农产品物流成本。铁道、交通运输部门要优先安排龙头企业大宗农产品和种子等农业生产资料运输。

2012年12月，商务部结合《全国药品流通行业发展规划纲要（2011—2015年）》，为进一步规范药品流通行业，提高居民消费药品的实惠性、便利性及安全性，发布了《药品批发企业物流服务能力评估指标》等五项药品流通行业标准（商务部公告2012年第58号）。该五项标准是新中国成立以来药品流通行业的首批标准，将对规范药品流通企业经营行为、提升从业人员素质和服务能力、完善安全用药和方便购药的市场体系等多方面发挥重要作用，对行业发展具有里程碑式的意义。对于药品流通企业来说，该标准的推行将有助于实现该行业的分级分类管理，大大提高药品流通企业的物流管理水平、促进药品批发零售与药品配送的一体化发展。

二、鼓励航运业发展的政策措施密集出台

受全球经济不景气影响，2012年国际和国内航运业持续低位运行。中央政府相继出台了各项政策措施，规范航运市场，鼓励航运业健康发展。各级地方政府也响应国家政策，出台本地区的航运业发展“十二五”规划，以及促进内河水运发展的政策措施。

（一）国家层面出台多项政策措施大力推动航运业健康发展

2012年10月，为适应新形势下国内水路运输的要求，推动水运行业健康安全发展，国务院公布了新版《国内水路运输管理条例》（国务院令第625号）（以下简称《条例》），于2013年1月1日起施行。新《条例》与旧《条例》相比，减少了多项行政许可项目，取消了船舶代理和客、货运输代理业务的审批项目，简化了审批程序，明确了水路运输交通主管部门的公共管理职能，强化了水路运输安全和节能减排等法律义务。新《条例》表现出政府从“管理型”向“服务型”的转变，有利于

规范水路运输及其辅助业务经营者的经营行为，强化市场主体的安全保障义务和优质服务意识。

2012年8月，交通运输部为提振航运业接连发布关于国际航运、国内航运和船舶融资租赁三项政策。在国际航运方面，《关于促进中国国际海运业平稳有序发展的通知》(交水发〔2012〕262号)首先强调了国际海运业健康发展的重要性，在产业结构调整、行政服务环境、守法诚信经营、市场竞争秩序、抵御危机和防控风险、发挥行业协会作用、水上交通安全、督促检查和信息报送等八个方面提出工作任务，以应对当前国际海运业的困难局面，引导航运业平稳有序发展。在国内航运方面，《关于完善管理促进国内航运业健康平稳发展的意见》(交水发〔2012〕352号)针对国内航运运价持续低迷，成本不断上升，经营压力增大等问题，提出了5个方面的工作意见，主要包括加强市场监测和分析、加强市场宏观调控和促进运力结构调整、规范市场准入和强化行业服务、加强市场监管和开展行政管理工作专项检查等。在船舶融资租赁方面，“有关融资租赁船舶试点政策”主要是对融资租赁的船舶满足一定的条件并在航运管理部门备案后，该融资租赁船舶可认定为航运企业的自有运力，这一政策有助于缓解航运企业资金压力，有效应对当前严峻的航运形势。交通运输部在上海先行试点此项政策，也将有助于上海航运业的集聚和壮大。

随着中国沿海水域船舶交通密度和流量不断增加，通航环境日益复杂，船舶交通安全面临严重威胁。为提高船舶航行安全，保障海域环境及沿海人民生活环境安全，2011年11月，交通运输部海事局发布了《全国沿海船舶定线制总体规划》(交海发〔2011〕388号)、《全国沿海船舶航路总体规划》(交海发〔2011〕666号)，填补了国内海上交通安全管理领域的空白，是国际上首个对沿海水域的航路和船舶定线制做出国家级总体规划，保障了沿海水域的船舶交通安全。

为推进长江水路运输及水利发展，充分发挥水资源综合利用效益，2012年5月，长江水利委员会与长江航务管理局共同签署了《加快长江水利和航运发展合作协议》，在规划协调、重大工程建设、采砂管理、调度协调配合、水环境保护、行政审批管理、立法和科研等方面加强合作，该协议对贯彻落实国家关于长江水利、运输发展政策，推动长江资源开发利用具有重要意义。

(二) 地方层面鼓励航运业健康发展的政策措施密集出台

2012年2月，浙江省为贯彻落实国家关于“大力推进长江等内河高等级航道建设”政策，充分利用浙江省内河水运资源，制定并发布了推动内河水运复兴的《浙江省内河水运“十二五”发展规划》，该规划明确了指导思想和规划原则，提出了发展目标及保障措施。该规划的发布有助于指导构建浙江省畅通、高效、平安、绿色的现代化内河水运体系，有利于促进浙江省乃至长江三角洲区域经济一体化和经济社会的全面、协调、可持续发展。

2012 年 4 月，广东省为贯彻落实《国务院关于加快长江等内河水运发展的意见》，切实加快广东内河水运发展，构建现代综合交通运输体系，促进产业转型升级和区域协调发展，通过了《关于加强内河水运发展的实施意见》。该意见提出到 2015 年全省高等级航道里程达到 1 300 公里，高等级航道里程占全省等级航道里程的 30%；内河运力规模达到 800 万载重吨，单船平均载重达到 1 000 吨，货运量在综合运输中所占比重达到 15% 的发展目标。该意见还提出加强内河水运能力建设、加快内河水运转型升级、打造绿色内河水运、优化内河水运发展环境等多项任务。该意见对广东省发挥内河水运条件优势，加快内河水运发展，构建现代综合交通运输体系具有重要意义。

2012 年 5 月，为了加速推进实现上海国际航运中心建设这一国家战略目标，上海市出台《上海市加快国际航运中心建设"十二五"规划》。该规划分析了上海国际航运中心建设的成就、问题以及未来的形势和要求。明确了建设国际航运中心的总体目标，即到 2015 年年底，基本实现货物、船舶、企业、资金、人才、信息、技术等航运要素与资源全面集聚，初步具备全球航运资源配置能力，形成上海国际航运中心核心功能，为 2020 年具备全球航运资源配置能力打下框架基础。同时还在国际航运业务发展、航运服务体系、航运金融、国际航运发展综合试验区、集疏运体系、邮轮产业、航运人才和文化建设 7 个方面制定了具体目标以及相应的工作任务。该规划是上海国际航运中心建设的首个专项五年规划，在宏观上指出上海国际航运中心整体的建设布局与发展重点，为制定更为详尽的政策措施提供方向。

2012 年 5 月，武汉市审议通过了《武汉长江中游航运中心建设发展战略纲要》，旨在落实国家"加快武汉长江中游航运中心建设"的要求，实现"利用 10 年左右的时间，全面建成武汉长江中游航运中心"的目标。该纲要的总体战略构想是以武汉新港为龙头，全力打造"一中心、三枢纽、六基地"，提出了推进武汉长江中游航运中心建设的 15 项任务。

2012 年 5 月，福建省为促进航运业快速、健康、可持续发展，出台了《关于促进航运业发展的若干意见》，提出了鼓励航运企业做大做强、加大航运金融支持力度、促进航运业要素集聚、鼓励引进航运人才、支持省货省运、着力拓展港口腹地、实施优惠用地用海政策等 7 项内容及具体政策措施。该意见对各项奖励、补贴的金额做出了详细的规定，明确了资金的来源，将有力促进福建省航运业快速、健康、可持续发展。

2012 年 7 月，苏州市将内河航运作为重要的战略性资源，为进一步加快内河水运发展，推进内河航道建设的政策支持力度，出台了《关于进一步加快全市水运发展的实施意见》。该意见确定“十二五”期间，苏州市将加快建设畅通的高等级航道网，开展多个航道的重点整治工程，规划建设三级航道 326.6 公里，项目总投资 178.6 亿元，分阶段完成。明确政府统筹安排每年用于内河航道建设专项资金不少于 2 亿元，安排航道管理和养护资金不少于 1 000 万元。该意见加大了对加快内河水运发展、推进内河航道建设的政策支持力度，对该市高等级干线航道网的形成，具有重大的保障作用。

2012 年 8 月，云南省为贯彻落实《国务院关于加快长江等内河水运发展的意见》，进一步加快云南省现代化内河水运体系建设步伐，出台了《关于贯彻国务院加快长江等内河水运发展意见的实施意见》。该意见提出了到“十二五”末内河水运的发展目标，明确了加快全省内河水运发展的 7 项基本内容和 5 项保障措施。该意见的发布对于加快云南省内河建设与水运发展，促进区域经济发展方式转变，提高水资源合理开发和综合利用效率有着十分重要的战略意义。

三、仓储业转型升级的引导和扶持力度加大

仓储业是商品流通体系的主要基础，是物流业的重要基础和主要节点，加快推进传统仓储向现代物流转型升级，对于降低流通成本、提高流通效率具有重要意义。2012 年 12 月，商务部流通业发展司发布了《关于促进仓储业转型升级的指导意见》(商流通发〔2012〕435 号)，该文件对于推动仓储功能向现代物流服务升级，仓储企业向“综合物流服务商”转型具有多层次的深远意义。

第一，该文件明确了仓储是隶属于物流管理活动和商品流通的重要环节，提升了仓储业在国民经济中的地位，为仓储业与物流业和商贸流通业的相关产业政策更好对接提供了依据。第二，从服务、技术和管理三方面提出了仓储业转型升级的目标，引导传统仓储企业成为多功能、一体化的综合物流服务提供商，用五年左右的时间，加工配送率、仓储服务达标率以及立体仓库面积占比三项指标均达到 40%，并使企业的现代化程度显著提高，仓储费用占比显著下降。第三，提出了 6 项“主要任务”，共包括 14 项具体工作，并且按照“支持”、“鼓励”、“推广”和“指导”四种类型分类推进，明确了政府配置资源和引导资源配置的方向。

此外，2012 年 1 月，财政部和国家税务总局下发的《关于物流企业大宗商品仓储设施用地城镇土地使用税政策的通知》(财税〔2012〕13 号)提出的对物流企业自有的大宗商品仓储设施用地，减适用税额标准的 50% 计征城镇土地使用税措施，更加明确地减轻了仓储物流企业的税收负担，切实降低流通成本，对仓储业转型升级具有促进作用。

四、引导民间资本投资物流领域的实施措施进一步细化

为贯彻落实《国务院关于鼓励和引导民间投资健康发展的若干意见》(国办发〔2010〕13 号)精神，国家制定了多项政策实施意见鼓励和引导民间投资物流相关

领域。2012年4月,交通运输部印发《关于鼓励和引导民间资本投资公路水路交通运输领域的实施意见》(交规划发〔2012〕160号),提出要继续鼓励和引导民间资本以独资、控股、参股等多种方式进入交通运输基础设施、交通运输服务和交通运输新兴业务领域,发挥民间资本推动交通运输产业结构优化、加快发展方式转变、促进现代交通运输业发展的重要作用。该意见进一步扩宽了民间资本进入交通运输领域的范围,即不仅强调鼓励民间资本参与交通运输基础设施建设,而且还进一步强调了鼓励民间资本进入交通运输服务领域和交通运输新兴业务领域。意见在投资服务上还提出将改进行政审批方式和优化审批流程、建立健全民间投资服务体系、建立健全投资政策和信息发布制度、完善中介服务体系等方面,进一步改进和完善了民间投资的政策环境。

2012年5月,国家发展改革委等12部门联合发布了《关于鼓励和引导民间投资进入物流领域的实施意见》(发改经贸〔2012〕1619号),进一步加大对民间资本投资物流领域的支持力度,为民营物流企业发展创造良好的环境。该意见指出,要引导民间资本投资第三方物流服务领域、加快形成支持民间资本进入物流领域的管理体制、为民营物流企业创造公平规范的市场竞争环境、鼓励民营物流企业做强做大。该意见对物流业的实际意义主要体现在五个方面:一是明确了第三方物流服务领域为核心的投资方向,为民间投资进入物流领域提供必要的方向指引;二是在管理体制方面对于资源整合利用、资质审批和注册管理方面的问题提出了较为具体的要求;三是突出强调在税收、土地、融资、车辆便利通行等关系物流企业发展的重要方面,民营物流企业享受同等待遇;四是强调促进民营物流企业做强做大;五是多部门协同推进的力度增大。该意见下发后,各地高度重视,已经纷纷采取措施抓好落实,相关政策效果正在显现。

2012年5月,铁道部出台了《关于鼓励和引导民间资本投资铁路的实施意见》(铁政法〔2012〕97号)。与以往铁道部出台的吸引民间投资的政策相比,该文件进一步扩大了向民间资本开放的领域,提出了10条鼓励措施,在铁路干线、客运专线、城际铁路、煤运通道、铁路工程、客货运输等核心领域,都鼓励民间资本的参与。该实施意见还就推进铁路投融资体制改革、完善有关政策措施、加强铁路行业管理和政府监管、减少和规范铁路行政审批、加强政务公开与政府信息公开工作、切实转变铁道部职能等提出了明确具体的要求。尽管铁路吸引民间投资仍有很多深层次问题有待突破,但该意见的发布,对于推进铁路行业管理体制改革、提高铁路运输企业市场主体地位仍具有十分积极的意义。

五、促进外贸稳定增长相关政策提升国际物流运作效率

在外贸形势持续低迷的情况下,国家出台多项促进外贸稳定增长的政策,物流是对外贸易中不可缺少的重要环节,国家促进外贸增长的政策使国际贸易更为便利化,提高了国际物流运作效率,间接对国际航运和港口行业具有一定拉动作用。2012年4月,国务院发布《关于加强进口促进对外贸易平衡发展的指导意见》(国发〔2012〕15号),提出要完善海关特殊监管区域和保税监管场所进口管理,进一步提高通关效率,加强边境贸易基础设施建设,加强电子政务信息平台建设等,从而提高贸易便利化水平,完善管理措施。

2012年9月,《国务院办公厅关于促进外贸稳定增长的若干意见》(国办发〔2012〕49号)发布,提出了促进外贸稳定增长的十六条措施。在提高通关效率方面指出,要进一步改进海关、质检等部门的监管服务,简化审批手续,提高通关效率,降低企业通关成本;调整AA级企业评定标准[①];全面推开海关分类通关改革,加快无纸化通关改革;在保障有效监管的前提下,放宽"属地申报、口岸验放"的适用范围。

六、交通运输行业的发展得到进一步促进和规范

2012年,国家在交通运输行业出台多项政策措施,为建立现代化的综合交通运输体系提供了一系列政策保障。除前面所述鼓励水路运输的政策措施外,还发布了促进民航业和道路交通安全的意见,并细化了促进快递发展的政策。

民航业是中国经济社会发展重要的战略性产业,为促进民航业健康发展,2012年7月,国务院下发了《国务院关于促进民航业发展的若干意见》(国发〔2012〕24号),提出了促进民航业发展的指导思想和基本原则,明确了发展目标,指出主要任务为加强机场规划和建设、科学规划安排国内航线网络、大力发展通用航空、努力增强国际航空竞争力、持续提升运输服务质量、着力提高航空安全水平、加快建设现代空管系统、切实打造绿色低碳航空、积极支持国产民机制造、大力推动航空经济发展。该意见是新中国成立以来国务院出台的第一部全面指导民航业发展的纲领性文件,对促进民航业健康发展具有重要意义。

2012年2月,国务院办公厅正式对外公布了《关于进一步促进道路运输行业健康稳定发展的通知》(国办发〔2011〕63号)。该通知共包括8条促进道路运输行业健康稳定发展的具体意见,是国务院首次专门就道路运输工作制定出台的一个综合政策性文件,明确了一系列支持行业发展的重大政策。在清理道路运输收费、建立运价油价联动机制、支持道路运输业转型发展、加强货运市场监测和运力调控、强化企业安全主体责任、保障从业人员的合法权益、强化行业协会职能作用等方面提出一系列政策措施,为促进现代道路运输业发展提供了更加有力的政策

① 此处AA级企业是海关总署按照《企业分类管理措施目录》对不同信用等级企业采取的分类管理措施,包括AA、A、B、C和D五个管理级别。其中AA类企业为最高级别,可在A类企业享受的优惠标准上进一步享受担保验放、适用较低查验率、加工贸易保证金空转、大客户协调员等优惠政策。2012年,海关总署将AA类企业评定标准从年出口值3000万美元下调为50万美元。

支撑和制度保障。

2012年7月，国务院出台了《国务院关于加强道路交通安全工作的意见》（国发〔2012〕30号），该意见提出了26条保障道路交通安全的任务及相关政策措施，对于货运车辆的驾驶员资质和驾驶行为做了进一步规范，对于保障货运行业人、车、物的安全性具有积极意义。

2012年9月，国务院为深化行政审批制度改革，出台了《国务院关于第六批取消和调整行政审批项目的决定》，取消并调整了部分物流相关领域的行政审批项目，如取消了国内水运货运代理、船舶代理审批和铁路货物装载加固方案审批等，简化了审批程序，降低了物流企业的审批费用，提高企业运营效率，对物流及交通行业的健康发展具有促进作用。

七、商贸流通与物流业的协同发展得到有力推进

为了顺应中国商贸物流迅速发展的现实需要，推进商贸流通与物流业的对接与协同发展，2012年，国家邮政总局和商务部将商贸物流的配送环节作为主要的政策着力点，出台相关政策鼓励其加快发展。2012年2月，国家邮政局与商务部联合发布《关于促进快递服务与网络零售协同发展的指导意见》（国邮发〔2012〕1号），该意见提出了7条促进快递服务与网络零售协同发展的政策措施，从优化协同发展政策环境、推动双方信息共享、标准对接等方面对两部门落实政策提出了具体要求。该意见的出台将有助于解决快递与电子商务信息对接、资源共享的问题，使快递与电子商务协同发展迈出实质性步伐。

2012年6月，商务部发布了《关于推进现代物流技术应用和共同配送工作的指导意见》（商流通发〔2012〕211号），该《意见》提出了力争到“十二五”末，重点城市共同配送（含统一配送）网点覆盖率达到40%以上，等量货物运输量降低30%以上，物流费用占商品流通费用的比率下降2个百分点的目标，并提出节点布局规划、商贸物流模式创新、物流新技术应用和商贸物流设施改造四方面的具体任务以及保障措施。在该意见的推动下，中国城市配送原有“点对点”的物流运作模式将转变成“多对多”模式，从而实现更高层次的集约化和规模化运作，降低物流单位运作成本，提高物流运作效率。城市配送成本高、中转难、货车停靠难等长期困扰中国城市物流发展的“最后一公里”问题，将有望得到明显缓解。

第三节　物流业“营改增”试点情况及实施效果

物流业是融合了运输业、仓储业、货代业和信息业等的复合型服务产业，涉及的经济活动链条长、环节多，在传统营业税的税制下，重复征税的问题十分突出，严重制约中国物流业的规模化、集约化发展。2009年的《物流业调整和振兴规划》（国发〔2009〕8号文）以及2011年的《关于促进物流业健康发展政策措施的意

见》(国办发〔2011〕38号文,以下简称"国九条"),都明确要求"切实减轻物流企业税收负担"。"营改增"试点工作,也是落实"国九条"的一项具体措施,已引发物流企业的普遍关注,必将对中国物流业发展产生深远影响。

一、"营改增"试点的政策背景与开展情况

(一)"营改增"的政策背景

在国际金融危机爆发与蔓延的背景下,中国经济自2008年开始,陷入"经济增长下行压力和产能相对过剩"矛盾相交织的复杂形势,这种形势是周期性因素和结构性因素相交织的产物。为了缓解这种双重矛盾,结构性减税成为目前中国宏观调控的一个重要政策取向,而"营改增"即是基于调整经济结构的需要而提出并设计的政策手段。长期以来,中国服务业使用的是营业税的税制,由于存在重复征税现象,当流转环节较多时,税负相对较重。同时,自1994年现行税制下,增值税和营业税两个税种的并行一直造成很多企业的困扰。为了推进服务业的发展进而调整产业结构,逐渐改营业税为增值税,从而在整个商品和服务流转环节统一征收增值税,便成为一种自然的选择。因而,"营改增"既是财税制度的重大创新,也是推动经济结构调整和发展方式转变的重要手段,在2011年10月26日国务院常务会议中正式确定试点实施。

在国民经济与社会的快速发展过程中,中国的物流业也进入到发展转型的关键阶段,综合化、一体化的物流服务已经成为中国物流业发展的主要方向,多环节的特点日益凸显。在原有按照营业税的征税方式下,物流企业要按照营业收入全额征税,且每个环节都要全额征税,上游环节所收税款不可以抵减,流转环节越多重复征税次数就越多,重复征税的问题十分严重。增值税具有"道道抵扣"的特点,可以把前道环节所收的增值税抵减,仅就增值额征税,可以避免对物流运输企业的重复征税,从而减轻物流运输企业的税务负担,使物流运输企业可以有更多的资金用于企业发展,并且可以鼓励物流企业打通增值税抵扣链条,这样就有利于中国物流运输企业做大做强,使中国物流运输企业得到更好的发展。

(二)"营改增"政策的出台和试点情况

2011年10月26日,国务院常务会议决定从2012年1月1日起,在部分地区和部分行业开始营业税转增值税改革试点,正式拉开了"营改增"试点的序幕。会议指出,为进一步解决货物和劳务税制中的重复征税问题,完善税收制度,支持现代服务业发展,从2012年1月1日起,在部分地区和行业开展深化增值税制度改革试点,逐步将目前征收营业税的行业改为征收增值税。先在上海市交通运输业和部分现代服务业等开展试点,条件成熟时可选择部分行业在全国范围进行试点。2011年11月16日国家税务总局发布《营业税改征增值税试点方案》(财税〔2011〕110号)(以下简称《试点方案》)和《关于在上海市开展交通运输业和部分

现代服务业营业税改征增值税试点的通知》(财税〔2011〕111 号)明确在上海开展"营改增"的试点。

2012 年 7 月 25 日国务院常务会议决定扩大营业税改征增值税试点范围,自 2012 年 8 月 1 日起至年底,将交通运输业和部分现代服务业营业税改征增值税试点范围,由上海市分批扩大至北京、天津、江苏、浙江、安徽、福建、湖北、广东和厦门、深圳 10 个省(直辖市、计划单列市)。2013 年继续扩大试点地区,并选择部分行业在全国范围试点。2012 年 7 月,国家税务总局印发了《财政部、国家税务总局关于在北京等 8 省市开展交通运输业和部分现代服务业营业税改征增值税试点的通知》,明确稳步扩大营业税改征增值税试点地区范围。按照文件的统一部署,北京市于 2012 年 9 月完成新旧税制转换,江苏省、安徽省于 2012 年 10 月完成新旧税制转换,福建省、广东省于 2012 年 11 月完成新旧税制转换,天津市、浙江省、湖北省于 2012 年 12 月完成新旧税制转换,具体开展过程参见表 4-1。

表 4-1 "营改增"试点开展过程一览表

<table>
<tr><th>发布时间</th><th>政策文件</th><th>试点地区</th><th>实施时间</th></tr>
<tr><td>2011 年
11 月 16 日</td><td>《营业税改征增值税试点方案》
(财税〔2011〕110 号)
《关于在上海市开展交通运输业和部分现代服务业营业税改征增值税试点的通知》(财税〔2011〕111 号)</td><td>上海</td><td>2012 年 1 月 1 日</td></tr>
<tr><td rowspan="4">2012 年
7 月 31 日</td><td rowspan="4">《财政部、国家税务总局关于在北京等 8 省市开展交通运输业和部分现代服务业营业税改征增值税试点的通知》
(财税〔2012〕71 号)</td><td>北京</td><td>2012 年 9 月 1 日</td></tr>
<tr><td>江苏省、安徽省</td><td>2012 年 10 月 1 日</td></tr>
<tr><td>福建省、广东省</td><td>2012 年 11 月 1 日</td></tr>
<tr><td>天津市、浙江省、湖北省</td><td>2012 年 12 月 1 日</td></tr>
</table>

资料来源:根据财政部、国家税务总局相关文件整理。

"营改增"适用范围的扩大甚至取代营业税,将是未来中国税制体制改单的主要方向。财政部、国家税务总局均表示,在 2013 年要继续扩大营业税改征增值税试点地区和行业范围,抓紧研究交通运输业和部分现代服务业在全国试点的方案,并适时将邮电通信、铁路运输、建筑安装等行业纳入试点范围。

(三)"营改增"政策后物流企业的税率

按照财政部、国家税务总局《关于在上海市开展交通运输业和部分现代服务业营业税改征增值税试点的通知》,对于物流企业来说主要涉及两类应税服务项目,一是"交通运输服务",按照 11% 的税率来征收增值税;二是"物流运输辅助服务",按照 6% 的税率来征收增值税。具体到各个物流子行业中,交通运输业中的陆路运输服务,改革前按 3% 缴纳营业税,改革后为 11% 缴纳增值税;仓储业、港口码头服务业改革前是按5%缴纳营业税,改革后按6%缴纳增值税,但可以抵扣增值税进项税额;装卸搬运业改革前是按3%缴纳营业税,改革后为按6%缴纳增值税。

试点地区的物流企业小规模纳税人税率由原来的营业税的5%或3%的含税税率,统一降低到增值税3%的不含税税率。对于原营业税税率为5%的仓储、货代等物流企业来说,税负至少下降了40%。对于交通运输业来说,尽管现有增值税的征收率与原营业税的税率均为3%,但是营业税是价内税,而增值税是价外税,需要换算成不含税销售额后再计算应纳税额。在税率不变的情况下,交通运输企业中的小、微企业税负也是下降的。因而"营改增"后的新税率有利于促进中小物流企业发展。

二、物流业"营改增"的实施效果

(一)减少重复征税,减轻部分物流企业负担,降低供应链成本

"营改增"使得试点地区物流企业大量外包关联活动的重复征税问题得到明显缓解,使很多处于亏损或亏损边缘中的物流企业困境得到改善。如上海许多航运企业自金融危机以来,面临需求下降、运价下跌、业绩下滑等多重困难,不少企业陷入经营困境。上海某海运有限公司在2012年前三季度一直处于亏损状态,如果按照公司的营销状况参照原营业税税率计算,应缴纳营业税额334万,"营改增"后实际缴纳增值税为0元。许多属于小规模纳税人的中小物流企业也在这次"营改增"中获益,可以根据销售额直接按照3%交纳增值税,并且对取得的联运发票都能抵扣,企业负担大大减轻,为这些企业平稳渡过经济低迷时期提供了机遇。按上海市试点经验测算,小规模纳税人税负明显下降,大部分一般纳税人税负略有下降。此外,物流行业增值税的改革,使得工商企业由于能够实现进项抵扣而使税负下降,使得整个供应链的成本得到降低。

(二)新税制加快了部分物流企业设备更新升级和优化成本管理步伐

在新税制下,物流企业新购置的运输车辆、船舶、装卸设备属于抵扣范围且金额较大,是企业获取进项税额抵扣的一个重要途径。上海的一些经营状况较好的物流企业充分抓住"营改增"试点的政策机遇,加速设备的更新改造步伐,加大技术改造和创新力度,积极开展新业务。如上海某交通运输控股股份有限公司在2012年大量购置新车,服务能力升级。某机械租赁公司新购大量叉车,扩大业务规模,由于进项税抵扣额巨大,实际缴纳增值税同比下降98.6%。"营改增"为这些企业提供了加大投入、扩展业务的重要机遇,降低了企业的实际税负,有资金和能力增加技术改造投入,以扩大规模、提升能力,从而加快了物流行业的升级步伐。

一些物流企业利用"营改增"的机会,主动进行税务筹划,完善企业的成本管

理，通过规模化集中采购燃油、材料、设备等来实现运行成本的降低。如江苏某货物运输公司改进加油的付款方式，集中采购燃油，由公司统一办理一张主卡，并将相应的附卡发放给驾驶员，公司根据行驶线路、装载量和消耗定额将主卡里的资金划拨到每一个驾驶员的附卡中，这样就保障了无论车辆在上海本市还是外地加油，产生的燃油费用票据都能够用于抵扣。

（三）试点地区货物运输企业实际税负有所增加

对于从事仓储、货代等“物流辅助服务”的物流企业来说，由5%的营业税税率调整为6%的增值税税率后，税收负担基本保持不变或有少量增加，多数企业可通过内部降本增效等措施自行消化。而对于属于交通运输服务的货运企业来说，从3%的营业税税率调整为11%的增值税税率，税负增幅比较明显。根据2011年3月中国物流运输与采购联合会对上海65家大型物流企业的调查结果显示，2008—2010年三年间中国物流企业的年均营业税实际负担率为1.3%，其中货物运输业务负担率平均为1.88%。但在实行“营改增”之后，即使货物运输企业发生的可抵扣购进项目实务中全部可以取得增值税专用发票进行进项税额抵扣，实际增值税负担率也会增加到4.2%。参与试点的上海21家物流企业中，67%的试点企业所缴纳的当年1月的增值税比以往缴纳的营业税都有一定程度的增加，平均增加税负5万元，个别大型物流企业的税负增加了100万元。

（四）多数地区已出台过渡性税收扶持政策

由于“营改增”造成交通运输业以及其他部分行业企业出现税负增加的问题，主要的试点省份均采取不同的过渡性扶持政策，降低物流企业税负。如上海市专门设立了营业税改征增值税改革试点财政专项资金，对税收负担增加的企业给予过渡性财政扶持，在《关于实施营业税改征增值税试点过渡性财政扶持政策的通知》（沪财税〔2012〕5号）文件中规定，在营业税改征增值税试点以后，按照试点政策规定缴纳的增值税比按照原营业税政策规定计算的营业税确实有所增加的试点企业，可以申请过渡性财政扶持。天津市提出对试点后税负增加较多的部分行业，按照实际税负不超过3%为限，超过部分采取即征即退办法。江苏省则表示在交通运输物流业，将全部执行一般纳税人的简易征收办法，意味着交通运输物流业在营改增中的增值税率为3%。广东省则参考上海模式安排试点财政专项资金扶持因试点导致税负增加的企业。

尽管很多地区对税负增加企业的税收返还政策已经落地，但在实施过程中由于申请需要提交的材料较多，手续烦琐，尤其是一些业务量大的企业，很多都选择累积较长时间才一并提交，虽然申请后税金返还的到账时间在1个月以内，但由于申请环节繁杂，还是对企业的流动资金周转产生了一定影响。

三、"营改增"运行中面临的主要问题

"营改增"政策的主要目的之一是降低物流企业的税负，进而降低社会流通成本，提高物流企业竞争力。但是，在试点运行过程中，部分物流企业的税负不降反升，主要集中在货物运输行业，从实际运行中暴露出的问题来看，可以归结为如下方面。

（一）货运企业可用于进项抵扣的范围有限

货运企业营运过程中发生的各种耗费可划分为营运成本和期间费用两部分。营运成本主要包括材料费、人工费和其他费用。这些营运成本中可用于进项抵扣的成本项目严重不足是造成新税制下税负增加的重要因素。一是人工成本在交通运输业中所占比重较高。交通运输业中的人工费主要是指运输企业直接从事营运生产活动的人员工资及工资附加费用。根据实际经营经验及代表性企业的年度财务报表可知，交通运输业中人工成本占比较高，且无法抵扣，因此将降低增值税的减税效果。二是通行费在物流运输业成本中所占比重可高达20%～30%，也无法获得相应的抵扣凭证。交通运输企业可抵扣的项目主要为购置运输工具和燃油、修理费所含的进项税。由于运输工具购置成本高、使用年限长（尤其是船舶，使用年限可达20年以上），多数相对成熟的大中型企业，未来几年或更长时间不可能有大额资产购置，因此实际可抵扣的固定资产所含进项税很少。在货物运输业务中，燃油、修理费等可抵扣进项税的成本在总成本中所占比重不足40%，即使全部可以取得增值税专用发票并进行进项税额抵扣，实际负担率也会显著增加。

（二）货物运输业的税率偏高

货物运输业是充分竞争的行业，平均利润率只有3%左右。在试点中，税率提高到11%，一般纳税人需要按照销售额的11%计算销项税，再按照购进的支付成本额等计算进项税（包括货运增值税发票计11%、国内运输专用发票计7%、代开增值税发票计7%、代开国内运输专用发票计7%等）以及采购设备、燃油、修理、原物料等（计17%），最后计算应纳增值税。在进项抵扣税额有限的情况下，货物运输企业的税负实际增加。这种增加的结果一方面进一步挤压物流企业的利润空间，制约物流企业升级；另一方面会进一步将税负转移到下游工商企业，导致运价上涨，从而推高物价。与《试点方案》关于"改革试点行业总体税负不增加或略有下降"的指导思想不符。

（三）进项发票的规范性影响税额抵扣

在实际操作中，由于目前增值税只是在部分地区和行业进行试点，企业实际取得的发票来源多样，十分不规范，能抵扣的进项税额比理论额低。特别是交通运输行业，企业运营的覆盖区域较大，各地区税务实践的差异会导致发票的规范

程度不同。例如交通运输业在试点后购买汽油按规定可以享受凭发票抵扣进项税额,但由于企业运输车辆的运营范围较大,各地区取得增值税发票的难度不一,尤其在非试点地区和边远地区加油站开具增值税发票的难度高于在市区内开具增值税发票的难度,因此企业的进项抵扣程度也会产生不同。此外,由于当前中国实行的是消费型增值税,规定购买生产性固定资产可以一次性抵扣增值税。而由于物流企业购置的运输工具成本高、使用年限长,多数相对成熟的大中型企业,在试点实施之前所购置的车辆无法进行增值税的抵扣,而且很多企业未来几年或更长时间不可能有大额资产购置,所以对于没有新购车辆或者新购车辆很少的企业,实际可抵扣的固定资产所含进项税很少。这一规定尤其对货运业内的大型企业而言,影响较大。

(四) 物流业务各环节税率不统一问题仍然存在

物流业的发展趋势是综合化、一体化,在实践中,很多物流企业都覆盖了运输、仓储、装卸和货代等环节,有的企业甚至还延伸到贸易、批发、零售等环节。各环节税目不统一、税率不相同,是多年来困扰物流业发展的政策"瓶颈"。在《关于促进物流业健康发展政策措施的意见》明确指出:"要结合增值税改革试点,尽快研究解决仓储、配送和货运代理等环节与运输环节营业税税率不统一的问题。"《试点方案》仍然对物流业设置了"交通运输服务"和"物流辅助服务"两类应税服务项目,交通运输服务按照11%的税率,物流辅助服务按照6%的税率征收增值税。由于物流企业在实际经营中,各种类型的业务上下关联,有时难以区分特定服务是归属交通运输服务还是物流辅助服务。例如在上海试点中,快递企业多数按照交通运输对待适用11%的增值税税率,而快递行业属于劳动密集型产业,在新税制下则负担明显加重。这种人为划分不仅不适应现代物流一体化运作的需要,也增加了税收征管工作的难度,不利于综合物流企业整合各类物流资源,提供供应链一体化服务。

地区篇

导　言

区域发展不平衡是中国物流业发展的典型特征之一。本篇从浙江省物流发展、福建省物流发展、陕西省物流发展和港澳台地区物流发展共四个方面，阐释了2012年中国区域物流发展的最新态势。

针对我国大陆地区物流市场发展状况，采取点面结合的方法。“面”即指从整体上把握浙江省（第五章）、福建省（第六章）、陕西省（第七章）的物流发展状况，各章均在分析地区经济发展状况的基础上，从物流市场规模、交通基础设施、物流信息化建设、物流园区、物流企业以及物流政策与规划等视角系统地剖析区域物流发展状况，提炼物流发展的总体特点。“点”则指在上述区域中选取重点专题或典型地区予以研究。如浙江省选择以义乌作为重点地区，福建省选择以闽台两岸物流合作与发展作为重点专题，陕西省则重点剖析了该地区物流发展特征及未来发展方向。

本报告承袭以往年度涵盖大陆、香港、台湾、澳门两岸四地物流市场发展状况的重要特色，基于两岸四地物流业一体化发展的视角，对港、澳、台地区物流业的最新动向与发展特征予以系统研究。

综上所述，地区篇将由“浙江省物流发展状况”、“福建省物流发展状况”、“陕西省物流发展状况”与“港澳台地区物流发展状况”共四章构成。

第五章　浙江省物流发展状况

浙江省地处中国东南沿海、长江三角洲南翼。改革开放以来，浙江省率先进行市场取向的改革，形成了发达的民营经济、市场经济、块状经济和县域经济，是中国经济最为发达、对外开放程度最高的省份之一。浙江省物流基础设施发达，物流需求旺盛，现代物流业呈现出快速发展的态势，现代物流发展水平位居全国领先地位。随着国内外经济形势发生深刻变化，浙江省进入经济转型升级的关键时期，物流业发展面临新的机遇和挑战。与此同时，国务院先后批准建设浙江海洋经济发展示范区，设立舟山群岛新区，开展义乌国际贸易综合改革试点，这必将有力促进浙江省现代物流业发展。

第一节　浙江省经济发展概况

"十一五"期间，尽管受到国际金融危机冲击，浙江省经济总体上仍实现了快速增长。2012 年，浙江省充分发挥资源优势和区位优势，全省经济在加快转型升级中实现平稳增长，产业结构进一步优化，地区生产总值、工业增加值等主要经济指标继续居全国前列，综合经济实力进一步增强。

一、主要经济指标

（一）地区生产总值

浙江是中国经济大省和经济强省之一。2012 年，地区生产总值达到 34 606 亿元，经济总量继续保持全国第 4 位，仅次于广东、江苏、山东。"十一五"期间，浙江省地区生产总值总体上保持较快增长，年均增长率高于 10%。"十二五"规划以来，浙江省总体上保持了平稳增长的良好态势，但受到国内外复杂经济形势和地区经济结构转型升级等因素影响，地区生产总值不断扩大的同时，增长速度略有下降。2011 年和 2012 年的增速分别为 9.0% 和 8.0%，与前一年度相比增速分别下降了 2.9 个百分点和 1.0 个百分点，具体如图 5-1 所示。

（二）工业增加值

2006—2012 年，浙江省工业增加值总体上呈现波动式增长态势。2012 年，浙江省规模以上工业增加值 10 875 亿元，比上年增长 7.1%，其中，轻重工业增加值分别为 4 705 和 6 170 亿元，分别增长 8.0% 和 6.6%。2006—2012 年浙江省工业增加值及增长率如图 5-2 所示。

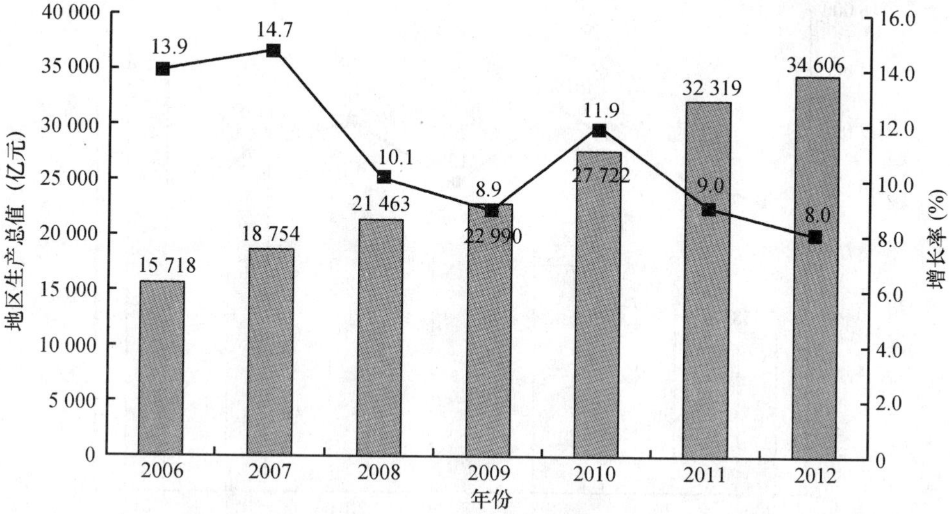

图 5-1　2006—2012 年浙江省地区生产总值与增长率状况

资料来源：根据 2011—2012 年《浙江省国民经济和社会发展统计公报》相关数据整理。

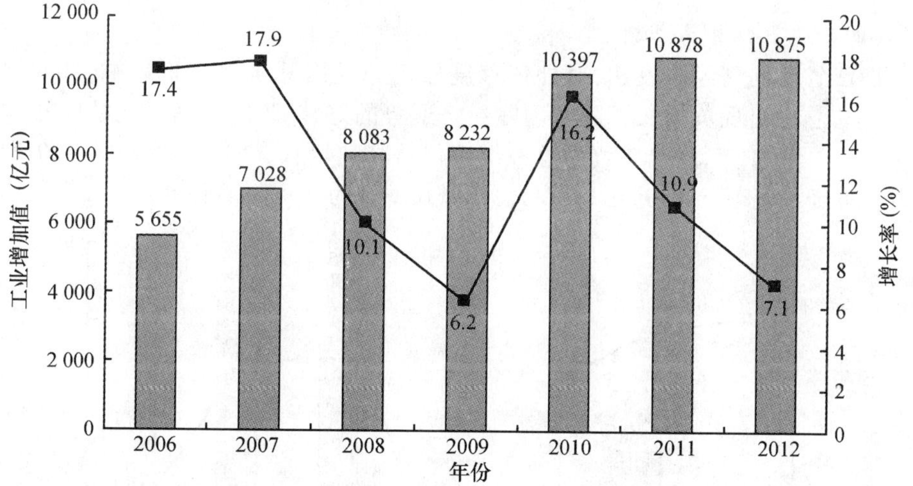

图 5-2　2006—2012 年浙江省工业增加值及增长率状况

资料来源：根据 2006—2012 年《浙江省国民经济和社会发展统计公报》相关数据整理。

（三）社会消费品零售总额

浙江省社会消费品零售总额位居全国前列。2006—2012 年，浙江省社会消费品零售总额快速增长，年均增长率为 16.7%。2012 年，社会消费品零售总额达 13 546 亿元，比上年增长 13.5%，扣除价格因素，实际增长 11.4%。2006—2012 年浙江省社会消费品零售总额及增长率如图 5-3 所示。

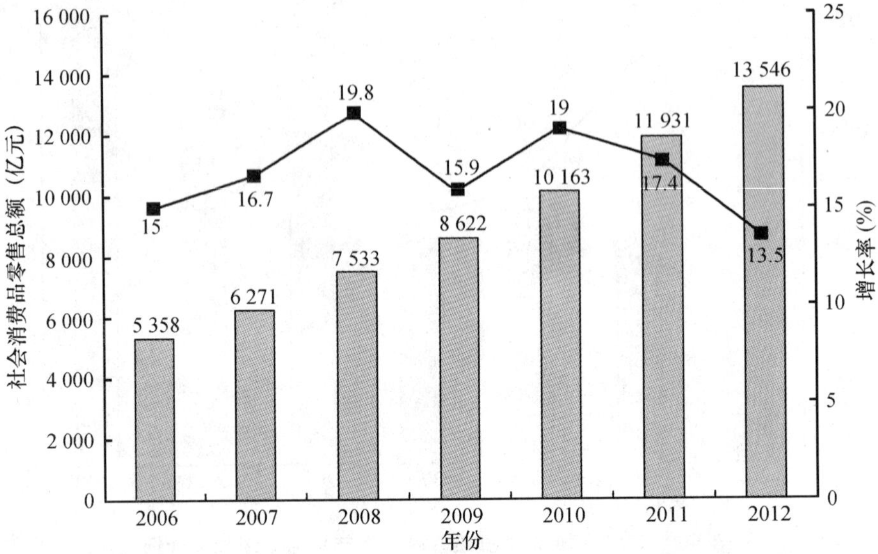

图 5-3 2006—2012 年浙江省社会消费品零售总额及增长率状况

资料来源:根据 2011—2012 年《浙江省国民经济和社会发展统计公报》相关数据整理。

（四）进出口贸易总额

浙江省外向型经济发达,对外依存度较高。受国际金融危机影响,2009 年进出口贸易总额出现负增长。随着国际经济形势的好转,2010 年实现止跌回升,增幅高达 35%。2011 年,进出口贸易总额继续保持高速增长,增速达到 22%。2012 年,随着全球经济复苏乏力,进出口贸易总额增长率仅为 0.9%,具体如图 5-4 所示。

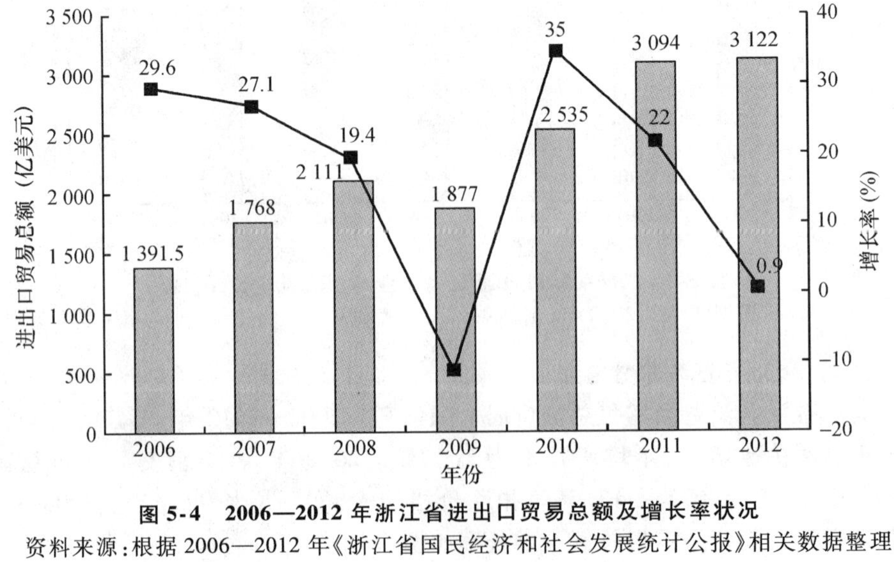

图 5-4 2006—2012 年浙江省进出口贸易总额及增长率状况

资料来源:根据 2006—2012 年《浙江省国民经济和社会发展统计公报》相关数据整理。

二、三次产业结构比例

近年来,浙江省坚持增量优化与存量提升并举,有序推动产业结构优化升级,发展质量显著提高。高效生态农业发展势头良好,二三产业转型升级步伐加快。与2006年相比,2012年第三产业增加值占地区生产总值比重提高5个百分点,第二产业降低近4个百分点,三次产业结构调整为4.8:50:45.2,如表5-1所示。

表5-1 2006—2012年浙江省生产总值三次产业比例 (单位:%)

年份	第一产业	第二产业	第三产业
2006	5.9	53.9	40.2
2007	5.5	54.1	40.4
2008	5.1	53.9	41.0
2009	5.1	51.9	43.0
2010	5.0	51.9	43.1
2011	4.9	51.3	43.8
2012	4.8	50.0	45.2

资料来源:根据2006—2012年《浙江省国民经济和社会发展统计公报》相关数据整理。

三、主导产业状况

浙江省传统优势产业包括先进纺织业、轻工业、医药制造业、化工产业、农业等。

农业方面,浙江省形成了蔬菜、茶叶、果品、畜牧、水产养殖、竹木、花卉苗木、蚕桑、食用菌、中药材等十大农业主导产业。

工业方面,《关于加快工业转型升级的实施意见》明确指出,装备制造业、高新技术产业和先进临港工业等是培育发展的重要产业:装备制造业包括核电、水电、火电、风电、太阳能电等电站设备以及轨道交通设备、大型石化装备等重要领域的装备制造业等;高新技术产业形成通信与网络设备、生物与新医药、电子元器件、仪器仪表、新能源、新材料、软件服务等7个重点优势产业;临港产业重点在石化、船舶、钢铁3个产业领域实施一批技术含量高、产业带动强、经济效益好、节能环保的重大项目,培育一批临港工业大型企业和产业基地。目前,浙江省主要工业产品包括纱、布、化纤、卷烟、房间空调器、发电量、钢材、水泥、化肥、汽车、集成电路、电子元件、微型电子计算机等。

服务业方面,浙江省大力发展生产性服务业,加快发展生活性服务业,积极发展公共服务业,努力把金融、物流、旅游、文化、信息服务等培育成为支柱产业。

四、经济发展特征

(一)民营经济是经济发展的主力军

截至2011年年底,浙江省个体工商户达230万户,民营企业总量达到72万户;民营经济总量在全省地区生产总值中的占比超过60%。在2011年中国民营企业500强中,浙江占144席,连续13年居全国之首①。年营业收入超100亿元的民营企业有42家,超500亿的企业6家,包括吉利集团、万向集团、广厦集团、娃哈哈集团、海亮集团和恒逸集团。浙江省283家上市公司中有232家民企,占全省上市公司的82%。浙江省已经形成民营经济产业高度化、企业规模化、资本社会化发展趋势②。

(二)商贸交易市场体系十分发达

浙江拥有庞大的商品交易市场,已成为全国商品市场数量最多、规模最大、交易额最高的省份。截至2011年年底,浙江全省共有商品交易市场4 212家,市场成交总额达到1.5万亿元。其中,年交易额超百亿元的商品市场有25家,市场成交总额连续21年位居全国前列③。2012年,在中国社会科学院发布的"全国百强商品交易市场"的榜单中,浙江独占鳌头,有51家市场入选,包括海宁中国皮革城、绍兴中国轻纺城、义乌中国小商品城等38家省内市场;成都国际商贸城、重庆义乌商贸城、中缅伯乐国际商贸城等13家省外市场。

2012年,浙江省出台《关于进一步推进商品交易市场提升发展的意见》,明确提出大力推动商品交易市场建设星级化、交易方式现代化、运营管理专业化、物流网络高效化、商品辐射国际化、市场经营品牌化。同时提出,力争通过5年努力,全省商品交易市场年交易额超过2万亿元;年交易额亿元以上市场超过800家,年交易额百亿元以上市场超过30家;培育50家辐射全国的省重点市场,20家硬件全国领先、功能完善的五星级文明规范市场,20个与现代产业集群互促共进的省级现代商品交易市场集群。力争通过10年努力,把浙江省建设成为全球知名的"市场强省"。

(三)县域经济和块状经济特色突出

浙江经济的活力主要在基层、在县域。2010年,浙江县域行政区(全省59各县市,不含市辖区)生产总值占全省的50%以上。其中,县域生产总值超过400亿元的县市有12个、超过500亿元的有5个,财政总收入超过50亿元的县市有13个④。块状经济是浙江县域经济的主要支撑。全省90%以上的县市区都培育和发展了块状经济,年产值10亿元以上的块状经济达312个,年销售收入100亿元以上块状经济有72个,占据浙江省经济总量半壁江山⑤。浙江省块状经济发展仍然

① 韩叙,黄平. 浙江加大民营经济扶持力度,经济日报,2012-03-05.
② 郭占恒. 浙江经济发展特点、问题和战略举措. 观察与思考,2012(9):14—19.
③ 浙江商品交易市场发展迅猛. http://www.china.com.cn,2012-10-10.
④ 郭占恒. 浙江经济发展特点、问题和战略举措. 观察与思考,2012(9):14—19.
⑤ 毛光烈. 发展特色工业设计 推进块状经济转型升级. 今日浙江,2011(20):10—11.

存在一定结构问题，表现在总量很大，但仍处于价值链低端。目前，推动块状经济向现代产业集群转型，加快发展具有国际竞争力的产业集群，已成为浙江省工业结构转型升级的战略重点之一。2012 年，浙江省委省政府确定了 42 家块状经济转型升级的示范点，涉及行业包括五金、纺织、机械制造、化工等。

（四）外向型程度较高

浙江省外向型经济发达。2011 年，全省对外贸易总额为 3 094 亿美元，占全国总量的 8.5% 左右，位居全国第五位，仅次于广东、江苏、上海、北京。2012 年，全年进出口总额 3 122.4 亿美元，比上年增长 0.9%。浙江省进出口贸易发展的突出特点在于，民营企业占比较高。如 2012 年，全省进出口总额 3 122.4 亿美元，比上年增长 0.9%；民营企业出口 1 403.2 亿美元，比上年增长 8.5%，高于全省出口平均增速 4.7 个百分点，占全省出口总值的 62.5%，比上年提高 2.7 个百分点；对全省出口增长的贡献率为 133.3%①。

第二节　浙江省物流市场发展概况

凭借良好的区位优势和产业基础，浙江省现代物流业快速发展，物流市场规模不断扩大，大型知名物流企业云集，物流设施和物流服务水平不断提升，信息化程度不断提高，成为中国物流业发展水平最高的地区之一。

一、物流市场规模

（一）物流业增加值

2007—2011 年，浙江省物流业增加值快速增长，年均名义增长率达到 14.8%。2011 年，全省物流业增加值为 3 070 亿元，比 2010 年增长 12.7%，在 GDP 中的比重达到 9.6%。2007—2011 年浙江省物流业增加值及其占生产总值比重如表 5-2 所示。

表 5-2　2007—2011 年浙江省物流业增加值及占 GDP 比重

年份	2007	2008	2009	2010	2011
物流业增加值（亿元）	1 770	2 052	2 120	2 550	3 070
地区生产总值（亿元）	18 753	21 462	22 990	27 722	32 319
物流业增加值占地区生产总值的比重（%）	9.5	9.4	9.3	9.4	9.6

资料来源：根据浙江在线新闻网站、中港网、浙江统计信息网、《浙江省“十二五”物流业发展规划》、国家统计局浙江调查总队相关数据整理。

① 浙江省统计局. 2012 年浙江省国民经济和社会发展统计公报. 2013-05-16.

(二) 交通运输、仓储与邮电业增加值

2006—2012 年,浙江省交通运输、仓储和邮政业增加值呈现波动式增长。2012 年,交通运输、仓储和邮政业增加值达到 1 277 亿元,比上年增长 6.7%,如图 5-5 所示。

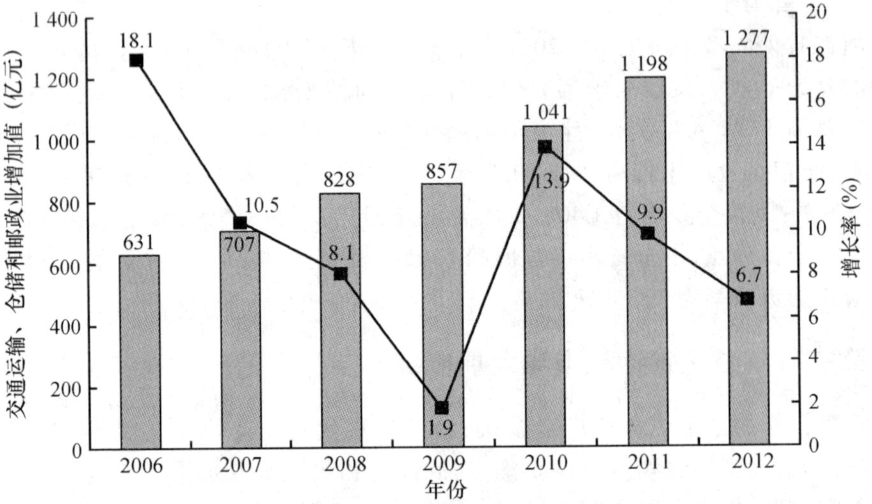

图 5-5 2006—2012 年浙江省交通运输、仓储和邮政业增加值及增长率

资料来源:根据 2007—2012 年《浙江省国民经济和社会发展统计公报》相关数据整理。

(三) 货运量与货物周转量

浙江省货运量与货运周转量均呈现稳定的上升趋势,如表 5-3 所示。2012 年,铁路、公路和水运完成货物周转量 9 183 亿吨公里,比上年增长 6.4%。其中,水运是最主要的运输方式,承担着 80% 以上的货物周转量。具体来看,铁路完成货运周转量 291 亿吨公里,比上年减少 6.7%;公路完成 1 526 亿吨公里,同比增长 6.3%;水运完成 7 366 亿吨,同比增长 7%。港口完成货物吞吐量 13.2 亿吨,增长 7.8%,其中,沿海港口完成 9.3 亿吨,内河港口完成 3.9 亿吨,分别增长 7.0% 和 9.8%,如表 5-4 所示。

表 5-3 2006—2012 年浙江省货运量与货运周转量

项目		2006	2007	2008	2009	2010	2011	2012
货运量	总量(亿吨)	14	15.3	14.7	15.1	17.1	18.6	19.1
	增长率(%)	11	9.4	-4.4	3.1	12.8	8.9	2.9
货运周转量	总量(亿吨公里)	4 364	4 962	5 385	5 660	7 112	8 627	9 183
	增长率(%)	27.7	13.7	8.5	0.7	25.7	21.3	6.4

资料来源:根据《浙江省统计年鉴》(2012)、2006—2012 年《浙江省国民经济和社会发展统计公报》、中商情报网相关数据整理。

表 5-4　2012 年浙江省铁、公、水路完成货物运输量

指标	单位	绝对数	比上年增长(%)
货物周转量	亿吨公里	9 183	6.4
铁路	亿吨公里	291	-6.7
公路	亿吨公里	1 526	6.3
水运	亿吨公里	7 366	7.0
沿海港口货物吞吐量	亿吨	9.3	7.0

资料来源：根据 2012 年《浙江省国民经济和社会发展统计公报》相关数据整理。

(四) 机场货邮吞吐量

2006—2012 年，浙江省机场货邮吞吐量持续增长，年均增速达到 9.8%。2012 年浙江省七个运输机场共完成货邮吞吐量 45.8 万吨，同比增长 7.9%。2006—2012 年浙江省民航机场货邮吞吐量如图 5-6 所示。

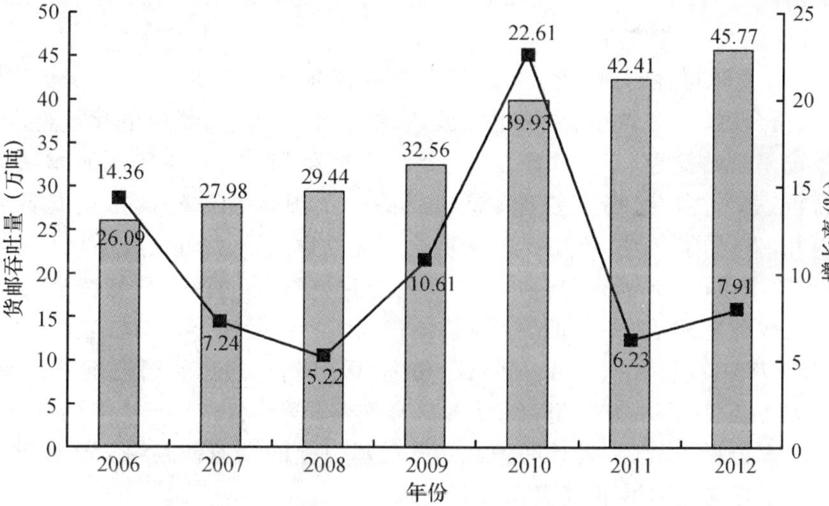

图 5-6　2006—2012 年浙江省机场货邮吞吐量及增长率

资料来源：根据 2006—2012 年《全国机场生产统计公报》相关数据整理。

二、交通基础设施

(一) 公路建设情况

公路是浙江省综合交通运输体系的重要组成部分，目前基本形成了以省会杭州为中心，与邻近省市相连，沟通省内各市、县、乡镇的公路网络。截至 2011 年年底，浙江省公路总里程达到 11.2 万公里，其中高速公路 3 500 公里①。全省公路网

① 浙江省交通运输厅. http://www.zjt.gov.cn/art,2012-09-25.

密度达到108.2公里/百平方公里，二级以上公路占公路总里程的15.2%，公路通行政村率和通行政村公路硬化率均达到99.5%[①]。

浙江省大路网建设主要是“着眼于融入长三角、辐射周边省，提高区域和城乡发展协调性，增强浙江区域经济实力”，总体要求和总体目标为：以全面适应经济社会发展为目标，以打造“五型公路”为载体，以加快疏港类公路建设、出省通道建设，服务于三大产业带和浙中城市群的公路建设为重点，全力提升省际之间、省城至各县之间、各地级市之间及各主要港口、物流基地、机场、铁路枢纽之间的公路交通保障能力，继续加快农村公路建设，努力构筑城乡协调发展、区域间协调发展、与大港口和大物流建设协调发展，功能齐全、路况良好的大开放、大立体、大民生路网。

（二）铁路建设情况

浙江目前拥有7条干线铁路，即上海到昆明、沪杭客专、安徽宣城到杭州、甬台温、萧山到宁波、金华到温州、江苏新沂到长兴，还有金华到千岛湖、衢州到常山两条地方铁路及支线铁路[②]。

“十一五”期间，浙江续建、新建的合资铁路项目有沪杭、宁杭、杭甬、杭长客专，温福、甬台温、衢常铁路、沪杭电化改造、浙赣电化改造、萧甬电化改造、钱江铁路新桥、杭州东站扩建、宁波铁路枢纽、金温扩能等14个，其中建成通车项目有温福、甬台温、沪杭客专、衢常铁路、钱江新桥以及沪杭、浙赣、萧甬电化改造等8项[③]。其中，2009年9月，浙江省首条新建高速铁路——沿海铁路浙江段（甬台温和温福铁路浙江段）开通运行，在浙江境内与沪杭线、宣杭线、浙赣线、萧甬线、金温线、温福线等完成了“一环四射”的总体格局。“十一五”末，浙江全省铁路运营里程达到1775公里，复线率65.6%，电化率60.6%，打通出省通道5个，路网密度上升到1.74公里/百平方公里，每万人享有铁路里程数由“十五”末的0.26公里跃升至0.33公里。其中，设计时速在200公里以上的高速铁路约750公里[④]。

（三）水路与港口建设情况

浙江省水路建设具有得天独厚的条件。全省拥有海岸线6646公里，占中国海岸线总长的21%，用于港口规划深水岸线506公里。内河通航里程达9750公里，四级及以上高等级航道1386公里。

---

① 浙江省人民政府.浙江省公路水路民用机场交通运输发展“十二五”规划.2012-11-20.

② 5小时通达全国主要城市铁路网将覆盖浙江所有县城.http://zt-hzrb.hangzhou.com.cn/,2012-10-10.

③ 浙江铁路迈入高速时代，高铁布线成网即将实现.http://news.zj.com/detail/1390386.shtml,2012-05-20.

④ 浙江铁路迈入高速时代，高铁布线成网即将实现.http://news.zj.com/detail/1390386.shtml,2012-05-20.

浙江省现有宁波—舟山、温州、台州和嘉兴等4个沿海港口。至2011年年底，全省沿海万吨级以上泊位173个(不含洋山港区)，年综合通过能力达8.3亿吨。现有杭州港、湖州港、嘉兴内河港、绍兴港、宁波内河港、金华兰溪港、丽水青田港等7个内河重点港口，综合通过能力4.1亿吨①。

浙江省紧紧围绕推进海洋经济发展的战略部署，积极推进“三位一体”港航物流服务体系建设，构建以宁波—舟山港为龙头、浙北和温台港口为两翼的布局合理、功能完善的沿海港口体系。“十一五”时期，建成了北仑四期集装箱码头、岙山30万吨级原油码头、大榭30万吨级中油燃料油码头、六横煤炭中转基地等一批大型化、专业化深水泊位；建成全国首条30万吨级航道(宁波—舟山港虾峙门口外航道)；形成了以舟山煤炭中转码头和电力企业自用码头为主的煤炭卸船中转运输体系，以算山、大榭、册子、岙山的“O”型区域大型原油码头运输体系，以北仑、马迹山10—30万吨级矿石专用码头承担一程接卸任务的矿石运输体系，以宁波—舟山港为干线港、温州港为支线港，嘉兴、台州港喂给运输的集装箱运输体系等四大货种运输系统布局②。其中，宁波—舟山港是知名的世界大港，集装箱航线达239条，其中远洋干线130条，连接全球100多个国家和地区的600多个港口。2012年，宁波—舟山港货物吞吐量达到7.4亿吨，首次突破7亿吨，居世界海港首位。

“十一五”时期，浙江省大力推进内河航运结构调整，集中力量建设水运主通道和集装箱运输通道，完成了京杭运河航道改造，建成省内首条三级航道湖嘉申线湖州段航道以及嘉于硖线、东宗线嘉兴段等四级航道，进一步完善了浙北高等级航道网，全省内河“北网南线、双十千八”③的骨干航道布局框架基本形成。内河港口重点建设内河集装箱专用码头，提高了浙江省内河港口集装箱吞吐能力，并完成了嘉兴内河多用途码头等一批内河港口项目④。

截至2011年年底，浙江省水路船舶运力规模达到2 078万载重吨，其中沿海特种船舶和万吨级船舶总量达到1 448万载重吨。沿海、内河运输船舶平均吨位分别达到了4 864吨和206吨，运输船舶继续向大型化、专业化方向发展。

(四) 机场建设情况

目前，浙江拥有杭州、宁波、温州三个国际机场和义乌、台州、舟山、衢州四个支线机场，以及东阳横店、建德千岛湖两个通用机场，共开通国内外航线207条，

① 浙江港航概况. http://www.zjt.gov.cn/col/col6554/index.html,2012-09-21.

② 浙江省人民政府. 浙江省公路水路民用机场交通运输发展“十二五”规划. 2012-11-20.

③ 北网南线：“北网”是指浙江省北部杭嘉湖地区航道网，“南线”是指南部地区相对独立航道；双十千八：“双十”是指规划骨干航道为20条，“千八”是指规划骨干航道里程1800余公里。

④ 浙江省人民政府. 浙江省公路水路民用机场交通运输发展“十二五”规划. 2012-11-20.

其中国内158条,国际及地区49条。2011年,全省民航旅客吞吐量达3 005万人次、货邮吞吐量为42万吨,综合排名全国第五,已是名副其实的民航大省[①]。

杭州萧山国际机场是国内重要的区域枢纽机场、国际定期航班机场和对外开放的一类航空口岸。航线网络已初具规模,航线目的地达80多个,遍及国内主要城市,港澳台地区及东亚、东南亚和欧洲。2011年和2012年,完成货邮吞吐量分别为30.6万吨和33.8万吨。宁波栎社国际机场是国内重要的干线机场,开通了47条航线,建立了通往北京、广州、深圳、成都、重庆、厦门、青岛、大连等国内主要大中城市及香港、台湾地区航线网络。2011年和2012年完成货邮吞吐量分别为5.8万吨、6.2万吨。2011年6月,温州永强机场成为浙江省第三个国际机场,2011年和2012年完成货邮吞吐量分别为4.9万吨和4.97万吨。

"十一五"期间,浙江省民用机场新增航站楼面积13.4万平方米,站坪30.8万平方米,机位36个,宁波机场飞行区技术等级从4D上升到4E。到2010年年底,航站楼总面积31.3万平方米,站坪114万平方米,机位130个。

2012年,浙江省民用机场扎实推进大航空建设,机场建设投资大幅增长,全年共完成27.2亿元[②]。浙江省义乌机场国际航站楼开工建设,丽水、嘉兴新建机场工程可行性研究报告通过审查,东阳横店通用机场正式开工,杭州机场二期扩建、温州机场飞行区改扩建工程顺利推进。

三、物流信息化建设情况

近年来,浙江省积极开展物流信息化建设。2009年,小件快运、普通运输、通用网站3个通用软件打包为"浙江省交通物流公共信息系统"一期产品"L1000"发布。通用网站已有841家企业建立网页,小件快运通用软件推广到72家企业,普通运输通用软件完成试点工作并开展了全省推广培训,已推广到40家企业。系统管理中心(电子枢纽)已实现与宁波第四方物流平台、义乌物流网和宁波电子口岸等6个外部系统对接,并能及时监控[③]。

2011年,浙江省启动国家交通运输物流公共信息共享平台二期项目建设,编制物流信息标准和指导性技术文件,扩大基础交换网络应用覆盖范围。平台已有21个省份参与共建,链接用户数超过9万家,日数据交换量达到20余万条,全省所有小件快运、危险品运输企业使用推荐软件并联网。积极整合物流公共信息应用中心,推进物流信息"一卡通"工程,促进物流园区(港区)实现无缝衔接[④]。

① 浙江民航概况. http://www.zjt.gov.cn/col/col6562/index.html,2012-09-20.

② 浙江省交通运输厅. 2012年全省机场建设投资大幅超额完成. http://www.moc.gov.cn,2013-01-08.

③ 浙江省道路运输管理局. 省厅《大物流建设》简报第二十四期. http://www.zjt.gov.cn/art/,2010-03-28.

④ 浙江省交通运输厅. 交通概况. http://www.moc.gov.cn,2012-09-21.

浙江省积极推进电子口岸建设。浙江省大通关公共服务平台按照“政府主导、海关牵头、联合共建、实体运作”的建设运行机制,由浙江省人民政府主导,杭州海关、浙江出入境管理局、浙江省海事局等12家政府部门、企事业单位共建。浙江电子口岸有限公司,成立于2006年6月6日,是由杭州海关机关服务中心、浙江出入境检验检疫局机关服务中心等6家企事业单位共同出资组建的国有高新技术企业,主管单位是浙江省人民政府办公厅,主要职责是建设和运维浙江省大通关公共服务平台。浙江电子口岸坚持“以政务建设为核心,物流信息化和电子商务两翼齐飞”的发展战略,着力打造“一站式”大通关政务平台,优化口岸发展环境,服务浙江外向型经济建设,取得了“三个率先”、“四个第一”的阶段性建设成果。“三个率先”,即率先实现与中国电子口岸并网运行;率先实现与区域(上海、宁波)地方电子口岸互联互通;率先实现国际、国内物流平台无缝对接。“四个第一”是指:截至2012年年底,浙江电子口岸自主研发并成功上线运行各类政务商务项目75项;平台进出口企业注册用户总数超过11万家;门户网站日访问量突破2万次;帮助企业节约直接通关成本10亿余元,平台各项指标均居全国地方电子口岸首位。“十二五”期间,浙江电子口岸以服务浙江省四大国家战略建设为契机,承接了中央政策性试点——浙江省跨境贸易电子商务服务试点、国家交通运输物流公共信息平台、义乌国际贸易综合改革商户联网等重大项目的建设运营工作,并在“三位一体”港口联盟和舟山海洋新区建设的信息化保障工作方面发挥主力军作用①。

此外,浙江省港口信息化建设不断推进。如宁波港股份有限公司紧密围绕“强港工程”战略目标,持续推进“标准化、系统集成化、品牌化、产品化、高级智能化”智能港口建设,基本形成业务作业管理、经营管理、通信与监控、综合管理、信息服务等信息化体系,巩固并提高了宁波港信息化建设在国内港口的领先地位②。

四、物流企业发展

近年来,浙江省物流企业发展迅速,国内外知名物流企业云集,已形成民营、国有、外资物流企业多元化发展的格局。“十一五”时期,浙江省物流企业成长迅速,全省年营业收入达3000万元以上的交通物流企业超过300家。2010年,全省有物流法人单位11万余家。截至2012年,浙江省A级物流企业304家,占全国总数的17.2%,其中:5A级5家、4A级43家、3A级176家、2A级71家、1A级9家。浙江省5A级和4A级物流企业如表5-5和表5-6所示。

---

① http://www.zjport.gov.cn/aboutus.shtml.

② 宁波市人民政府国有资产监督管理委员会.宁波港股份有限公司信息化建设“领跑”国内港口.http://gzw.ningbo.gov.cn/temprule_article/009.jsp? aid=24075,2012-12-03.

表 5-5 浙江省 5A 级物流企业

序号	企业名称
1	浙江传化物流基地有限公司
2	浙江华瑞物流股份有限公司
3	浙江省八达物流有限公司
4	义乌市交通发展有限责任公司
5	浙江中外运有限公司

资料来源:根据浙江省物流与采购协会,http://www.zjwlcg.org/Assessment.asp? id = 31 相关数据整理。

表 5-6 浙江省 4A 级物流企业

序号	企业名称	序号	企业名称
1	绍兴县中国轻纺城国际物流中心有限公司	23	金承物流集团有限公司
2	浙江物产物流投资有限公司	24	杭州汤氏物流有限公司
3	杭州第一汽车运输有限公司	25	浙江衢州汽车运输集团有限公司
4	浙江长运物流有限公司	26	浙江荣通物流有限公司
5	巨化集团运输分公司	27	浙江正北实业有限公司
6	宁波市汽车运输有限公司	28	义乌市东吴工艺品有限公司
7	宁波富邦物流有限公司	29	浙江振华物流有限公司
8	浙江中通通信有限公司	30	浙江陆通物流有限公司
9	杭州三里洋物流有限公司	31	浙江中盛物流有限公司
10	杭州市货运管理服务中心	32	临海市江南物流中心有限公司
11	浙江新安物流有限公司	33	宁波雅戈尔国际贸易运输有限公司
12	中国宁波外轮代理有限公司	34	浙江九龙国际物流有限公司
13	宁波中远物流有限公司	35	宁波市金星物流有限公司
14	镇海石化物流有限责任公司	36	宁波中通物流集团有限公司
15	浙江山鹰物流有限公司	37	浙江八方物流有限公司
16	浙江川山甲物资供应链有限公司	38	义乌市万达运输有限公司
17	湖州鑫达国际物流有限公司	39	湖州长运汽车运输有限公司
18	迅捷物流集团有限公司	40	百世物流科技(中国)有限公司
19	温州市东风运输有限公司	41	杭州崇贤港投资有限公司
20	振石集团浙江宇石国际物流有限公司	42	宁波天地物流有限公司
21	浙江中捷环洲供应链集团股份有限公司	43	宁波市江北永发物流有限公司
22	慈溪市交通物流发展有限公司	—	—

资料来源:根据浙江省物流与采购协会,http://www.zjwlcg.org/Assessment.asp? id = 32 相关数据整理。

首先,以浙江传化物流和浙江陆通物流有限公司等为代表的民营物流企业迅速崛起。如浙江传化物流是全国知名的民营5A级物流企业,传化公路港定位于"第四方物流",即"物流平台集聚服务商",是"以组织化、信息化、标准化为切入点,以物流资源集聚为基础,以促进信息交易和服务效率为核心,以网络化为载体,以整合提升供应链效率为方向"的物流企业集群发展平台,是服务公路物流的综合性、平台型物流企业。再如,浙江陆通物流是国家4A级物流企业,创建于2003年1月,由38家物流企业整合而成。经过创新发展,陆通在全国各地建立起物流联运网点,同时设立货运信息网,形成了40余条货运专线,构筑起集公路直达、公铁联运和水陆联运的高效化货运体系,成为具有普通货运、货物配载、仓储理货、交易、包装、流通加工等服务功能的综合性现代物流企业①。

其次,以八达物流有限公司等为代表的国有物流企业不断壮大。浙江省八达物流有限公司创建于1984年,拥有集到发、仓储、配送于一体的物流基地和辐射全国的物流网络,各种铁路自备车近四百辆以及大型铁路交通运输电子商务网站。凭借雄厚的实力、先进的经营理念、完善的配套设施以及优质的服务,公司已跻身国内领先的第三方物流企业行列,并开始涉足国际物流领域。公司是浙江省首批现代物流发展重点联系企业和浙江省重点流通企业,是5A级综合型物流企业和全国首批物流企业信用评价3A级信用企业,自2005年起连续八年入选"中国50强物流企业"②。2012年10月,浙江省八达物流有限公司被命名为"中国物流示范基地"。

最后,FedEx、Maersk、DHL等大批国际知名物流企业加速在浙江省的业务扩张。如,2007年,FedEx(联邦快递)中国区转运中心落户杭州;2011年,DHL全球货运在温州设立分公司;2005年,Maersk物流仓储中国有限公司与宁波经济技术开发区迅洲投资有限公司共同出资成立了宁波龙星物流有限公司,主要从事仓储、物料加工和分拨、装柜、卸柜服务,运输业务相关的仓储设施建设、经营,以及国际海运货物仓储、国际集装箱运作与堆场业务、国际货物运输代理等业务。

从总体来看,浙江省物流企业成长迅速,经营业务不断拓展。越来越多的物流企业从原来提供单一的运输仓储服务向提供全方位、多层次、一体化服务转变,从简单的承揽物流业务向根据客户需要开发专业物流服务转变。公路港、"无水港"、物流金融、物流总包等新业务模式不断涌现。但从总体结构看,小型物流企业居多,从事传统装卸、储存、运输服务的企业依然占很大比重,无序竞争还比较严重③。

---

① http://www.zjltwl.com/book.asp? id = 1.

② http://www.badawl.com/bada/ppbd_1.asp.

③ 浙江省人民政府.浙江省"十二五"物流业发展规划.2011-06-14.

五、物流园区发展

“十一五”以来，浙江省以《浙江省交通物流基地布局规划》为指导，重点完善以物流园区为核心、物流中心为骨干、配送中心为基础、农村物流站点为补充的“布局合理、层次匹配、功能完善、运转高效”的物流节点网络体系。通过与交通运输部共建物流园区，重点推进了 5 个代表不同类型的典型物流园区建设，即传化物流中心（运输物流类）、义乌物流园区（商贸物流类）、绍兴柯桥物流园区（制造物流类）、嘉兴现代物流园区（综合物流类）、梅山保税港区物流园区（国际物流类）①。

如，浙江传化“公路港物流”模式是通过建设大型公路港平台集聚与整合物流资源，成功实现物流企业和社会车辆这两大物流主体在平台内“集约化经营、信息化管理”的目标，被行业誉为解决困扰公路物流“物流企业创业发展难、工商企业物流业务外包难、社会车辆停车配货难”的有效载体。杭州传化公路港位于杭州钱江二桥萧山出口处，是传化公路港物流探索实践的首个平台，占地 560 亩，总投资达 3 亿元，于 2003 年 4 月正式开始运营。浙江传化公路港平台建设运营了信息交易、运输、仓储、配送、零担快运、管理服务“六大中心”以及完善配套服务功能模块，集聚整合了物流服务、物流载体、物流需求三大资源。目前已有 480 多家来自省内外的物流企业入驻；整合了 40 多万辆的社会车辆，建设运营 180 多条覆盖全国的城际货运班车专线，服务杭州市及周边地区工商企业近 30 000 家，为其降低物流成本近 20% 以上，已成为杭州湾及长三角地区的综合型现代物流基地。2011 年实现营业收入总额 40 亿元，上缴税收 1.5 亿元②。

再如，浙江省获批梅山保税港区和舟山港综合保税区。宁波梅山保税港区规划面积 7.7 平方公里，于 2008 年 2 月经国务院批准设立，成为继洋山、天津东疆、大连大窑湾、海南洋浦之后的中国第五个保税港区。2010 年 6 月，宁波梅山保税港区通过国务院联合验收组的正式验收，并于 2010 年 8 月开港试运行。2012 年 3 月，梅山港区口岸开放获国务院批复同意。宁波梅山保税港区坚持实施“立足宁波、依托浙江、服务长三角、辐射中西部、对接海内外”的开放战略，重点发展以国际贸易为龙头、以港航运营为基础、以现代物流业为支撑、以离岸服务和休闲旅游为配套的现代服务业，致力于建设亚太地区重要国际门户城市的核心功能区、浙江深化对外开放和实施“港航强省”战略的先导先行区、长三角建设资源配置中心和上海国际航运中心的重要功能区、国家建设自由贸易区的先行试验区。

2012 年 9 月，国务院正式批复设立舟山港综合保税区，总规划面积为 5.9 平

① 浙江省人民政府.浙江省公路水路民用机场交通运输发展“十二五”规划.2012-11-20.

② http://www.transfar56.com.

方公里,分本岛分区和衢山分区。其中,本岛分区主要功能定位为以海洋装备制造业、海洋生物产业、电子信息产业等先进制造业及仓储物流、进出口贸易为主;衢山分区则重点发展煤炭、矿石、油品等大宗商品的仓储、配送业务,将成为中国重要的大宗商品仓储、中转基地。

六、物流政策与规划

(一)国家出台有关浙江省物流发展政策

2011 年,国务院先后批准建设浙江海洋经济发展示范区、开展义乌国际贸易综合改革试点、设立舟山群岛新区。

《浙江海洋经济发展示范区规划》明确提出浙江海洋经济发展示范区的战略定位之一为"中国重要的大宗商品国际物流中心",即"发挥浙江港航资源和区位优势,着力构筑由大宗商品交易平台、海陆联动集疏运网络、金融和信息支撑系统组成的'三位一体'港航物流服务体系,加快推进以宁波—舟山港为核心的大宗商品储运加工贸易基地和集装箱干线港建设,提升上海国际航运中心的整体功能,将示范区建设成为中国重要的大宗商品国际物流中心,为中国战略物资供应提供有力支撑"。

《浙江省义乌市国际贸易综合改革试点总体方案》中指出,义乌的主要发展任务为探索建立新型贸易方式、优化出口商品结构、加强义乌市场建设、探索现代流通新方式、推动产业转型升级、开拓国际市场、加快"走出去"步伐、推动内外贸一体化发展、应对国际贸易摩擦和壁垒等。在"探索现代流通新方式"中,明确提出"培育具有先进、高效运作能力的商贸流通大企业,推动连锁经营、物流配送等现代流通方式发展。"在"推动内外贸一体化发展"中,明确提出"支持义乌建设长江三角洲物流重要节点城市,完善综合交通运输体系,将义乌纳入国家交通总体战略通盘考虑。支持义乌依托交通和市场优势,进一步降低区域内物流成本,为上海港、宁波—舟山港等重要港口提供稳定可持续增长的'实物流',在更高层次参与国际经济合作和竞争。"在"构建新型公共服务体系"中,明确提出:"依托现代信息技术,强化海关、检验检疫、商务、交通运输等部门的协调配合,加快口岸信息化平台建设,探索建立对外贸易的单一窗口。支持建设现代物流和集疏运平台,使'义乌港'成为综合功能完备的'始发港'和'目的港'。"

2013 年 1 月,国务院正式批复《浙江舟山群岛新区发展规划》。浙江舟山群岛新区,是中国继上海浦东、天津滨海、重庆两江新区后又一个国家级新区,也是首个以海洋经济为主题的国家级新区。舟山群岛新区的战略定位之一是长江三角洲地区经济发展的重要增长极,明确提出要加快构建国际物流枢纽和大宗商品储运中转加工交易中心,提高港口物流服务和战略物资保障能力;发展壮大港航物流、船舶制造、海洋工程装备、海洋旅游、远洋渔业等优势产业,将舟山群岛新区建设成为拉动长江三角洲地区经济发展的一个重要增长极。舟山群岛新区的发展目标之一就是建成大宗商品储运中转加工交易中心,将舟山群岛新区建设成为上海国际航运中心的重要组成部分和大宗商品储运中转加工交易中心,全力打造国际物流枢纽岛,进一步提高对国家战略物资供应安全的保障能力。另一发展目标是将其建设成中国东部地区重要的海上开放门户,充分发挥舟山港综合保税区的功能与政策优势,集聚国际贸易、金融、航运、科技等方面的人才和资源,将舟山群岛新区打造成为对外开放门户岛,进一步提高中国东部沿海地区的对外开放水平。

此外,2009年3月,国务院印发《物流业调整和振兴规划》,明确将以上海、南京、宁波为中心的长江三角洲物流区域列为全国九大物流区域之一,将宁波、杭州列为全国性物流节点城市。2012年7月,国务院发布《"十二五"综合交通运输体系规划》,将杭州至黄山、商丘至合肥至杭州铁路提速扩能工程列为区际铁路交通网络重点工程;将宁波—舟山港口接卸码头工程列为区际水路交通网络重点工程;扩建宁波机场列为区际民航交通网络重点工程;将杭州至宁波高速公路复线建设列为区际公路交通网络重点工程;提出加快长江干线航道系统治理,推进西江航运干线扩能和京杭运河航道建设工程,加快建设长江三角洲和珠江三角洲高等级航道网,相应建设其他地区航道。

(二)浙江省出台物流发展政策规划

2011年1月,《浙江省"十二五"规划纲要》发布,将现代物流业列为"十二五"期间重点发展的服务业之一,并明确提出"以港口物流、专业市场和产业集群物流、城乡配送、快递服务为发展重点,大力发展第三方物流,拓展物流增值服务,推广供应链管理,调整优化物流业空间布局,培育壮大市场主体,构建现代物流产业体系"。

2011年6月,《浙江省"十二五"物流业发展规划》出台,提出五大重点任务,即以物流枢纽和物流节点建设为重点,优化物流业发展空间布局;以港口物流、专业市场和产业集群物流、城乡配送和快递物流发展为重点,构建现代物流产业体系;以分离发展、引进移植和整合提升为重点,加强物流市场主体建设;以物流标准化、信息化和高新技术开发应用为重点,加快推进物流现代化进程;以深化改革开放为重点,着力改善物流业发展环境。

2011年4月,《浙江省公路水路民用机场交通运输"十二五"发展规划》颁布,明确提出总体目标是:深入推进大港口、大路网、大物流建设,大力构建港航服务体系、综合路网体系、现代物流体系,努力提升公共服务能力、行业管理能力、支持保障能力,到"十二五"末,现代交通三大建设取得新成就,浙江交通整体水平适应经济社会发展需要。该规划还从大港口建设、大路网建设、大物流建设、民用机场建设、交通运输服务、公路航道养护、科技创新与信息化、生态交通建设、安全保障与应急处置、交通行业管理等十个方面阐述了浙江交通运输体系的发展重点。

2012年2月，浙江省交通运输厅正式发布《浙江省内河水运"十二五"发展规划》，提出"十二五"期间全省内河水运发展的总体目标是：到2015年，全面启动骨干航道建设，基本实现"北提升、南畅通、东通海、西振兴"的内河航道目标格局，扎实推进"畅通水运"；内河高等级航道贯通九个地级市，对接七个产业集聚区；内河港口规模化、专业化水平大幅提高，公用码头比重有所增加，部分重点港口成为区域性水陆物资转运枢纽，运输船舶基本实现标准化、大型化，促进传统水运向"高效水运"转变；建成现代化安全监管和救助体系，打造"平安水运"；运输效率和节能减排能力显著提高，构建可持续发展的"绿色水运"。该规划明确提出了加快骨干航道建设、加强航道养护管理、积极发展重点港口、实施内河船型标准化、完善安全监管体系、推进水运信息化、强化水运市场秩序和推动水运节能环保等八大主要任务。

第三节　义乌市现代物流发展状况

义乌是全球最大的小商品展示、交易与流通中心，2008年被列为全国改革开放18个典型地区之一，2011年义乌国际贸易综合改革试点获批，成为继上海浦东新区、天津滨海新区等之后的第十个国家级综合改革试验区。受益于繁荣的商贸市场体系和快速的经济增长，义乌现已成为浙江省主要的内陆港和全国最大的零担货运配载物流枢纽，现代物流业发展呈现出独有的特征和巨大的潜力。

一、义乌市现代物流的发展特征

（一）区域性物流节点城市特征显现

义乌是浙江省政府确定的三个"大通关"试点城市之一，是全省运营最繁忙、业务量最大的四大物流枢纽之一。《浙江省义乌市国际贸易综合改革试点总体方案》明确提出："支持义乌建设长江三角洲物流重要节点城市，完善综合交通运输体系，将义乌纳入国家交通总体战略通盘考虑。支持义乌依托交通和市场优势，进一步降低区域内物流成本，为上海港、宁波—舟山港等重要港口提供稳定可持续增长的'实物流'，在更高层次参与国际经济合作和竞争。"

义乌市有内陆口岸场站一期等4个专业性物流场站。义乌国际物流中心海关监管点已成为全国内陆最大的国际集装箱监管点。义乌航空口岸列入国家"十二五"口岸开放规划。义乌海关缉私局获批，海关总署原则同意设立义乌保税物流中心，义乌列为全国17个国际陆港城市推荐名单之一、33个规划建设的铁路集装箱专办站之一，义乌物流园区列入国家公路运输枢纽总体规划。"义乌运价指数"正式对外发布。义乌成为全国30个物流信息化动态监测点之一，正努力打造成为国际陆港城市①。

（二）发达的义乌市场体系是现代物流发展的重要引擎

市场是义乌经济的最大特色和优势。自1982年在全国率先创办小商品市场以来，义乌业已形成以中国小商品城为核心，11个专业市场②、20多条专业街相支撑，运输、产权、劳动力等要素市场相配套的市场体系。义乌市场经营总面积达470万平方米，商位7万个，拥有16个大类、4 202个种类、170万种单品。来自世界各地的10万余家生产企业，6 000余个知名品牌在这里常年展示商品，是中国商品走向世界和世界商品走向中国的桥梁。义乌市场商品已经出口到212个国家和地区，市场外向度达60%以上。义乌市场有600多家境外企业驻义乌商务代表处、8 000多名外商常驻义乌采购小商品。联合国难民署采购中心、外交部驻外机构供应处义乌采购信息中心、家乐福亚洲采购总部义乌办事处等一批高端商业资源集聚义乌③，被联合国、世界银行等权威机构誉为全球最大的小商品批发市场。2012年，义乌集贸市场总成交额达758.8亿元，同比增长11.9%；其中中国小商品城成交额达580亿元，同比增长12.6%。市场成交额连续22年居全国各大专业市场榜首④。

义乌物流体系的发展与义乌市场的发展紧密相关。一方面，作为全球最大的日用消费品流通中心、展示中心和中国重要的商品出口基地，义乌市场的发展衍生了大量的物流需求，为义乌现代物流业发展奠定了良好的需求基础。另一方面，义乌市场体系发展、转型与升级产生了对现代化、高效率、集约化的现代物流业的强烈内在需求，促进了物流体系功能拓展，推动传统的单纯货物运输、联托运业逐渐向国际化的现代物流业转型。与此同时，义乌现代物流业已经成为义乌市场体系发展、义乌商品向国际和国内流通的重要保障。

（三）立体化运输网络和国际化通道已经形成

义乌拥有多种运输方式，形成了拥有公运、铁运、空运和借助上海、宁波的海运等对外运输方式的发达物流体系。义乌公路货运可直达国内31个省（市、自治区）的321个大中城市，实现了国内重要城市全覆盖，每条专线每天至少发一车，800公里以内夕发朝至。铁路中转托运站连通全国20多个铁路大站。航空货邮量稳步增长，驻义乌经营的航空货代有100多家。快递业务量增长迅猛，国内快件日均出货量达45万票，国际快件日均出货量达2万件以上，位居全国第六。市

① 数字义乌. http://www.yiwu.gov.cn.

② 11个专业市场包括：通信市场、家电市场、旧货市场、汽车城、义乌装饰城、物资市场、义乌农贸城、家具市场、二手车交易市场、木材市场、出版物中心。

③ 市场概况. http://www.yiwu.gov.cn.

④ 数字义乌. http://www.yiwu.gov.cn.

内短驳运输体系完善，运输网点遍布城乡，全市小件快运网络覆盖面达77%①。

义乌市国际化物流通道已经形成。义乌市通过实行"异地报关、口岸放行"的大通关模式，无缝对接上海、宁波和杭州等海空港，将订舱、提箱等口岸港功能延伸至义乌，形成货物出口的快速通道。中国海运、法国达飞、以星、中外运、美国总统轮船、地中海航运等18家国际知名船务公司在义乌设立办事处，有各类海运、外运、外贸代理1 000余家。目前已经开通义乌至满洲里、俄罗斯铁路国际集装箱专列。由此可见，义乌市通过海运通道、空运通道和铁路通道实现了与全球物流网络的对接，为义乌市外向型经济发展和义乌市场商品国际集散提供有力支撑。

（四）义乌港等物流园区功能日趋完善

义乌市有内陆口岸场站一期、国际物流中心、江东货运市场、江北下朱货运场等4个专业性物流场站，总占地面积近1 200亩，货运量达5 800万吨。义乌物流园区成为部省（交通运输部和浙江省政府）共建物流示范基地和省交通重点扶持物流基地，被列入国家公路运输枢纽总体规划。

义乌市物流园区总占地7 933亩，总投资超过40亿元，采用"政府主导、企业化运作"的运营模式。物流园区包括国际物流园区和国内物流园区两部分。国际物流园区由3个区块组成：义乌内陆口岸站场，占地1 050亩，分两期建设；义乌青口监管中心，规划用地893亩；义乌国际物流中心，占地450亩，已于2002年投入运营。国内物流园区由3个区块组成：江东货运场站，占地150亩，已于1999年投入运营；城西物流中心，规划用地2 394亩；廿三里物流中心，规划用地2 996亩。

具体来看，义乌内陆口岸站场，也称为"义乌港"，是浙江省重点工程和全省3个"大通关"重点建设项目之一。《浙江省义乌市国际贸易综合改革试点总体方案》明确提出，"支持建设现代物流和集疏运平台，使'义乌港'成为综合功能完备的'始发港'和'目的港'。"场站按口岸功能设计，具有方便的海关和检验检疫监管、通关功能，能够提供一站式国际物流服务。项目一期工程占地394亩，总建筑面积约为43万平方米，包括大型仓库、临时停车场、配套服务区大楼等相关设施。义乌港二期占地656亩，包括监管区（具备海关和检验检疫监管、海关查验、施封等通关功能）和仓库②。

义乌国际物流中心是义乌市联托运开发总公司为适应小商品交易国际化发展的需要而投资建设。该中心占地450亩，设海关、检验检疫等监督管理机构，配套仓储、集装箱堆场、装卸业务及报关、船务、船代、货代、外代、银行、保险等机构，是一个"一站式内陆直通关"模式的国际物流公共服务平台，吸引了中海集团、法

---

① 数字义乌. http://www.yiwu.gov.cn.

② 何有林. 义乌港，掀起盖头来. 金华日报，2012-02-13.

国达飞等公司进驻开展国际海运业务。

（五）独特的“联托运”模式

联托运业是小商品市场的伴生物。义乌联托运已经形成特色的物流模式：即以政府投资和管理联托运物流场站，个体经营户、私营业为联托运业务经营主体，以公路运输为主，铁路运输、水运、空运为辅，主要面向全国的货物运输配送。

联托运市场不是一般的运输市场，联托运处作为一种专业化的运输代理机构，是联托运市场形成的主要标志。托运处已经超越了个体代理人的模式，而将运输代理服务进一步细分和专业化，由若干个代理人完成整个代理服务。因此，托运处是一种协调若干代理人的组织。联托运处的工作分成两部分，第一是联系运输工具，利用它们闲置的运输能力；第二是吸引客户。联托运处负责将客户委托的货物安全送抵目的地，客户提取货物并按照一定的收费标准支付服务费。义乌联托运市场的一个特点在于，联托运处并不具备运输能力，必须通过组织运力才能实现运输服务，而这一点必须由专业化的代理人来完成。

义乌联托运运行的主要参与者分别是客户（生产企业、经营户、经销商）、承运商（个体三轮车、经营户、托运部、其他配送车辆）、托运部，整个业务间的信息流主要是由纸质单据作为载体。整体特点是小批量、多品种、多批次①。从联托运线路来看，义乌小商品市场是一个集散地和产地型相结合的批发市场，与此相适应，托运线路分成产地—集散地—消费目的地市场和产地—消费地目的地市场两类，前者是集散地型市场的典型线路，后者是产地型批发市场的典型线路。

由此可见，义乌联托运业，是一种专业化的运输代理服务。联托运作为托运代理是运输服务的一部分，但不同于一般的运输服务，是运输服务的中介服务，是运输服务市场的又一次专业化的分工。

（六）物流的价格洼地效应日益明显

由于具有遍布全国的物流网络优势，市场运价较低，义乌物流成本占商品总成本的12%，远低于浙江省乃至全国的平均水平，形成了明显的“价格洼地”，吸引了宁波、杭州、温州等周边区域甚至江西、福建等省的货物到义乌中转。与周边县市相比，在义乌中转的货物运费平均要节省20%～30%，且发货时间快；同点线路，比如义乌到天津的运费要比天津到义乌的运费节约30%～40%②。

二、义乌市现代物流业的发展规划

2010年，义乌市出台《义乌市现代物流业发展规划》，对义乌市现代物流业的发展定位、总体思路、发展目标和发展重点等进行了系统阐释，指明了义乌市现代

① 楼前飞．义乌联托运发展和模式研究．中外企业家，2007(12)：56—59.

② 数字义乌．http://www.yiwu.gov.cn.

物流业发展的总体方向。

（一）义乌物流发展定位

义乌物流发展定位可概括为：与义乌国际商贸名城和“三个中心”相匹配的“全球小商品物流枢纽”。具体内涵包括：环球海运网络体系中以“义乌港”为标志的虚拟国际海港；浙江省除杭州、宁波以外，连接环球供应链的第三大国际物流枢纽节点；上海国际航运中心在浙江中西部区域的内陆口岸型物流枢纽基地；与全国所有省区市重要节点城市有直达连通专线的国内小商品物流核心枢纽基地；浙中城市群及周边区域零担货运物流中转的枢纽。

（二）义乌物流发展思路

紧紧围绕打造“三中心两高地”全面建设国际商贸名城的发展目标，以科学发展观为统领，坚持“政府推动、开放带动、市场导向、企业运作”基本方针，充分利用“大通关”试点城市和省交通厅“大物流”建设有利契机，全面推进以物流站场与装备为标志的硬实力建设，以及以物流标准、物流商务模式与物流管理制度等为标志的软实力建设，完善连通国内外的以综合性、立体化、高水平物流服务为标志的物流网络体系，跨越式提升全市物流业整体素质，力争早日使义乌成为以“义乌港”为典型标志的区域物流高地。

（三）义乌物流发展目标

到2015年，与宁波港口岸功能水平相当的“大通关”系统全面建成；物流业增加值占GDP比重达到8%，成为义乌重要支柱产业；通用性和专业性物流站场设施基本适应全市现代物流发展的需要；第三方物流发展水平达到中等发达国家水平；物流业整体素质全面提高，国家4A级物流企业4家以上、3A级物流企业6家；以“义乌港”为标志的区域物流高地效应基本形成，“全球小商品物流枢纽”目标地位基本确立。

到2020年，小商品国际物流与国内物流发展水平在全国的首位度与影响度突出；物流硬实力与软实力全面提升；物流业增加值占GDP比重达到10%，成为义乌支柱产业；与义乌国际商贸名城和“三个中心”相匹配的“全球小商品物流枢纽”全面建成，现代物流发展高度现代化。

（四）义乌物流发展重点

义乌物流发展重点主要体现在“建设物流站场，打造物流发展设施平台”、“完善运输网络，构筑时效性配送体系”、“构建信息平台，提高物流信息化水平”、“强化理念引导，培育第三方物流需求”、“培育物流企业，提升物流服务供给能力”等五大方面。

第六章　福建省物流发展状况

福建省位于中国东南沿海，是中国对外开放和对台经贸交流的前沿。近年来，福建省紧抓国家建设海峡西岸经济区、海洋蓝色经济实验区及平潭综合实验区的战略机遇，加快闽台两岸产业对接步伐，大力发展优势特色产业，经济与社会发展取得显著成就，已成为中国东部沿海重要的先进制造业基地和海洋开发基地。同时，福建省作为中国重点建设的东南沿海物流区域和东部沿海物流通道，物流业呈现出快速发展态势，初步形成了以港口为依托，以福州、厦门等中心城市为重点的现代物流业“大网络、大服务、大产业”发展格局。

第一节　福建省经济发展概况

“十一五”期间，福建省经济呈现出增长较快、结构优化、后劲增强的良好态势[①]。2012 年，福建省充分发挥区位优势和政策优势，加快经济转型升级，产业结构得到进一步优化，各项主要经济指标均有较大幅度增长，综合经济实力进一步增强。

一、福建省主要经济指标

（一）地区生产总值

2006—2011 年，福建省经济保持平稳较快发展，地区生产总值年均增长率为 13.3%。2012 年，福建省实现地区生产总值 19 701.8 亿元，同比增长 11.4%[②]，增速高于全国平均水平 3.6 个百分点，居沿海省市第二位，仅次于天津。2006—2012 年福建省地区生产总值及增长率如图 6-1 所示。

（二）工业增加值

2006—2011 年，福建省工业增加值总体上呈现出快速增长态势，年均增长率为 16.2%。2012 年，福建省工业生产稳中有进，全年实现工业增加值 8 644.2 亿元，同比增长 14.2%，高于全国平均增速 6.3 个百分点，如图 6-2 所示。其中，轻工业增加值 3 904.2 亿元，同比增长 15.5%；重工业增加值 3 952.1 亿元，同比增长 14.9%，轻工业增速略高于重工业。

---

① 福建省发改委. 福建省“十二五”产业布局和重点区域产业发展研究. 2010-07-06.

② 在本章中，GDP、工业增加值以及进出口贸易总额等数据指标的增长率，计算时已考虑价格变动因素，除特别说明外，均为实际增长率。

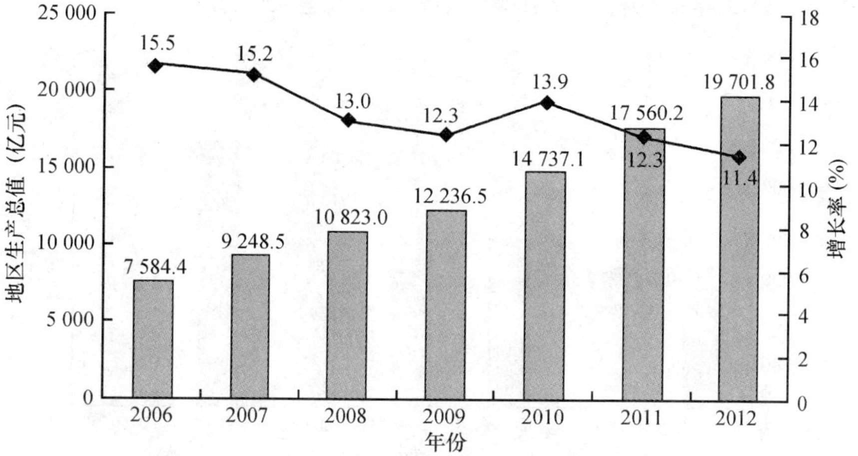

图 6-1　2006—2012 年福建省地区生产总值及增长率

资料来源:根据《福建省统计年鉴》(2008—2012)及福建省 2012 年国民经济和社会发展统计公报相关数据整理。

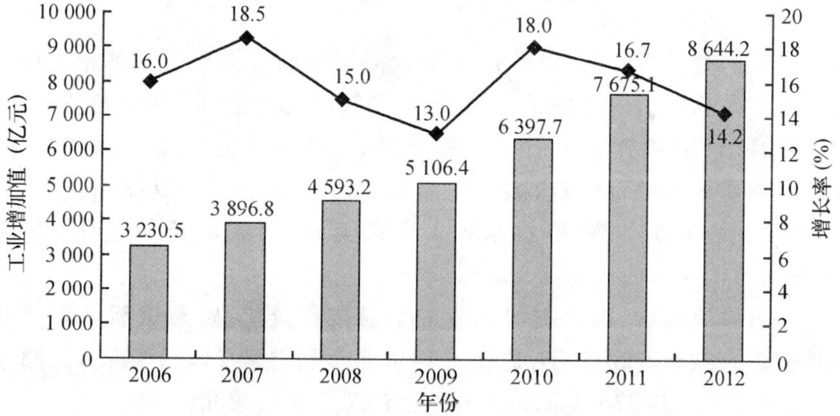

图 6-2　2006—2012 年福建省工业增加值及增长率

资料来源:根据福建省 2006—2012 年国民经济和社会发展统计公报相关数据整理。

（三）社会消费品零售总额

2006—2011 年,福建省社会消费品零售总额快速增长,年均增长率为 18.2%。2012 年,福建省社会消费品零售总额位居全国第十三位,达 7 149.5 亿元,同比增长 15.9%[①],高于全国平均增速 3.8 个百分点。其中,福州、泉州、厦门三市占福建省社会消费品零售总额的 67.2%,分别为 2 259.0 亿元、1 663.1 亿元和 882.1 亿

① 福建省统计局. 2012 年福建省国民经济和社会发展统计公报. 2012-02-19.

元。2006—2012 年福建省社会消费品零售总额及增长率如图 6-3 所示。

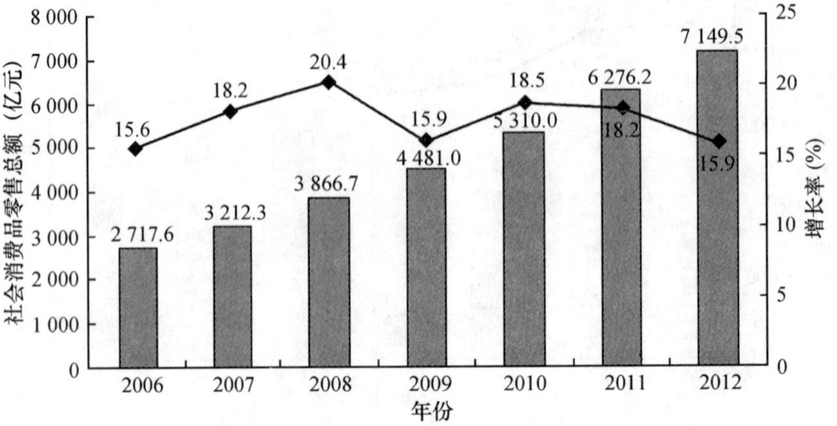

图 6-3 2006—2012 年福建省社会消费品零售总额及增长率

资料来源：根据《福建省统计年鉴》(2012)及福建省 2012 年国民经济和社会发展统计公报相关数据整理。

（四）进出口贸易总额

福建省外向型经济发达，对外依存度较高。受国际金融危机影响，2009 年福建省进出口贸易总额出现负增长，随着国际经济的逐步复苏，2010 和 2011 年实现大幅回升。2012 年，福建省进出口贸易总额 1 559.3 亿美元，同比增长 8.6%，高于全国平均增速 2.4 个百分点，如图 6-4 所示。其中，出口贸易总额 978.4 亿美元，同比增长 5.4%；进口贸易总额 580.9 亿美元，同比增长 14.6%，贸易顺差 397.5 亿美元①。

在主要贸易伙伴中，福建省与东盟的贸易增长较快，贸易总额已接近前两大贸易伙伴美国和欧盟。2012 年，福建省对东盟贸易总额 215.4 亿美元，同比增长 17.6%，略低于美国的 226.1 亿美元和欧盟的 217.5 亿美元。

二、产业结构及主要特征

（一）三次产业结构状况

近年来，福建省产业结构不断调整，工业比重不断提高，三次产业结构比例由 2006 年的 11.4∶48.7∶39.9 调整为 2012 年的 9.0∶52.2∶38.8，呈现出“二三一”的产业结构格局。其中，第一产业增加值所占比重呈逐年下降趋势；在电子信息、机械装备、石油化工三大支柱产业带动下，第二产业所占比重不断上升；第三产业比重略有下降，如表 6-1 所示。

① 福建省统计局.2012 年福建省国民经济和社会发展统计公报.2012-02-19.

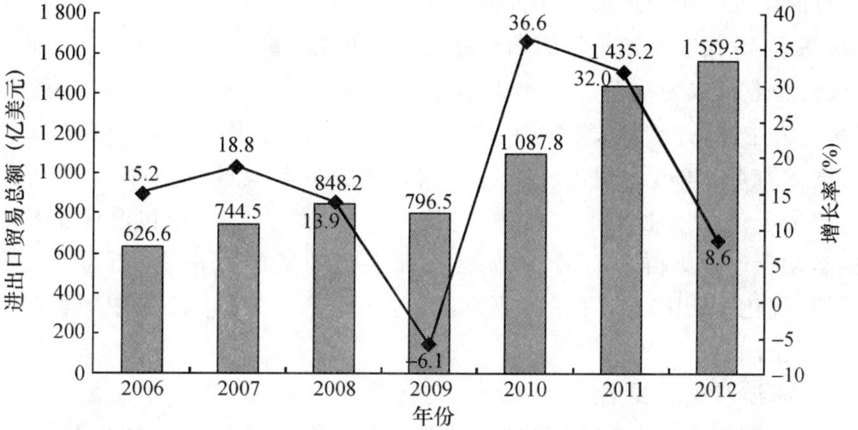

图 6-4　2006—2012 年福建省进出口贸易总额及增长率

资料来源：根据《福建省统计年鉴》(2012)及福建省 2012 年国民经济和社会发展统计公报相关数据整理。

表 6-1　2006—2012 年福建省三次产业结构状况

年份	第一产业		第二产业		第三产业	
	增加值(亿元)	比重(%)	增加值(亿元)	比重(%)	增加值(亿元)	比重(%)
2006	866.0	11.4	3 695.0	48.7	3 022.8	39.9
2007	1 002.1	10.8	4 476.4	48.4	3 770.0	40.8
2008	1 158.2	10.7	5 318.4	49.1	4 346.4	40.2
2009	1 182.7	9.7	6 005.3	49.1	5 048.5	41.3
2010	1 363.7	9.3	7 522.8	51.0	5 850.6	39.7
2011	1 612.2	9.2	9 069.2	51.6	6 878.7	39.2
2012	1 776.5	9.0	10 288.6	52.2	7 636.7	38.8

资料来源：根据《福建省统计年鉴》(2012)及福建省 2012 年国民经济和社会发展统计公报相关数据整理。

(二) 产业发展主要特征

(1) 产业集聚明显

“十一五”以来，福建省电子信息、机械装备、石油化工三大支柱产业快速发展，产业集聚水平不断提高。其中，电子信息产业初步形成了以厦门火炬园区、福清融侨园区、福州马尾园区为主的平板显示产业集群，以福州软件园、厦门软件园为主的软件产业集群，以厦门半导体照明工程产业化基地为主，辐射泉州、福州、漳州、莆田的半导体照明和太阳能光伏产业集群，以及以泉州、福州、厦门为主的移动通信产业集群；机械装备产业形成了福州汽车及零部件、厦门汽车及零部件、厦门工程机械、龙岩运输及专用设备制造、福安电机电器、泉州机械装备六大产业集群;石油化工产业则形成了湄洲湾石化基地、漳州古雷石化基地、福州江阴化工新材料基地、海西宁德四大沿海石化基地产业集群。

民营企业已成为福建产业集聚的重要组成部分。截至2011年年底,全省以民营企业为主体的产业集群60个,其中38个重点产业集群实现年产值10 257亿元,占全省的47.1%,涌现出一批在全国乃至全球具有较强竞争力的产业集群。如厦门"电子信息产业集群"、福安"电机产业集群"、泉州"箱包产业集群"、晋江"休闲运动鞋产业集群"、石狮"休闲运动服装产业集群"、南安"五金水暖器材产业集群"、德化"日用工艺陶瓷产业集群"等7个产业集群入选《中国百佳产业集群》,位居全国第5位[①]。

(2)海洋产业发展迅速

"十一五"以来,福建省相继出台《关于加快海洋经济发展的若干意见》、《福建省海洋新兴产业发展规划》等多项政策及措施,大力发展海洋经济。2012年10月,国务院批准《福建海峡蓝色经济试验区发展规划》,进一步要求积极推进海洋产业转型升级,集聚发展高端临海产业,培育壮大海洋新兴产业,大力发展海洋服务业,着力延伸产业链、壮大产业群,构建优势突出、特色鲜明、核心竞争力强的现代海洋产业体系。

目前,福建省已培育出东山湾、三都澳等十大生态型海水养殖基地,建成连江、石狮、东山等十大海产品加工基地,初步形成石化基地和船舶修造基地、东南沿海新兴海洋生物制药研发基地、全国重要的海洋能源开发和海水综合利用基地。其中,海洋渔业、海洋交通运输、滨海旅游、船舶修造、海洋工程建筑五大海洋传统产业增加值约占海洋产业增加值的3/4,已成为福建省国民经济的重要支柱[②]。2012年,福建海洋生产总值达5 220亿元,同比增长18.1%,增幅居全国前列,占福建全省地区生产总值的26.5%,海洋经济总规模居全国第五位。

"十二五"期间,福建省将以建设海峡蓝色产业带为主体,以建设福州和厦漳泉两大核心区域为突破口,重点开发三都澳、闽江口、湄洲湾、泉州湾、厦门湾和东山湾六大海洋经济密集区。预计到"十二五"末,全省海洋生产总值达到7 300亿元,占全省生产总值的28%以上,基本形成海峡蓝色产业带。

---

① 产业集聚特征明显 民营经济爱拼会赢. http://news.xinhuanet.com/fortune/2011-09/23/c_122076554.htm,2011-09-23.

② 国务院.福建省海洋经济发展规划.2012-09-25.

(3) 闽台产业合作与交流活跃

"十一五"以来,福建省充分发挥对台优势,产业合作规模不断扩大。截至2012年年底,福建省台资企业达3 953户,占大陆台资企业总数的15.8%,位居全国第三位;注册资本57.44亿美元,占大陆台资企业注册资本总数12.5%,位居大陆第二位;投资总额千万美元以上的台资企业已达763家,在台湾"百大"企业中,已有50多家来闽投资。2012年,福建省新增台资企业279户,新增投资总额6.85亿美元,首次超过港资企业在福建的投资,位居外资来源首位,已成为大陆最具活力的台商投资集中区之一①。

闽台产业合作领域不断拓宽,已由制造业向农林业、金融服务业、文创产业等领域拓展。产业合作形式也由"单向"转为"双向"投资。2010年6月,新大陆通过收购帝普科技有限公司股份,成为首家赴台投资的大陆企业。截止到2010年年底,福建省已有20多家企业到台湾投资,涉及果蔬、花卉、儿童服装销售、建筑、会展服务、交通物流、旅游观光等多个产业,赴台投资企业数与投资规模位居大陆各省份之首。2012年,福建对台投资8 302.1万美元,同比增长25倍。

此外,福建省积极加快台商投资区、台湾农民创业园、闽台产业合作专业园区等合作平台建设,相继建立4个国家级台商投资区、6个国家级台湾农民创业园和一批闽台合作光电、高端装备、生物医药、农产品深加工等专业园区和产业基地,产业合作平台不断提升。

第二节 福建省物流市场发展状况

凭借良好的区位优势、地区经济的快速发展以及政府相关政策的大力支持,福建省物流呈现出良好发展态势。物流市场需求规模不断扩大,物流基础设施逐渐完善,物流企业不断发展壮大,信息化水平不断提高,物流的供给能力和供给水平得到快速提升。

一、福建省物流市场规模

(一) 交通运输、仓储和邮政业增加值

2006—2011年,福建省交通运输、仓储和邮政业实现稳定增长,年均增长率达8.1%。2012年,交通运输、仓储和邮政业实现增加值1 097.5亿元,比上年增长7.9%,如图6-5所示②。

(二) 货运量与货运周转量

2006—2011年,福建省货运量呈现出总体增长趋势,年均增长率达11.2%,如图6-6所示。2012年,福建省实现货运总量8.4亿吨,同比增长12.2%。

① 李向娟.福建省2012年台资企业新设户数首次超过港资企业.福建日报,2013-03-14.

② 福建省统计局.2012年福建省国民经济和社会发展统计公报.2012-02-19.

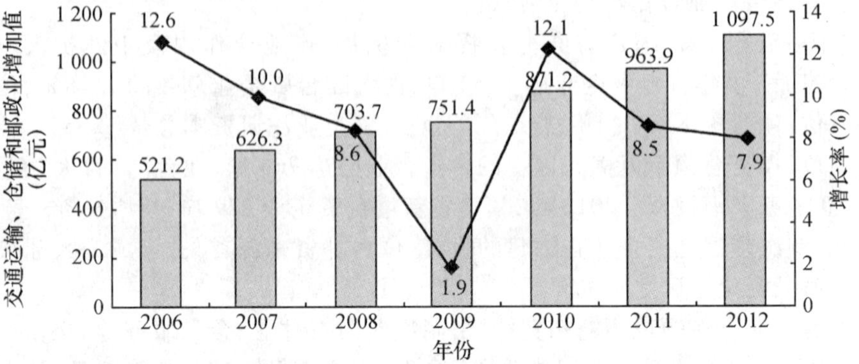

图 6-5　2006—2012 年福建省交通运输、仓储和邮政业增加值及增长率

资料来源:根据《福建省统计年鉴》(2012)及福建省 2012 年国民经济和社会发展统计公报相关数据整理。

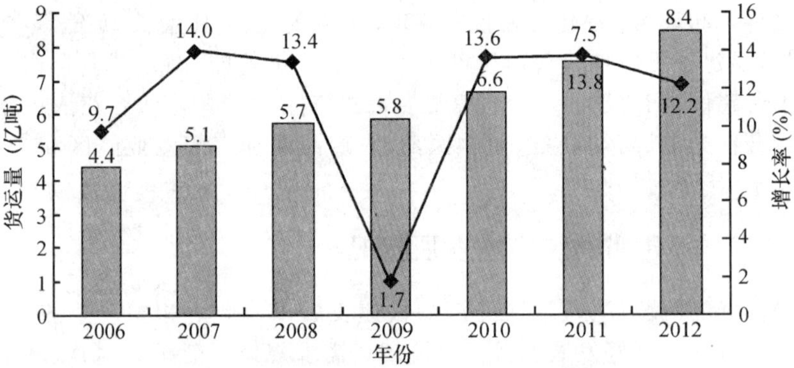

图 6-6　2006—2012 年福建省货运量及增长率

资料来源:根据《福建省统计年鉴》(2012)及福建省 2012 年国民经济和社会发展统计公报相关数据整理。

2006—2011 年,福建省货运周转量实现稳步增长,年均增长率 12.3%。2012 年,福建省完成货运周转量 3 877.7 亿吨公里,同比增长 13.9%,如图 6-7 所示。

公路运输和水路运输是福建省的主要货运方式,两种方式近年的货运量、货运周转量所占比例一直在 90% 以上。2006—2012 年福建省货运量与货运周转量情况如表 6-2 所示①。

① 福建省统计局. 2012 年福建省国民经济和社会发展统计公报. 2012-02-19.

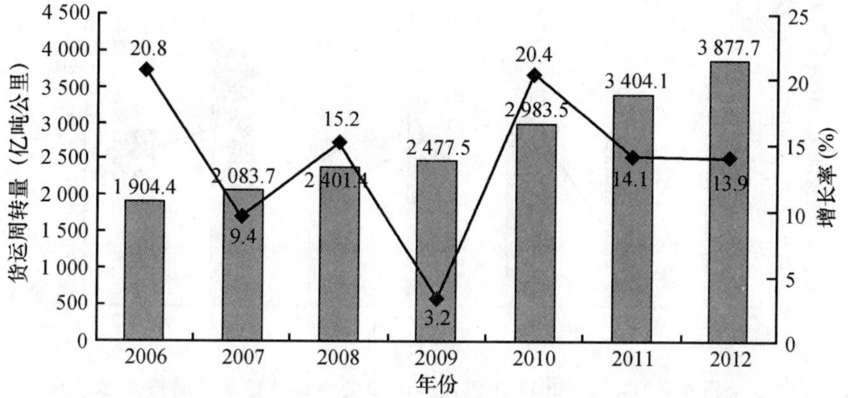

图 6-7　2006—2012 年福建省货运周转量及增长率

资料来源：根据《福建省统计年鉴》(2012)及福建省 2012 年国民经济和社会发展统计公报相关数据整理。

表 6-2　2006—2012 年福建省货运量与货运周转量情况

（货运量：万吨；周转量：亿吨公里）

年份	总计		铁路		公路		水路	
	货运量	周转量	货运量	周转量	货运量	周转量	货运量	周转量
2006	44 304	1 904.36	3 646	201.70	29 806	266.34	10 841	1 434.92
2007	50 500	2 083.72	3 595	209.70	34 829	317.44	12 130	1 553.84
2008	57 254	2 401.41	3 681	207.80	38 367	483.57	15 193	1 708.39
2009	58 231	2 477.46	3 631	182.70	40 317	507.23	14 271	1 785.85
2010	66 159	2 983.52	3 765	184.20	45 575	578.32	16 803	2 218.88
2011	75 272	3 404.11	3 826	187.93	52 558	659.52	18 872	2 554.34
2012	84 417	3 877.73	3 868	181.10	59 431	771.09	21 100	2 922.99

资料来源：根据《福建省统计年鉴》(2012)及福建省 2012 年国民经济和社会发展统计公报相关数据整理。

（三）港口货物吞吐量

2006—2011 年，福建省港口货物吞吐量总体呈现出快速增长态势，年均增长率达 9.5%，如图 6-8 所示。2012 年，福建省港口货物吞吐量首次突破 4 亿吨，达到 4.14 亿吨，同比增长 10.9%。其中，外贸货物吞吐量 1.67 亿吨，同比增长 10.0%；集装箱吞吐量突破千万标箱，达到 1 073.07 万标箱，同比增长 10.6%①。

① 福建省统计局. 2012 年福建省国民经济和社会发展统计公报. 2013-02-19.

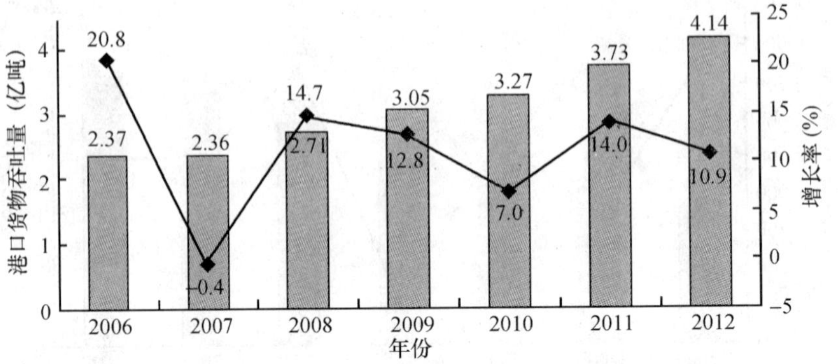

图 6-8　2006—2012 年福建省港口货物吞吐量及其增长率

资料来源：根据《福建省统计年鉴》(2012)及福建省 2012 年国民经济和社会发展统计公报相关数据整理。

福州、厦门和泉州港是福建省最主要的港口，三大港口货物吞吐量占整个福建沿海港口吞吐量的 85% 以上。2006—2011 年福建省各港口货物吞吐量如表 6-3 所示。

表 6-3　2006—2011 年福建省各港口货物吞吐量情况

年份	总计(万吨)	货物吞吐量(万吨)					
		福州港	厦门港	泉州港	宁德港	湄洲湾港	漳州港
2006	23 687.61	8 847.82	7 792.07	5 134.93	447.00	1 301.11	164.68
2007	23 602.90	6 433.32	8 117.20	6 215.32	691.13	1 612.74	533.19
2008	27 070.06	6 702.59	9 701.96	7 224.30	1 007.26	1 802.26	631.69
2009	30 541.81	8 094.10	11 096.28	7 666.34	1 240.45	1 542.38	902.26
2010	32 687.01	7 124.79	12 728.05	8 455.37	1 420.33	1 755.99	1 202.47
2011	37 278.95	8 218.28	15 653.55	9 330.48	2 002.80	2 073.84	—

注：2011 年漳州港并到厦门港，2012 年泉州港并入湄洲湾港。

资料来源：根据《福建省统计年鉴》(2012)相关数据整理。

（四）机场货邮吞吐量

2006—2011 年，福建省机场货邮吞吐量持续增长，年均增长率达 10.6%。2012 年，福建省机场货邮吞吐总量为 40.58 万吨，同比增长 6.7%，如图 6-9 所示[①]。

① 福建省发改委. 2012 年我省机场吞吐量稳步增长. http://www.fjdpc.gov.cn/show.aspx? Id = 70490，2013-01-14.

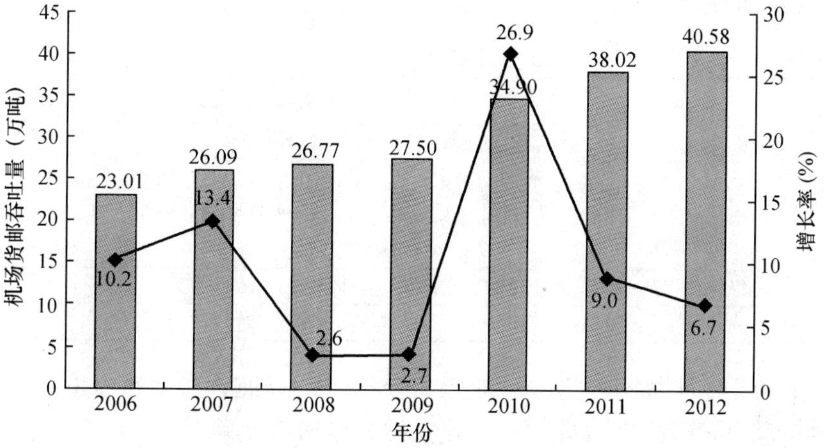

图 6-9　2006—2012 年福建省机场货邮吞吐量及其增长率

资料来源：根据 2006—2012 年《全国机场生产统计公报》相关数据整理。

厦门高崎和福州长乐是福建省最主要的机场，2012 年两大机场货邮吞吐量占整个福建省机场货邮吞吐量的 90.8%。其中，高崎机场货邮吞吐量为 27.15 万吨，同比增长 4.2%；长乐机场货邮吞吐量为 9.69 万吨，同比 10.7%，如表 6-4 所示。

表 6-4　2012 年福建省机场货邮吞吐量及排名

机场名称	全国排名	货邮吞吐量(万吨)	增长率(%)
厦门高崎机场	8	27.15	4.2
福州长乐机场	22	9.69	10.7
泉州晋江机场	38	3.57	14.4
南平武夷山机场	86	0.17	97.4
龙岩冠豸山机场	170	—	—

资料来源：根据 2012 年全国运输机场生产统计公报相关数据整理。

二、物流交通基础设施状况

（一）公路建设情况

公路是综合交通运输体系的重要组成部分。目前，福建省已初步形成了以“两纵六横”高速公路、“二纵二横”国道和“八纵九横”省道为主的公路网络，如表 6-5 所示。截至 2011 年年底，福建省公路总里程达 9.23 万公里，高速公路里程 2 652.20 公里，基本实现了与广东、浙江、江西等周边省份的全面对接。2012 年，福建省新增公路里程 2 338.86 公里，新增高速公路里程 3 500 公里，出省高速公路通道 11 个。其中，通往长三角方向的出口通道 4 个，通往珠三角方向的出口通道

3个,通往中西部地区方向的出口通道4个。

表6-5 福建省高速及国道公路分布

路网名称		路网构成
高速公路	两纵	沈阳—海口高速(G15)、长春—深圳高速(G25)
	六横	宁德—上饶高速(G1514)、福州—银川高速(G70)、莆田—永定高速(S10)、泉州—南宁高速(G72)、厦门—沙县高速(S30)、厦门—成都高速(G76)
国道公路	二纵	北京—福州国道(104)、福州—兰州国道(316)
	二横	厦门—成都国道(319)、福州—昆明国道(324)

"十二五"期间,福建省将重点建设"三纵八横"高速公路网和福州、厦门、泉州等中心城市绕城高速公路,进一步完善农村公路网络。到2015年,福建省公路通车总里程将突破10万公里,高速公路达到5 000公里,出省高速公路通道增至17个,基本形成"三纵八横"高速公路网,实现县县通高速公路。

(二)铁路建设情况

"十一五"以来,福建省加快建设连接长三角、珠三角的温州—福州、福州—厦门、厦门—深圳沿海快速铁路通道;加快建设连接中西部地区的龙岩—厦门快速铁路通道和连接中北部地区的南昌—福州快速铁路通道;改造提升江西横峰—南平、鹰潭—厦门、南平洋—福州、漳平—广东龙川和漳平—湄洲湾肖厝港等铁路;开展永安—长汀、宁德—衢州铁路等项目前期工作,已拥有赣州—龙岩、广东梅州—福建坎市、江西横峰—福州、鹰潭—厦门、温州—福州、厦门—深圳6大出省铁路通道。截至2012年年底,福建省铁路营业里程达到2 277公里,路网密度184公里/万平方公里。

"十二五"时期,福建省将进一步加大铁路建设力度,加快推进新建干线铁路和支线铁路建设,扩能改造原有铁路,不断完善铁路网络系统和拓展铁路出省通道。到2015年末,福建省铁路通车里程将达4 800公里,进出省通道将增至10个以上,基本形成连接海峡西岸经济区与长三角、珠三角以及中西部地区的大运力快捷运输通道。

(三)港口建设情况

福建省港口资源优势明显,拥有大陆海岸线长3 324公里,居全国第二位,深水港口岸线资源居全国首位。近年来,福建省积极推进沿海港口资源整合,加快港口公共基础配套设施、集疏运体系和内河航运发展[①]。截至2011年年底,福建

① 国家发展改革委. 福建加快沿海港口整合. http://www.sdpc.gov.cn/dqjj/qy8c/t20111026-440677.htm,2011-10-26.

省港口拥有生产用码头泊位 540 个。其中,沿海港口生产用码头泊位 454 个,内河港口生产用码头泊位 86 个,万吨级及以上泊位 129 个①。

目前,福建省拥有福州、湄洲湾、厦门三大港口群,已初步形成分工合理、优势互补的集装箱、大宗散杂货、对台客货滚装运输系统,如图 6-10 所示。其中,厦门港是以集装箱运输为主、散杂货运输为辅、客货并举的国际航运枢纽和国际集装箱中转中心;福州港是以集装箱和大宗散杂货运输为主的国际航运枢纽港;湄洲湾港②则是以大宗散货和集装箱运输相协调的主枢纽港。

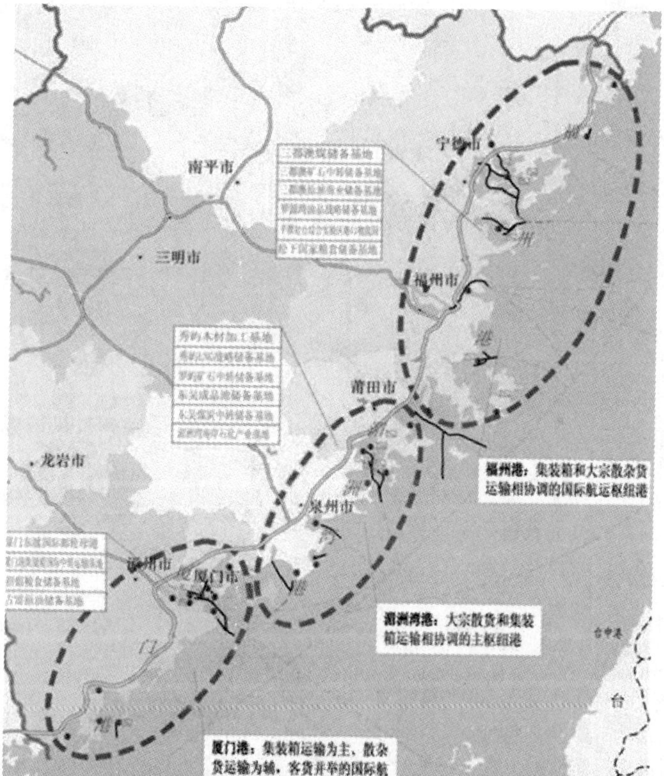

图 6-10　福建省港口群分布图

资料来源:福建省"十二五"综合交通运输体系发展专项规划。

到"十二五"末,福建省沿海港口通过能力将达到 5.5 亿吨。其中,集装箱通

---

① 福建省交通运输厅. 2011 年福建省公路水路交通运输行业发展统计公报. 2012-06-20.

② 湄洲湾港是由原湄洲湾港的四个港区(肖厝港区、斗尾港区、秀屿港区、东吴港区)、泉州港的三个港区(泉州湾港区、深沪湾港区、围头湾港区)以及莆田港的兴化湾港区于 2012 年合并而成。

过能力将达到 1 700 万标箱;沿海港口深水泊位约 200 个,沿海港口专业化泊位通过能力比例将达 85%,必将进一步提升沿海港口的通关效率①。

(四) 机场建设情况

"十一五"期间,福建省机场建设取得快速发展,拥有厦门高崎、福州长乐、泉州晋江、南平武夷山和龙岩冠豸山 5 个机场,并开工建设三明沙县机场、宁德机场和莆田机场,如图 6-11 所示。

图 6-11 福建省机场分布图

资料来源:福建省"十二五"综合交通运输体系发展专项规划。

厦门高崎国际机场是长三角与珠三角之间重要的国际航空枢纽,也是东南沿

① 福建省交通运输厅. 福建省交通运输"十二五"发展规划. 2011-05-18.

海重要的国际干线机场和区域性航空枢纽港。目前已直接通航城市达70多个，航线遍及国内北京、上海等交通枢纽型大城市、中型省会城市、旅游型城市以及港澳台、东亚、东南亚的旅游城市。2012年，厦门高崎国际机场完成货邮吞吐量26.06万吨，位居全国第8位。福州长乐机场是福建省主要的国际机场，已开通航线66条，2012年完成货邮吞吐量9.69万吨，位居全国22位。

"十二五"期间，福建省将全面完成5个现有机场的扩能改造，建成三明沙县机场，并积极推进厦门新机场、武夷山机场迁建等项目建设。到2015年年末，福建省货邮吞吐量将超过70万吨，基本形成以福州、厦门国际机场为主的干支结合的空港布局①。

三、物流信息平台发展状况

近年来，福建省加快闽台两岸电子口岸对接，加强物流信息平台建设，增强物流资源整合能力，提升物流服务水平②。

2010年，福建省电子口岸信息平台相继在全省各地市开通运营，业务涵盖海运、空运、物流园区、信息增值服务等多个领域，拥有申报、监督、查询、物流服务等功能，实现了电子政务类查验申报和物流监管信息网络化的同步运行。该平台也实现了与台湾关贸网络平台的成功对接，成为大陆首个与台湾口岸信息平台对接的地方电子口岸信息平台③。

2011年5月，福建省交通物流公共信息平台正式开通。该平台纵向对接国家交通运输物流公共信息共享平台，横向对接商贸、钢铁、矿石等其他行业性物流公共信息平台，为物流企业提供权威、免费、实时的交通路网、路况等交通基础设施运行状况信息。目前，该平台已试点对接福建省内盛丰物流、运杰物流等14家道路运输物流企业，日单据交换量5万条、电子运单交换量800条，为物流企业提供服务、交换、监管、决策支持一体化。

此外，厦门、福州等市采取"政府推动，市场运作，统一规划，分步实施"的模式，将海港EDI平台、空港EDI平台、电子商务中心EDI平台进行整合，构建物流公共信息平台。

四、物流园区建设状况

近年来，福建省加快物流园区建设，积极推进福州保税物流园区、前场铁路大型货场、云霄光电物流园、泉州台商投资区临港物流园区、华南工业原料商贸城、武夷新区物流园区、三明现代物流产业开发区、海西龙门物流园区等综合物流园

① 福建省交通运输厅. 福建省交通运输"十二五"发展规划. 2011-05-18.
② 福建省交通运输厅. 福建省交通物流公共信息平台开通仪式. 2011-05-11.
③ 福建省人民政府. 闽台电子口岸信息平台率先对接. 2010-06-03.

区的建设,并在湄洲湾、罗源湾布局建设石油化工、冶金能源、大宗散货中转储备基地。

2006年,由象屿保税区、保税物流园区、东渡港区和航空港物流园区合并而成的厦门现代物流园区成立,占地面积9平方公里。其中,象屿保税区主要从事保税仓储、分拨、配送和国际贸易、转口贸易业务,已累计完成进出口贸易总额超过200亿美元。目前,整个园区进驻物流、贸易和加工类企业近1400家[①],物流业务量占厦门市业务总量的50%以上[②],已成为中国东南沿海重要的国际物流中心和厦门物流的支撑点。

2007年12月,福州保税物流园区获得国务院正式批准,成为继上海、青岛、宁波、大连、张家港、厦门、深圳和天津试点之后,国家批准成立的全国第九个保税物流园区。该园区拥有国际中转、国际配送、国际采购、国际转口贸易四大功能,享受"入区退税"政策。同时,园区通过实行通关数据"一次录入、多次使用、信息共享"的方式,实现了货物"一次申报、一次查验、一次放行"快速通关,构建了通关便捷、服务完善、管理规范有效的海关监管平台,营造了大口岸、大通关、大辐射的现代物流发展环境。

2010年5月,福州保税港正式获国务院批复成立,成为继上海、天津、大连等试点之后,国家批准成立的第十四个保税港。该港区位于福州新港,由临港加工区、港口集散区、国际物流区和铁路物流园区四大部分组成,是全国距离台湾最近的保税港区,具有先天的对台优势[③]。同年,福州保税港区与台湾基隆自由贸易港区签订《两区对接协议》,成为大陆首个与台湾自由贸易港对接的保税港区。

此外,福建省在电子、石化、装备制造等产业聚集区,煤炭、钢铁、重要矿产品、建材、纺织、水产、农资等专业化产品和规模生产优势突出的地区,建设了一批专业化物流配送中心。如福建省农业生产资料物流中心、海西福州快件处理中心、江阴港口物流中心、嘉里物流中心、厦门港务叶水福仓库、晋江陆地港、苏宁电器物流配送中心、福建三都澳水产品冷链物流中心等,服务于产业集群发展、新农村建设、城市消费和闽台产业对接。

五、物流企业发展状况

近年来,福建省物流企业快速发展,已形成了外资、国有、民营物流企业多元化发展的格局。如,UPS、TNT、DHL、Maersk 等国际知名物流企业纷纷进驻福建,中远物流、中海物流、中邮物流、中外运、中铁物流、招商局物流等国内知名大型物

---

① 厦门市人民政府.现代物流园区.http://www.xm.gov.cn/tz/zdyl/wlyq/.

② 厦门市财政局.利用财政政策推动厦门现代物流园区物流业健康快速发展.2009-12-03.

③ 福建省人民政府.福州保税区.http://www.fujian.gov.cn/ggfwpt/qykb/kftzqjs/fz/201008/t20100804_269869.htm,2010-08-04.

流企业也纷纷在福建设立分支机构；福建交通集团、厦门港务发展、建发物流、福建盛辉物流等省内传统的运输、仓储、货代企业，依托原有的经营与资源优势，积极拓展和延伸物流服务功能，加快向现代物流企业转型；泉州奇龙、福州宏捷、盛丰、盛辉、王官头海运等民营物流企业也取得快速发展。

截至2012年年底，福建省已有3A级以上物流企业109家，多集中在福州、厦门、泉州等城市。其中，5A级物流企业9家①，4A级物流企业32家，3A级物流企业68家，如表6-6所示。厦门象屿集团公司和福建省交通集团进入2012年中国物流企业主营业务收入前50强，分别位居第4位和第13位。

表6-6　福建省5A物流企业名单

级别	企业名称	总部
5A	福建省交通运输集团有限责任公司	福州
5A	厦门港务发展股份有限公司	厦门
5A	厦门象屿集团有限公司	厦门
5A	建发物流集团有限公司	厦门
5A	福建省盛辉物流集团有限公司	福州
5A	福建盛丰物流集团有限公司	福州
5A	厦门国贸泰达物流有限公司	厦门
5A	环宇物流(福建)有限公司	福州
5A	福建汇丰物流有限公司	福州

资料来源：根据全国A级物流企业名单（截止第十二批）、中国物流与采购联合会第十三批、第十四批及第十五批A级物流企业名单整理。

六、福建省物流发展的政策环境

（一）国家陆续出台有关福建省物流发展政策

2011年来，国务院相继出台《海峡西岸经济发展规划》、《平潭综合实验区总体发展规划》、《福建省海洋经济规划》等有关物流发展政策，以促进福建省物流快速发展。

2011年3月，国家发改委批准《海峡西岸经济发展规划》，明确提出要积极承接台湾现代服务业转移，加强两岸物流企业、项目对接，合作建设物流配送或专业配送中心；加快海峡西岸国际采购和区域物流中心建设，推动两岸物流产业标准化和网络化建设。

2011年11月，《平潭综合实验区总体发展规划》提出积极发展保税物流、保税

① 闽有122家物流企业通过国家A级物流企业综合评估. http://news.66163.com/2013-03-25/747411.shtml,2013-03-25.

加工和转口贸易,支持发展低温保鲜物流和第三方物流;设立台湾特色农产品、电子信息产品专卖区及临港物流加工增值区,建设两岸商贸物流中转基地。

2012 年 9 月,国务院正式批准了《福建省海洋经济发展规划》,福建成为继山东、浙江、广东、浙江舟山之后的海洋经济第五区。规划提出发展壮大航运物流业,加强港口与城市的物流衔接,培育一批集运输、仓储、配送、信息为一体,服务水平高、国际竞争力强的大型现代航运物流企业。

(二) 福建省政府陆续出台相关物流发展政策

2010 年以来,福建省政府出台多项政策,从物流园区建设、信息平台搭建、第三方物流引进等方面提出了福建省物流发展的思路及具体任务。

2010 年 2 月,福建省经济贸易委员会颁布《福建省物流业调整和振兴实施方案》,强调以物流节点城市为依托,以物流企业发展为着力点,以重大物流项目为载体,以推广应用先进管理理念和技术为核心,以扩张物流产业总量、有效提升物流产业服务能力为目标,充分发挥对台区位优势,推进省物流业的发展。

2010 年 9 月,福建省人民代表大会常务委员会出台《福建省促进现代物流业发展条例》,对福建省物流管理体制、发展规划制定、基础设施建设、企业培育、政策措施和闽台交流与合作等方面的工作做出了明确规定。

2011 年 10 月,福建省经济贸易委员会与福建省发展和改革委员会联合发布《福建省“十二五”现代物流业发展专项规划》,提出七大重点任务,具体包括加强区域合作,拓展物流通道;发展国际物流,强化保税功能;加大引进培育力度,发展壮大物流企业;推广现代物流管理,拓展物流服务领域;建设物流运输网络,推进各种运输方式对接;建设物流节点网络,提升整体辐射效应;建设物流信息网络,强化行业基础性工作。

2012 年 12 月,福建省经济贸易委员会与福建省发展和改革委员会联合出台《福建省经济贸易委员会关于推进现代物流业发展行动方案(2012—2015)》,明确提出要集中资源推动形成一批物流节点城市、一批物流园区、一批物流(配送)中心等八个“一批”,尽快形成福建省现代物流业“大网络、大服务、大产业”的发展新局面。

(三) 福建省内多个城市出台物流发展规划

在中央和福建省政府专项物流政策的基础上,福建省内一些主要城市陆续出台物流业发展相关规划,进一步加强对本地区物流业的引导和扶持。

2010 年 12 月,福州市颁布《加快现代物流业发展的若干意见》,明确提出要重点扶持物流公共信息平台、物流业与制造业联动发展项目、冷链物流项目,以及物联网、电子商务物流等创新物流项目;合理进行物流运作平台的规划建设,形成“物流园区—物流分拨中心—专业物流配送中心”三级物流运作设施网络;加大铁路物流园、江阴港区物流园、罗源湾港区物流园等园区以及物流分拨中心的招商引资力度,促进物流项目集中布局,实现物流与环境的可持续发展。

2011 年 3 月,泉州市人民政府发布《关于进一步加快现代物流业发展的意见》,指出要加强财政资金保障,扶持新设立第三方物流企业,鼓励发展物流中介,支持搭建公共信息平台,并引导物流企业向物流园区集中,强化物流园区基础设施投入。

2012 年 5 月,厦门市人民政府办公厅出台《关于推进两岸冷链物流产业合作试点工作的实施意见》,提出引进台湾冷链物流产业先进技术和运营管理模式,在冷链物流体系建设上取得突破,提升冷链物流产业的整体竞争力和发展水平;生成一批重大冷链项目,构建区域性先进的城市城际冷链物流配送中心和航空冷链物流中转中心;发挥对台"先行先试"的作用,进一步优化便捷通道和两岸冷链物流融合,成为全国对台进出口商品集散中心之一。

第三节　闽台两岸物流合作与发展

依托良好的区位优势和对台先行先试的政策支持,福建省与台湾地区的物流逐步实现全面对接。闽台两岸直航物流规模稳步增长,涉农物流园区快速发展,物流企业合作不断深化。福建省已成为连接中国海峡两岸的综合物流枢纽和两岸交流合作的前沿平台。

一、闽台两岸直航物流量稳步增长

凭借独特的"五缘[①]"优势及惠台政策的先行先试,福建省已成为海峡两岸客货顺畅、便捷往来的黄金通道,闽台两岸贸易稳步增长。2012 年,福建省对台贸易总额 119.6 亿美元,同比增长 3%,比 2005 年翻了一番。其中,出口贸易总额 30.9 亿美元,同比增长 2.8%;进口贸易总额 88.7 亿美元,同比增长 3.1%;对台小额贸易 3.4 亿美元,同比增长 15.1%[②]。

随着两岸经贸的快速发展,两岸直航物流量也稳步增长。其中,两岸海运直航散杂货货运量由 2010 年的 1 856.58 万吨增长到 2012 年的 2 199.77 万吨,年均增长 8.9%;航空直航货运量由 2010 年的 1.36 万吨增长到 2012 年的 2.03 万吨,年均增长 22.2%[③]。2012 年,厦门口岸从台湾进口水果 7 980 吨,同比增长 12.6%,已成为台湾水果进入大陆市场的最大口岸;泉州口岸从台湾进口水产品 290 批,总重 8 073.7 吨,分别同比增长 1.4 倍和 2.2 倍,已成为台湾水产品登陆大

① "五缘"为地缘、血缘、文缘、商缘和法缘。

② 2012 闽对台贸易稳步增长 今年将迎四大利好. http://news.xinhuanet.com/yzyd/local/20130117/c_114409318.htm,2013-01-17.

③ 根据福建省发改委提供数据整理得到。

陆市场的最大中转口岸。

此外,闽台两岸集装箱物流也取得快速发展。截止到2011年1月底,已累计营运近2万航次,共运送集装箱547.13万TEU。目前,闽台间已开通集装箱班轮航线9条,10家航运公司的12艘船舶参与经营,年吞吐量超过70万TEU,约占两岸海上直航集装箱吞吐量的1/3①。2012年,闽台两岸完成集装箱物流71.25万标箱,同比增长6.2%。

二、闽台两岸物流通道逐步形成

2008年11月,大陆和台湾正式签订两岸空运协议、两岸海运协议、两岸邮件协议与两岸食品安全四项协议,开启了两岸通邮、通商、通航的"大三通"时代。近年来,福建省充分发挥港口群和机场优势,大力拓展与台湾的海空直航和通邮,构建两岸客货运中转枢纽,初步形成了海、空直航及通邮三大物流通道,以满足两岸物流发展需求。

在海运直航通道,福建省相继开通福州—基隆、台北、花莲、马祖,宁德—台北、台中、基隆、马祖,厦门—台北、台中、基隆、高雄、金门、澎湖,漳州—台北、高雄、基隆、金门,平潭—台中,泉州—苏澳、台北、金门的航线。其中,至高雄、基隆、台中等港口的集装箱定期班轮航线7条,9家船公司18艘船舶参与运营;至基隆、台北、高雄、台中、花莲、布袋、金门、马祖、澎湖等散杂货不定期航线21条,23家船公司85艘船舶参与运营;至台中、基隆客货滚装班轮航线2条,已基本形成了对台海运物流通道。

在航空直航方面,福州长乐国际机场和厦门高崎机场成为两岸货运航点,台湾中华航空、台湾长荣航空、中国货运航空相继开通对台全货机航线。目前,厦门高崎机场对台货机航班每周4班,货运能力450吨;福州长乐机场对台货机航班每周2班,货运能力240吨。

此外,福州和厦门已成为大陆八个对台邮件封发局。其中,福州开通大陆首条对台空中邮运航线,也是大陆唯一对台水陆路邮件互换局。"十二五"期间,福建省将大力推进福州、厦门两岸邮件总包处理中心和邮政物流中心的建设,积极开辟"大陆各地—厦门—金门—台湾"海空联运邮路和"台湾—福州—大陆各地"海陆空运邮路,进一步增强闽台通邮能力。

三、口岸小额贸易特色突出

近年来,福建省各口岸充分利用区位优势和政策优势,大力发展各具特色的对台小额贸易。其中,泉州口岸主要进口台湾的机械零配件、日用品、纺织制品等杂货,以及中华鳖卵、冻秋刀鱼、冻午仔鱼、台湾槟榔等农产品(食品)。2012年,

---

① 福建省人民政府.两岸集装箱运价指数预计明年初发布.2013-03-22.

泉州口岸对台小额贸易进口货物8.47万吨、货值1.65亿美元,分别同比增长16.7%、14.6%。目前,泉州对台小额贸易进口额占福建省六成、全国五成以上,已成为大陆最大的对台小额贸易进口货物口岸。

厦门大嶝口岸可经营粮油食品、土产畜产、纺织服装、医药、工艺品、轻工业品等六大类台湾商品,主要以进口台湾的鞋、家具、餐具、内衣等日常消费品为主。2012年,厦门大嶝对台小额贸易额7 108万美元,同比增长33.4%。其中,一次性卫生用品进口贸易额为745万美元,同比增长71.2%,是大陆台湾一次性卫生用品的最大进口口岸。

此外,崇武、石井口岸以进口台湾午仔鱼为主,是进入大陆市场的最大入境口岸;宁德三沙口岸以进口冻秋刀鱼和冻鱿鱼为主;福州黄岐对台小额贸易点则以进口台湾大陆工业零配件和时效性强的甲鱼受精卵为主。

四、农产品物流园区快速发展

福建省是中国最大的海峡两岸农业合作试验区,拥有漳浦、漳平永福、仙游、清流、福清、惠安6个国家级台湾农民创业园,全国唯一的海峡两岸(三明)现代林业合作实验区和"农博会"、"林博会"、"茶博会"三大对台农业展会平台,已基本形成了多方位、宽领域、高层次合作双赢的发展格局。近年来,闽台农产品贸易保持快速增长势头,农产品贸易规模由2005年的0.62亿美元扩大到2011年的5.96亿美元,同比增长8.6倍。2012年,福建对台出口农产品9.3亿美元,同比增长32.4%。

伴随着闽台农产品贸易的快速增长,福建对台农产品物流园区也快速发展,相继建成厦门台湾水果销售集散中心、霞浦台湾水产品集散中心、海峡两岸(东山)水产品加工集散基地等5大国家级对台农产品集散中心。如2006年6月国台办批准成立的霞浦台湾水产品集散中心,是大陆首家对台湾水产品生产、销售、加工的综合农产品物流园区。该园区计划总投资106亿元,规划年交易总量达85万吨,主要包括港口区、冷藏交易区、水产品精深加工区、渔需物资生产区、海洋生物高新技术产业区等八大功能区。目前,台湾原味鲜、新日鑫、黄渔国、顶新国际等多家企业已相继落户园区,签订投资协议近20亿元。

2007年5月,海峡两岸(东山)水产品加工集散基地批准成立,是集水产品生产、加工、仓储、物流等功能为一体的两岸交流合作平台。该集散基地规划占地面积3 000亩,总投资6亿多元,主要包括闽台鲜活水产品交易、水产品精深加工等六大功能区。目前,勋源、茂源、乐兴、博广等14家水产品精深加工企业已建成投产,23家台湾企业和大陆20家企业已入驻公共保税仓,开展闽台水产品贸易。

此外,厦门台湾水果销售集散中心、海峡(漳州)花卉集散中心、海峡两岸(泉州)农产品交易物流中心等对台农产品物流园区(基地)也快速发展,促进闽台两岸农产品物流发展。

五、闽台电子口岸信息平台率先对接

2010年6月,闽台两岸签署《闽台口岸通关物流信息平台合作协议》,标志着福建电子口岸平台与台湾关贸网络平台将正式对接,实现大陆首个地方电子口岸平台与台湾口岸信息平台对接。该平台先期将在物流及航运信息交换、农产品进出口便利化服务、"小三通"人员往来便利化服务等方面进行合作;随后将深化至两地通关业务、福建海关特殊监管区域与台湾自由贸易港区对接业务等方面的合作,最终全面实现闽台两地无纸化通关。

2012年10月,闽台口岸通关物流信息平台上线运行,首批开通了舱单/船图/旅客名单数据传输、通关物流状态信息互传、电子原产地证传输等功能,增强了两地通关、物流信息的共享。随着两岸合作的进一步深化,福建电子口岸和台湾关贸网络平台将开展两地报关单信息数据交换,进一步打造两岸快速通关通道。

六、两岸自由贸易港区对接步伐加快

"十一五"以来,福建省充分发挥现有保税港区、保税物流园区的政策优势,积极推动福州保税港区与基隆自由贸易港区、海沧保税港区与高雄自由贸易港区、象屿保税区与台中自由贸易港区的深度合作,加快两岸自由贸易港区对接步伐。

2011年11月,《福州市"十二五"现代物流业发展规划》发布,明确提出将利用福州保税港区与台湾自由贸易港区地域相近、性质相同、功能相似的优势,加快与台湾自由贸易区业务对接步伐,允许来自台湾的货物或台资企业经营的其他货物经保税港区运往大陆其他地区时,实行"分批出货、定期集中报关";对台湾地区与保税港区之间往来货物,进入保税港区后,实施"一次申报、一次查验、一次放行"的通关模式;实现台湾货物和大陆货物通过福州保税港区与台湾基隆自由贸易港区之间的绿色通道分别进入台湾和大陆市场,推进两区政策功能互享、优势互补、企业互动、资源互用,共同打造面向东南亚的区域航运物流中心。

此外,福州保税港与台湾关贸网络公司签订了共同开发闽台两岸贸易通关无纸化系统协议,共同构建福州保税港区和台湾基隆自由贸易港区统一虚拟通关作业,打造闽台两岸境外货物资讯互通平台;厦门海沧保税港区管委会与台湾高雄港务局双方建立业务交流机制,增强两岸物流产业、海运市场信息共享。

七、闽台物流企业合作不断深化

随着闽台两岸经贸发展的持续深入,两岸物流企业合作不断深化。2009年,台湾大荣货运公司获得福建地区沃尔玛、好又多量贩店等14家店的物流配送订单,正式进驻海西经济区。此后,台湾超捷国际物流、上大郎通、台湾寰盛公司、亚太通运、汉联运通等大型物流公司也相继在福建开办分公司,设立分支办事机构,入驻福建物流市场。

2011年9月,《福建省促进现代物流业发展条例》正式发布,明确提出支持福建省物流企业与台湾物流企业开展运输、代理、包装、配送等物流环节的分工与协作;鼓励福建省物流企业赴台湾设立办事机构及营业性机构。2012年1月,福建省政府发布《关于进一步促进台资企业发展的若干意见》,进一步明确提出鼓励台湾大型物流企业以参股、兼并等多种形式投资福建省物流业,培育核心竞争力强、产业规模大的闽台物流龙头企业。

2012年3月,福建盛丰物流集团、福建省盛辉物流集团、东山东海岸保税仓储物流中心有限公司分别与台湾华岗集团、台湾力氏国际股份公司、家田企业集团公司签订了海峡散货对接分拨中心项目、海峡两岸海陆联运物流项目、水产品加工转口贸易及配送合作项目等3个项目。

同时,福建省物流企业也积极进军台湾,开展物流业务。2009年,福建省交通控股公司所属的八方物流公司与台湾华冈物流公司组建八方华冈物流公司,成立"福建省交通运输集团有限责任公司驻台湾办事处",开展台湾物流业务。此外,福建顺丰速递等快递企业陆续在台湾地区设立分支机构或转运中心。

第七章　陕西省物流发展状况

陕西省居于连接中国东、中部地区和西北、西南的重要位置，具有承东启西、沟通南北的区位和交通优势。省会西安是全国重要的交通枢纽，战略地位重要，是中国西部重要的信息、商贸枢纽，物流中心和金融中心。近年来，陕西省经济实现稳步增长，城市化步伐不断加快，为现代物流业的发展提供了巨大的市场需求。综合交通体系以及物流园区（中心）建设取得了较大进展，为现代物流业发展提供了坚实的依托。物流业呈现出快速发展态势，产业规模持续扩大，物流企业快速成长，规模化、专业化的大中型骨干物流企业群体初步形成。

第一节　陕西省经济发展概况

陕西省抓住国家实施西部大开发的历史性机遇，加快基础设施建设，调整经济结构，转变经济增长方式，综合实力明显增强。

一、陕西省主要经济指标

（一）地区生产总值

2006—2012 年，陕西省经济实现稳步增长，地区生产总值年平均增速为 14.3%。2012 年，地区生产总值 14 451.18 亿元，比 2011 年增长 12.9%[①]，增速居全国第 5 位，高于全国平均水平 5.1 个百分点。2006—2012 年陕西省地区生产总值及增长情况如图 7-1 所示。

（二）工业增加值

2006—2012 年，陕西省工业增加值持续快速增长，年均增长率为 16.34%，高于全国平均速度 5.34 个百分点。2012 年，陕西省实现工业增加值 6 847.41 亿元，比 2011 年增长 15.7%，如图 7-2 所示。

（三）社会消费品零售总额

陕西省的经济增长主要依赖投资拉动，消费对经济增长的贡献偏低。2006—2011 年，陕西省全社会固定资产投资累计完成 3.6 万亿元，年均增长 33%，投资对经济的贡献率稳定在 70% 以上。2011 年，投资对经济的贡献率为 70.9%，高出消

① 在本章中，地区生产总值、工业增加值以及进出口对外贸易总额等数据指标的增长率，计算时已考虑价格变动因素，除特别说明外，均为实际增长率。

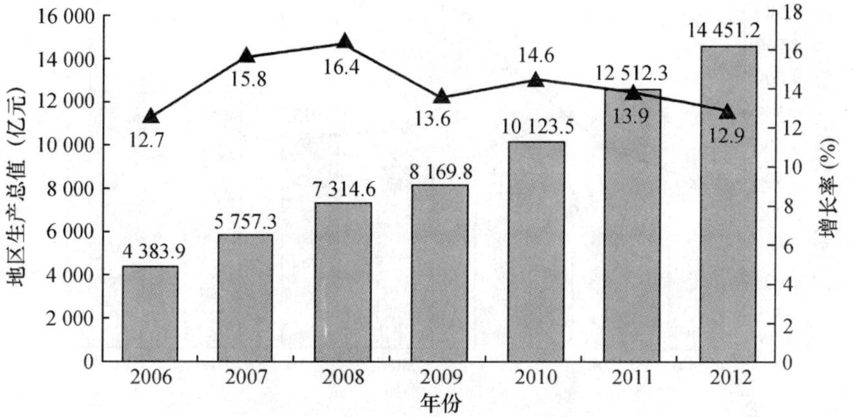

图 7-1　2006—2012 年陕西省生产总值及增长率

资料来源：根据《中国统计年鉴》(2006—2012)以及陕西省 2012 年国民经济和社会发展统计公报相关数据整理。

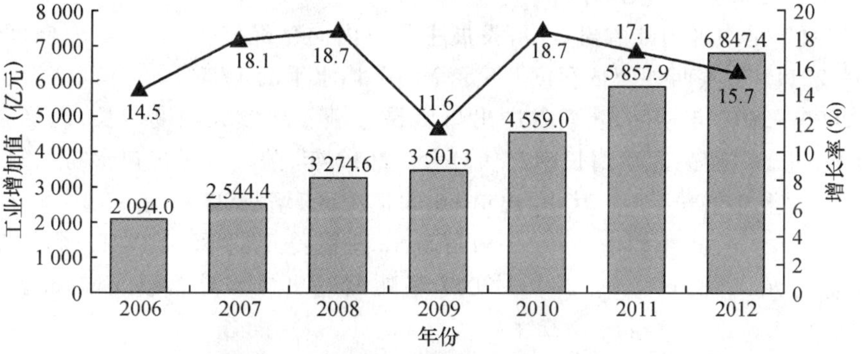

图 7-2　2006—2012 年陕西省工业增加值及增长率

资料来源：根据陕西省 2006—2012 年国民经济和社会发展统计公报相关数据整理。

费 30.8 个百分点，拉动 GDP 增长 9.9 个百分点，高出消费 4.3 个百分点。同期中国投资贡献率则基本稳定在 40% ~50% 左右，对经济增长的拉动保持在 4.5—8.1 个百分点区间，与同期消费拉动率的差距大多在 1 个百分点以内①。

2006—2012 年，陕西省社会消费品零售总额总体呈现快速增长趋势，年均增长率达到 18.8%。2012 年，陕西省实现社会消费品零售总额 4 330.8 亿元，比上年增长 16.0%。2006—2012 年陕西省社会消费品零售总额及增长情况如图 7-3 所示。

① 陕西投资与 GDP 增长关系浅析，http://www.sn.stats.gov.cn/news/tjxx/2012101185755.htm.

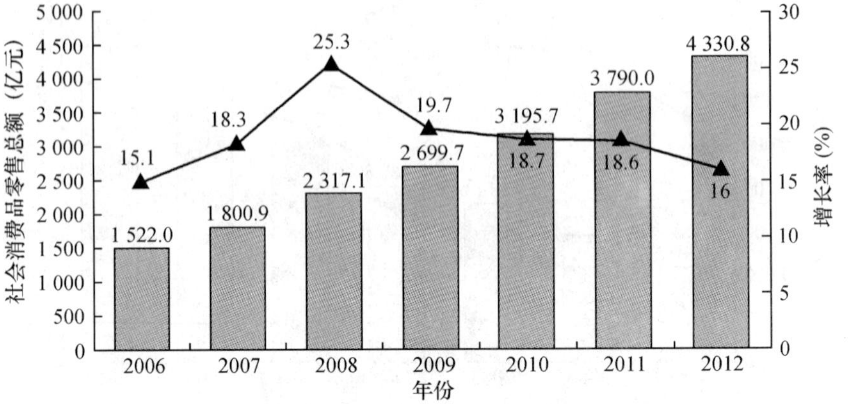

图 7-3　2006—2012 年陕西省社会消费品零售总额及增长率

资料来源：根据《中国统计年鉴》(2006—2012)以及陕西省 2006—2012 年国民经济和社会发展统计公报相关数据整理。

（四）进出口贸易总额

陕西省是中国内陆省份，经济发展主要以内向型经济为主，经济外向度较低，2006—2011 年，陕西外贸依存度①不足全国平均水平的 17%②。

2006—2012 年期间，陕西省进出口贸易总额实现较大幅度增长，但受金融危机影响，进出口贸易总额增长率起伏较大。2012 年，陕西省进出口贸易总额 148.0 亿美元，比上年增长 1%。其中，出口 86.5 亿美元，增长 23%；进口 61.5 亿美元，下降 19.3%。在进出口总额中，一般贸易 82.9 亿美元，下降 9.3%；进料加工贸易 42.4 亿美元，增长 6.7%。2006—2012 年陕西进出口贸易总额及增长情况如图 7-4 所示。

二、陕西省产业发展状况

（一）三次产业结构

近年来，随着产业结构的调整，陕西省第一产业增加值所占比重呈逐年下降趋势。在先进装配制造业、高新技术产业和能源化工产业特色优势产业带动下，第二产业比重上升。受第二产业增加值增速较快的影响，第三产业比重略有下降。2012 年，陕西第一产业增加值 1 370.2 亿元，同比增长 6%，占生产总值的比重为 9.5%；第二产业增加值 8 075.4 亿元，增长 14.9%，占 55.9%；第三产业增加值 5 005.6 亿元，增长 11.5%，占 34.6%，如表 7-1 所示。

① 外贸依存度 = 外贸额/GDP。

② 王芳. 陕西发展外向型经济的现状、问题与对策. 理论导刊，2012(10).

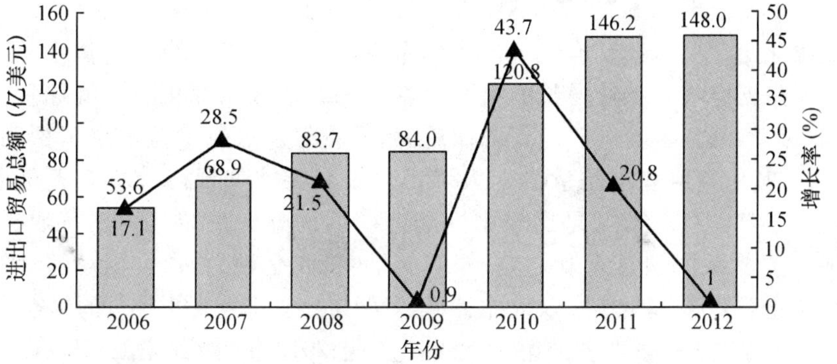

图 7-4　2006—2012 年陕西省进出口贸易总额及增长率

资料来源：根据陕西省 2006—2012 年国民经济和社会发展统计公报相关数据整理。

表 7-1　2006—2012 年陕西三次产业生产总值及构成比例

年份	第一产业		第二产业		第三产业	
	生产总值（亿元）	在产业结构中的比例（%）	生产总值（亿元）	在产业结构中的比例（%）	生产总值（亿元）	在产业结构中的比例（%）
2006	488.4	11.1	2 318.2	52.9	1 577.3	36
2007	592.6	10.3	2 986.5	51.9	2 178.2	37.8
2008	753.7	10.3	3 861.1	52.8	2 699.7	36.9
2009	789.6	9.7	4 236.4	51.8	3 143.7	38.5
2010	988.5	9.8	5 446.1	53.8	3 688.9	36.4
2011	1 220.9	9.8	6 935.6	55.4	4 355.8	34.8
2012	1 370.2	9.5	8 075.4	55.9	5 005.6	34.6

资料来源：根据《中国统计年鉴》（2006—2012）以及陕西省 2012 年国民经济和社会发展统计公报相关数据整理。

（二）主导产业发展状况

为了加快农业的发展，陕西在全省范围内开展“一县一业，一乡一品”振兴产业活动，积极发展优势特色产业，如陕北的羊、薯、杂粮、枣，陕南的瘦肉型猪、中药材、茶桑蚕、食用菌、绿色食品，关中的果业、蔬菜、畜牧业等各具地域特色的农业产业①。2011 年，陕西苹果产量达到 903 万吨，占全国苹果总产量的 1/3 和世界总产量的 1/8，优果率达 75% 以上，实现了面积、产量、品质全国第一；建成了世界最大的秦岭北麓猕猴桃集中产区，猕猴桃种植面积和产量分别达到 75 万亩和 74 万吨，面积、产量全国第一，总产量已占到世界的 1/3 左右。

① 陕西省统计局. 陕西省县域经济十年发展报告. 2012.

陕西工业呈现明显的资源型、重化工业特征,2011 年陕西轻重工业比重为 1:4,能源化工、装备制造、有色金属占到全省规模以上工业的 80% 以上,重化工业成为引领并支撑陕西工业增长的主要力量。陕北地区能源化工资源储量丰富,煤炭、石油、天然气和岩盐等矿产资源储量大,质量好。煤炭储量占全国探明总量的 30% 左右,其中神府煤田是世界七大煤田之一。天然气预测储量 6 万亿立方米,探明储量 7 474 亿立方米,是迄今中国陆上探明的最大整装气田。石油探明储量 11 亿吨。岩盐预测储量 6 万亿吨,探明储量 8 854 亿吨,约占全国总储量的 26%。原国家计委于 1998 年批准在陕北榆林、延安两市建立迄今为止唯一的国家级能源化工基地。能源化工是陕西省的第一大支柱产业,2012 年,能源化工产业工业总产值为 4 059.47 亿元,占规模以上工业总产值的 62.43%。除能源化工产业外,陕西省装备制造业 807.31 亿元,占规模以上工业总产值的 12.41%;有色冶金工业 620.11 亿元,占 9.54%;食品工业 531.72 亿元,占 8.18%;非金属矿物制品业 232.68 亿元,占 3.58%;医药制造业 122.04 亿元,占 1.88%;纺织服装工业 67.45 亿元,占 1.04%;计算机、通信及其他电子设备制造业 61.92 亿元,占 0.95%,如图 7-5 所示。

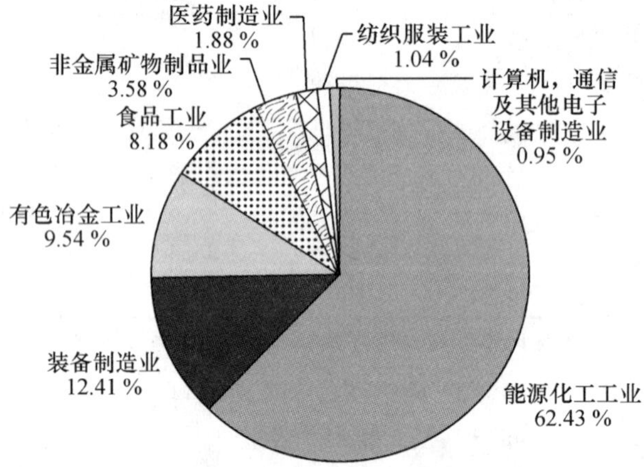

图 7-5　2012 年陕西省主要产业规模以上工业总产值情况

资料来源:陕西省 2012 年国民经济和社会发展统计公报相关数据整理。

陕西重点发展的服务业包括物流、金融、信息、研发设计等生产性服务业,旅游、文化、会展等现代服务业,商贸、餐饮等传统服务业。陕西服务业的发展特点主要表现在两个方面。一方面,以传统业态为主,现代服务业份额低。2011 年陕西交通运输、仓储和邮政业,批发和零售业,住宿和餐饮业,公共管理和社会组织等服务业仍然占据主导地位,四大行业增加值占服务业增加值的 52.7%。现代服务业,如金融业,房地产业,科学研究、技术服务业,信息传输、计算机和软件业,商务服务业和地质勘查业等,占 31.1%。另一方面,传统服务业中生活性服务业发展较快，生产性服务业发展较慢。批发和零售业、住宿饮食业等生活性服务业发展较快，2008—2011 年，批发和零售业年均增长 16.6%，高于服务业同期增速 2.7 个百分点；餐饮业年均增长 15.6%，高于服务业同期增速 1.7 个百分点。交通运输、仓储和邮政等生产性服务业发展较慢，2008—2011 年，年均增长 9.3%，低于服务业同期增速 4.6 个百分点[①]。

三、区域产业格局

根据资源特点，陕西逐渐形成了以“关中先进制造、陕北能源化工、陕南绿色产业”为主导的区域产业格局，如图 7-6 所示。关中地区的西安、宝鸡拥有较为完整的工业体系，是中国航空航天、化工医药、机械电子、装备制造、纺织兵器等工业的重要基地。陕北地区盛产煤、石油、天然气、岩盐等矿产资源，是中国重要的能源化工基地，重点发展能源化工及相关产业。陕南地区受气候影响，生物资源具有多样性，其中各种中医药资源分布广泛，主要发展绿色产业。陕西省各市主导产业如表 7-2 所示。

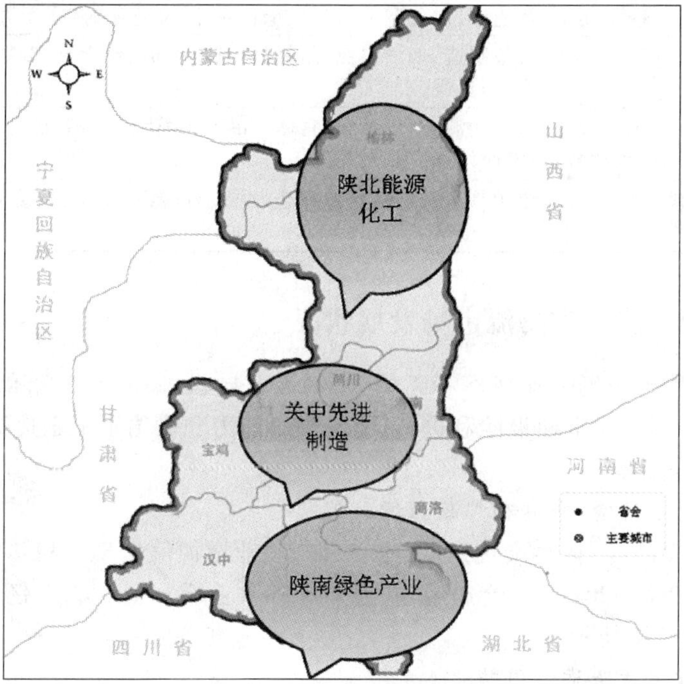

图 7-6　陕西区域产业格局

① 陕西服务业发展情况分析. http://www.sei.gov.cn/ShowArticle.asp? ArticleID = 228790，2013-01-31.

表 7-2 陕西省各市主导产业

	市	重点发展的产业
关中	西安	航空航天、新能源、新材料、汽车、生物医药、装备制造、轻纺食品饮料、旅游、现代物流、金融、会展、商贸、软件和服务外包
	咸阳	能源化工、装备制造、电子信息、食品、医药、建材、纺织、航空、新能源、环保、旅游、现代物流、金融
	宝鸡	食品饮料、汽车及零部件、装备制造、有色金属冶炼、电子信息、钛及钛合金新材料、新能源、生物医药、旅游、文化、商贸流通、物流
	铜川	果业和农产品加工、建材、铝加工、装备制造、医药、旅游、商贸流通、物流、会展、金融
	渭南	煤化工、有色冶金和建材、新能源、航空、轻纺、食品加工、旅游、文化、物流
	杨凌示范区	现代农业、食品、生物、环保农资、农业机械与装备制造、现代物流、金融服务、会展、教育培训、科技服务、特色旅游
陕北	榆林	特色农业、能源化工、装备制造、新能源、节能环保、旅游、现代物流、金融服务、商贸流通
	延安	能源化工、新能源、装备制造、建材、绿色农业、文化旅游、商贸服务
陕南	汉中	有机农业、装备制造、烟酒食品、新材料、有色冶金、新能源、生物医药、文化旅游、现代物流、信息服务
	安康	现代农业、清洁能源、新型材料、富硒食品、生物医药、装备制造、电子信息、旅游、物流、技术研发
	商洛	现代材料、旅游、中药产业、特色绿色食品、新能源、新材料、装备制造、环保、文化、现代物流、金融

第二节 陕西省物流市场发展状况

陕西省物流市场需求规模不断扩大，物流基础设施逐渐完善，信息化水平不断提高，物流园区投资建设顺利进行，物流供给能力和供给水平迅速提升。

一、物流市场规模

（一）交通运输、仓储和邮政业增加值

2006—2011 年，陕西交通运输、仓储和邮政业增加值实现了稳步增长，年均增长率达到 9.9%。2011 年，交通运输、仓储和邮政业增加值 552.5 亿元，同比增长 10.2%，如图 7-7 所示。

（二）货运量及货运周转量

2006—2012 年，陕西省的货运量和货运周转量总体实现快速增长，年均增长率分别为 20.0% 和 19.2%。剔除由于调查方式和统计口径造成 2008 年货运量和

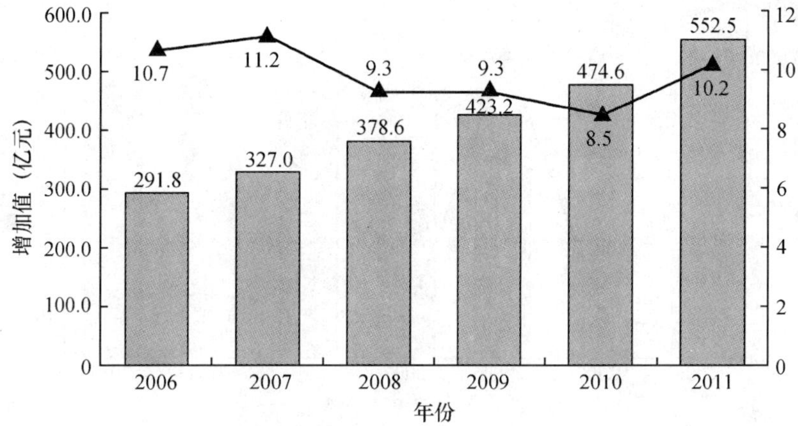

图 7-7　2006—2011 年陕西交通运输、仓储和邮政业增加值与增长率

资料来源：根据《陕西统计年鉴》(2012)相关数据整理。

货运周转量增长的异常情况①，陕西货运量和货运周转量增长率基本保持稳定。2012 年，陕西货运量 13.7 亿吨，比上年增长 13.1%；货物周转量 3 209 亿吨公里，增长 13.6%，如图 7-8 和图 7-9 所示。

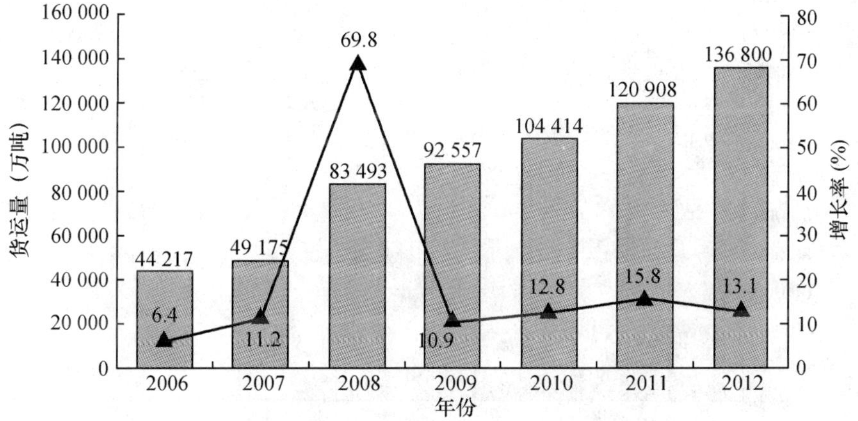

图 7-8　2006—2012 年陕西省货运量及增长率

资料来源：根据《中国统计年鉴》(2006—2012)以及陕西省 2012 国民经济和社会发展统计公报相关数据整理。

① 为了解决运输量统计严重失真和数据缺失的突出问题，2008 年交通运输部联合国家统计局，组织开展全国范围内的公路水路运输量专项调查，该次调查的主要目的，一是全面摸清公路水路运输量底数；二是完善统计口径，解决区域性、结构性数据缺乏问题。

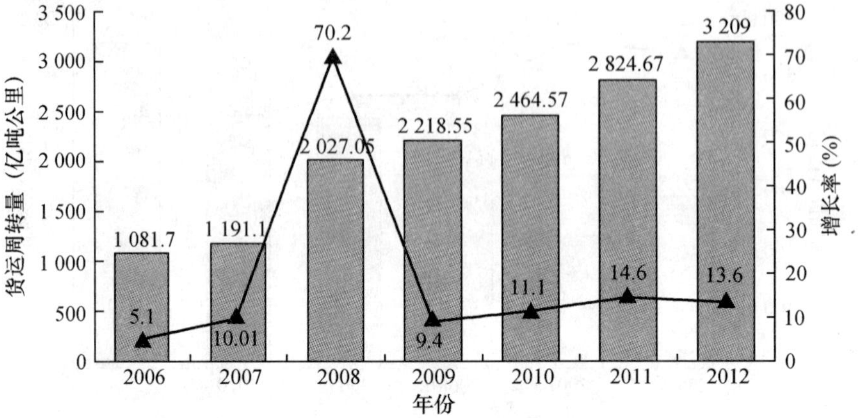

图 7-9　2006—2012 年陕西省货运周转量及增长率

资料来源：根据《中国统计年鉴》(2006—2012)以及陕西省 2012 国民经济和社会发展统计公报相关数据整理。

（三）机场货邮吞吐量

2006—2012 年，陕西省机场货邮吞吐量稳步增长，年均增速为 11.63%。2012 年，陕西省机场货邮吞吐量达 17.48 万吨，同比增长 1.3%，如图 7-10 所示。

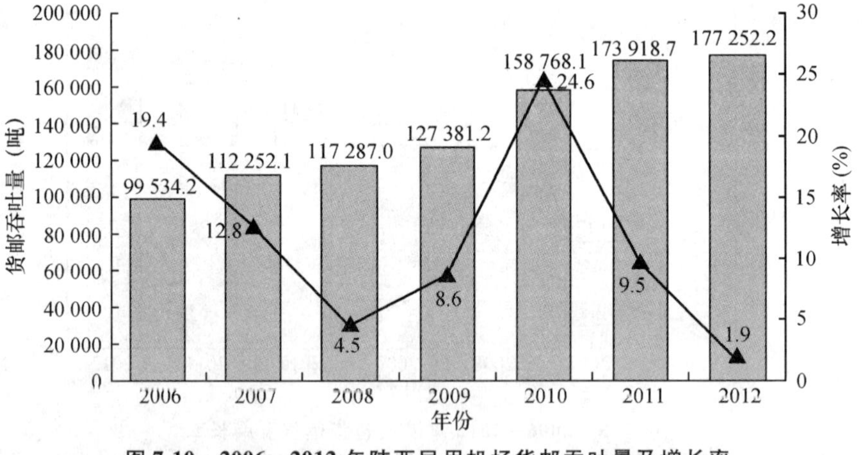

图 7-10　2006—2012 年陕西民用机场货邮吞吐量及增长率

资料来源：根据中国民用航空局 2006—2012 年全国机场生产统计公报相关数据整理。

二、交通基础设施

（一）铁路建设状况

西安火车站是中国西部最大的铁路枢纽，是欧亚大陆桥在中国境内的重要站点。距离西安 30 公里的新丰镇车站，是全国铁路网的特大型路网编组站，位居全国路网性编组站的前三名。依托于新丰镇车站的新筑集装箱中心站是全国 18 个集装箱中心站之一。

“十一五”以来,陕西铁路累计完成 960 亿元投资,西(安)延(安)线扩能工程、西安货运北环线工程、西安铁路集装箱中心站工程、西安北站工程在“十一五”时期相继建成并投入使用。以西安为中心的铁路网基本形成,向东有陇海、郑西线;向西有西宝、宝中线;向北有包西、侯西、梅七、咸铜、太中线;向南有西康、宝成、宁西、襄渝、阳安线。2011 年陕西铁路营业里程达到 4 083 公里,路网密度为 0.019 公里/平方公里,如表 7-3 所示。

表 7-3　2006—2011 年陕西省铁路营业里程及增长率

	2006 年	2007 年	2008 年	2009 年	2010 年	2011 年
铁路营业里程(公里)	3 184.9	3 185.1	3 186.0	3 320.0	4 079.0	4 083.0
增长率(%)	1.7	0	0.02	4.2	22.9	0.1

资料来源:根据《中国统计年鉴》(2006—2012)相关数据整理。

(二) 公路建设状况

西安是中国重要的公路枢纽,9 条国家高速在此交汇,6 条国道干线通过,形成了贯通全省、辐射周边省市的高等级“米”字型辐射状干线公路系统。

到 2011 年年底,陕西省公路总里程达到 15.2 万公里,路网密度 74 公里/百平方公里,高于全国 42.8 公里/百平方公里。2012 年陕西高速公路通车里程超过 4 000 公里,高速公路通达全省 84 个县(市、区),连霍、京昆等 6 条国家高速公路在陕境段全部建成,相邻八省的出省快速通道基本打通。2006—2011 年陕西省公路里程及增长情况如图 7-11 所示,高速公路里程及增长情况如图 7-12 所示。

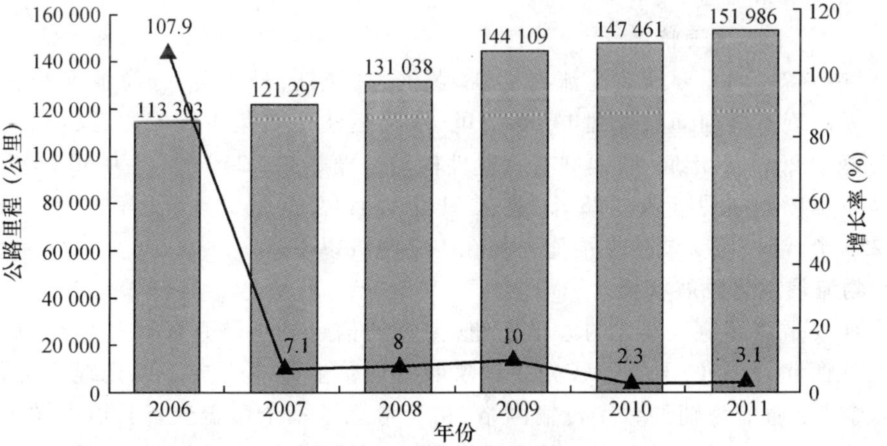

图 7-11　2006—2011 年陕西省公路里程及增长率

数据来源:根据《陕西统计年鉴》(2006—2012)相关数据整理。

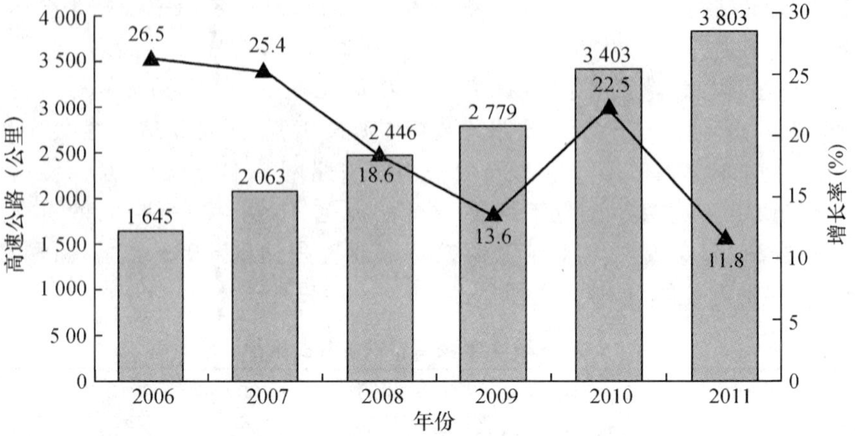

图 7-12　2006—2011 年陕西省高速公路里程及增长率

资料来源:根据《陕西统计年鉴》(2006—2012)相关数据整理。

(三) 机场建设状况

陕西省共有民用机场5个,分别为西安咸阳国际机场、榆林机场、汉中机场、延安机场和安康机场。西安咸阳国际机场是西北地区最大的空中交通枢纽,连接西北地区与全国其他区域的中心枢纽,以及民航总局规划的七个大型枢纽机场之一。西安咸阳国际机场拥有3座航站楼,2条跑道。截至2012年,西安咸阳机场开辟的通航点达100个,共有20家航空公司在机场经营150余条航线,其中国际(地区)通航点11个,航线11条,每天有400余架次的航班在机场起降。2012年,咸阳机场完成运输起降20.4万架次、货邮吞吐量17.5万吨,分别较2011年同期增长10.5%和1.3%。

(四) 水路建设情况

陕西省境内主要通航河流有汉江、黄河、嘉陵江、丹江等,分属黄河和长江两大水系。现有内河通航里程1 066公里,水路运输主要集中在安康、汉中、榆林等市。截至2011年年底,陕西共有营业性机动运输船舶1 236艘,多为50吨级和50客位以下船舶。现有港口28个,港区61个,港口总面积363.6万平方米。码头泊位255个,港口码头泊位靠泊能力均在100吨级以下。

三、物流信息化发展状况

西安是西部地区最大的通讯枢纽,完整的信息网络体系已经初步形成,有数条通往西北、西南的国家干线光缆。陕西省通信业基本形成了以光缆为主,数字微波、卫星通信为辅的数字传输网络,初步形成了一个覆盖全省县以上城市及大部分乡镇的固定电话、移动电话网络、国际互联网应用体系。随着物流技术的广泛应用,陕西省的物流信息化得到了有效推广。铁路建成网络安全工程、信息服务管理、货运制票等系统。公路基本上实现联网信息管理，运行状态实现监测监管，通过货运信息服务网实现与全国26个省市的70个大中城市运输信息数据共享。邮政实现与全国中心、其他大区中心及地市中心的网络联通，形成上联国家邮政局、下联全省10个地市并覆盖县和大的乡镇的三级邮政信息网络。烟草、医药、运输等部分行业的物流信息化达到先进水平，如自动化立体仓库、自动分拣技术、电子标签、无线射频识别等。

四、综合保税区与物流园区建设情况

（一）综合保税区

截止到2012年年底，陕西省共有两个综合保税区，即西安综合保税区和西安高新综合保税区。

西安综合保税区2011年2月获国务院批准设立，是西北地区第一个综合保税区，规划面积为6.2平方公里，具有对外开放口岸、保税物流、保税出口加工、国际贸易四大功能。西安综合保税区已被列为陕西省“十二五”重点规划建设项目，是《关中—天水经济区发展规划》的重要组成部分。在西安保税物流中心基础上进行扩建的西安综合保税区（一期）面积为1.4平方公里，建设工程主要包括通关服务中心、卡口、围网及巡逻通道、保税仓库、验货场地、监管仓库等，西安综合保税区已完成一期的全部建设工作，塔塔特钢、西安柏翠酒业有限公司等企业已经开始正式对外运营。

西安高新综合保税区规划面积3.6平方公里，于2012年9月获得国务院批复，将承载陕西电子信息产业以及三星电子存储芯片项目及其配套企业建设用地和中期扩展用地。西安高新综合保税区发展定位是立足国家级西安高新区，承接外向型产业龙头企业，服务新一代信息技术产业发展，支撑关中—天水经济区外向型经济发展。

（二）物流园区

2011—2015年，陕西省计划用5年时间，重点建设西安国际港务区、西安咸阳空港物流园区、宝鸡陈仓物流园区、榆林能源化工基地物流园区、汉中褒河物流园区、渭南潼关物流港、安康综合物流园七大物流园区。2012年陕西物流园区的建设情况主要包括：

2012年7月，投资36.1亿元的靖边现代综合物流园区开始建设。靖边现代综合物流园区位于杨桥畔镇，总占地面积16 000亩，分三期实施，项目总投资100亿元，将于2017年建成完工。该园区以区域商贸物流中心建设为目标，规划建设塑料孵化园、居住休闲园、商品贸易园等12大园区，最终形成集商贸流通、能源化工、装配加工、建材机电、农牧产品、汽贸与汽修汽配等功能为一体的物流园区。

2012年9月，投资总额为24亿元的西北金属物流工业园开工建设。西北金属物流工业园位于西安市灞桥现代物流配套产业园,作为与国际港务区相配套和衔接的物流园,该园区将建成集"金属仓储与配送、交易与交割、加工与销售、电子商务与金融服务"等八大功能为一体,辐射西北、西南、华东、华中等区域的西北地区最大钢铁产品加工及物流集散中心,园区计划 2016 年全部建成。

2012 年 11 月,广东东立商贸物流有限公司投资的东立现代物流园项目签约西安国际港务区项目,投资人民币 10 亿元,园区拟建设四大基地,即机械装备制造业供应链管理服务基地、区域性电子商务家电配送分拨基地、区域性汽车及零配件配送基地及现代医药商业分拨基地。

2012 年 12 月,中储西部国际钢铁物流基地项目入驻临潼现代物流园区,中储西部国际钢铁物流基地项目拟建"一港、两区、一基地",即中储西部国际金属港、金属材料储存加工交流区、物流信息服务及物流金融服务配套区、综合物流配送中心。

陈仓物流园区以物流信息、仓储加工、会展经济、汽车交易为主的产业项目正在加速建设,在已引进宝商物流配送中心、宝鸡钛及有色金属贸易物流中心和宝鸡会展中心等 22 个项目基础上,2012 年 12 月,宝鸡新港物流中心仓储、宝鸡汽车博览园、育才机电汽车交易中心等 5 个物流重点项目开工。

五、物流企业发展

近年来,陕西省物流企业快速成长,基本上形成了由多种所有制、不同经营规模和服务模式构成的物流企业群体。陕西省物流企业发展呈现以下特点,一是加快由传统的运输、仓储向综合型物流企业转变;二是民营物流企业规模迅速扩大,部分企业进入全国大型物流企业行列;三是部分生产或商贸企业的物流公司,在原有业务基础上开始向社会扩展,并逐渐发展成专业化的物流服务提供商。

截至 2011 年年底,陕西省物流及运输企业共 3 000 余家,货运营业户 13.5 万户,货运场站、货运代理、信息服务等相关业务经营户 1.5 万户,其中货运车辆拥有量在 10 辆以下的企业 1.6 万家、个体运输户 11.7 万户;拥有 50 辆以上的货运企业数为 531 家。企业总体数量较多,以中央企业为主的大型企业、省属企业为主的中型企业数量比重虽小,但已逐步呈现专业化、规模化趋势。到 2012 年年底,陕西拥有 A 级物流企业 36 家,其中 4A 企业 13 家、3A 企业 17 家、2A 企业 6 家,涌现出西安贝斯特、海纳物流、西安亚欧物流中心、宝鸡西部物流、榆林三愚煤炭集运公司等数家龙头企业,陕西省 4A 级物流企业如表 7-4 所示。

表 7-4 陕西 4A 级物流企业

企业名称	级别
陕西贝斯特物流有限公司	4A
西安朱宏物流有限公司	4A
陕西华誉物流优钢(集团)有限责任公司	4A
宝鸡市天润金属物流有限公司	4A
陕西黄马甲物流配送股份公司	4A
延安市汽车运输(集团)有限责任公司	4A
陕西红光钢铁物流有限责任公司	4A
陕西西部物流有限公司	4A
陕西易通国际货运有限公司	4A
陕西省商业储运总公司	4A
陕西国储股份有限公司	4A
陕西大件汽车运输有限责任公司	4A
陕西恒顺物流有限责任公司	4A

资料来源:根据中国物流与采购联合会历年发布的 A 级物流企业名单整理。

六、陕西物流发展的政策环境

(一) 国家层面的物流发展政策与规划

2009 年,国务院批准《关中—天水经济区发展规划》,关中—天水经济区的战略定位是建成全国内陆型经济开发开放战略高地,统筹科技资源改革示范基地,全国先进制造业重要基地,全国现代农业高技术产业基地和彰显华夏文明的历史文化基地。规划范围包括陕西省西安市、咸阳市、铜川市、渭南市、宝鸡市、商洛部分县、杨凌农业高新技术产业示范区和甘肃省天水市所辖行政区域。该规划为关中地区物流业指出了明确的发展方向,即构建以西安为中心的发达的铁路网络,加快西安国际港务区、咸阳空港产业园、宝鸡陈仓、商洛等重点物流园区项目建设,积极研究设立西安陆港型综合保税区。

(二) 省级层面的政策与规划

2009 年 9 月,陕西省出台了《陕西省物流业调整和振兴规划实施方案》,提出了 2009—2012 年间物流业调整和振兴的八大重点工程和 80 个重点项目。这些项目包括重点推进多式联运、制造业与物流业联动发展、城市配送、大宗商品以及重要行业物流发展。在区域物流发展重点方面提出陕北地区重点抓好能源化工与物流业联动发展以及煤炭、油气和农特产品物流项目;关中地区重点抓好装备制造与物流业联动发展以及粮食、农产品冷链和城市配送方面的项目;陕南地区要重点抓好循环经济产业与物流业联动发展工程、绿色产品物流项目。规划实施方案还提出陕西省将着重建设“四大物流体系”、“七大物流通道”、“六个物流节点城市”。

2012 年,为落实《国务院办公厅关于促进物流业健康发展政策措施的意见》,陕西省出台《陕西省人民政府办公厅关于促进物流业健康发展的实施意见》,意见提出切实减轻物流企业负担,落实物流企业营业税、城镇土地使用税、房产税、企业所得税等税收优惠政策,鼓励符合条件的物流企业参加营业税差额纳税试点,扩大试点范围。对从事运输、代理、仓储、装卸、配送等一体化服务物流企业,在西部大开发政策规定范围内享受减 15% 的税率征收企业所得税,在投资总额内进口的自用设备,免征关税。对符合条件的物流企业自有的(包括自用和出租)大宗商品仓储设施用地,减按所属土地等级适用税额标准的 50% 计征城镇土地使用税。

(三) 市级物流发展规划

2011 年,铜川市出台《铜川市商贸物流发展专项规划》,规划提出铜川市未来将重点培育商贸物流龙头企业,完善冷链配送体系,建设中药材物流园区、果品物流园区和再生资源回收物流园区,提高果蔬批发市场物流水平以及探索农用生产资料连锁经营模式。

2010 年,榆林市出台《榆林市现代物流业发展规划》,规划建设重点为一个跨省区物流协作网、两大物流园区、九大物流中心、十二个区县物流配送中心、一个物流企业网。

2010 年,安康市出台了《安康市现代物流业发展规划》,该规划构建了“1369”物流框架体系,即“一个物流园区,三个物流中心,六个配送中心,九个县级物流站场”,争取将安康市发展成为秦巴腹地区域性物流枢纽中心和陕西省重要的物流枢纽中心城市。

第三节 陕西物流发展特征及未来发展方向

陕西省的地区经济发展不平衡,并且具有比较鲜明的区域产业特色,这导致陕西物流发展水平区域间不平衡,并在不同区域形成了不同的物流发展重点。近年来,陕西制造业物流和内陆港建设均取得了较大发展,但从总体来看,陕西物流业的发展水平仍比较落后。未来陕西将围绕打造全国重要物流中心,建设布局合理、装备先进、智能化运作的现代物流体系,发展重点包括打造三大物流网络与设施平台,建设七大物流园区,发展三大行业物流,推动第三方物流企业的发展。

一、陕西物流发展主要特征

(一) 区域物流特色突出

陕西“关中先进制造、陕北能源化工、陕南绿色产业”为主导的区域产业格局决定了不同区域的物流发展特色。

关中地区是陕西先进制造业中心、商贸中心、交通枢纽，西安、宝鸡等关中城市重点发展了制造业物流、国际物流和商贸物流，出现了陕西通汇、陕西大件运输、宝鸡东运、咸阳林鑫等为制造业提供第三方物流服务的专业物流公司，建设了韦曲科技物流中心、三桥汽车物流中心、草滩果业物流中心、中储物流中心、渭北绿色果业物流中心、雨润西安农副产品全球采购中心等一批为制造业、农副产品提供存储、加工、包装、转运的物流中心、基地，建成了包括咸阳西部商贸物流基地、西安华南城、西安纺织城纺织品、服装物流中心、北石桥物流中心等为商贸流通业服务的物流中心。

陕北的榆林、延安两市重点发展能源化工物流，出现了三愚、牛家梁、大保当、梁家塔等主营煤炭销售及煤炭、焦炭铁路货运中转、装卸及运输代理、货物仓储、物流配发等业务的煤炭物流公司，并建立了榆林能源化工物流中心、榆林大保当和孟家壕能源化工物流基地等一批能源化工物流园区。

陕南地区已经形成了以中药材、瘦肉型猪、农蚕、茶叶、食用菌、油菜为主的陕南特色农业带，依托于特色农业的产业化发展，陕南地区着力发展商贸物流和特色农产品物流，规划和建设了褒河物流园、安康物流园、商洛农特产品物流中心、中药物流中心、商山物流园等与农业相关的物流园区。

（二）区域间物流发展不均衡

由于陕西省地区经济发展不平衡，物流基础设施发展不均衡等原因，区域间物流发展不均衡。关中地区以及陕北的榆林市经济相对比较发达，区位条件也比较优越，物流发展相对较好，2012 年，西安、渭南、榆林三地的货运量和货运周转量均列全省前三位。陕南地区以及陕北的延安市受自然条件的影响、经济发展的限制，物流发展相对落后。2012 年陕西省各市区公路货运量情况如图 7-13 所示，2012 年陕西省各市区公路货运周转量情况如图 7-14 所示。

（三）制造业与物流业联动有较大发展

2009 年，《陕西省物流业调整和振兴规划实施方案》将制造业与物流业联动发展列为物流行业发展的重要工程之一。在政策推动以及自身内在需求的引领下，陕西汽车集团、中国西电集团、陕西龙门钢铁集团等制造企业整合优化业务流程，分离物流业务，创新物流管理模式，逐步将整合后的部分或全部物流业务外包给专业物流企业。陕西通汇、陕西大件运输、宝鸡东运、咸阳林鑫等物流企业利用其专业化的设备、信息化的管理，加强与制造企业合作，促进物流业向工业企业采购、配送、销售等环节渗透，并依托供应链管理，整合物流设施资源。

陕西省支持企业积极参与国家物流业与制造业联动发展示范工作，在西安、宝鸡、汉中等地积极开展制造业与物流业联动发展试点，对列入试点的企业在税收、资产处置、人员安置等方面给予政策扶持。

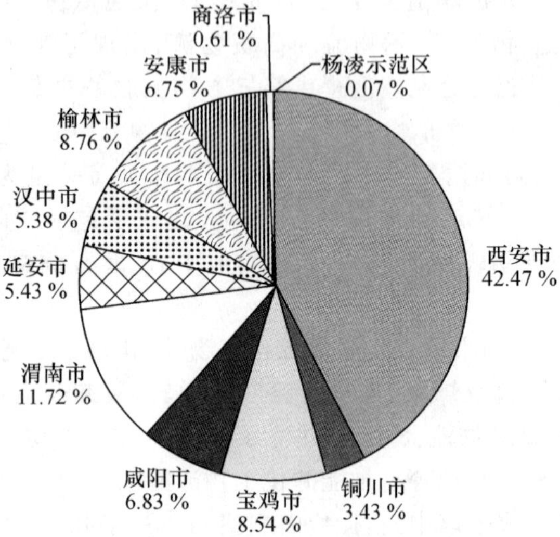

图 7-13　2012 年陕西省各市区公路货运量

资料来源:根据《陕西省统计年鉴》2012 相关数据整理。

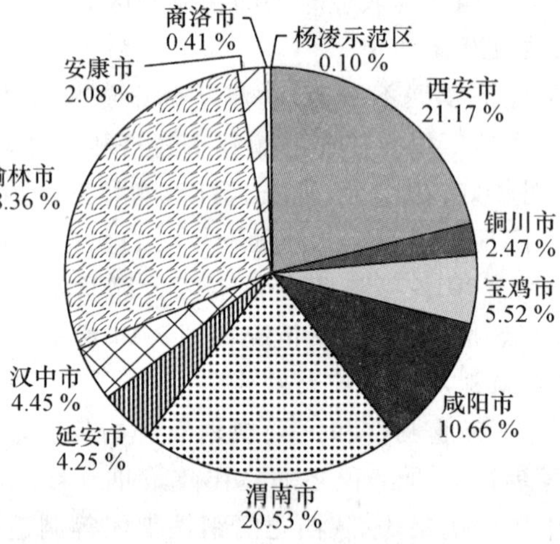

图 7-14　陕西省各市区公路货运周转量

资料来源:根据《陕西省统计年鉴》2012 相关数据整理。

陕西省还通过建设物流园区促进物流业与制造业联动发展。陕西各地政府依托高新技术开发区、经济开发区、工业园区等制造业聚集区,布局建设生产服务型物流园区(中心),建立和完善综合物流服务体系,实现制造业聚集区内物流基础设施、物流信息平台共享共用。如“宝鸡制造业与物流业联动发展工程”项目,计划依托宝鸡南绕城铁路货运专线和南绕城高速公路,建设蔡家坡、天王、高新区、清姜4个总面积为2 000亩的大型物流园区，促进物流业与制造业的联动发展。

（四）内陆港建设促进陕西外向型经济发展

西安国际港务区是中国建设最早、规模最大国际内陆港，其发展定位是建设“中国最大的国际型内陆港和黄河中上游地区最大的商贸物流集散中心，打造现代服务业新城”①。

“西安港”依托西安综合保税区、西安铁路集装箱货运中心站和西安公路港三大核心项目构筑的国际内陆港口岸服务功能平台，通过与沿海港口、沿边口岸之间形成“港口后移、就地办单、海铁联运、无缝对接”的大通关模式协作，连接国际航线，承接沿海港口功能内移，以此为基础着力打造国际贸易、国内贸易、临港产业、信息产业、生产服务业、生活服务业等六大产业组团。

西安国际港务区已经成为西部地区近几年在吸引外资、加快经济发展方面的一个强有力经济增长极，2012年全年共签订各类招商引资合同25个，总投资332.6亿元，塔塔特钢、日通国际等世界500强企业入驻园区。上海网讯新材料、厦门优传酒业等国内知名企业，东盟国民国际产业园、台湾MIT科学园等12个项目签约落户西安综合保税区。

（五）陕西物流业仍有待进一步发展

陕西物流业发展水平与东部等经济发达地区比较仍然比较落后，主要表现在三个方面。一是物流企业总体规模不大，服务范围窄。大部分物流企业规模较小，管理方式粗放，缺乏担当龙头的大型现代物流企业。服务范围集中在运输和仓储领域，功能比较单一，对物流增值服务，如仓储的延伸服务，运输的延伸服务，配送的延伸服务，库存管理与控制，采购与订单处理，市场调研与预测，产品回收，构建物流信息系统，物流系统的规划、设计、诊断、优化以及物流咨询、培训等业务拓展不够。二是大部分物流企业仍沿用传统的管理手段和人工操作技术，单位时间内的物流量少，单位空间内的物流处理能力低，信息量有限。由于新技术和新设施往往投资巨大，且要求与客户之间建立接口，不少企业对新技术与设施的投入不足，极大地制约了新型物流企业的培育，影响了企业综合竞争实力的提高。三是物流专业人才严重匮乏。缺乏具有现代物流理念和专业知识的策划、管理人才以及熟练掌握物流信息技术的专门人才。

二、陕西物流未来发展方向

陕西省在“十二五”期间，依托区位及交通枢纽优势，围绕打造全国重要物流中心，建设布局合理、装备先进、智能化运作的现代物流体系。

---

① http://www.itl.gov.cn/structure/zjgj/js/gjgjs.htm.

(一)加快三大平台建设,为第三方物流发展提供坚实基础

陕西将重点建设物流网络和设施、物流公共信息和物流研发三大平台。

物流网络和设施平台建设选择重点地区和综合交通枢纽,建设一批集装箱多式联运中转设施和转运设施。重点抓好西安公路港、中陕国际物流中心、西安贝斯特物流中心、西安铁路货运站、杨凌铁路货运站、长安引镇物流中心、绥德物流中心等项目建设。

物流公共信息平台建设重点包括建立和完善3—5个省级综合物流公共信息平台体系,支持内陆企业通过陆港连通海港,形成覆盖电子口岸、公路码头、智能交通、危险货物运输、应急物流等领域的公共物流信息化网络服务体系。建立3—5个电子商务与物流服务集成的专用信息平台,提高行业管理和服务水平。建设10多个煤炭、建材、果品、农产品、农资等具有陕西特色行业物流信息平台,实现特色领域物流信息的交换与共享。积极推进物流园区信息化建设进程,支持8个左右重点物流园区建设信息平台,促进50%~80%以上比例的入驻企业应用物流园区公共或专用信息平台,通过电子商务、信息资源交换与共享促进企业之间的协调与合作。

支持企业、大专院校与科研院所建立以产学研机构为核心的物流研发平台建设,加快物流共性、关键性技术的研发与推广运用,政府对研发平台的建设给予适当的资金与政策支持。物流研发平台建设突出以下几个功能:第一,分析研究第三方物流对陕西物流以及国民经济发展的作用与贡献,对陕西第三方物流的发展现状进行长期跟踪,针对陕西第三方物流存在的问题,提出陕西第三方物流发展的方向、模式与对策,为政府和企业经营决策提供科学依据;第二,开展现代物流管理方法的研究和推广工作;第三,开展物流标准化和物流统计研究,建立物流统计指标和物流标准化体系。

(二)建设七大重点物流园区

陕西在"十二五"期间,将重点建设七大园区,即建设西安国际港务区、西安咸阳空港物流园区、宝鸡陈仓物流园区、榆林能源化工基地物流园区、汉中褒河物流园区、渭南潼关物流港和安康综合物流园。

西安国际港务区以现有铁路、公路等运输手段为依托,以与沿海国际港口合作为基础,在内陆形成海陆联运的聚集地和结合点。它是沿海国际港口多种港务功能在西安的延伸,是沿海国际港口在西安的集中服务区,也是国际物流与国内物流的结合部。西安国际港务区不仅具有普通物流园区的基本功能,还具有保税、仓储、海关、边检、商检、检疫、结汇银行、保险公司、船务市场及船运代理等国际港口所具有的多种功能。形成公铁联运、海铁联运的中转物流基地,成为立足西安、服务西部、面向全国、连接国际的西部地区货物的产品配送、货物集散、集装

箱转运中心、中国西部最大的综合物流园。

宝鸡陈仓现代物流园区是一个以商贸为主的综合性物流园区，园区主要以轻工产品批发贸易为主，生产资料配送服务为辅，兼有商业会展功能。园区集“交易、配送、会展、仓储、流通加工、信息处理”六位一体，集聚众多批发商和物流企业，成为社会化物流资源的提供者和工业供应链的集成商。

潼关物流港项目定位为“中国关中—天水经济区集综合性商品交易市场和综合服务型园区于一体的综合性商贸物流园”。

榆林能源化工物流基地主要依托榆林已建成的超亿吨煤炭生产基地、亚洲最大的天然气净化装置和国内最大的甲醇生产基地，发展与能源化工联动发展的能源化工物流。

安康综合物流园区定位为集中型综合物流园区，兼具转运、存储、配送、加工等功能的物流园区，使园区逐步成为安康最快捷有效的信息中心，最大的货物集散地，服务范围从“中心城区—1 小时都市经济圈—全市 10 个县市区—川、陕、鄂、渝重要节点—外贸进出口”逐步延伸。

汉中褒河物流园区是汉中市及陕南地区现代物流产业核心区，集工农业生产资料、城乡居民日用消费品仓储、加工、交易、会展、信息、配送、多式联运等多功能的现代化、生态化、低碳化的省级大型综合物流园。

（三）重点发展的行业物流

陕西物流发展的重点行业包括制造业物流、大宗商品物流以及农产品冷链物流。其中制造业物流发展是围绕装备制造、汽车、电子信息、钢铁、有色、石化等重要产业，重点抓好陕西红光钢铁物流中心、宝鸡西部物流中心、富平物流航空快递中心、西安三桥国际汽车物流中心、杨凌特色农产品及农资物流园等项目建设。

大宗商品物流重点实施西安西部大宗商品交易中心、榆林大保当和孟家壕能源化工物流基地、宝鸡煤炭配送中心、中储西安钢材物流中心、延安利源石化物流配送中心、明珠国际家居中国原点新城、西瑞兴平粮油物流基地、省粮食物流集团杨凌粮油物流中心、西粮泾阳粮油物流基地、建兴勉县粮油物流基地、省油脂安全物流工程、陕西苹果交易市场、渭南金地棉花加工仓储物流配送基地等项目。

农产品冷链物流重点建设和完善鲜活农产品储藏、加工、运输和配送等冷链物流设施，提高鲜活农产品冷藏运输比例。重点抓好西部欣桥、西安朱雀、咸阳新阳光、西安雨润、华圣果业、陕西昌盛苹果、西安方欣和渭北苹果物流园等冷藏物流中心建设。

（四）大力发展第三方物流企业

支持工商企业将自营物流剥离出来，鼓励发展物流外包；促进传统运输、仓储企业向第三方物流企业转变；大力培育与发展民营物流企业，积极引进国内外第三方物流企业落户陕西。

因地制宜采用不同模式发展第三方物流,主要思路包括:依托支柱产业发展第三方物流,如榆林三愚煤炭公司、中榆煤炭集运公司依托榆林的支柱产业发展能源化工物流;依托大型企业集团发展第三方物流,如上海通惠物流公司在西安投资设点专门为陕重汽提供第三方物流服务;依托秦川机床集团、西京公司、华山厂发展制造物流业;依托物流园区、物流中心发展第三方物流;依托各类开发区发展第三方物流,如依托西安高新技术开发区兴建的高科物流公司等;依托行业发展第三方物流,如依托粮食、烟草、邮政发展专业物流公司;依托市场发展第三方物流,如贝斯特集团依托轻工批发市场、服装批发市场、货运市场发展第三方物流。

大力培育物流企业集团。支持重点物流企业,通过联合、租赁、收购等市场手段,依托供应链整合现有物流资源,率先在能源化工、制造业、果业、建材、邮政等领域培育物流企业集团,提高产业集中度,形成规模优势。深化国有物流企业产权制度改革,建立现代企业制度。强化增值服务,发展战略同盟关系。鼓励陕西物流企业,在提供基本物流服务的同时,根据市场需求,积极发展物流增值服务,努力开展加工、配送、货代、仓单质押、物流项目策划以及物流企业营销等业务,用专业化服务满足个性化需求,以服务提高效益。

第八章　港澳台地区物流发展状况

2012年,受发达经济体需求疲软等因素的影响,经济外向型程度较高的我国香港、澳门和台湾地区经济整体增速放缓,地区物流发展也受到较大影响。在区域经济一体化政策支持下,两岸四地物流基础设施对接建设项目顺利推进,一系列物流相关规划与协议得到签订与落实,两岸四地物流合作的广度和深度不断拓展和深化。

第一节　香港特别行政区物流发展状况

2012年,香港经济保持增长态势,但增速有所下降。物流基础设施建设推进顺利,与内地合作不断加强,国际运输和物流枢纽的地位进一步巩固。

一、香港经济发展概况

（一）地区生产总值

2012年,香港地区经济保持小幅增长,地区生产总值达18 898.3亿港元①,同比增长1.4%②,增速比2011年有较大幅度下降,如图8-1所示。

（二）对外贸易额

1. 对外商品贸易总额

2012年,香港对外贸易增长趋缓,对外商品贸易总额为7.3万亿港元,同比增长3.4%,增速比2011年降低7.6个百分点。其中,整体出口(包括港产品出口和转口)3.4万亿港元,同比增长2.9%,增速下滑7.2个百分点,其中转口3.376万亿港元,同比增长3.2%,增速下滑7.3个百分点;出口进一步萎缩,出口额588亿港元,同比下降10.4%。进口3.9万亿港元,同比增长3.9%,增速下滑8个百分点。贸易逆差达4 778亿港元,呈现不断扩大趋势,如表8-1所示。

---

① 根据《香港统计数字一览2013》,2012年港元的平均汇率为7.756港元兑换1美元。

② 本节中GDP增长率均为实际增长率,以2010年环比物量计算。香港特别行政区政府统计处于2007年10月开始发布以环比物量计算的本地生产总值,取代以前以固定价格计算的本地生产总值。具体核算方法参见《香港统计月刊专题文章:以环比物量计算的香港本地生产总值》(2007年10月)。

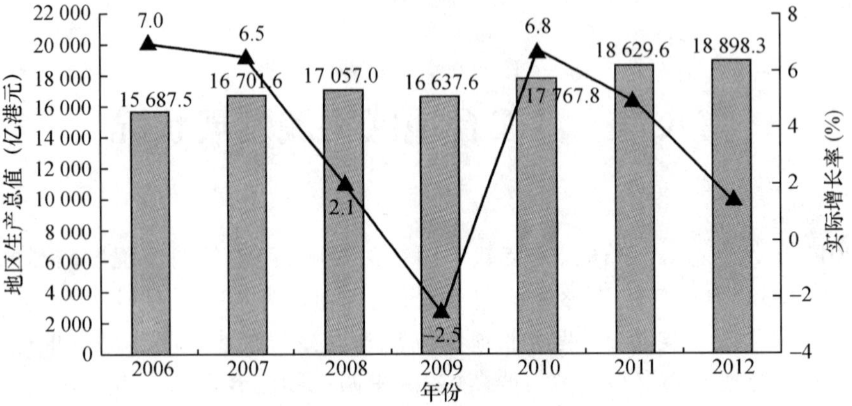

图 8-1 2006—2012 年香港地区生产总值变化情况

资料来源:根据香港特别行政区政府统计处《本地生产总值》(2012 年第 4 季)相关数据整理。

表 8-1 2006—2012 年香港对外商品贸易总额及增长率 (单位:亿港元)

项目	2006	2007	2008	2009	2010	2011	2012	
							绝对值	增长率(%)
进口(到岸价)	25 998	28 680	30 253	26 924	33 648	37 646	39 122	3.9
整体出口(离岸价)	24 610	26 875	28 242	24 691	30 310	33 373	34 343	2.9
其中:港产品								
出口	1 345	1 091	908	577	695	657	588	-10.4
转口	23 265	25 784	27 334	24 113	29 615	32 716	33 755	3.2
贸易差额	-1 388	-1 805	-2 011	-2 233	-3 338	-4 273	-4 778	、11.8
贸易总额	50 608	55 555	58 494	51 614	63 959	71 018	73 465	3.4

资料来源:根据《香港统计数字一览 2012》、《香港统计数字一览 2013》相关数据整理。

2. 服务输出额

2012 年,香港的服务输出额继续增长,但增速有所放缓,整体服务输出同比增长 5.3%。在各类服务输出中,旅游及保险业增长速度较快;运输服务输出额略微下滑,同比下降 0.5%;商贸服务及其他与贸易相关服务输出额增速有所放缓,同比增长 3.8%。2006—2012 年香港按主要服务类别划分的服务输出额及增长率如表 8-2 所示。

表 8-2　2006—2012 年香港服务输出额及增长率情况　（单位：十亿港元）

项目	2006	2007	2008	2009	2010	2011	2012		
							输出额	比重（%）	增长率（%）
运输	175.2	200.5	225.6	183.6	232.0	250.1	248.9	25.2	-0.5
旅游	90.4	107.3	119.2	127.2	172.5	215.3	245.7	24.9	14.1
保险	3.6	5.4	4.7	4.8	6.7	6.6	7.1	0.7	7.6
金融	72.0	97.0	93.4	87.5	102.1	113.4	117.6	11.9	3.7
商贸服务及其他与贸易相关服务	178.3	199.0	215.9	206.8	243.9	270.7	281.0	28.5	3.8
其他服务	47.0	54.8	62.1	62.9	72.4	80.4	85.4	8.8	6.2
总计	566.4	664.1	720.8	672.8	829.5	936.5	985.8	100.0	5.3

资料来源：根据香港特别行政区政府统计处《2012 本地生产总值》相关数据整理。

（三）产业结构

2007 年以来，香港三次产业结构基本保持稳定。其中，第二产业比重呈小幅下降趋势，以进出口贸易、金融、保险为主的第三产业比重略有上升，如表 8-3 所示。

表 8-3　2006—2011 年香港产业结构状况

年份	第一产业		第二产业		第三产业	
	增加值（亿港元）	所占比重（%）	增加值（亿港元）	所占比重（%）	增加值（亿港元）	所占比重（%）
2006	9.5	0.1	1 196.7	8.2	13 321.9	91.7
2007	10.2	0.1	1 130.3	7.2	14 661.1	92.8
2008	9.3	0.1	1 189.4	7.4	14 730.4	92.5
2009	10.9	0.1	1 133.3	7.3	14 364.3	92.6
2010	9.5	0.1	1 207.1	7.1	15 813.1	92.9
2011	<9.5	<0.05	1 293.7	6.8	17 712.3	93.1

资料来源：根据香港特别行政区政府统计处《香港统计数字一览 2013》相关数据整理。

2012 年，香港制造业增加值同比下降 1.5%，建造业和服务业增加值继续上升。其中运输、仓库、邮政及速递业增速较 2011 年下滑幅度较大，如表 8-4 所示。

表 8-4　2011—2012 年香港各行业增加值同比变化情况　（单位:%）

项目	2011	2012
制造业	0.7	-1.5
建造业	18.1	9.6
服务业	5.2	1.8
其中: 进出口贸易、批发及零售	9.1	1.4
住宿及膳食服务	8.3	1.5
运输、仓库、邮政及速递	7.2	1.4
信息及通信	2.8	2.3
金融及保险	6.9	1.1
地产、专业及商用服务	2.6	3.8
公共行政、社会及个人服务	1.5	3.0

注:表中数据为以实质计算的主要经济活动增加价值的按年变动百分率。2011 年的数字是指全年的变动百分率,而 2012 年的数字是指前三季度与上年同期比较的变动百分率。

资料来源:根据香港特别行政区政府统计处《香港统计数字一览 2013》相关数据整理。

二、香港物流产业发展概况

(一) 货物运输情况

1. 总体情况

2012 年,香港货物运输量整体下滑,进出口货运总量为 3.0 亿吨,同比下降 2.8%。其中,海运进出口货运量同比下降 3.1%,河运进出口货运量同比减少 2.5%,空运进出口货运量基本持平。2006—2012 年香港进出口货运量如表 8-5 所示。

表 8-5　2006—2012 年香港进出口货运量　（单位:万吨）

年份	海运	河运	道路货运	铁路货运*	空运	合计	
						总量	增长率(%)
2006	16 620.8	7 203.1	3 732.0	18.4	358.0	27 932.2	2.5
2007	17 734.7	6 808.6	3 613.9	14.1	374.2	28 545.6	2.2
2008	17 997.4	7 942.8	3 173.4	10.9	362.7	29 487.3	3.3
2009	16 159.1	8 137.6	2 671.6	8.4	334.7	27 311.4	-7.4
2010	18 200.4	8 581.1	2 966.0	3.5	412.8	30 163.8	10.4
2011	19 492.6	8 251.8	2 671.7	0	393.8	30 809.9	2.1
2012	18 886.0	8 042.3	2 622.6	0	402.5	29 953.4	-2.8

注:标有“*”的数据不包括运输的家畜。香港铁路有限公司已于 2010 年 6 月 16 日起,停办铁路货运业务。道路货运量 2010 年及以后的数据已根据一套新的载货率作出修订。

资料来源:根据香港特别行政区政府港口发展局《香港港口运输统计摘要》(2013 年 5 月)相关数据整理。

从货物吞吐量看,2012 年香港货物总卸下量和总装上量较 2011 年分别小幅下降 1.4% 和 2.5% 。其中,空运吞吐量小幅增长,海运、河运与道路运输吞吐量均出现下滑,如表 8-6 所示。

表 8-6　2011—2012 年香港各运输方式货物吞吐量　　(单位:万吨)

运输方式		2011 年		2012 年		增长率(%)	
		卸下	装上	卸下	装上	卸下	装上
空运		144.2	249.6	146.3	256.2	1.5	2.6
水运	海运	12 018.5	7 474.2	11 860.0	7 250.0	-1.3	-3.0
	河运	3 765.6	4 486.2	3 730.0	4 380.0	-0.9	-2.4
	合计	15 784.1	11 960.3	15 590.0	11 630.0	-1.2	-2.8
道路运输		1 590.6*	1 081.1*	1 544.3	1 078.3	-2.9	-0.3
总计		17 519.0	13 291.0	17 280.6	12 964.6	-1.4	-2.5

注:标有“ * ”的数据不包括运输的家畜。

资料来源:根据香港特别行政区政府统计处《香港统计数字一览 2013》相关数据整理。

2. 水运情况

(1) 港口货物吞吐量

国际航运业处于低迷期,香港的航运业也大受影响,港口货物吞吐量出现小幅下跌。2012 年,香港的港口货物吞吐量为 26 928 万吨,比上年下跌 2.9% 。其中,抵港、离港的港口货物分别为 15 470 万吨和 11 458 万吨,分别下跌 2.0% 和 4.2% 。在抵港港口货物中,在内地装货的有 5 541.7 万吨,下降 5% ,在离港港口货物中,运往内地 5 367.9 万吨,下降 4% 。2006—2012 年香港港口货物吞吐量如表 8-7 所示。

表 8-7　2006—2012 年香港港口货物吞吐量

年份	卸下量(万吨)	增长率(%)	装上量(万吨)	增长率(%)	总吞吐量(万吨)	增长率(%)
2006	14 154.2	0.2	9 669.6	8.3	238 238	3.9
2007	14 132.4	0.1	10 410.9	8.1	245 433	2.8
2008	14 597.7	3.0	11 342.5	9.2	25 940.2	6.3
2009	13 929.3	-4.6	10 367.3	-8.6	24 296.3	-6.3
2010	15 426.3	10.7	11 355.2	9.5	26 781.5	10.2
2011	15 784.1	2.3	11 960.3	5.3	27 744.4	3.6
2012	15 469.9	-2.0	11 458.3	-4.2	26 928.2	-2.9

资料来源:根据香港特别行政区政府港口发展局《香港船务统计》(2012 年第 4 季)相关数据整理。

(2) 集装箱吞吐量

2012 年,香港港口集装箱吞吐量为 2 312.6 万标准箱,同比下降 5.2% ,在世界集装箱港口继续排名第三位[①]。其中,葵涌—青衣货柜码头的吞吐量达 1 748 万标准箱,占香港港口集装箱吞吐量的 75.6%,其余 24.4% 集中在中流作业[②]及其他码头[③]。2006—2012 年香港集装箱吞吐量及增长情况如图 8-2 所示。

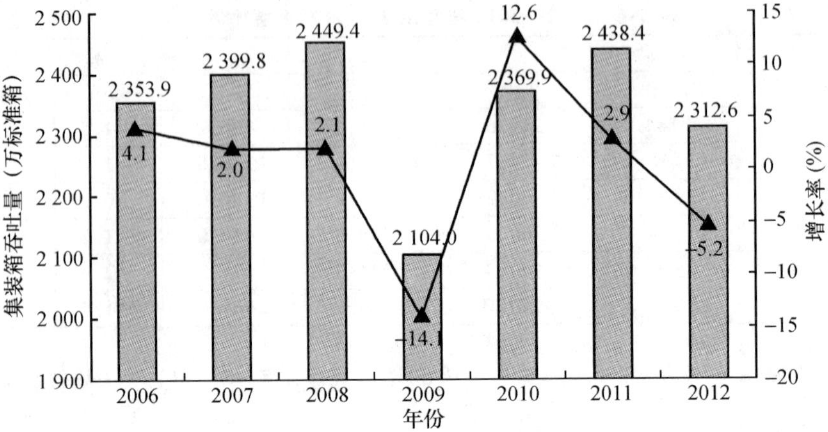

图 8-2 2006—2012 年香港集装箱吞吐量及增长情况

资料来源:根据香港特别行政区政府港口发展局《香港港口运输统计摘要》(2013 年 3 月)相关数据整理。

(3) 港口物流设施及配套服务状况

香港是全球吞吐量最大、效率最高的国际集装箱港口之一。截至 2012 年年底,在香港注册的船舶数目为 2 193 艘,同比增长 12.3%;总吨位数达 7 885.5 万吨,同比增长 15.4%[④]。全年抵港的远洋货船及内河货船分别为 2.83 万艘次和 7.81 万艘次,同比分别减少 6.0% 和 7.8%。

3. 空运情况

在全球货运需求持续低迷之际,2012 年香港航空货运量小幅回升。2012 年,香港全年航空货运量为 402.5 万吨,同比增长 2.2%,其中卸货和装货量分别为 146.3 万吨和 256.2 万吨,分别上升 1.5% 和 2.6%。2006—2012 年香港空运货物吞吐量如表 8-8 所示。

---

① 前两位依次为上海(3252.9 万标准箱)、新加坡(3164.9 万标准箱),资料来自《香港港口运输统计摘要》。

② 中流作业是指船只无须透过货柜码头,而直接在货船上装拆货柜,并利用趸船将货物运送到附近的码头起卸。

③ 其他码头指内河货运码头、公众货物装卸区、浮泡和碇泊处以及其他私人货仓码头处理区。

④ 香港特别行政区政府海事处《香港注册船舶的数目和总吨数》。

表 8-8　2006—2012 年香港空运货物吞吐量　（单位:万吨）

项目	2006	2007	2008	2009	2010	2011	2012
卸货量	130.0	135.2	132.7	126.3	147.9	144.2	146.3
装货量	228.0	239.0	230.1	208.4	264.9	249.6	256.2
合计	358.0	374.2	362.7	334.7	412.8	393.8	402.5
年增长率(%)	5.2	4.5	-3.1	-7.7	23.3	-4.6	2.2

资料来源:根据香港特别行政区政府民航处《航空交通统计数字》相关数据整理。

香港主要空运货站营运商——香港空运货站有限公司(香港空运货站)2012年总处货量创成立37年来第二高纪录,达277.75万吨,较去年上升2.1%。这主要受惠于Air Astana、Globus Airlines、顺丰航空、友和道通航空,以及符拉迪沃斯托克航空五家新加盟航空公司带来的业务①。由于在处货效率、空运覆盖网络等方面的优异表现,2012年香港空运货站在亚洲供应链物流大奖评选中连续第六年蝉联“年度最佳航空货运站”②。

4. 陆上交通情况

2012年,香港道路运输货物吞吐量为2 622.6万吨,同比下降1.8%。公共道路总长2 090公里,货车总数11.3万辆③。目前,深港两地已建成深圳湾、落马洲、文锦渡和沙头角4个陆路货运通道,将香港快速公路系统与华南道路系统有效对接。此外,港珠澳大桥工程建设进展顺利,按计划将于2016年建成通车,届时将形成连接香港大屿山、澳门半岛和广东省珠海市的高速公路通道,有效改善香港与珠三角西岸之间的交通滞后状况,缩短珠海与香港之间的交通运输时间,从香港到珠海的公路运输时间将由3个多小时缩减为半个多小时④。

(二) 物流产业情况

1. 物流业增加值、就业人口与收益

物流业是香港的传统支柱产业,多年来在促进香港经济发展和提供就业岗位方面发挥了重要作用。2011年,香港物流业复苏步伐放缓,全年物流业增加值为676亿港元,同比下降18.0%,占地区生产总值的3.6%;物流行业就业人数为19.1万人,占总就业人口的5.3%,物流行业就业人数占总就业人口比重呈逐年下降趋势,如表8-9所示。

① 香港空运货站2012年全年处货量创第二高纪录. http://cdn. carnoc. com/list/241/241636. html, 2013-01-16.

② 香港空运货站再获“最佳航空货运站”殊荣. http://news. carnoc. com/list/239/239048. html, 2012-12-07.

③ 根据香港特别行政区政府统计处《香港统计数字一览(2013)》整理。

④ 港珠澳大桥列入十二五 粤港打造一小时生活圈. http://news. gz-news. com/article, 2012-06-02.

表 8-9 2006—2011年香港物流相关行业发展情况

年份	项目	增加值（十亿港元）	占地区生产总值（%）	就业人数（千人）	占总就业人数（%）
2006	货运及仓库服务	66.6	4.6	181.3	5.3
	邮政及速递服务	5.5	0.4	22.1	0.6
	物流业合计	72.2	5.0	203.4	6.0
2007	货运及仓库服务	66.5	4.2	183.2	5.3
	邮政及速递服务	5.5	0.3	21.9	0.6
	物流业合计	71.9	4.6	205.2	5.9
2008	货运及仓库服务	57.8	3.6	181.4	5.2
	邮政及速递服务	5.1	0.3	21.2	0.6
	物流业合计	62.9	3.9	202.7	5.8
2009	货运及仓库服务	49.6	3.2	179.3	5.1
	邮政及速递服务	5.1	0.3	19.5	0.6
	物流业合计	54.7	3.5	198.9	5.7
2010	货运及仓库服务	76.8	4.5	176.7	5.0
	邮政及速递服务	5.6	0.3	18.1	0.5
	物流业合计	82.4	4.8	194.8	5.6
2011	货运及仓库服务	62.3	3.3	172.2	4.8
	邮政及速递服务	5.3	0.3	18.3	0.5
	物流业合计	67.6	3.6	190.5	5.3

注：由于进位原因，统计表内的个别项目加总可能与总数略有不同。

资料来源：香港特别行政区政府统计处《四个主要行业的增加价值》、《四个主要行业的增加价值占本地生产总值的百分比》、《四个主要行业的就业人数》、《四个主要行业的就业人数占总就业人数的百分比》(2013年2月)相关数据整理。

2012年，香港物流业收益延续了上年的增长势头，各相关行业业务收益指数均继续上升。其中，运输收益指数基本与2011年持平，同比上涨1.0%；货仓及仓库、速递收益指数有较大幅度的提升，分别同比上涨24.1%和17.5%，如表8-10所示。

表 8-10 物流相关行业业务收益指数[①]（2008年按季平均指数 =100）

项目	2008年	2009年	2010年	2011年	2012年	2012年变化率（%）
运输	100.0	80.1	99.6	108.4	109.5	1.0
货仓及仓库	100.0	101.4	111.0	123.1	152.7	24.1
速递	100.0	93.9	120.4	140.5	165.1	17.5

资料来源：根据香港特别行政区政府统计处《香港统计数字一览2013》相关数据整理。

---

① 香港特别行政区政府统计处自1993年起编制选定服务行业的按季业务收益指数，以量度其业务收益在某一期间内与基期相比的变化，作为评价行业短期业务表现的依据。具体核算方法可参见《香港统计月刊专题文章：服务行业业务收益指数》(2009年10月)。

2. 物流企业情况

截至2010年年底,香港地区共有物流企业12 327家。其中,货车及集装箱运输、货运代理企业占据物流企业的主要部分。近年来,国际速递企业①发展迅速,2010年,国际速递企业数量达181家,较2008年的13家增长近14倍。此外,从事各种运输服务的机构数量也持续上涨,2011年,航空运输、陆上运输及海上运输服务业机构数量分别达到1 432、3 736、3 239家,如表8-11所示。

表8-11 2006—2011年香港运输服务机构数量 (单位:家)

年份	航空运输服务业	陆上运输服务业	海上运输服务业
2006	1 081	3 157	2 839
2007	1 112	2 928	2 875
2008	1 203	2 833	2 800
2009	1 204	3 372	2 925
2010	1 301	3 628	3 059
2011	1 432	3 736	3 239

资料来源:根据香港特别行政区政府统计处《服务业统计摘要》(2012年版)相关数据整理。

作为国际航运中心,香港拥有东方海外、和记黄埔、环球航运集团等众多大型港口和航运物流企业。目前香港登记的船公司掌握着全世界约10%的船队。和记黄埔作为全球最大的集装箱码头运营商之一,码头业务遍布26个国家的52个港口。此外,作为亚太乃至世界主要航空货运枢纽,香港航空货运业十分发达,拥有国泰航空、港龙航空、香港快运航空等多家大型航空货运企业。

此外,香港拥有一批国际知名物流企业的亚太总部或转运中心,如DHL亚太转运中心、TNT亚太转运中心、ART物流全球总部等,已经成为这些物流企业地区乃至全球业务的核心基地。

(三)物流发展政策与措施

2011年3月,中央政府颁布《中华人民共和国国民经济和社会发展第十二个五年规划纲要》,指出将继续支持香港发展航运、物流等服务业,支持香港发展高价值货物存货管理及区域分销中心,巩固和提升香港国际金融、贸易、航运中心的地位。

为配合国家"十二五"规划,香港特别行政区政府在《2013香港政府施政报告》中表示,香港将继续优化香港的海、陆、空交通设施和衔接,巩固和提升香港作为区内物流枢纽的地位。报告指出,鉴于近年和航运相关的服务业(包括船舶管

① 国际速递企业是指提供在两个或两个以上国家(或地区)之间的快递、物流业务的企业。

理、船务代理、船舶融资、航运保险、船舶注册、法律服务等)发展势头良好,香港将强化航运服务业的集群作用,向高增值的航运服务业拓展。

2012 年 1 月,粤港两地签署了《实施〈粤港合作框架协议〉2012 年重点工作安排》。鉴于珠三角地区拥有广州、深圳、珠海、香港和澳门五大机场,机场密度较大,该协议指出将继续推进五大机场合作,推动解决珠三角空域紧张问题,推进珠三角直升机短途运输网络建设,完善两地空管协作机制,提升区域航空运输能力。此外,该协议指出将鼓励业界建立两地物流信息交流、共享机制,进一步开展陆路口岸"单一窗口"通关模式研究工作,实现粤方口岸各查验单位出入境车辆和货物申报数据共享。

第二节 澳门特别行政区物流发展状况

2012 年,澳门经济持续快速发展,投资和消费需求增长强劲,对外贸易规模进一步扩大。澳门物流业整体向好,海运吞吐量增长显著,基础设施建设不断推进。澳门特别行政区政府高度重视与内地的合作,借助 CEPA 和《粤澳合作框架协议》,与内地经贸合作不断加强,服务贸易自由化程度显著提高,对澳门物流业发展起到了重要的促进作用。

一、澳门经济发展概况

(一) 地区生产总值

2012 年,澳门经济继续保持较快增长,但增速有所放缓,全年地区生产总值 3 482.2 亿澳门元[①],实际增长率为 9.9%[②],如图 8-3 所示。经济增长主要由服务出口及内部需求带动,其中,博彩服务出口增加 6.9%、旅客总消费上升 6.4%。内部需求方面,固定资本投资因公共工程大幅增加而上升 19.1%,私人消费支出及政府最终消费支出分别增加 9.1% 和 6.9%。

(二) 对外贸易额

2012 年澳门对外贸易保持高速增长,总额达 790.9 亿澳门元,同比增长 14.2%,较 2011 年增速有所放缓。其中,出口额达 81.6 澳门元,同比增长 17.1%,较 2011 年增速大幅提升;进口额达 709.3 亿澳门元,同比增长 13.9%,较 2011 年增速有所下降,如表 8-12 所示。

---

① 根据澳门特别行政区政府金融管理局公布的数据,2012 年澳门元的平均汇率为 1.0357 澳门元兑换 1 美元。

② 根据澳门特别行政区政府统计暨普查局规定,为更准确量度经济的实质变动,从 2010 年起改用环比物量(每年采用最新的资料重订权数)计算本地生产总值。

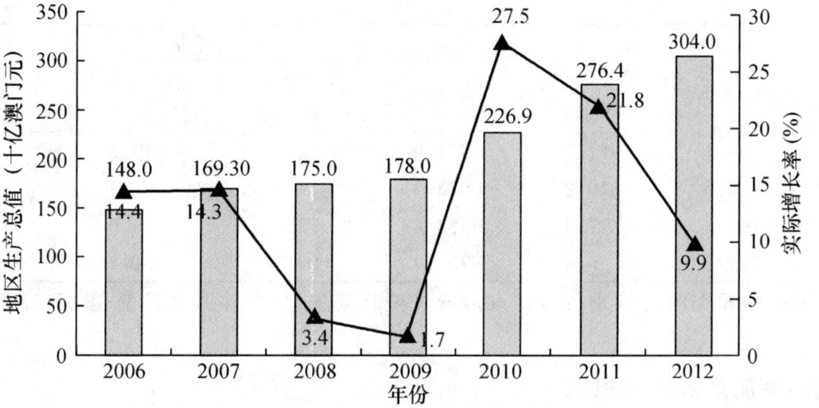

图 8-3　2006—2012 年澳门地区生产总值变化情况

资料来源：根据澳门特别行政区政府统计暨普查局《本地生产总值》2012 年第 4 季的相关数据整理。

表 8-12　2006—2012 年澳门对外商品贸易总额　（单位：亿澳门元）

项目	2006	2007	2008	2009	2010	2011	2012	
							总量	增长率（%）
出口	204.6	204.3	160.3	76.7	69.6	69.7	81.6	17.1
进口	365.3	431.1	430.3	369.0	441.2	622.9	709.3	13.9
贸易差额	-160.7	-226.8	-270.0	-292.3	-371.6	-553.2	-627.7	13.5
贸易总额	569.9	635.4	590.6	445.7	510.8	692.6	790.9	14.2

资料来源：根据澳门特别行政区政府统计暨普查局《对外商品贸易统计》（2012 年 12 月）相关数据整理。

（三）产业结构

2011 年，澳门产业结构仍以第三产业为主，且第三产业占地区生产总值比重继续提高，由 2010 年的 92.6% 上升至 93.6%，而第二产业占本地生产总值①比重继续下降，由 2010 年的 7.4% 下降至 6.4%，如表 8-13 所示。

表 8-13　2006—2011 年澳门产业结构变化情况　（单位：亿澳门元）

年份	第二产业		第三产业			
	增加值总额	所占比重（%）	增加值总额	所占比重（%）	运输、仓储及通信业增加值	所占比重（%）
2006	167.4	19.8	680.3	80.2	37.3	4.4
2007	203.9	19.1	861.5	80.9	42.6	4.0

① 这里的本地生产总值是以基本价格按生产法计算的本地生产总值，等于按基本价格估计的各行业增加值的总额。

（续表）

年份	第二产业		第三产业			
	增加值总额	所占比重（%）	增加值总额	所占比重（%）	运输、仓储及通信业增加值	所占比重（%）
2008	198.1	17.2	952.0	82.8	39.3	3.4
2009	125.5	10.9	1 028.5	89.1	41.3	3.6
2010	108.4	7.4	1 353.4	92.6	53.6	3.7
2011	121.3	6.4	1 764.4	93.6	61.4	3.3

资料来源：根据澳门特别行政区政府统计暨普查局《澳门本地生产总值 2012》相关数据整理。

二、澳门物流产业发展概况

（一）货物运输情况

1. 海运情况

2012 年，澳门海运货物和集装箱吞吐量继续保持较快增长。其中，一般货物吞吐量为 353.0 万吨，同比增长 42.1%；集装箱吞吐量达 12.0 万标准箱，同比增长 17.6%，如表 8-14 所示。

表 8-14 2006—2012 年澳门海运货物吞吐量

项目	2006	2007	2008	2009	2010	2011	2012	
							总量	增长率（%）
一般货物（万吨）	368.4	393.3	301.2	168.8	177.1	248.4	353.0	42.1
集装箱（万标准箱）	13.3	13.9	12.6	8.9	9.1	10.2	12.0	17.6

资料来源：根据澳门特别行政区政府港务局发布的 2012 年度相关统计资料整理。

2. 空运情况

2012 年，澳门空运货物吞吐量继续下滑。航空货运总吞吐量为 2.7 万吨，同比减少 32.5%，其中进口量和出口量均大幅下滑，如表 8-15 所示。

表 8-15 2006—2012 年澳门空运货物吞吐量 （单位：万吨）

项目	2006	2007	2008	2009	2010	2011	2012
进口量	2.4	2.3	1.7	1.3	1.4	1.0	0.6
出口量	8.9	7.0	4.2	2.9	3.2	2.5	1.6
转口量	10.7	8.9	4.3	1.1	0.6	0.5	0.5
吞吐量	22.0	18.1	10.1	5.3	5.2	4.0	2.7
转口比重（%）	48.7	48.9	42.2	20.0	11.9	11.9	18.5
年增长率（%）	-2.9	-18.0	-44.3	-47.9	-0.6	-24.3	-32.5

资料来源：根据澳门特别行政区政府统计暨普查局《运输及通讯统计》（2012）相关数据整理。

3. 陆上运输

2012 年,澳门陆运集装箱货物量为 3.1 万吨,同比减少 12.6%,其中出口量和进口量均有所下降,转口量略有上升,如表 8-16 所示。全年行驶车辆总数平均为 21.7 万辆,其中货车 4 926 辆①。

表 8-16 2006—2012 年澳门陆运集装箱货物统计 (单位:万吨)

项目	2006	2007	2008	2009	2010	2011	2012
进口量	2.2	3.8	7.0	2.5	2.4	1.9	1.5
出口量	0.5	1.0	1.0	1.4	0.5	0.6	0.4
转口量	4.8	2.9	2.4	1.3	1.7	1.1	1.2
合计	7.5	7.6	10.4	5.2	4.6	3.5	3.1
年增长率(%)	-13.0	0.5	37.6	-50.4	-11.1	-23.2	-12.6

注:由于进位原因,统计表内的个别项目加总可能与总数略有不同。

资料来源:根据澳门特别行政区政府统计暨普查局《运输及通讯统计》(2012)相关数据整理。

(二) 物流产业情况

继 2010 年的强势反弹后,2011 年澳门物流产业继续保持快速发展。2011 年,澳门的运输及仓储业总收益和总支出分别为 149.0 亿澳门元和 138.7 亿澳门元,同比增长 14.2% 和 15.9%。运输及仓储业增加值总额为 35.8 亿元,上升 10.9%。固定资本形成总额为 5.5 亿元,较 2010 年飙升 382.7%,其中陆路运输业(3.0 亿元)和运输相关及辅助服务业(2.3 亿元)的固定资本形成总额分别占总数的 53.9% 和 41.9%。

截至 2011 年年底,澳门运输及仓储企业共 2 111 家,较 2010 年变化不大。其中,从事陆路运输的企业有 1 658 家,占企业总数的 78.5%;水路与航空运输企业分别有 17 家和 11 家;另有 425 家从事运输相关及辅助服务的企业。运输及仓储业企业在职员工 1.35 万人,同比增加 6.5%。澳门运输及仓储业发展情况如表 8-17 所示。

表 8-17 澳门运输及仓储业发展情况

项目	2010 年			2011 年		
	企业数量(家)	在职员工(人)	增加值(亿澳门元)	企业数量(家)	在职员工(人)	增加值(亿澳门元)
运输及仓储业	2 119	12 714	32.3	2 111	13 534	35.8
其中:陆路运输	1 674	4 435	6.6	1 658	4 876	7.3

① 澳门特别行政区政府统计暨普查局. 运输及通讯统计. 2012.

(续表)

项目	2010年			2011年		
	企业数量（家）	在职员工（人）	增加值（亿澳门元）	企业数量（家）	在职员工（人）	增加值（亿澳门元）
水路运输	17	1 320	1.7	17	1 197	1.1
航空运输	11	1 235	9.8	11	1 287	11.3
运输相关及辅助服务	417	5 724	14.2	425	6 174	16.1

资料来源：根据澳门特别行政区政府统计暨普查局《运输、仓储及通讯业调查》(2011)相关数据整理。

(三) 物流发展政策及措施

自2011年《粤澳合作框架协议》签署后，粤澳两地认真落实，共同实施并深化《内地与澳门关于建立更紧密经贸关系的安排》和“服务业对澳门开放在广东先行先试”的政策措施，共同推进了横琴新区和重大跨境基础设施的建设，深化了经济、民生等领域的互补合作，合作水平不断提升，为澳门物流业的发展奠定了良好的基础。

2012年5月，粤澳双方签署了《实施〈粤澳合作框架协议〉2012年重点工作》，明确双方下一阶段将围绕实施《粤澳合作框架协议》，重点在实现服务贸易自由化、加快推进重点合作区域建设、推动跨境基础设施建设和通关便利化、加快社会生活共同体建设、推进合作机制创新等方面取得新突破。该协议的签署将为澳门物流产业进一步开拓市场、完善粤澳物流合作创造良好条件。

2012年7月，内地与澳门特区政府签署了《内地与澳门关于建立更紧密经贸关系的安排》补充协议九，使服务贸易总开放领域增加至48个，累计总开放措施达318项。内地对澳门开放的服务部门达到149个，占总服务类别的93.1%，进一步推动了双方服务贸易自由化进程。

第三节 台湾地区物流发展状况

我国台湾地区外贸依存度较高，受国际经济形势不佳影响，2012年台湾地区对外贸易出现下滑，台湾地区经济增长速度有所放缓。在此背景下，2012年台湾物流市场规模出现萎缩，物流产业景气度有所降低。

一、台湾地区经济发展概况

(一) 地区生产总值

2012年，台湾地区生产总值达14.0万亿新台币①，同比增长1.3%②，增速比

① 根据台湾地区经济部门公布的数据，2012年新台币的平均汇率为29.62新台币兑换1美元。

② 本节中有关增长率(成长率)为实际增长率(按照2006年不变价格计算)。

2011 年有所下滑。投资减少、消费和出口增长乏力是导致增速放缓的主要原因。投资方面,由于经济环境恶化,投资规模进一步缩水,2012 年台湾固定投资规模减少 4.4%;消费方面,民间消费增长率和政府消费增长率比 2011 年分别降低 1.6 和 1.8 个百分点;出口方面,商品及服务输出增长率仅为 0.1%,比 2011 年大幅下跌 4.4 个百分点,具体数据如表 8-18 所示。

表 8-18　2006—2012 年台湾地区经济增长情况　(单位:%)

项目	2006	2007	2008	2009	2010	2011	2012
经济增长率	5.4	6.0	0.7	-1.8	10.7	4.0	1.3
民间消费增长率	1.5	2.1	-0.9	0.8	4.0	3.1	1.5
政府消费增长率	-0.7	2.1	0.8	4.0	0.4	2.2	0.4
民间投资增长率	3.3	1.4	-15.6	-18.2	33.8	-2.4	-2.3
公营事业投资增长率	-8.6	1.6	-2.0	2.1	8.0	-14.3	-9.0
政府投资增长率	-11.2	-4.5	1.2	15.9	-3.1	-5.4	-12.8
商品及服务输出	11.4	9.6	0.9	-8.7	25.6	4.5	0.1
商品及服务输入	4.6	3.0	-3.7	-13.1	27.7	-0.5	-1.9

注:表中数据是以 2006 年为基期的实际增长计算。

资料来源:根据台湾地区经济部门统计处公布的相关统计数据整理。

(二) 对外贸易

2012 年,台湾地区对外贸易出现下滑,全年对外贸易总额 5 718.4 亿美元,同比下降 3.0%。其中,出口额 3 011.1 亿美元,同比下降 2.3%;进口额 2 707.3 亿美元,同比下降 3.8%。贸易顺差有所扩大,2012 年达到 303.8 亿美元。外销订单金额为 4 410.1 亿美元,同比增长 1.1%。2006—2012 年台湾地区对外贸易状况如表 8-19 所示。

表 8-19　2006—2012 年台湾地区对外贸易状况　(单位:亿美元)

年份	贸易收支			增长率(%)		外销订单	
	出口额	进口额	差额	出口额	进口额	金额	年增率(%)
2006	2 240.2	2 027.0	213.2	12.9	11.0	2 993.1	16.7
2007	2 466.8	2 192.5	274.3	10.1	8.2	3 458.1	15.5
2008	2 556.3	2 404.5	151.8	3.6	9.7	3 517.2	1.7
2009	2 036.8	1 743.7	293.0	-20.3	-27.5	3 224.4	-8.3
2010	2 746.0	2 512.4	233.6	34.8	44.1	4 067.2	26.1
2011	3 082.6	2 814.4	268.2	12.3	12.0	4 361.3	7.2
2012	3 011.1	2 707.3	303.8	-2.3	-3.8	4 410.1	1.1

资料来源:根据台湾地区经济部门统计处公布的相关统计数据整理。

（三）两岸经贸

2012 年，台湾对大陆及港澳地区的贸易总额为 1 622.4 亿美元，同比下降 4.3%，占台湾对外贸易总额的 28.4%。其中，出口额 1 186.7 亿美元，进口额 435.7 亿美元，贸易顺差 751.0 亿美元，如表 8-20 所示。据大陆统计，2012 年两岸机电产品贸易额达 1 207 亿美元，同比增长 11.5%，占两岸贸易总额的 70% 以上。

2010 年以来，台湾对大陆及香港的出口依赖度不断下降，已从 2010 年的 41.1% 降至 2012 年上半年的 38.8%。此外，台湾产品在大陆市场的占有率也呈下降趋势，从 2002 年的 12.9% 降至 2011 年的 7.2% 以及 2012 年上半年的 6.6%。

表 8-20 2006—2012 年台湾地区对大陆及港澳地区贸易统计（单位：亿美元）

年份	贸易总额			出口额			进口额			差额
	金额	增长率（%）	比重（%）	金额	增长率（%）	比重（%）	金额	增长率（%）	比重（%）	
2006	1 161.3	15.9	27.2	895.1	14.7	39.9	266.8	20.0	13.2	628.3
2007	1 306.4	12.5	28.0	1 007.8	12.7	40.9	298.7	11.9	13.6	709.1
2008	1 328.9	1.7	26.8	999.8	-0.8	39.1	329.1	10.2	13.7	670.6
2009	1 095.6	-17.6	29.0	840.0	-16.0	41.2	255.6	-22.3	14.7	584.4
2010	1 526.3	39.3	29.0	1 150.4	37.0	41.9	376.0	47.1	15.0	774.4
2011	1 695.5	11.1	28.8	1 242.6	8.01	40.3	452.9	20.5	16.1	789.7
2012	1 622.4	-4.3	28.4	1 186.7	-4.5	39.4	435.7	-3.8	16.1	751.0

资料来源：根据台湾地区财政部门统计处《2012 年进出口贸易统计》相关数据整理。

（四）产业结构

台湾已形成以服务业为主导、制造业为重要组成部分的产业结构。2012 年台湾服务业占地区生产总值的 69.2%，略有上升，其中运输及仓储业占地区生产总值的 3.0%，与 2011 年持平。工业占地区生产总值的 29.0%，略有下降，如表 8-21 所示。

表 8-21 2006—2012 年台湾地区产业结构概况（单位：%）

年份	农业	工业		服务业	
		总计	其中：制造业	总计	其中：运输及仓储业
2006	1.6	31.3	26.5	67.1	3.2
2007	1.5	31.4	26.5	67.1	3.2
2008	1.6	29.1	24.8	69.4	3.1
2009	1.7	28.9	23.8	69.4	3.0
2010	1.6	31.0	26.0	67.4	3.2
2011	1.8	29.8	25.1	68.4	3.0
2012	1.9	29.0	24.3	69.2	3.0

资料来源：根据台湾地区统计资讯网《国民所得统计摘要》2013 年 2 月统计数据整理。

二、台湾地区物流产业发展概况

（一）货物运输情况

1. 本地货运

2012年，台湾本地货运量为6.1亿吨，同比大幅下降14%。台湾本地货运以公路运输为主，公路货运量占总货运量的88.9%。各种运输方式货运量均比去年同期有所下降。其中，公路货运量降幅最大，同比下降15.1%，水运货运量同比下降3.1%，铁路货运量同比下降3.8%，如表8-22所示。

表8-22　2006—2012年台湾本地货运量分布情况　（单位：万吨）

项目	2006	2007	2008	2009	2010	2011	2012 总量	2012 比重（%）	2012 增长率（%）
公路	59 421.4	61 756.7	60 413.7	59 674.2	62 816.7	63 849.9	54 179.3	88.9	-15.1
水运	5 359.7	4 964.2	6 525.0	5 397.2	5 539.0	5 347.7	5 181.1	8.5	-3.1
铁路	1 906.0	1 737.8	1 658.3	1 414.4	1 510.6	1 445.1	1 390.5	2.3	-3.8
航空	5.4	4.0	158.7	144.5	186.8	173.8	168.4	0.3	-3.1
合计	66 692.5	68 462.7	68 755.7	66 630.3	70 053.1	70 816.5	60 919.3	100	-14.0

资料来源：根据台湾地区交通部门统计处《交通统计月报》（2013年2月）相关数据整理。

2. 进出口货运

2012年台湾地区海运货物吞吐量大幅下滑，为2.0亿吨，与2011相比下降17.5%。其中，对外航线同比下降16.5%，本地航线同比下降24.5%，如表8-23所示。

表8-23　2006—2012年台湾地区海运货物吞吐量　（单位：万吨）

年份	总吞吐量 货物吞吐量（万吨）	总吞吐量 年增长率（%）	对外航线 货物吞吐量（万吨）	对外航线 年增长率（%）	本地航线 货物吞吐量（万吨）	本地航线 年增长率（%）
2006	26 420	-0.6	21 060	0.1	5 360	-3.4
2007	27 415	3.8	22 451	6.6	4 964	-7.4
2008	26 618	-2.9	21 993	-2.0	4 625	-6.8
2009	23 574	-11.4	20 279	-7.8	3 295	-28.8
2010	24 649	4.6	21 809	7.5	2 840	-13.8
2011	24 442	-0.8	21 469	-1.6	2 973	4.7
2012	20 170	-17.5	17 925	-16.5	2 245	-24.5

资料来源：根据台湾地区交通部门统计处《交通统计月报》（2013年2月）相关数据整理。

2012年，台湾地区海运集装箱吞吐量继续回升，达1 388.1万标准箱，已超过国际金融危机前的水平,但增速连续第二年下降,同比增长 3.4%,如图 8-4 所示。

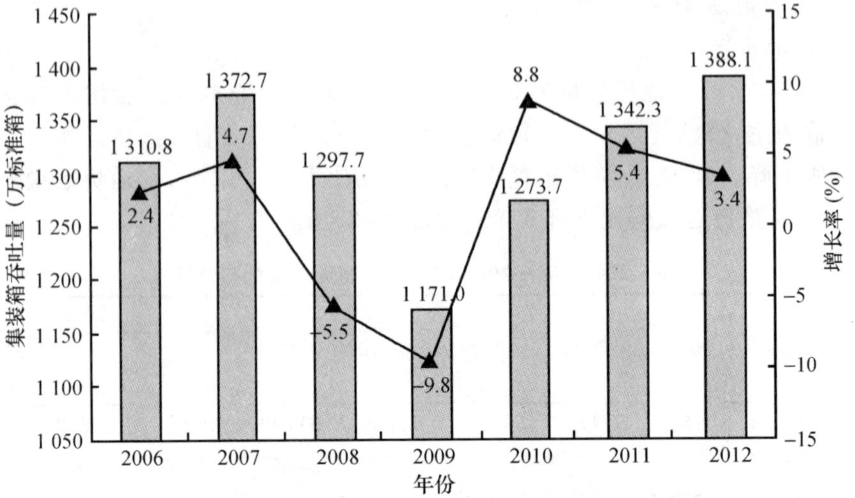

图 8-4 2006—2012 年台湾地区集装箱吞吐量及增长情况

资料来源:根据台湾地区交通部门统计处《交通统计月报》(2013 年 2 月)相关数据整理。

2012 年台湾地区空运货物吞吐量继续下滑,为 168.4 万吨,同比下降 3.1%。其中,对外航线与本地航线货运量与 2011 年基本持平,转口量同比下降 8.9%,如表 8-24 所示。

表 8-24 2008—2012 年台湾地区航空货物吞吐量

年份	总运输量		对外航线		本地航线		转口	
	合计(万吨)	年增长率(%)	总量(万吨)	年增长率(%)	总量(万吨)	年增长率(%)	总量(万吨)	年增长率(%)
2008	158.7	-7.1	103.5	-13.1	3.7	-8.2	51.5	7.9
2009	144.5	-8.9	93.3	-9.9	3.7	0.5	47.6	-7.6
2010	186.8	29.2	116.4	24.8	3.7	-0.7	66.7	40.3
2011	173.8	-6.9	110.9	-4.7	3.6	-2.1	59.4	-11.0
2012	168.4	-3.1	110.2	-0.6	3.6	0.71	54.6	-8.9

注:对外航线包含港澳及两岸航线。

资料来源:根据台湾地区交通部门统计处《交通统计月报》(2013 年 2 月)相关数据整理。

(二) 物流业发展状况

2011 年,台湾物流业营业额小幅下滑 1.8%,如图 8-5 所示。其中,营业额排名前三位的汽车货运业、仓储业、航空运输业营业额占物流业总营业额的 54.5%。汽车货运业营业额为新台币 2 027 亿元,居各业之首,占物流业总营业额 22.6%。仓储业营业额位居第二,为新台币 1 481 亿元,占物流业总营业额的 16.5%。航空运输业营业额为新台币 1 383 亿元,占物流业总营业额的 15.4%。2011 年物流业登记家数为 15 148 家,近三年数量变化不大①。

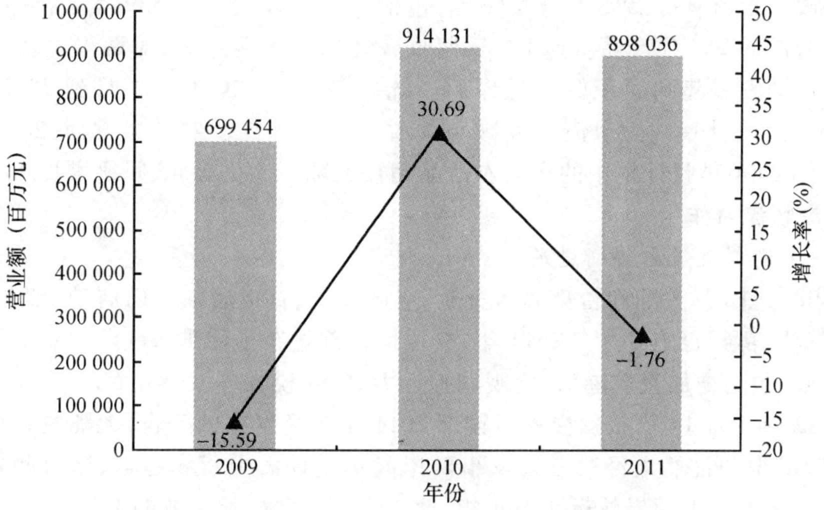

图 8-5 2009—2011 年台湾地区物流业营业额及增长率

资料来源:根据台湾地区财政部门《2009—2011 财政统计月报》相关数据整理。

根据台湾中华征信所 2012 年统计数据,2011 年台湾物流业中,营业收入净额排名前四的企业为中华航空、长荣航空、阳明海运、万海航运,均为航空航海运输企业,营业收入净额分别达新台币 1 322 亿元、1 021 亿元、980 亿元及 626 亿元。营业收入增长率排名前四的企业分别为万泰国际物流、夏晖物流、全台物流、新竹物流,分别较 2010 年增长 29.0%、24.4%、18.7% 及 17.9%。由营业收入净额及营业收入增长率数据可以看出,仓储货运业与承揽运送业中业绩优秀的企业表现出高速增长态势。

(三)物流发展政策及措施

近年来,台湾相继发布和实施了《促进物流产业发展计划》(2008—2011)、《服务业发展方案》(2009—2012)、《物流与供应链管理发展计划》(2009—2012)、《国际物流服务业发展行动计划》(2010—2013)等多项推动物流业发展的政策措施,协助本地物流企业整合供应链网络,提升物流服务运作效率和规模,有效促进了台湾地区物流产业的发展。

2012 年 1 月《海峡两岸经济合作框架协议》(ECFA)货品贸易早收计划进入第二阶段,早收清单内近 90% 的货品降至零关税。从 2013 年 1 月 1 日起 ECFA 执

① 台湾地区财政部门. 2009—2011 财政统计月报. 2011。

行第三阶段降税,包括农林牧用轮胎、电熨斗、家用自动面包机、火龙果等台湾输往大陆的31项早收清单产品关税降为零。至此,分两年三阶段执行的ECFA货品贸易早收计划所有产品实现全面免税,包括台湾输往大陆的539项产品,以及大陆输往台湾的267项产品。ECFA早期收获计划实施两年来,对两岸经济特别是台湾经济的发展起到了积极促进作用。统计显示,从2011年1月到2012年10月,ECFA早收计划共为台湾厂商减免关税5.5亿美元。农产品方面,2012年前11个月,ECFA早收计划中的台湾农产品销往大陆1.5亿美元,同比增长36.5%。

三、两岸物流合作

(一)两岸直航取得新进展

2008年12月大陆和台湾海运直航、空运直航、直接通邮全面启动,到2012年两岸实现"三通"已有4年。2011年,交通运输部发布了促进海峡两岸直航的9项政策措施,包括增加直航港口、宏观调控运力、免除税收等多个方面。

2012年1月1日,根据交通运输部2011年7月发布的公告,大陆禁止外国企业、经营组织和自然人经第三地从事两岸间不定期海上货物运输,所有两岸间货物的海上运输均由两岸航运企业承担,此举有利于两岸航运业的发展。

2012年10月,交通运输部发布《关于海峡两岸海上直航发展政策措施的公告》,进一步出台四项对台海运惠民政策,其中包括增加烟台港蓬莱港区、深圳港大铲湾港区为两岸直航港口(港区)。此举旨在促进两岸海运市场健康、有序发展。截至2012年10月,大陆已有72个对台直航港口(港区),两岸共有85个直航港口(港区)。

自2008年年底两岸"三通"正式启动以来,交通运输部先后出台了18项对台惠民政策措施,显著提升了两岸运输服务能力。截至2012年6月底,两岸海上货运量累计完成2.2亿吨,集装箱运量近600万标箱。

(二)冷链物流合作日益升温

自2010年两岸签署《海峡两岸经济合作框架协议》(ECFA)以来,两岸生鲜农产品交易繁荣,为两岸冷链物流提供了难得的发展机遇。2011年年初两岸经济合作委员会成立两岸产业合作机制,大陆方面由商务部牵头组织推动两岸冷链物流产业合作试点,选定了在厦门和天津两个城市开展试点,同时在政府和民间建立了多层次的工作交流机制;台湾方面成立了两岸冷链物流企业联盟,已有100多家企业参加。

两岸物流业充分利用ECFA提供的各项优惠措施,在冷链物流标准制定、系统管理、技术研发、设备制造、公共信息平台等多方面展开对接。2012年11月,由两岸冷链物流产业合作工作组主办的"2012年海峡物流节两岸冷链物流产业合作会议"在厦门举行。来自大陆与台湾的150多家企业参加了会议,推动了两岸冷链物流行业在“产业联动、区域合作、技术创新、成果共享”等四大领域的合作。截至2012年，两岸冷链物流业已签订15项合作意向书，选取13家企业作为合作试点。在两岸关系和平发展和ECFA实施的有利条件下，这些合作意向书的签署将继续推动两岸冷链物流产业合作的开展，深化两岸的经贸合作，扩大台湾渔、农产品对大陆出口。

两岸以试点城市、试点项目为重点，积极推进两岸冷链物流设施建设。2011年年底，两岸航空冷链业务中转试点——厦门万翔冷链物流中心正式开工建设。中心将建成集冷冻、冷藏、恒温、常温为一体的多温层现代化冷库，建成后将成为全国首家航空冷链业务中转库，为客户提供集食品、果蔬、药材等冷链物品检验检疫、报关、通关、仓储、分拣、集拼、中转快运、信息化处理、城际运输、城市配送等一体化的专业冷链物流服务。该中心预计将于2013年8月投入使用。2012年6月，两岸低温/冷链物流产业合作会议在台北召开，厦门海峡食品物流产业园与航空冷链物流仓储中心两个项目在会上签约，总投资额超过3.5亿元。

当前大陆冷链物流发展仍处于起步阶段，规模化、系统化的冷链物流体系尚未形成。而台湾地区冷链物流系统完善，积累了雄厚的技术力量和丰富的发展经验。两岸合作对大陆冷链物流产业发展具有十分重要的指导意义，大陆丰富的资源和巨大的市场需求是市场已趋向饱和的台湾所急需的。两岸冷链物流合作，有利于实现双方优势互补，拥有广阔的合作前景。

（三）两岸农产品物流顺利推进

近年来，台湾农产品对大陆出口呈快速增长态势。据台湾农委会统计，2012年台湾农产品销往大陆达7.9亿美元，增长17.7%。随着两岸农产品贸易的快速增长，大陆采取了一系列便捷通关措施，有效改善了台湾农产品的通关效率。如：泉州海关针对农产品通关时效及运输装卸要求高等特点，以“预约通关”、“船边验放”等便利措施为台湾农产品进口提供“绿色快速通道”。深圳检验检疫局在确保进口台湾农产品质量安全的基础上，设立“台湾农产品报检优先窗口”和“台湾农产品查货专用台位”等，以提高台湾农产品验放效率。

2012年4月，海峡两岸（上海）农产品交易物流中心正式开业，该中心拥有国际先进的水果催熟库、多功能分级冷库，并设海关和检验检疫等现场工作区，具有交易展示、物流配套、政府监管和商务服务四大功能。截至2012年年底，商务部先后批准设立了福建泉州、江苏昆山、上海、浙江玉环和山东青岛五个海峡两岸农产品交易物流中心。此外，重庆拟投资10亿元建设重庆市海峡两岸农产品交易物流中心，该中心规划占地面积250亩，一期拟于2013年开工建设，2014年年底前建成投入使用，二期项目拟于2014年开工，主要建设农产品深加工区、物流配送区、冻库冷藏区等。

行业篇

导　言

本篇继续遵循追踪中国行业物流发展热点的选题原则，选取服装物流和港口物流进行专题研究。服装行业是中国消费品生产的重要支柱产业和中国在全球范围内具有竞争力的行业之一。近年来，中国服装销售规模的持续扩大和服装消费结构的逐步升级，不仅促使中国服装物流需求总量增加，而且还促进了原有服装物流系统的升级换代，并将极大推动服装供应链物流一体化和物流专业化的发展。随着对外贸易的不断发展和政策环境的日益完善，中国港口物流也得到快速发展。在交通运输领域"十二五"规划和区域港口物流发展规划的引导下，中国港口运输体系布局初步形成，港口基础设施加大建设，经营主体多元化格局显现，港口物流规模稳步提升，物流服务的功能和辐射范围也不断拓展。

本篇的第九章"中国服装物流发展状况"首先介绍了服装物流的基本特点和运作模式，然后分析了中国服装物流的发展环境和发展现状，最后指出了中国服装物流存在的问题和发展趋势。报告认为，中国服装物流的市场环境有较大变化，尤其是中国服装销售规模的持续增加和服装电子商务交易规模的迅速扩大，以及中国服装产业的集群化发展态势和国内服装消费结构的逐步升级，这均为中国服装物流的规模化与专业化提供了良好的发展环境。目前，中国服装物流在物流网络结构优化、物流专业化水平提升、物流模式多样化发展等方面取得了明显进步，但仍存在服装物流运作水平低、专业化第三方物流服务企业较为缺乏、物流标准化程度较低等问题。随着中国服装产业结构升级以及产业转移等因素的影响，中国服装物流的网络布局将逐步调整，服装物流将逐渐向一体化、专业化方向发展。

本篇的第十章"中国港口物流发展状况"在简要叙述港口物流系统构成和港口物流系统主要特点的基础上，详细分析了中国港口物流的发展环境、发展现状和存在问题，明确指出了中国港口物流发展的对策建议。报告认为，中国内外贸的持续增长和中国港口物流政策的逐步完善对中国港口物流起到重要的促进作用。目前，中国港口物流在港口运输体系布局、基础设施现代化水平、港口物流规模扩张、服务功能拓展和物流网络延伸等方面均取得明显进步，但在港口管理体制、港口综合运输体系、港口物流服务层次、口岸信息化智能化建设等方面仍存在诸多问题。未来中国港口物流发展的重点将集中在加强一体化统筹管理和资源整合、加快集疏运体系建设、促进港口物流服务转型升级和提升港口物流信息技术水平等方面。

第九章　中国服装物流发展状况

中国是世界纺织服装生产、消费和出口大国。服装行业是中国消费品生产的重要支柱产业，也是中国在全球范围内具有竞争力的行业之一。随着先进的物流理念、专业化的物流设施与技术逐步运用到中国服装物流领域，中国服装物流网络逐渐完善，专业化水平不断提升，第三方物流服务快速发展，服装国际物流模式也日益多样化。

第一节　服装物流概述

服装物流一般是指对服装成品及相关信息在生产地与消费地之间的高效正向及反向流动与储存进行的计划、实施与控制的过程，由服装运输、仓储、包装、装卸搬运、配送、流通加工、物流信息处理等环节组成。由于服装产品品种多、季节性强、流行周期短，服装物流通常具有时效性要求高、配送网络结构复杂等特点。目前，中国的服装物流运作模式主要有服装生产商直送模式、配送中心模式、服装专业市场集散模式和电子商务模式四类。

一、中国服装物流的基本特点

（一）时效性要求高

服装产品具有季节性强、流行周期短等特点。随着人们生活水平的提高，服装产品需求的变化越来越快。对于畅销服装，企业需要尽可能缩短产品在库时间，在第一时间送达店铺，以最快的速度为企业创造效益；对于试销产品或换季新推出的款式，企业需要在尽量增加产品的展示、试销范围的基础上，快速获取市场反应并安排生产供应。由于服装产品具有很强的时间敏感性，服装物流通常需要快速反应。从接受订单到发货的提前期应尽量缩短，而物流信息的沟通更要及时准确。

（二）物流网络区域跨度大、结构复杂

中国服装物流网络跨越的区域范围极大。从国内物流网络看，中国东南沿海省份的纺织服装产品占据着全国80%以上的市场份额，中西部地区的大部分服装物流运作是一个服装产品由东部向中西部地区运输的庞大工程①;从全球物流网络看,中国是世界纺织服装出口大国,许多服装企业的生产工厂和销售地跨越了多个国家,服装物流运作需要在多个国家和地区间进行。

中国服装物流网络结构非常复杂。中国服装产品的主要销售模式有自营、代理、批发、加盟和直销五种,销售渠道涉及商场、超市、服装批发市场、纺织服装专业市场、专卖店、折扣店、网络商店等场所。不同销售模式和销售渠道中的不同客户群体对于服装物流服务的需求存在巨大差别,这大大增加了服装物流网络结构的复杂程度。

(三)管理品类繁多

服装产品通常品类繁多,同款式的服装涉及不同的型号、颜色、面料等。在服装物流管理过程中,通常需要将货品按照品种、款、色、码、价、面料质地等众多属性进行细分。同时,服装的 SKU② 还随季节变化,在不同季节需要管理不同的品项。服装产品品类繁多导致了服装企业需要在仓储、运输、配送、包装、退货等各个物流环节中对众多的产品品类进行管理,这增加了服装物流管理的复杂性。

(四)物流管理需求差异较大

服装行业细分市场众多,各细分市场的服装销售利润率存在很大差别,这就导致不同类别产品的物流管理要求差别较大。价格昂贵、附加值高的服装产品的物流管理目标通常以确保对市场的快速响应为主。此类服装的物流管理对时效性要求高,经营者更倾向于运用先进的服装物流设备和技术,以保证产品的可得性和物流质量。价格低廉、附加值低的服装产品的物流管理目标通常以节约成本为主。此类服装的利润空间有限,在物流管理中,经营者更注重物流成本的降低和物流效率的提升。

(五)退货管理难度大

随着竞争的日益加剧,越来越多的服装企业运用各种退货政策,甚至以无理由和自由退货方式来吸引并留住顾客,增强竞争能力。这些竞争策略增加了客户对服装产品的退货需求,使得服装退货物流在服装企业竞争中的作用越来越重要。目前,中国允许服装退货的原因主要有无缺陷产品退货、产品积压退货、缺陷产品退货、物流过程中损坏产品退货、订单处理失误退货和交货延迟退货等,不同原因的退货通常需要不同的退货物流流程。客户通常还对服装退货服务的退货处理速度、退货费用等内容有不同的需求。这些因素都增加了退货物流的管理难度。

---

① 曹丽平,邵小华,傅师申.物流在纺织服装市场营销中的作用.纺织导报,2012(4):103—105.

② SKU:Stock Keeping Unit,库存量单位。

二、中国服装物流的主要运作模式

中国服装物流的参与主体主要有服装生产商、第三方物流商和各类服装销售商。根据服装物流过程中所经过的物流节点的不同,中国服装物流的运作模式主要有服装生产商直送模式、配送中心模式、服装专业市场集散模式和电子商务模式四种类型。

(一)服装生产商直送模式

服装生产商直送模式是指服装生产商直接将产品配送至零售商的物流运作模式,如图9-1所示。在该模式下,服装生产商直接向销售商提供物流服务,物流费用可包含于采购价格内,也可以单独由服装销售商额外支付。该模式适合于销售点较少的服装生产商,一些销售点较少的地方性服装企业常采用此种运作模式。

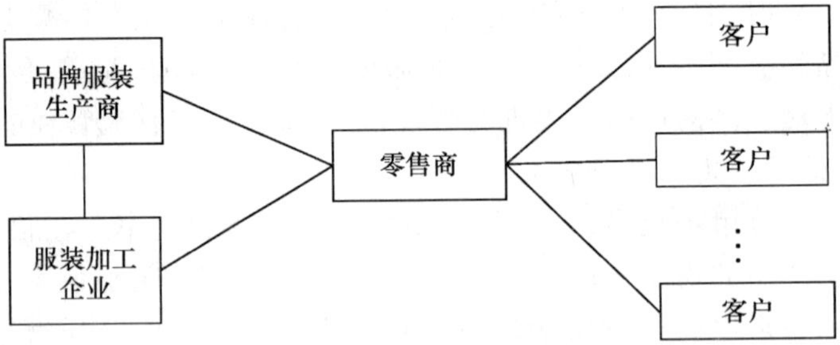

图9-1 服装生产商直送模式

(二)配送中心模式

配送中心模式是指服装生产商通过配送中心将产品送达各个需求点的物流运作模式,如图9-2所示。服装配送中心是服装物流系统中的一个关键节点,对于连锁服装企业而言,配送中心是服装物流的一个枢纽。目前,中国服装配送中心的经营主体主要有品牌服装生产商、品牌服装销售商和第三方物流三类。该运作模式适合采用连锁店经营模式的生产商,有助于扩大产品的销售范围,提高跨区域服装物流运作效率。另外,一些采用自营连锁店销售模式的品牌服装生产商为了提高库存周转率,减少仓储管理对人员、设备和空间的需求,降低库存储货成本,在配送中心内部还采用了直通转运的方式进行仓储管理。

(三)服装专业市场集散模式

服装专业市场集散模式是指服装生产商通过服装专业市场将产品送达各个需求点的物流运作模式,如图9-3所示。纺织服装专业市场是以中国改革开放初期的服装批发市场为基础,逐步发展为规模化的批发商圈的服装产品集散地。20世纪90年代中后期,随着中国服装消费市场销量和销售额的显著提高,中国出现

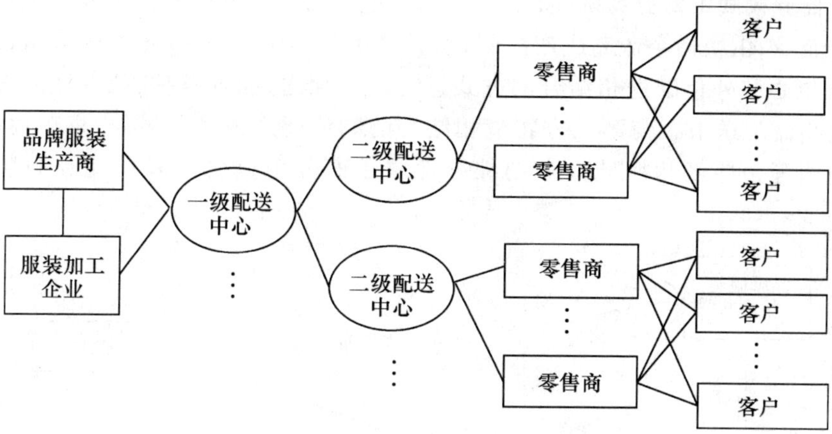

图 9-2　配送中心模式

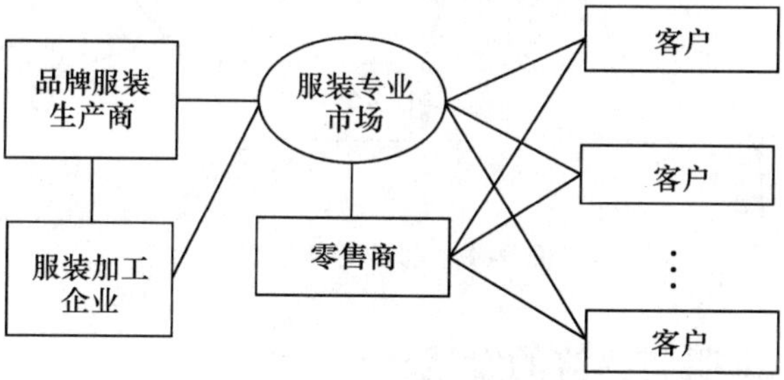

图 9-3　服装专业市场模式

了以广州白马、东莞虎门富民、武汉汉正街、江苏常熟招商城等为代表的纺织服装专业市场。同时，随着代理制和特许加盟形式的广泛应用和逐步成熟，吴江东方丝绸城和绍兴的中国轻纺城等一批规模比较大、有影响力的纺织服装专业市场也得到快速发展①。纺织服装专业市场已成为中国服装流通体系的重要组成部分，在连接服装产品的产销方面发挥着越来越重要的作用。服装专业市场集散模式目前在中国中低档服装销售中被广泛采用。

（四）电子商务模式

电子商务模式是指服装生产商在服装销售的最终环节借助电子商务物流模式将服装产品送达客户手中。电子商务销售模式的兴起在一定程度上改变了传统的服装物流运作模式，使服装生产商可以不借助任何中间商将服装送达客户手中。图 9-4 描述了电子商务物流模式下的服装物流网络结构。目前中国服装物流

① 梁建芳. 服装物流与供应链管理. 上海：东华大学出版社，2009.

的电子商务模式主要分为两类,一类是C2C电子商务企业将配送业务外包给第三方快递企业,由快递企业完成产品配送;另一类是B2C电子商务企业采用自建物流配送中心和外包配送相结合的方式进行物流配送,如麦考林、凡客诚品等均采用自建物流配送中心与第三方物流相结合的物流配送体系。另外,京东商城、亚马逊中国等一些经营服装业务的综合性电子商务企业也多采取此类服装配送模式。

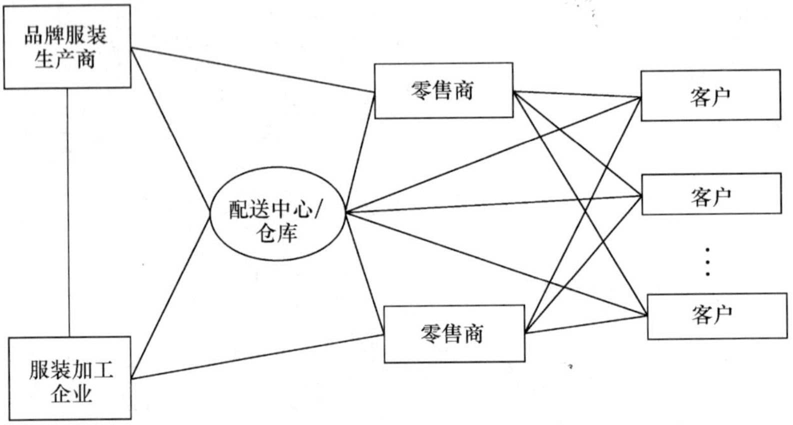

图9-4 电子商务模式

第二节 中国服装物流的发展环境

近年来,中国服装销售规模持续增加,尤其是服装电子商务交易规模迅速扩大。受国际环境的影响,中国服装出口增速自2011年以来有所放缓。目前,中国服装产业正在呈集群化发展,国内服装消费结构逐步升级。这为中国服装物流的规模化与专业化提供了良好的发展环境。

一、服装销售规模持续增加

随着国民经济快速增长以及人民收入水平的不断提高,中国服装产品的销售规模持续扩大。规模以上服装企业销售额已从2007年的7 404.3亿元增长到2011年的13 194.3亿元。受产业结构升级、通货膨胀、产品提价以及宏观经济增速放缓等因素的影响,当前中国服装行业由高速增长期转入中速发展期,服装销售额增速逐渐放缓,如图9-5所示。服装销售规模的持续扩大推动了中国服装物流需求总量的增加。

二、服装出口增速放缓

长期以来,中国服装出口额一直处于快速增长状态,服装出口在中国对外贸易中占有重要的地位。受国际金融危机影响,从2008年起,中国纺织服装业出口

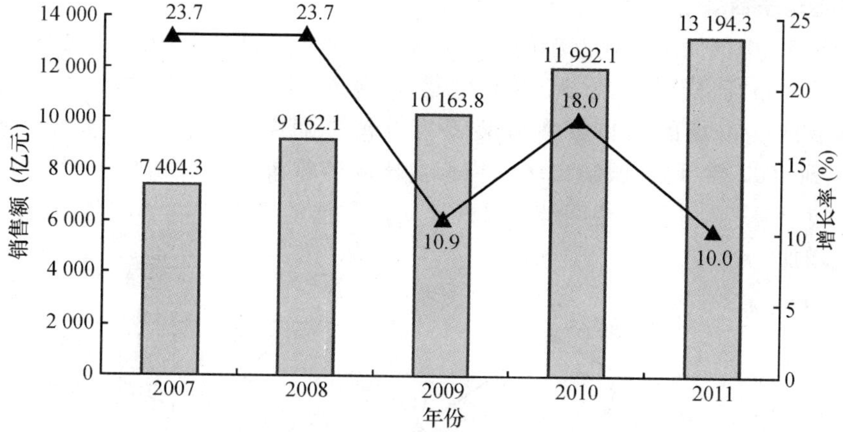

图 9-5　2007—2011 年中国服装产品销售额及增长率

资料来源：根据国家统计局《中国统计年鉴》(2008—2012)数据整理。

量增速明显下滑，在 2009 年出现负增长。2012 年，随着中国服装业生产成本的不断上升(2012 年服装行业用工成本普遍上涨 20% 以上[①])，中国服装业的成本优势逐渐消失。与此同时，东南亚国家依托更低的原料、劳动力成本，以及更优惠的政策措施，逐渐成为世界服装的加工重地。在经济衰退的压力下，发达国家采取的贸易保护措施也日益增多。受多种因素的影响，2012 年，中国服装出口额为 1 591.5 亿美元，同比增长 3.9%。服装出口增速明显放缓，且远低于全国货物贸易出口的平均增长水平。图 9-6 描述了 2006 年至 2012 年中国服装产品的出口状况。

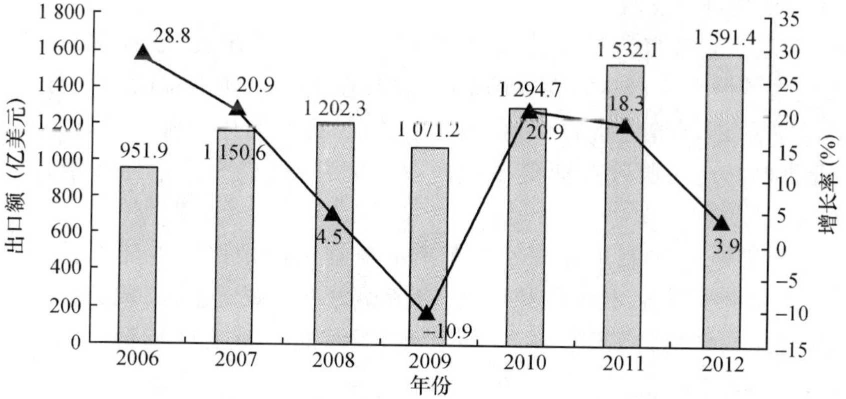

图 9-6　2006—2012 年中国服装产品出口状况

资料来源：根据海关总署《全国出口重点商品量值表》(2005—2012)相关数据整理。

① 中国迈向“服装强国”地位已渐渐崛起. http://news. china-ef. com,2012-12-21.

三、服装电子商务交易规模迅速扩大

近年来,中国服装行业网购的交易规模迅速扩大,如图9-7所示。2012年,中国服装网购市场交易规模为3 188.8亿元,实现了55.6%左右的年增长[①]。同时,中国服装网购市场的销售额在服装零售总销售额中所占的比重也快速增加。2009年到2012年,网购服装市场销售额占比服装零售总额分别为1.8%、4.4%、8.4%、14.3%[②]。中国服装网购交易规模的扩大推动了服装电子商务物流需求量的迅速增加。

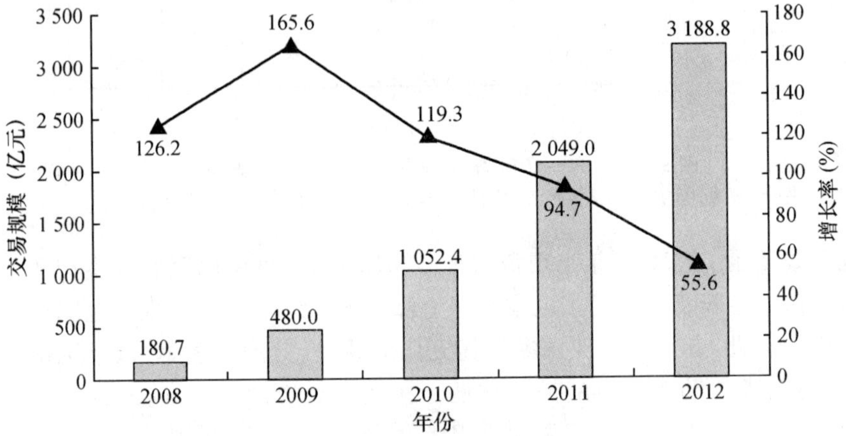

图9-7 服装网购交易规模及增长速度

资料来源:根据艾瑞咨询集团《2011—2012年中国服装网购市场研究报告》(2012年12月)数据整理。

四、服装产业集群化发展

中国服装产业集群化发展特点十分突出。目前,广东省、浙江省、江苏省、山东省、福建省等服装主产区已形成众多服装产业集群。如山东诸城的男装、江苏常熟的羽绒服、浙江省杭州的女装、福建省晋江、石狮的休闲服、广东中山的休闲服等产业集群。这些服装产业集聚地产业链完善,已成为当地经济增长的主要力量。

21世纪以来,中国制造业开始从东南沿海地区向中西部内陆地区规模化转移。服装产业由于资金、技术门槛较低,对劳动力成本敏感度高,成为此次产业转移的主要行业。据统计,2009年至2011年,服装制造行业区域调整明显。2011

① 中国电子商务研究中心.2012年中国服装网购市场交易额为3188亿.http://b2b.toocle.com/,2013-02-18.

② 中国电子商务研究中心.过去4年服装网购市场占比服装零售总额份额.http://b2b.toocle.com/,2012-12-31.

年，中西部地区规模以上服装制造企业工业总产值达到2 310亿元，比2009年增长了112.4%，占全国服装制造业产值的比重达到18.5%，比2009年提高6.9个百分点①。纺织服装产业向中西部地区梯度转移的过程中，在中西部也逐步形成了一定的集聚，如江西、湖北、重庆、四川等中西部地区以及东北地区的辽宁等地也开始出现服装产业集聚。

服装物流系统是服装产业集群发展所必需的服务体系之一。中国服装产业的集群化推动了当地服装物流向专业化、规模化和信息化的方向发展。

五、服装消费结构升级

随着中国经济的快速发展，消费者对服装的个性化和高端化需求不断增加，中国服装消费结构逐步升级。大量海外服装品牌进入国内市场，在推动国内服装业不断加大研发力度、实现转型升级的同时，也使得中国服装市场能够为消费者提供更加多样化的产品选择空间。

从对不同档次服装的需求看，2011年，中国已成为仅次于日本的世界第二大服装奢侈品市场。从服装细分市场的消费方式看，在休闲服装市场中，中国服装消费逐步向网购和快时尚转移。网购和快时尚等平价服装既有效缓解了服装价格上涨给消费者造成的压力，也满足了当前消费者对服装的个性化消费需求。

服装消费结构升级将促使中国小批量定制化服装生产方式的应用比例增加。这就要求对现有服装物流系统进行升级换代，以确保快速精准地完成服装产品的生产和销售。

第三节　中国服装物流的发展现状

随着服装消费市场规模和范围的扩大，中国服装专业市场和服装配送中心在快速发展，服装物流网络结构不断优化。服装产业对物流效率重视程度的提高推动了中国服装物流专业化水平的提升。客户需求的差异化使中国服装物流呈现出多样化的特点。

一、服装物流网络渐趋完善

从全国服装专业市场的布局看，目前中国较大的服装专业市场多集中在东部沿海地区。福建石狮服装城是亚洲最大的服装物流中心和全球服装定点生产和采购基地。同时，广东、江苏等服装产业发达地区已拥有一批规模大、专业化水平较高的服装专业市场，如江苏的常熟招商城是全国最大的服装服饰专业市场，广东的流花服装商圈是广东服装国际采购中心。随着中西部经济的发展，中国中西部地区服装产量占比逐步增加。有数据显示，2012年中国中西部服装产量占全国

① 欧海光.服装产业向中西部转移，开辟一片新天地.中国纺织报，2012-07-02.

服装总产量的17.4%;2012年西部服装产量增速18.29%,而东部仅为2.75%①。中西部地区服装产量的增加将对中国现有的服装专业市场布局产生一定的影响,在一定程度上改变了服装销售物流由东向西单一流向的格局。

从企业服装配送(仓储)中心的布局看,目前中国一些服装企业或服装物流企业开始在现有物流网络的基础上不断建设新的配送(仓储)中心,拓展物流网络,实现服装物流网络的全国乃至全球布局。如森马服饰于2012年4月在天津签署了投资意向协议书,拟在天津武清区设立全资子公司,由该子公司负责建设运营森马服饰北方仓储物流结算中心。该项目将促进森马服饰业务布局进一步完善,实现布局全国的战略规划构想。以服装物流作为主营业务的北京如风达快递有限公司从2008年只开通北京、上海、广州三座城市的5个站点,现已在北京、上海、广州、西安、成都、武汉设有配送库房。

中国一些服装企业还在国外建设配送中心拓展全球物流网络。如2008年1月,雅戈尔并购美国新马服装集团,从而获得了该集团在美国进行销售、服装设计的相应的物流配送体系。另外,一些国外物流公司根据业务拓展的需要,也开始在国内建设服装物流配送中心。如2010年,DHL在上海建立了时装与成衣卓越中心,同亚太区其他6个时装与成衣卓越中心共同构成了该区域完整的物流网络。

二、服装物流专业化水平逐步提升

近年来,中国服装物流的专业化水平不断提升。建立以专业服装物流/配送中心为核心的服装物流体系是提高服装物流专业化水平的有效途径。中国一些品牌服装企业由于业务上的飞速发展,迫切需要扩大物流服务规模、提升物流效率,大都开始加快现代化、专业化的服装物流中心的建设。

浙江品牌服装企业美邦、森马等已建成现代化物流管理中心并投入使用,条码管理、自动化立体仓库(AS/RS)、电子标签拣货技术、无线终端技术、热塑膜包装技术、自动分拣技术等先进的物流技术在服装物流的各个环节得到了广泛应用。如浙江报喜鸟服饰股份有限公司的服装自动化物流配送中心于2011年10月正式投入使用,物流配送中心除采用了自动化立体仓库、电子标签拣选、复核包装、自动分拣技术等现代物流配送中心常用的技术外,还采用了自动吊挂、自动补货、自动称重贴标和异尺寸自动热塑膜技术。七匹狼、柒牌等泉州品牌企业的现代化物流中心也正在建设中,立体仓库、智能扫描系统、自动悬挂输送线等智能化物流设施也开始在服装物流领域得到应用②。

---

① 周少杰.中国服装行业去库存周期已近尾声.证券时报,2013-03-15.

② 泉企建亿元级"立体仓库",服装入库不折叠.http://www.nz86.com/article/,2012-11-15.

在服装仓储管理中，针对服装库存管理难度大、效率低的问题，一些品牌服装企业相继采用了仓库管理信息系统。2008 年，森马服饰与美国 Manhattan 公司合作，以温州、上海物流中心的建成为依托，开发仓储管理系统，实现了从产品的研发、设计、生产、物流配发到终端消费全部信息的实时共享。2011 年，中国最大的体育用品公司李宁（中国）体育用品有限公司采用 Infor WMS 仓库管理软件解决方案，以支持公司多品牌、多仓库、多业态（零售、批发、调拨、VMI）运作，实现了供应链一体化。另外，杭州江南布衣服饰有限公司、衣恋时装有限公司等品牌服装公司通过运用播种式电子标签分拣系统提高了服装仓储运作效率。在服装运输中，随着中国中高档服装客户比例的不断增加，挂装运输方式已经逐步应用于服装物流领域。目前，一些大型的服装生产企业和第三方物流公司已经具备进行挂装运输的能力。另外，一些第三方物流服务商还具备了根据客户的挂装要求进行货箱改装的能力。

三、第三方物流服务不断发展

中国一些品牌服装企业已逐步将生产和物流外包，自身致力于品牌推广和设计研发，将资金集中在产业链中最能够拉动销售、带来效益的环节，从而获得较高的投资回报率，该商业模式正在被许多品牌服装企业认可和采用。随着企业服装物流外包需求规模的不断扩大，许多第三方物流企业开始开发专业化的服装物流服务，甚至将服装物流服务作为主营业务。

在国际第三方物流企业中，2004 年以来，利丰集团下属的利和物流（IDS Logistics，以下简称 IDS）已把在中国的核心业务从原来的化工物流转移到服装物流，为耐克、阿迪达斯、彪马等一批品牌服装生产企业提供第三方物流服务；2009 年 5 月，香港 DHL 宣布在香港开设时装货运管理中心，发展一站式时装专门物流业务，总投资额约为 1 亿元。在国内第三方物流企业中，众诚 e 家作为北京乃至全国第一家针对服装、服饰零售企业提供专业第三方物流服务的公司于 2002 年成立；北京西南物流中心为七匹狼、九牧王、欧时力、依文等众多知名品牌提供北京地区的物流配送服务；福建兴泰物流则为柒牌、利郎、劲霸、富贵鸟等一批知名服装企业提供服装仓储与配送服务。

中国第三方服装物流服务商所提供的增值服务内容也在不断增加。如天地华宇集团为阿迪达斯公司开通了一种介于航空货运与普通公路零担运输之间的中高端货运服务——“定日达”，该服务使阿迪达斯公司只需花费航空运费 1/3 的运价，就可以在两天内将服装从上海运送至广州。凡客诚品的全资自建物流公司如风达快递为凡客诚品提供了“24 小时送货”、“30 天内包邮费无偿退换”、“当场试穿”等物流服务。

四、服装国际物流模式呈现多样化

为适应国外客户和品牌生产商对服装物流的多样化需求,中国服装国际物流呈现出多样化的特点。从服装运输设备上看,目前中国国际服装运输一般都采用集装箱的形式,运输方式通常选择海运和铁路运输形式。对于附加值很高的中高档服装产品,为降低产品的损毁率并保证产品快速上市,一般采用空运方式运输。

在进口服装物流方面,一些国际知名品牌企业通常采用国外直送或建立配送中心的方式实现产品的配送与销售。如Zara将其服装产品由西班牙总部的物流中心直接空运至中国零售网点,以实现快速配送;艾格服饰通过在上海奉贤的CDC和国内另外5个RDC,向全国1 000多家门店进行配送和运输。在出口物流方面,中国生产的服装产品主要借助国际采购商或第三方物流的物流网络实现产品的国际运输与配送。

随着中国服装出口量不断增长,中国对国际采购、国际中转、分拨配送等配套物流服务的需求日益增加。目前,中国一些保税区已开始为服装企业提供专业化的服装保税物流服务,促进了中国服装保税物流的发展。如为适应保税区服装加工、服装贸易企业的快速发展,大连保税区为服装企业提供了更加便利的服装保税物流环境。保税区内以三兴物流、伊藤忠、美加连物流为代表的物流企业相继开展了服装专业化物流服务,建立服装物流中心,开展保税仓储、国际分拨、国际贸易、转口贸易等现代物流业务[①]。天津港保税区的天津港商业保税仓库有限公司也开展了针对服装企业的保税仓储、货运代理、国际分拨等服装专业化物流服务。

第四节 中国服装物流存在的问题和发展趋势

目前,中国服装物流仍存在运作水平低、专业化第三方物流服务企业较为缺乏、标准化程度低等问题。在未来的发展中,随着中国服装产业的转型升级,服装自主品牌建设进程的逐步推进,中国服装物流的网络布局将逐步调整,服装物流将逐渐向一体化、专业化方向发展。

一、中国服装物流存在的问题

(一)物流设备现代化程度较低

目前,中国除了少数大型企业引进了现代化的物流设备,具有较高的物流运作效率外,相当数量的服装企业物流设备现代化程度较低。如一些小型服装企业没有专门的服装分拣场所,甚至进行露天人工分拣,从而造成了货品的高丢失率和污损率;一些服装企业采用小推车、人力车、电动三轮车等较初级的运输设备进行货品的搬运和配送,从而导致了人力资源浪费严重、货品丢失率和无损率高等

① 保税区"三特殊",打造服装物流优势. http://www.runsky.com/,2011-09-04.

问题；一些服装专业批发市场没有专门的物流通道，商品搬运、储存机械化作业程度低，造成了物流效率低、资源浪费严重的情况。

（二）物流企业运作水平亟待提高

中国除少数大型服装企业具有较高的物流运作水平外，大多数服装企业的物流运作水平还有待提高。在仓储管理中，许多服装企业仓库内的拣货作业还停留在纸质清单拣选的手工作业模式，效率低，差错率高；在配送环节，许多企业的服装配送体系对服务、时间等方面的考虑较少，配送时间长，与国外先进配送运作水平还有较大差距。中国只有少数产品附加值高、有国际合作的物流企业在有意识地通过建立专业化的服装配送体系提升配送效率和质量。

（三）专业化第三方服装物流服务企业较为缺乏

物流业务外包是服装企业快速提高物流专业化运作水平的重要手段，但服装行业的多品种、小批量特点对物流服务的专业化程度要求较高。中国服装企业在将物流业务外包的过程中，较为重视第三方物流服务的快捷、低成本以及安全性。目前中国专业化的服装物流企业还比较少。许多第三方物流企业硬件设施不完备，管理理念欠缺，人员素质不高，所提供的物流服务还不能够完全满足服装企业的专业化需求，这使得许多服装生产企业不得不花费很大的精力和时间自己组织物流活动。

（四）服装物流标准化程度较低

与发达国家相比，中国服装行业的物流标准化程度较低。目前中国服装物流尚未实现统一的标准化作业，服装的包装、运输和装卸等物流环节都缺少必要的行业标准和行业规范①，物流标准多由合作企业之间协商确定。

中国已执行的主要服装物流标准是《服装标志、包装、运输和贮存》，该标准只对成批生产的服装物流部分活动的一般技术要求进行了规定，且不适用于合同双方对包装、运输和贮存技术要求另有约定的成批生产的服装。物流标准化程度较低在一定程度上阻碍了中国服装物流运作效率的提升。

二、中国服装物流的发展趋势

（一）服装物流网络布局将逐步调整

受服装企业品牌建设进程加快、服装产业结构升级以及产业转移等因素的影响，中国服装物流网络布局将逐步调整。在企业配送中心网络布局方面，越来越多的中国服装加工企业在创建自主品牌的同时，将建立起作业机械化、管理信息化、网络集成化的品牌服装物流网络。同时，为提高服装品牌的国际影响力、实现品牌拓展目标，品牌服装企业将通过建设配送中心/仓储基地、企业并购、物流外

---

① 毕康，张东亮．国内现代服装行业物流发展模式研究．沿海企业与科技，2005(9)．

包等方式不断调整和拓展其服装物流网络。在服装专业市场网络布局方面,受中国服装产业向中西部内陆地区规模化转移、劳动力成本上升、出口增速放缓、中西部地区消费水平提升等因素的影响,中国中西部地区的服装专业市场的数量和规模将有一定程度的增加。

(二)服装供应链物流一体化成为服装物流发展的重要方向

随着中国服装企业供应链管理意识的加强、服装第三方物流服务的发展和各类先进物流技术的逐步应用,中国服装物流将逐步向供应链物流一体化的方向发展。目前中国大多数服装企业在产销方面各自为战,供应链上各节点企业的物流系统相对独立,供应链物流一体化水平较低。提高服装品牌地位需要建立与中高端品牌服装经营相适应的快速响应物流体系,服装供应链物流一体化是建立快速响应的服装物流体系的必要途径。2012年6月,纺织服装供应链联盟在宁波成立。联盟将以供应链管理的合作为基础,通过组织和实施一系列与联盟成员相关的合作项目,实现联盟成员的知识分享、信息共享、经验传承、资源整合、行业看板树立、商业模式探索以及达成最终的战略合作,从而实现供应链合作模式的“双赢”或“多赢”的目的。纺织服装供应链联盟的成立将推动服装物流向服装供应链物流一体化的方向发展。

随着中国第三方物流服务的发展,服装第三方物流服务的内容也将不断增加。一些专业化的服装第三方物流企业将能够提供快速、综合、高效的服装供应链物流整体外包服务,为服装供应链物流一体化提供必要的组织保障。各种先进的信息技术、自动化技术的逐步应用将为服装供应链物流一体化提供有力的技术保障。

(三)服装物流专业化水平逐步提高

随着中国服装产业的竞争压力日益增大,许多服装企业都将逐渐认识到现代物流对提升企业运作水平的重要性,并通过加强服装物流信息化建设、建立专业化的企业服装物流系统等措施提升物流管理与物流配送的效率。在信息化建设方面,为提高服装物流的时效性、精确性,RFID技术在服装物流中的应用将逐步得到推广。在专业化服装物流系统建设方面,中国专业服装物流体系建设刚刚起步,和世界先进国家的物流水平还有很大差距,无法完全适应服装产业日益增长的对小批量、多批次定制化物流服务的需求。随着中国服装产业的转型升级,自动化分拣技术、自动化输送技术、智能包装技术、货品追溯技术等各种先进物流技术在服装物流领域的广泛应用,集成了各种先进物流管理理念和技术的专业化服装物流体系建设将不断推进,中国服装物流的专业化水平将不断提升。

第十章 中国港口物流发展状况

港口凭借独特的区位和基础设施优势,在全球综合运输体系中发挥着越来越重要的作用。港口物流是国际经贸活动的重要支撑,也是沿海及腹地区域经济发展的重要增长点。近年来,中国港口设施建设力度较大,物流政策环境不断改善,港口物流已步入快速发展阶段。港口物流在国民经济和社会发展中的重要性日趋凸显。

第一节 港口物流概述

港口①是水陆交通的集结点,是联系内陆腹地和海洋运输的天然界面。以港口为枢纽和平台的物流活动都可纳入港口物流范畴。现代物流和供应链管理兴起之后,港口充分发挥自身优势,突破传统的货物中转、运输功能,主动参与并协调组织现代物流各环节的业务活动,逐渐发展成为多功能、一体化的综合物流服务系统。

一、港口物流系统的构成

现代港口已从传统的水陆换装节点发展为集中转、运输、工贸、金融、信息等多种服务为一体的综合物流中心,形成独具特色的物流系统。港口物流系统的要素主要包括港口、腹地、航线、集疏运系统和物流活动参与主体。

(一) 港口

港口是具备一定设施和条件,供船舶在各种气候条件下安全进出、靠泊,及进行旅客上下、生活资料供应、货物装卸与必要的编配加工等作业的场所。港口是港口物流最基本的发展要素,提供航道、港池、锚地、码头、货场、仓库、各种作业设备(运输、加工、修理等)、导航系统、通信系统和相应的管理与服务系统,以及与经济腹地相适应的配套设施。

(二) 腹地

腹地是港口物流的辐射范围,即港口货物吞吐、集散所及的地区范围。港口与腹地是互相依存、相辅相成的关系。一方面,腹地是港口物流发展的依托,其对

① 本报告的研究对象为沿海和内河港口物流系统,不包含空港及其物流系统。

外贸易和运输联系决定了港口物流的流量和流向,也在很大程度上决定了港口的规模和地位;另一方面,港口是腹地的门户,港口的建设和港口物流服务水平也对腹地经济发展产生重要影响。

现代化的港口一般具有双向腹地,即面向内陆的陆向腹地和面向海外的海向腹地。陆向腹地亦称背负型腹地,主要以内地为其腹地,腹地位于港口陆上交通的后方。海向腹地亦称外向腹地,是面向海外呈扇形拓展的腹地。

(三)航线

港口水域在港湾、潮流、风向、水深以及地球球面距离等自然条件限制下,形成的可供船舶航行的一定路径称为航线。每个航次的具体航线,一般是根据航行地区的水文、气象、地理条件和船舶状况及航次的项目拟定的。按运力和运程分,航线分为连接枢纽港或中心港口的主干航线和连接分流或支流港口的航线。按行经水域分,航线分远洋航线、近洋航线、沿海航线、环球航线等。航线是港口连接海向腹地的通道,是沿海港口进行国际航运物流的重要支撑。

(四)集疏运系统

港口集疏运系统是与港口相互衔接,为港口吞吐货物提供集中和疏散服务的交通运输网络系统,由铁路、公路、水路、城市道路、航线及相应的交接场站组成。它是港口与陆向腹地相互联系的通道,是港口物流系统发展的重要外部条件。港口只有具备畅通的集疏运系统,才有可能成为国际运输链中的物流枢纽。

集疏运线路数量、运输方式构成和地理分布等,主要取决于港口与腹地运输联系的规模、方向、运距及货种结构。通常而言,与腹地运输联系规模大、方向多、运距长、货种复杂多样的港口,集疏运系统的线路往往较多,运输方式构成与分布格局也较复杂;反之线路就少,运输方式构成与分布格局就较简单。

(五)参与主体

港口物流系统的参与主体包括政府职能部门、物流服务需求方和物流服务提供方。政府职能部门包括港务管理局、港区管委会、海关、检验检疫等,对港口物流活动进行规范、监督和管理,制定、组织和实施与港口物流有关的政策法规。港口物流服务的需求方主要是货主,包括港区、腹地以及境外的生产、加工、商贸企业。港口物流服务的提供方主要包括港口码头公司、船运公司、理货公司、一般物流企业(车辆运输、仓储企业)、船代、货代企业等。港口码头公司向货主提供货物装卸、搬运、堆存服务,理货和代理公司向货主提供理货和代理服务。这些服务是港口物流业的主要业务和主营收入来源。此外,随着港口物流功能的不断拓展,物资流通加工企业、银行、法律和保险服务商等企业也成为港口物流的参与主体,它们为货主和港口、航运企业提供了较高层次的个性化物流增值服务。

二、港口物流的主要特点

（一）规划建设以政府推动为主导

港口码头具有公共基础设施的性质，投资大、回收期长，需要依靠政府统一规划和推进建设。港口物流更是一个复杂而巨大的系统工程，需要政府各个职能部门统筹安排、协调配合，才能保证港口物流各个环节的整合性和一致性。例如，一些港口物流政策的出台、贯彻与组织执行，除需要与交通运输部门协调、对接外，还要取得规划、建设、国土资源等多部门的支持和帮助。因此，国内外许多港口都是以政府作为投资和运营主体。

（二）在国际物流产业链中具有重要地位

港口在现代物流产业链中具有不可替代的作用，是全球供应链中的物流集结点。港口物流为国际贸易货物提供仓储、分拨、转运等物流功能，是国际贸易活动的重要支撑。据统计，全球70%的运输量经过港口，国际贸易量的90%以上通过海路运输完成。此外，保税是国际物流产业链中的重要功能，而港口通常具有保税功能，因此地位显得更加重要。例如，香港、新加坡作为自由港，允许境内关外的外国货物自由进出；中国的保税物流中心、保税物流园区和保税港区等也有类似的功能。

（三）集成整合的规模效应强

港口作为国内和国际市场的接轨点、国内和国际经济的交汇点，是货物、资金、技术、信息、人才的聚集点，具有集成整合各种物流生产要素的巨大优势。因此，港口物流可以充分发挥现代港口的系统平台优势，将港口腹地区域以及全国范围，甚至全球范围内的物流需求纳入其中，并通过整合物流资源形成规模效应，实现物流成本降低和物流效率提升。

（四）物流管理高度依赖信息化

港口是天然的综合物流信息中心，信息化是港口物流的重要特征。一方面，现代信息技术可为港口物流过程提供精确、高效的管控，使其更好地成为海向腹地与陆向腹地的联系中枢。另一方面，港口物流的参与主体较多，必须建立覆盖辐射区域内物流参与主体的信息平台，实现各企业以及机构之间的信息连接与信息共享。特别在第三方物流不断发展的今天，众多的货运代理、船舶代理、无船承运人等港口第三方物流正是依赖其信息优势展开全球业务经营。信息化已成为港口物流发展的重要基础。

第二节　中国港口物流的发展环境

港口物流的发展环境受多方面因素影响。本节将从世界经济形势、中国内外贸发展和物流产业发展、港口物流政策等方面剖析中国港口物流的发展环境。

一、世界海运市场整体表现不佳

2008 年爆发的金融危机以及之后的欧债危机给世界经济带来了巨大冲击。2009 年以后,世界经济步入复苏期,经济总体保持增长,但增长速度较为缓慢,全球贸易整体环境仍趋紧。2012 年世界货物和服务贸易总额增速为 3.2%,比 2011 年下降 2.6 个百分点。2008—2012 年发达国家和新兴经济体进出口增速情况如表 10-1 所示。

表 10-1 世界货物和服务贸易进出口总额增长速度 (单位:%)

年份	世界贸易总额	进口		出口	
		发达国家	新兴经济体	发达国家	新兴经济体
2008	3.0	1.0	8.6	2.2	3.9
2009	-10.4	-11.9	-8.3	-12.3	-7.6
2010	12.6	11.4	14.9	11.0	13.7
2011	5.8	4.4	8.8	5.3	6.5
2012	3.2	1.7	7.0	2.2	4.0

资料来源:根据国际货币基金组织《世界经济展望报告》(2013)相关数据整理。

随着世界经济增长乏力,国际物流需求增速大幅减缓,航运市场经营压力增大,航运价格持续低迷。在集装箱航运市场,2012 年春节出口货运集中期,中国出口集装箱运价综合指数仅 946 点,部分航次的舱位利用率也只维持在 75% 左右。在干散货航运市场,自 2008 年全球爆发金融危机以来,衡量国际干散货海运市场的波罗的海综合运价指数(BDI)已连续 4 年下滑,而 2012 年的低迷时间之长超过以往。航运市场的低迷影响了港口国际物流服务的需求,中国大部分港口吞吐量增速在 2012 都有所下降。

复杂的国际经济形势要求中国一方面调整出口结构,提高贸易质量,另一方面寻求出口市场的多元化,减轻主要国家(如美国)需求变化对出口的影响,从而突破其对中国对外贸易和国际物流发展的制约。

二、中国内外贸持续增长

面对复杂的国际经济形势,中国通过调整出口结构、提高贸易质量、寻求出口市场的多元化等措施,实现了对外贸易总体稳定平衡发展。到目前为止,中国已和全球大多数国家和地区建立了贸易关系,其中欧盟、美国、日本、东盟是最大的贸易伙伴,贸易大国地位得到进一步巩固。2009 年以来,中国货物进出口总额保持 5% 以上的增长。2012 年,全年货物进出口总额 38 668 亿美元,比上年增长 6.2%。其中,出口 20 489 亿美元,增长 7.9%;进口 18 178 亿美元,增长 4.3%①。

① 国家统计局. 中华人民共和国 2012 年国民经济和社会发展统计公报. 2013-02-22.

国内贸易的兴旺也对港口物流的发展起到重要的促进作用。当前,中国国内贸易总体运行平稳,城乡的消费品市场都呈现出较好的势头。2008—2012 年期间,中国社会消费品零售总额年增幅均超过 10%,2012 年实现社会消费品零售总额 210 307 亿元,扣除价格因素,比上年实际增长 12.1%①。

三、中国物流产业平稳发展

在国内经济和内外贸持续较快增长及各级政府的政策措施推动下,中国物流市场总体上保持平稳较快增长。2012 年全国社会物流总额达到 177.3 万亿元,按可比价格计算,同比增长 9.8%。从构成情况看,工业品物流总额 162 万亿元,按可比价格计算,同比增长 10%,是推动社会物流总额增长的主要动力。农产品物流总额和再生资源物流总额同比也分别增长 4.5% 和 10.2%②。

2012 年,全国物流业增加值为 3.5 万亿元,按可比价格计算,较上年增长 9.1%。其中,交通运输物流增加值增长 8.7%,仓储物流增加值增长 6.8%。全国物流业增加值占 GDP 的比重为 6.8%,占服务业增加值的比重为 15.3%③。中国物流业总体平稳健康发展,为港口物流发展提供了良好的产业环境。

四、中国港口物流政策逐渐完善

(一)交通运输领域"十二五"规划

根据中国经济社会总体发展"十二五"规划,国务院、交通运输部等政府部门颁布了一系列"十二五"期间交通运输领域的具体规划,指明了中国港口物流的发展目标和方向。

2011 年 4 月,交通运输部颁布《交通运输"十二五"发展规划》。规划指出,继续有序推进沿海港口基础设施建设,优化沿海港口结构与布局,着力拓展港口功能,提升港口的保障能力和服务水平;充分发挥内河水运优势,发挥内河水运对沿江产业布局的引导作用,加快以高等级航道和主要港口为重点的内河水运基础设施建设,建设现代化的内河水运体系;提升水运服务能力和水平,包括提升运输装备水平,加快提升港口服务水平,完善运输组织体系。规划还提出了"十二五"期间中国港口物流发展的量化指标,如表 10-2 所示。

陆续出台交通运输领域"十二五"发展专项规划也从不同角度对港口物流的发展提出了具体要求和规定。2011 年 4 月到 2012 年 1 月,交通运输部相继颁布《公路水路交通运输信息化"十二五"发展规划》、《公路水路交通运输"十二五"科技发展规划》和《公路水路交通运输环境保护"十二五"发展规划》,分别就港口物

① 国家统计局.中华人民共和国 2012 年国民经济和社会发展统计公报.2013-02-22.
② 国家发展改革委,国家统计局,中国物流与采购联合会.全国物流运行情况通报(2007—2012).
③ 国家发展改革委,国家统计局,中国物流与采购联合会.全国物流运行情况通报(2007—2012).

表 10-2 “十二五”期间中国港口物流发展主要指标

<table>
<tr><th></th><th>指标</th><th>2010 年</th><th>2015 年</th></tr>
<tr><td rowspan="3">基础设施</td><td>沿海港口通过能力适应度</td><td>0.98</td><td>1.10</td></tr>
<tr><td>沿海港口深水泊位数(个)</td><td>1 774</td><td>2 214</td></tr>
<tr><td>内河高等级航道里程(万公里)</td><td>1.02</td><td>1.30</td></tr>
<tr><td rowspan="2">运输服务</td><td>内河货运船舶船型标准化率(%)</td><td>20</td><td>50</td></tr>
<tr><td>沿海主要港口平均每装卸千吨货在港停时下降率(%,基年:2010)</td><td colspan="2">15</td></tr>
<tr><td rowspan="2">科技与信息化</td><td>国省道重要路段和内河干线航道重要航段监测覆盖率(%)</td><td>30</td><td>≥70</td></tr>
<tr><td>重点营业性运输装备监测覆盖率(%)</td><td>70</td><td>100</td></tr>
<tr><td rowspan="2">绿色交通</td><td>沿海港口单位长度码头岸线通过能力提高率(%,基年:2010)</td><td colspan="2">5</td></tr>
<tr><td>营运船舶单位运输周转量能耗和二氧化碳排放下降率(%,基年:2005)</td><td colspan="2">15、16</td></tr>
<tr><td rowspan="2">应急安全</td><td>百万吨港口吞吐量事故数和死亡人数下降率(年均%)</td><td>5</td><td></td></tr>
<tr><td>沿海重点水域监管救助飞机应急到达时间(分钟)</td><td>≤150</td><td>≤90</td></tr>
</table>

资料来源:根据《交通运输“十二五”发展规划》整理。

流信息化建设、港口物流关键技术研发和港口绿色物流等问题进行规划。2012 年 9 月,国务院印发《全国海洋经济发展“十二五”规划》,着重突出了沿海港口的建设与发展问题。2012 年 10 月,交通运输部印发《关于加快“十二五”期水运结构调整的指导意见》,提出加快港口物流基础设施、水路运输装备结构优化升级,不断提升水运发展的质量、效益、竞争能力和服务水平。以上规划具体情况如表 10-3 所示。

表 10-3 港口物流领域“十二五”规划政策

发布时间	规划名称	颁布单位	主要内容
2011 年 4 月	《交通运输“十二五”发展规划》	交通运输部	提出继续推进沿海港口基础设施建设,优化沿海港口结构与布局,加快提升港口物流服务水平,完善运输组织体系等目标;并提出“十二五”期间中国港口物流发展的量化指标。
2011 年 4 月	《公路水路交通运输信息化“十二五”发展规划》	交通运输部	指出完善船舶交通管理、航道管理、港口安全管理信息系统,健全沿海港口重点水域及内河高等级航道状态的实时监测和安全预警体系;建设内河航运综合信息服务系统;实现港口集装箱联运信息服务,实现多种运输方式单证信息共享和通关一体化服务。

（续表）

发布时间	规划名称	颁布单位	主要内容
2011 年 6 月	《公路水路交通运输“十二五”科技发展规划》	交通运输部	提出开展外海港口与航道建设、港口码头养护、内河航道治理等方面关键技术研发；开展枢纽通航安全和通航建筑物健康检测等方面关键技术研发；提出研发大型跨海通道工程建设关键技术、长江黄金水道通过能力提升关键技术等重大科技专项课题。
2012 年 1 月	《公路水路交通运输环境保护“十二五”发展规划》	交通运输部	提出加大营运公港口、船舶的污染治理设施建设力度，研究制定生态型港口、航道工程的技术指南；提出生态型港口工程示范、港口和内河航道生态修复试点、施工期港口航道污染治理、港口污水处理与回用设施建设、港口散货粉尘治理等重点工程。
2012 年 9 月	《全国海洋经济发展“十二五”规划》	国务院	提出推进港口与临港产业园区的有效对接和联动，建设以港口为依托的全国性物流枢纽、物流园区和国际物流中心；加快电子口岸建设，在主要港口建立港航电子数据交换中心；推进港口物流公共信息平台和电子商务平台等重大示范工程建设。
2012 年 10 月	《关于加快“十二五”期水运结构调整的指导意见》	交通运输部	提出在“十二五”期间加快构建畅通高效的现代化内河水运体系，大力提升港口的发展质量和效益，提高航运综合竞争能力，促进现代物流体系建设。

（二）管理法规与意见

交通运输部出台了一系列管理办法、指导意见、法律法规等，通过政策引导、规范市场等手段，为实现现代港口物流的发展营造公平、开放、有序竞争的宏观环境。

2007 年 4 月和 12 月，交通运输部相继发布《港口建设管理规定》和《港口规划管理规定》，分别对中国港口项目及其配套设施建设和港口规划的编制、审批、实施等活动予以规范。2009 年 11 月，交通运输部发布《港口经营管理规定》，以规范港口经营行为，维护港口经营秩序。2011 年 11 月，交通运输部出台了《关于促进沿海港口健康持续发展的意见》，进一步防止出现过度超前和低水平重复建设。具体情况如表 10-4 所示。

表10-4 近年来出台的港口物流领域管理法规与意见

发布时间	规划名称	颁布单位	主要内容
2007年4月	《港口建设管理规定》	交通运输部	对中国境内新建、扩建和改建港口建设项目及其配套设施的建设活动予以规范,明确了管理职责,在建设程序、市场管理、信息管理等方面提出要求。
2007年12月	《港口规划管理规定》	交通运输部	确定了中国港口规划体系两大类型、三个层次的总体结构,对港口规划的编制、审批、实施等做出了具体规定。
2009年11月	《港口经营管理规定》	交通运输部	规定了从事港口经营、港口理货等活动应具备的条件、提供的文件和材料、行政许可程序、行政许可结果公布形式、证书有效期及延续程序。
2011年11月	《关于促进沿海港口健康持续发展的意见》	交通运输部	在积极促进港口协调发展、有序推进专业化运输系统码头建设、稳步实施新港区开发、继续推进港口结构调整与资源整合、大力加强港口集疏运体系建设、着力推动港口转型升级、切实加强港口规划管理和岸线管理等方面提出具体指导意见。

(三)区域发展规划

根据国家总体发展战略,国家陆续出台了一系列地方性规划政策,进一步推动港口物流发展。2009年4月,国务院印发《关于推进上海加快发展现代服务业和先进制造业、建设国际金融中心和国际航运中心的意见》,建设上海国际航运中心上升为国家战略。2009年7月和9月,国务院相继通过了《辽宁沿海经济带发展规划》和《江苏沿海地区发展规划》,对辽宁和江苏沿海港口群建设和港口物流提出发展定位和方向。

此外,福建省、广西壮族自治区、广东省等地方政府也发布了一系列港口物流相关领域的发展规划、战略与方案,为加速区域港口物流发展提供政策保障,具体情况如表10-5所示。

表10-5 近年来出台的区域港口物流发展规划

发布时间	规划名称	颁布单位	主要内容
2009年4月	《关于推进上海加快发展现代服务业和先进制造业、建设国际金融中心和国际航运中心的意见》	国务院	提出到2020年,基本建成航运资源高度集聚、航运服务功能健全、航运市场环境优良、现代物流服务高效,具有全球航运资源配置能力的国际航运中心;基本形成以上海为中心、以江浙为两翼,以长江流域为腹地,与国内其他港口合理分工、紧密协作的国际航运枢纽港;基本形成规模化、集约化、快捷高效、结构优化的现代化港口集疏运体系,以及国际航空枢纽港,实现多种运输方式一体化发展。

（续表）

发布时间	规划名称	颁布单位	主要内容
2009年7月	《辽宁沿海经济带发展规划》	国务院	提出加快交通运输体系建设港口，以大连港为核心，整合港口资源，优化港口功能分工，打造现代化港口集群，构筑大连东北亚国际航运中心。
2009年9月	《江苏沿海地区发展规划》	国务院	提出要加快以连云港为核心的沿海港口群的建设，充分利用连云港连接南北、沟通东西的区位条件，将连云港建成中国重要的综合交通枢纽、区域性中心港口，成为辐射带动能力强的新亚欧大陆桥的东方"桥头堡"。
2009年11月	《福建省港口体制一体化整合总体方案》	福建省政府	决定整合全省港口资源，形成福州港、湄州湾港（泉州—莆田）、厦门港三大港口格局。并对港口区位布局、物流功能定位、管理体制等方面进行了明确。
2010年3月	《广西北部湾港总体规划》	广西壮族自治区政府	明确北部湾作为中国西南沿海地区港口群和西南出海大通道的重要组成部分和国家综合运输体系的重要枢纽的定位，确立其"一港、三域、八区、多港点"的港口布局体系。
2012年12月	《广东省"十二五"沿海港口发展意见》	广东省政府	提出广东省沿海港口发展三大战略，即"亚太中心战略、南北枢纽战略、珠江门户战略"，并提出了到2015年，广东全省沿海港口物流实现的规模、效率、服务能力等指标。

第三节　中国港口物流的发展现状

随着对外贸易的不断发展和政策环境的日益完善，中国港口物流也得到快速发展。港口运输体系布局初步形成，港口基础设施加大建设，经营主体多元化格局显现，港口物流规模稳步提升，物流服务的功能和辐射范围也不断拓展。总体来说，中国港口物流发展空间巨大，发展水平不断提高。

一、港口运输体系布局基本形成

中国已经初步形成了与经济发展和产业布局相适应、分工和功能较为明确的五大沿海区域港口群，即环渤海港口群、长江三角洲港口群、珠江三角洲港口群、东南沿海港口群和西南沿海港口群，并已初步建成以港口为中心的煤炭、原油、铁矿石、集装箱、粮食、商品汽车、陆岛滚装和旅客八大运输系统。沿海港口群以及与之配套的运输系统的发展对中国扩大对外开放、促进区域经济和贸易发展，产生了集聚、扩散效应，对优化区域生产力与物资流通通道合理布局发挥了重要作用。中国五大沿海港口群及其重点港口如表10-6所示。

表 10-6 中国五大沿海港口群及其重点港口

港口群		腹地辐射范围及与区域内重点港口
环渤海区域	津冀沿海	以天津北方国际航运中心和秦皇岛为主,包括唐山、黄骅等港口,主要服务于京津、华北以及西向延伸地区。
	辽宁沿海	以大连东北亚国际航运中心和营口港为主,包括丹东、锦州等港口,主要服务于东北三省和内蒙古东部地区。
	山东沿海	以青岛、烟台、日照港为主并包括威海等港口,主要服务于山东半岛及其西向延伸的部分地区。
长江三角洲		依托上海国际航运中心,以上海、宁波、连云港为主,服务于长江三角洲以及长江沿线地区的经济社会发展。
珠江三角洲		以香港、广州、深圳、珠海、汕头港为主,服务于华南、西南部地区,加强广东省和内陆地区与港澳地区的交流。
西南沿海地区		以湛江、防城、海口港为主,服务于西南地区开发,为海南省扩大与岛外的物资交流提供运输保障。
东南沿海地区		以厦门、福州港为主,服务于福建省和江西等内陆省份部分地区的经济社会发展和对台"三通"的需要。

资料来源:根据《全国沿海港口布局规划》整理。

在内河运输方面,中国在水资源较为丰富的长江、珠江、京杭运河与淮河、黑龙江和松辽等水系,初步形成"两横一纵两网十八线"①(简称 2-1-2-18)和 28 个主要内河港口布局,如表 10-7 所示。

表 10-7 中国主要内河水系与对应港口

航道名称	航道体系	港口
长江水系	"一横一网十线":"一横"即长江干线;"一网"即长江三角洲高等级航道网;"十线"即岷江、嘉陵江、乌江、湘江、沅水、汉江、江汉运河、赣江、信江、合裕线。	泸州港、重庆港、宜昌港、荆州港、武汉港、黄石港、长沙港、岳阳港、南昌港、九江港、芜湖港、安庆港、马鞍山港、合肥港、湖州港、嘉兴内河港
珠江水系	"一横一网三线":"一横"即西江航运干线;"一网"即珠江三角洲高等级航道网;"三线"即右江、北盘江—红水河、柳江—黔江。	南宁港、贵港港、梧州港、肇庆港、佛山港
京杭运河与淮河水系	"一纵二线":"一纵"即京杭运河;"二线"即淮河、沙颍河。	济宁港、徐州港、无锡港、杭州港、蚌埠港
黑龙江和松辽水系	"二线":黑龙江、松花江。	哈尔滨港、佳木斯港

资料来源:根据《全国内河航道与港口布局规划》整理。

① 指长江干线、西江航运干线(两横)、京杭运河(一纵)、长江三角洲高等级航道网、珠江三角洲高等级航道网(两网)、18 条主要干支流高等级航道(十八线)。

二、基础设施现代化水平明显提升

（一）码头泊位

近年来，中国港口码头泊位大型化、专业化程度持续提升，基础设施的现代化水平不断提高。2012 年年底，全国港口拥有生产用码头泊位 31 862 个，其中沿海港口生产用码头泊位 5 623 个，内河港口生产用码头泊位 26 239 个。全国港口拥有万吨级及以上泊位 1 886 个，比上年末增加 106 个。其中，沿海港口万吨级及以上泊位 1 517 个，内河港口万吨级及以上泊位 369 个，如表 10-8 所示。

表 10-8　2012 年全国港口万吨级以上泊位　　（单位：个）

泊位吨级	全国港口	比上年末增加	沿海港口	比上年末增加	内河港口	比上年末增加
合计	1 886	124	1 517	95	369	29
1—3 万吨级（不含 3 万）	732	24	564	16	168	8
3—5 万吨级（不含 5 万）	335	24	232	16	103	8
5—10 万吨级（不含 10 万）	581	53	489	40	92	13
10 万吨级以上	238	23	232	23	6	—

资料来源：交通运输部《公路水路交通运输行业发展统计公报》(2012)。

全国万吨级及以上泊位中，专业化泊位 997 个，通用散货泊位 379 个，通用件杂货泊位 340 个，比上年末分别增加 55 个、41 个和 18 个，具体情况如表 10-9 所示。

表 10-9　全国万吨级及以上泊位构成（按主要用途分）　　（单位：个）

泊位用途	2012 年	2011 年	比上年增加
专业化泊位	997	942	55
其中：集装箱泊位	309	302	7
煤炭泊位	189	178	11
金属矿石泊位	60	52	8
原油泊位	68	68	—
成品油泊位	114	111	3
液体化工泊位	141	123	18
散装粮食泊位	34	33	1
通用散货泊位	379	338	41
通用件杂货泊位	340	322	18

资料来源：交通运输部《公路水路交通运输行业发展统计公报》(2012)。

（二）内河航道

内河水运具有运能大、占地少、能耗低等优势，在中国现代综合运输体系中具有重要地位。近年来，中央与地方各级政府加大了对内河水运基础设施的投入力度，内河高等级航道建设步伐加快，内河干线水网地区航道条件有了较大改善。

截止到2012年年底，全国内河航道通航里程12.5万公里。其中，等级航道6.37万公里，占总里程的51.0%，比上年末提高0.7个百分点。各等级内河航道通航里程分别为：一级航道1 395公里，二级航道3 014公里，三级航道5 485公里，四级航道8 366公里，五级航道8 160公里，六级航道19 275公里，七级航道18 023公里，其所占比例如图10-1所示。各水系内河航道通航里程分别为：长江水系64 122公里，珠江水系16 091公里，黄河水系3 488公里，黑龙江水系8 211公里，京杭运河1 437公里，闽江水系1 973公里，淮河水系17 285公里。

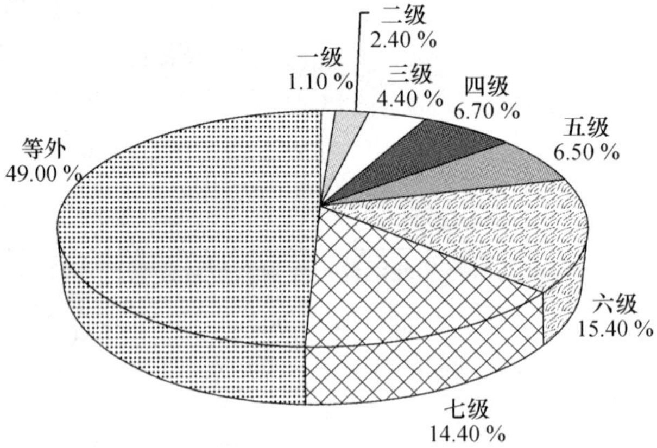

图10-1 2012年全国内河航道通航里程构成

资料来源：根据交通运输部《公路水路交通运输行业发展统计公报》(2012)相关数据整理。

目前，全国内河航道共有4 186处枢纽，其中具有通航功能的枢纽2 360处。通航建筑物中，有船闸864座、升船机44座。

（三）装备技术

目前中国港口普遍通过开发新技术、改善工艺来实现运输方式现代化、港口装卸工艺合理化、港口装卸设备自动化、电气化，提高港口物流管理的效率和现代化水平。天津、上海、深圳等国内主要港口也已开始进行智能港口系统规划，并在部分港区开始港口物流智能化装备技术的运行实践。

例如，上海港近年来实施了基于精准配送的自动化散货物流系统、基于电子标签的港口集装箱物流系统、基于增值服务的汽车滚装物流系统以及无人自动化集装箱堆场等项目,大大提升了数字化、智能化运营和管理水平,使上海港货物处理能力和物流运作效率达到世界先进水平。特别是2008年,上海罗泾二期散货码头采用了中国自主研制的世界上第一台全自动装船机和卸船机系统。该系统通过采用船舱位置和物料分布的自动检测技术,实现了装卸船作业的无人自动化操作和自动均匀配载,标志着中国港口散货物流在数字化、智能化的创新之路上迈上了新的台阶。

三、港口物流规模持续增长

近年来,中国港口物流规模持续增长,港口吞吐总量和集装箱吞吐量自2003年以来已连续十年位居世界第一。2008—2012年期间,中国港口货物吞吐量和外贸吞吐量均保持7%以上的年增长。2012年,全国港口共完成货物吞吐量107.8亿吨,比上年增长7.3%。全国港口完成外贸货物吞吐量30.56亿吨,比上年增长9.7%,成为港口货物吞吐量增长的主要亮点。

集装箱是港口物流的主要增长点。2012年,全国港口完成集装箱吞吐量1.8亿TEU,比上年增长8.4%。其中,沿海港口完成1.6亿TEU,内河港口完成1950万TEU,比上年分别增长8.0%和12.3%。目前,中国港口集装箱运输已经形成了上海、深圳、宁波—舟山、广州、青岛、天津、大连、厦门等集装箱干线港,彻底改变了过去以到周边国家(日本、韩国、新加坡)和中国香港地区中转为主的局面,其中上海、深圳、宁波—舟山、广州、青岛、天津在2012年位居世界十大集装箱港口之列。中国主要集装箱港口及其2012年吞吐量如表10-10所示。

表10-10 全国集装箱吞吐量超过500万TEU的港口 (单位:万TEU)

类别	全国港口货物吞吐量	
	港口	2012年集装箱吞吐量(万TEU)
沿海港口	上海港*	3252.9
	深圳港*	2294.1
	宁波—舟山港*	1617.5
	广州港*	1454.7
	青岛港*	1450.3
	天津港*	1230.3
	大连港	806.4
	厦门港	720.2
	连云港港	502.0
内河港口	苏州港	586.4

注1:香港是世界级的枢纽港和航运物流中心,但其港口运作模式和特点与内地港口有较大差别,故此处未包含香港。

注2:*为2012世界十大集装箱港口。

资料来源:根据交通运输部《公路水路交通运输行业发展统计公报》(2012)以及中港网2012全球港口排名整理。

四、经营主体多元化趋势明显

为调动地方和社会各界建港的积极性,中国从 2001 年开始实施了以港口属地化管理和政企分开为主要内容的港口管理体制改革。随着改革的不断深入,市场配置资源的作用得以充分发挥,港口公用码头设施的建设、经营也纳入了鼓励外商投资的产业目录,国内外大型航运公司和货主企业不断进入港口物流领域,参与港口码头和转运中心的兴建和运营。港口物流经营主体多元化的格局已经形成。

目前,大型航运企业和大宗货类的货主企业参与中国港口物流业务较多。如航运公司包括中国远洋运输(集团)总公司、中国海运(集团)总公司、中国对外贸易运输(集团)总公司、招商局集团、马士基集团、和记黄埔有限公司等,如表 10-11 所示。参与港口运营的货主企业则主要集中于投资专业化铁矿石、原油、煤炭等散货码头,包括首钢集团、宝钢集团、鞍钢集团、神华集团和中国石油、中国石化、华能集团等国内大型钢铁企业和能源类企业。港口物流经营主体日趋多元化,有利于拓宽中国港口建设融资渠道,促进港航、港货物流供应链一体化,实现风险共担、收益共享的多赢局面。

表 10-11　目前已在中国沿海港口投资的主要航运公司

公司名称	股东或实际控制人	投资港口情况
中远太平洋有限公司	中国远洋运输(集团)总公司	目前在环渤海、长江三角洲、珠江三角洲、东南沿海四大港口群内投资。
中海码头发展有限公司	中国海运(集团)总公司	目前已完成在中国沿海主要的集装箱码头布局。
广东中外运黄埔仓码有限公司	中国对外贸易运输(集团)总公司	主要在珠江三角洲区域主要港口码头内投资。
APM TERMINALS	马士基集团	青岛前湾港集装箱码头、大连港湾集装箱码头、厦门嵩屿集装箱码头等。
和记黄埔港口	和记黄埔有限公司	上海浦东国际集装箱码头、深圳盐田国际集装箱码头、厦门国际集装箱码头等。
招商局国际有限公司	招商局集团	目前已在中国沿海主要枢纽港建立了较完善的码头运营网点。
新加坡港务集团(PSA)	Temasek(淡马锡)	大连港集装箱码头、天津港联盟集装箱码头。
迪拜环球港务(DP World)	迪拜港务局和迪拜港口国际公司	天津东方海陆集装箱码头、烟台环球码头、青岛前湾港集装箱码头等。
地中海码头公司	地中海航运公司	与宁波港共同投资建立宁波港吉码头。
日本邮船株式会社	日本邮船有限公司	已经先后在上海、天津、大连、广州新沙港和南沙港 5 个主要的汽车滚装船码头进行了投资。

五、港口物流服务功能进一步拓展

（一）航运中心建设实现物流功能叠加

航运中心的建设和运营可以有效地实现港口物流功能叠加，提高中国港口物流发展水平与国际竞争力。目前中国积极推进上海国际航运中心、天津北方国际航运中心、大连东北亚国际航运中心、重庆长江上游航运中心和武汉长江中游航运中心建设。这些航运中心集中了检验检疫、海关、海事、边检等口岸职能部门及港、航、货、代、金融、保险、法律、咨询等相关企业单位，凸显出一站式口岸服务的便捷和全面。

例如，上海国际航运中心重点发展航运金融、航运保险、运价指数期货交易、船舶交易市场、船员市场、海事仲裁、船舶信息服务、船舶技术服务、邮轮产业等现代航运服务产业。目前全球前 20 名班轮公司分公司或办事机构已入驻上海，经营国际海上运输及其辅助业的外商驻沪代表机构达到 250 多家，全球最大的 9 家船级社均设立了上海代表处，有近千家国际海上运输及辅助企业在上海从事经营活动，上海船舶登记数量约占国内所有通过审定船舶的 70%。浦东新区不断创新金融业务操作模式，于 2010 年启动运作了“单机单船融资租赁业务”，2011 年着力推动融资租赁单机单船项目公司。

（二）电子口岸建设取得进展

电子口岸使企业能够在网上直接向海关、国检、外贸、外汇、工商、税务等政府管理机关申办各种进出口手续，大大提升了对外贸易与国际物流的效率。中国积极实施电子口岸建设，加快推进口岸综合管理水平与国际接轨，进一步提升了港口物流的管理和服务水平，发挥出了巨大的社会效益和经济效益。

截至“十一五”末，中国电子口岸专网已覆盖全国所有省会城市和计划单列市，骨干网络可用率达到 99.9%。电子口岸平台已实现与 13 个国家主要口岸管理部门、15 家商业银行，以及香港工贸署、澳门经济局和欧盟委员会税收与关税联盟总司联网，开发联网应用项目 23 个，累计入网企业约 66.4 万余家，日均处理单证 130 多万笔，基本实现了大通关关键环节的联网核查和网上办事。

在地方层面，各省（区、市）均签署了《地方电子口岸建设合作备忘录》，构建了地方政府牵头、相关口岸管理部门共同参与的地方电子口岸建设机制。地方电子口岸建设全面展开，相继开发应用了上海“世博物流信息综合管理系统”、天津“一次录入、分别报检、报关系统”、浙江“义乌小商品市场综合管理系统”，以及“检验检疫口岸电子快速查验系统”等一批以口岸通关服务为主、集相关物流商务服务为一体的综合应用项目。截至“十一五”末，各地区结合实际，已建设 35 个地方电子口岸平台，开发应用了 600 余个具有地方特点的综合服务项目，初步形成了沿海、沿边地区以实体平台建设为主，内陆地区以虚拟平台为主的建设格局。

（三）保税港区成为亮点

保税物流是港口与保税区紧密结合而形成的，是港口物流功能的拓展和提升。近年来，中国采取先试先行的策略发展保税港区，其功能将出口加工区、保税区、保税物流园区等政策相叠加，成为中国目前保税物流层次最高、政策最优惠、功能最齐全的监管区域，“区港一体”的综合物流功能优势越来越明显。

截止到 2012 年，中国经国务院批准设立的保税港区共有 14 个[①]。目前港区整体运行态势良好，港区货物吞吐量和集装箱吞吐量不断上升，物流企业营业收入逐年提高。表 10-12 为 2011 年中国（部分）保税港区经济指标统计汇总表。

表 10-12 2011 年中国保税港区（综合保税港区）经济指标统计汇总表

指标	物流企业营业收入（万元）	外商投资总额（万美元）	港区货物吞吐量（万吨）	港区集装箱吞吐量（万 TEU）	税务部门税收（万元）	固定资产投资额（万元）	期末从业人员（人）
洋山保税港区	5 200 000	25 269	11 735.8	1 309.9	204 500	4 200	8 000
大连大窑湾保税港区	57 081	0	92.76	198.92	15 626	9 300	3 000
烟台保税港区	16 357	1 698	3 461.12	50.41	54 098	26 253	83 951
张家港保税港区	591 647	512	0	0	0	0	3 972
厦门海沧保税港区	53 152	38 128	2 069.47	250	13 250	138 268	12 140
广州南沙保税港区	114 088	6 000	3 618.29	391.21	5 435	61 727	2 500
宁波梅山保税港区	0	4 594	518.47	54.25	66 565	205 981	9 233
天津东疆保税港区	0	30 957	2 349	245.05	53 651	56 453	1 900

注 1：保税港区中，大连大窑湾保税港区将原大连保税物流园区整合在内；烟台保税港区将原烟台出口加工区（A、B 区）整合在内；广州南沙保税港区将原南沙出口加工区整合在内；厦门海沧保税港区将原厦门出口加工区整合在内；宁波梅山保税港区将原宁波保税物流园区整合在内。

注 2：海南洋浦保税港区、青岛前湾保税港区、深圳前湾保税港区以及重庆两路寸滩保税港区 2011 年此项资料未在统计年鉴中公布。烟台保税港区和福州保税港区成立时间较短，其相关数据在 2011 年未进行统计。

资料来源：根据《中国港口年鉴 2012》整理。

① 按时间先后顺序，分别是上海洋山保税港区、天津东疆保税港区、大连大窑湾保税港区、海南洋浦保税港区、宁波梅山保税港区、广西钦州保税港区、厦门海沧保税港区、青岛前湾保税港区、深圳前海湾保税港区、广州南沙保税港区、重庆两路寸滩保税港区、张家港保税港区、烟台保税港区和福州保税港区。

保税港区充分发挥各自的区位优势，积极发展国际中转、配送、采购、转口贸易和出口加工等业务，保税港口的进、出口总额总体上呈现增长态势。2011 年各保税港区进出口总额如表 10-13 所示。

表 10-13　2011 年各保税港区实际进出口总额统计表

经营单位	出口		进口	
	绝对值(万美元)	同比(按美元计)	绝对值(万美元)	同比(按美元计)
天津东疆保税港区	32 904.0	266.5	198 681.7	250.6
大连大窑湾保税港区	94 274.2	-37.0	122 356.7	21.4
洋山保税港区	298 083.3	152.9	290 870.5	22.5
张家港保税港区	52 631.8	1.0	479 351.4	28.0
宁波梅山保税港区	2 669.5	253 580.1	3 809.3	667.3
厦门海沧保税港区	85 939.8	3 781.5	71 286.4	3 290.5
青岛前湾保税港区	29 798.7	39.3	75 667.6	87.2
深圳前海湾保税港区	147 610.8	16.8	41 057.1	-10.5
广州南沙保税港区	44 092.4	551.2	41 004.8	189.1
广西钦州保税港区	6 131.2	—	20 613.4	—
海南洋浦保税港区	8.3	-51.3	504.1	-17.1
重庆两路寸滩保税港区(水港)	15 839.8	0.2	19 246.6	489.9

注：烟台保税港区和福州保税港区成立时间较短，其相关数据在 2011 年未进行统计。
资料来源：根据《中国港口年鉴 2012》整理。

（四）港口服务业加快发展

港口服务业是影响港口竞争力和发挥港口物流对经济带动作用的重要因素，对港航主业起着重要的支撑作用。中国的港口服务业持续发展，服务功能不断拓宽，促进中国港口物流的全面转型升级。港口周边的铁路、海关、海事、检验检疫、边检等行政部门都设有办事机构，为货物及船舶办理相关手续提供便利。船舶代理、船舶管理、船舶交易等业务的水平和规模不断提升，港航金融、交易、保险、信息、仲裁等高端服务业也开始加快发展。

截至 2011 年，中国取得经营资质的国际船舶代理企业为 1 700 多家，取得无船承运人经营资格的企业 3 897 家。全国共设有 16 个船级社，49 个办事处，另外全国设有 29 个省级船检机构和 495 个分支机构。进出口银行全年累计发放船舶出口卖方信贷 153 亿元、贷款余额 226 亿元；出口买方信贷 103 亿元、贷款余额 306 亿元。在保险方面，2011 年全国船舶保险费规模为 55.9 亿元，比上年增长

10.0%。其中,货运险保费规模为97.8亿元,比上年增长24.3%①。

六、港口物流网络向内陆地区延伸

(一)联合运输稳步推进

依托沿海集装箱港口和内陆集装箱中转站组织联合运输,是拓展港口物流服务的重要组成部分。沿海集装箱港口一般作为联运枢纽,提供快捷高效的方式转换服务,并通过铁路、公路、内河水路等多种运输方式,使港口对集装箱货流的吸引范围向内陆腹地延伸。

目前,中国港口物流联合运输包括海公联运、海铁联运和江海联运。其中,海公联运是最主要的联运方式,约占港口集装箱集疏运量的84%左右。在海铁联运方面,大连港/营口港—东北地区、天津港—华北/西北地区、连云港/青岛港—新亚欧大陆桥地区的集装箱海铁联运已具一定规模,成为全国最主要的三大集装箱海铁联运通道,海铁联运运量约占全国总量的一半左右。上海、宁波、厦门、广州、深圳、北部湾等港口也均已开通的多条至内陆省份的"五定"(定价、定点、定线、定车次和定时)集装箱班列专线,辐射华东、华南、西南地区的海铁联运规模也在逐步扩大。

在江海联运方面,长江、珠江和松花江流域都取得了较快发展。例如,上海港近年来推动"长江发展战略",推进江海联运标准化的实施,加大对江海联运业务的支撑和协调,其江海联运比例持续大幅提高。又如,深圳港积极实施"珠江战略",发展华南公共驳船快线,全力推进江海联运。此外,黑龙江省实施了松花江干流梯级建设,加快治理松花江、嫩江航道,开辟大件运输江海联运线路。

(二)无水港加快建设

依托沿海港口在内陆省份建立无水港,通过集疏运系统将港口物流服务网络向港口腹地拓展,形成以沿海港口为中心、辐射内陆的物流链,已成为中国港口物流发展的重要特征。无水港增强了沿海港口与内陆经济腹地的联系,使港口物流服务功能对区域经济的辐射力、带动力、影响力进一步增强。

目前,天津、青岛、大连、营口、宁波、深圳等港口相继建设了内陆无水港,全国从北到南已经形成四个无水港群。一是以大连和营口港为出海口的东北无水港群,主要包括沈阳、长春、哈尔滨、通辽等无水港。二是以天津港为出海口的华北西北无水港群,主要有北京朝阳、石家庄、郑州、包头、惠农、乌鲁木齐、德州等无水港。三是以山东半岛沿海的青岛、日照港为出海口的无水港群,主要有青州、临沂、淄博、洛阳等无水港。四是以东南沿海的宁波、厦门、深圳等港口向内陆辐射的无水港群,主要有金华、义乌、绍兴、衢州、南昌、赣州、上饶、晋江、龙岩、南宁、昆明等无水港。

① 数据来自《2011年中国航运发展报告》。

第四节　中国港口物流发展存在的问题和对策建议

中国港口物流快速发展的同时，在管理体制、集疏运体系、服务层次以及物流信息化等方面仍然存在较大的改进空间。因此，未来应采取进一步的措施和政策保障，加强港口物流一体化统筹管理，加大港口集疏运体系建设，促进港口物流服务转型升级，继续提升我国港口物流信息化、智能化水平。

一、港口物流发展存在的问题

（一）管理体制尚不完善

健全完善的管理体制机制是发展港口物流的重要保障。自港口下放、政企分开以来，中国地方各级港口管理机构经历了整合重组的过程，但在机构设置、管理名称、管理职能上仍存在较大差异。一些地方采取“一门几牌”的方式，实行港口、航运、航道、地方海事、船检等管理的一体化，一些地方则将这些管理职能分散在几个不同的独立部门，名称上也不尽相同。总的来说，港口管理层级较多，管理职能分散，组织机构也不尽健全。这使得港口物流业务衔接不顺畅，乱罚款和地方保护等情况也比较普遍，不利于提高港航管理的执行力和港口物流服务的效率。

（二）港口综合运输体系发展水平仍有待提升

随着中国对外贸易的增长，外贸进出口货物由沿海向内陆腹地延伸运输的需求也日益增加。从目前港口集疏运的总体发展水平来看，港口物流的发展水平滞后于港口运输业的发展，成为制约港口物流发展的瓶颈。内陆集疏网络虽已初步形成，但主要以公路为主，铁路专线比较缺乏，海铁联运仍较为薄弱，而且多数港口与干线公路之间没有专用疏港通道相衔接。港区站场分布也不够合理，铁路、公路、机场等物流基础设施整合力度不够，物流技术装备不配套，尚未形成快捷、畅通、高效的物流集疏运基础设施网络。

（三）港口物流服务层次仍然较低

和发达国家的港口相比，中国港口以装卸、搬运为主的传统物流服务仍然占绝对主导地位，高层次、高附加值的现代港航服务虽然有所发展，但服务水平和规模都不能满足中国港口物流的发展需要。传统的港口物流组织功能单一、规模普遍偏小、服务层次较低、系统化的物流服务能力欠缺，一些在国外发展比较完善的服务活动，如航运交易市场等，在中国发展也还不够成熟。努力提升港口物流服务层次，发展航运咨询、船舶信息、信用评级以及金融、保险、法律、信息等知识、技术密集型的现代港航物流服务业是当务之急。

（四）口岸信息化、智能化建设有待加强

近年来，中国的港口信息化和电子口岸建设步伐明显加快，在电子政务、电子商务、信息处理等方面都取得了长足进步。但在目前一些国际大型港口已经开始向第四代港口方向迈进的背景下，中国的港口物流信息化整体建设水平和服务能力还存在一定差距。物流信息综合应用效能有待发掘，在电子口岸的统筹规划、业务协同和数据共享等方面需要进一步深化，建设运行维护资金缺乏长效保障机制。物流网等高科技信息手段在目前的港口物流中也还主要处在研发、实验的阶段，导致了中国"港口智能化"建设一直处于初级的信息采集和局部的平台应用阶段，难以取得更进一步的发展。

二、加快中国港口物流发展的对策建议

（一）加强一体化统筹管理和资源整合

政府相关职能部门应统筹管理港航资源，加强港航资源整合，加快推进港航管理一体化。各港口应积极争取地方政府的支持，抓住政府机构改革和事业单位改革的契机，完善职能配置，建立统一的港航管理机构，集聚管理合力，加快推进港航管理一体化，并适当减少管理层级，提升管理效率和执行力。

此外，各区域、各有关部门之间应进一步加强沟通衔接，建立健全沟通协调机制。港航管理部门要加强与综合部门、其他涉水行业的协调合作，促进海铁联运发展，加强水资源综合利用；加快推进水上综合执法；充分发挥行业中介作用，进一步完善政府、协会、企业间沟通协调机制。

（二）加快集疏运体系建设

交通运输部门应加快港区疏港高速公路建设，推进大型综合性港区建立客货分离的集疏运公路体系，扩大主要集装箱港区公路通过能力，着力解决中国港区货物运输路径中存在的瓶颈，最大限度地发掘和利用现有公路集疏运系统能力。

此外，应加强港口铁路集疏运通道及场站建设的协调，建立内陆铁路中转场站特别是集装箱中转站，建设以铁路为主干线，辅以短程公路的支线运输的网络模式，完成内陆集装箱运输的干支网络。应进一步发挥水运运输的优势，积极支持和发展综合港区货物的水路支线；合理协调公路、铁路、水路三种主要运输方式的比例，强化各种运输方式间的衔接，加快发展港区多式联运，加大铁水联运推进力度。

（三）促进港口物流服务转型升级

从总体上说，中国港航现代物流服务层次和功能仍需进一步提升，港口物流服务转型升级的任务较为急迫。港口应依托主要港口打造区域物流中心，拓展仓储、货物贸易服务等功能，加强物流园区、货运场站及物流通道建设，积极发展国际中转和配送、出口加工等保税业务。

此外，中国港口应充分拓展口岸服务业，加快提升服务层次和服务水平。大力发展海事仲裁、信息、航运交易等高端航运服务业，拓展航运服务产业链，探索建立国际航运发展综合试验区；引进全国性金融机构和外资银行设立分支机构，

积极发展船舶融资、航运融资、物流金融、海上保险、航运保险与再保险、航运资金汇兑与结算等航运金融服务,积极开展离岸金融业务。

(四)提升港口物流信息技术水平

中国港口应进一步建设交通运输信息系统、物流资源交易系统和面向企业的公共信息服务平台,推进建设省级港口、航道、运输、海事综合信息平台。建成水运经营人、港口、航道等基础数据库,主要港口建立港航 EDI 中心和区域物流公共信息平台。

政府相关部门应推动开展港口集装箱多式联运信息服务系统建设示范工程,并依托沿海和长江沿线重要港口,提升多种运输方式单证信息共享和通关一体化服务水平,实现港口集装箱水水、公水、水铁等联运信息服务。应继续加强建设跨部门综合信息共享数据库,支持地方电子口岸开展大通关综合项目建设,稳步构建与电子口岸发展相配套的基础设施,扩大网络覆盖范围,探索实现电子口岸平台与口岸监管服务相关物联网平台,探索建立电子口岸云服务机制。

专题篇

导　言

创新驱动是加快转变经济发展方式的关键环节。物流业是生产性服务业的重要内容,物流服务创新不仅可以带动物流业转型升级,也是转变发展方式、提升国民经济运行质量的重要途径。当前,我国正在实施创新驱动战略,经济发展方式的转变和经济结构的优化迫切需要物流服务创新提供有力的支撑。本年度报告专题篇系统梳理归纳了当前我国物流服务创新的主要模式和基本过程,并以物流金融和网购物流服务为典型案例,探讨物流服务创新的影响因素和实现路径,提出加快我国物流服务创新的对策建议。

本篇第十一章"中国物流服务创新"重点阐述了我国物流服务创新的现状,提出了物流服务创新的典型模式,剖析了物流服务创新存在的问题和制约因素,提出了促进物流服务创新发展的趋势与建议。从创新模式和内容上看,我国物流服务创新呈现出多样化的特点,既有各种功能型的物流服务创新,也有一体化的物流服务创新和供应链集成服务创新。同时,物流服务创新也广泛存在于企业内外部生产经营的多个环节。

物流金融是近年来我国物流企业服务创新的重要领域。第十二章"中国物流金融发展状况"介绍了我国物流金融服务的内涵、产生背景、发展现状和主要特征,对融通仓、全程物流金融和供应链融资三类物流金融业务的运作流程、参与主体间的权利义务关系以及风险控制机制进行了具体分析,最后指出了我国物流金融业务发展中存在的问题及发展趋势。总体上看,我国物流金融业务发展较快,但在行业规范、业务模式和风险控制等方面还不够成熟。

网络购物的爆发式增长对物流服务提出了极高的要求。当前,探索高效率的网购物流服务组织模式已成为电子商务企业提升网购物流服务水平的重要途径。第十三章"中国网购物流的运作模式与发展趋势"首先介绍了我国网络购物物流的四种主要运营模式,包括自营配送中心与自营快递服务、自营配送中心与自营核心城市快递服务、自营配送中心与第三方快递服务以及第三方配送中心与第三方快递服务;其次系统分析了第三方物流服务能力与服务水平、企业规模和资金实力、企业空间布局战略、主营产品类型、企业定位与经营战略等方面因素对网络购物物流业务外包的影响;最后在此基础上提出了中国网络购物物流的发展趋势。

第十一章　中国物流服务创新

当前，中国经济已经进入重大转型期。投资驱动、规模扩张的发展模式开始发生重大转变，创新成为提高社会生产力和综合国力的战略支撑，创新驱动上升为国家发展战略。现代物流业是国民经济的基础性行业，加大物流服务创新，不仅可以带动物流产业转型升级，而且也有助于国民经济运行质量的提高。当前，中国经济发展方式的转变和经济结构的优化迫切需要物流服务创新提供有力的支撑。近年来，在国家有关部门的大力推动下，中国物流服务创新得到较快发展，涌现出许多典型的物流服务创新模式和示范案例，为加快工商企业物流需求释放、提升物流企业服务水平提供了很好的借鉴。

第一节　中国物流服务创新的背景和现状

物流服务创新不仅有助于企业获得差异化的服务竞争优势，而且有助于中国国民经济的转型升级。在中国经济“调结构”、“转方式”的背景下，物流服务创新开始得到中央和地方政府的重视和推动，物流企业的物流服务创新意识不断增强，物流服务创新涉及范围日益扩大，物流服务创新模式也得到了较快的发展。

一、物流服务创新的内涵与意义

（一）物流服务创新的内涵

物流服务创新是指发生在物流服务活动中的创新行为与活动，其目的就是通过创新实现物流服务的差异化并获得竞争优势，形成竞争者难以模仿的服务能力，从而获得更高的客户满意度和市场份额[①]。一般来说，物流服务创新通常具有以下三个方面的特征。

首先，物流服务创新过程较为复杂。一方面，物流服务的网络化特征非常明显，既涉及各类实体的运输网络和仓储网络，也有企业网络和供应链网络，物流服务的空间和时间跨度非常大，因此，物流服务创新的网络化要求程度高。另一方面，物流服务本身涉及了运输、仓储、包装、流通加工、信息处理等多个环节。因

① 本定义参考了蔺雷和吴贵生关于服务创新的定义。详见：蔺雷，吴贵生. 服务创新. 北京：清华大学出版社，2007：85—86.

此，物流服务具有多环节、多企业和网络化的特征，其创新的过程较一般服务创新更为复杂。

其次，物流服务创新的系统性强。物流系统是指在一定的时间和空间里，由所需位移的物资、包装设备、装卸搬运机械、运输工具、仓储设施、人员和通信联系等若干相互制约的动态要素所构成的具有特定功能的有机整体。物流服务的一体化以及网络化特征使物流服务具有很强的系统性，因此物流服务创新也具有较强的系统性特征。

最后，物流服务创新具有较为明显的交互性特征。与一般的服务企业不同，在物流服务运作中，物流服务创新的主体(如物流企业)通常需要考虑到客户的个性化需求，并且需要与客户进行充分的互动与交流，设计量身定制的物流服务方案，这使得物流服务创新具有较为明显的交互性特征。

（二）物流服务创新的重要意义

(1) 帮助物流企业获得差异化的竞争优势

中国大多数物流企业仍然存在小、少、散、弱的特征，导致物流企业的服务利润率长期以来处在较低水平，难以满足企业快速发展的要求。通过物流服务创新，不仅能够改变物流企业的服务过程和服务方式，而且，一项全新物流服务的推出往往能给企业带来革命性变化，甚至开辟一个全新的市场，获得差异化的竞争优势，从而扩大物流企业的市场占有率。

(2) 促进工商企业流程重组与降本增效

近年来，中国生产性服务业得到了较快发展。一些工商企业纷纷通过物流资源整合和服务外包等服务创新方式，促进了企业内部物流社会化，实现了供应链各环节的有机结合，降低了物流成本。还有一些工商企业创新物流模式，对内部物流业务进行重组，成立专业化物流公司，不仅提升了企业的生产效率，而且降低了物流总成本，促进了企业的可持续发展。

(3) 加快推进产业结构的转型升级

中国物流业发展水平与发达国家的差距仍然较大，与国民经济发展的需要还不相适应。随着当前物流业运行增速趋缓，物流效率和物流成本问题日益突出，成为制约行业发展的重要瓶颈。传统的追求高速度、高投入、高消耗的粗放式增长方式难以持续。利用物流服务创新，不仅可以带动产业升级，降低流通成本，而且可以提高经济运行效率，减少资源消耗，提高国民经济运行质量和效益，推动产业结构调整和产业转型升级。

二、物流服务创新的主要背景

（一）产业组织体系变革

随着全球经济一体化趋势的加强，中国的产业组织体系也发生了深刻变革。

许多制造企业的生产方式加快向智能化、敏捷化和柔性化方向转变,企业销售模式也加快向全球营销、全球布局和全球协调方向延伸;电子商务催生网络购物,销售规模呈现快速增长,流通方式已出现了许多重大的变化。产业组织方式的变化不仅为物流技术的革新和服务模式的变革提供了发展的空间,也对物流企业提出了更高的要求。因此,物流企业必须加快推进物流服务创新,适应产业组织体系的变革趋势。

(二) 经济转型与产业结构调整

进入 21 世纪以来,传统的经济生产方式不仅使得经济可持续增长的外部约束性加剧,而且使经济运行的潜在风险和外部压力也在不断加大。因此,加快经济转型与产业结构调整成为中国经济发展面临的现实选择。在经济由粗放型增长到集约型增长、由单纯的经济增长向全面协调可持续增长的转变过程中,物流服务发挥着优化发展环境、带动产业升级、降低流通成本、提高经济运行的质量和效益的作用。因此,物流业必须加快推进自身变革和服务创新,适应经济转型带来的一系列挑战。

(三) 创新驱动成为中国国家重要战略

近年来,全社会创新意识不断增强,创新驱动已成为国家战略。党的十六届六中全会将"全社会创造力显著增强,创新型国家基本建成"列为 2020 年构建社会主义和谐社会的九大目标之一。党的"十八大"也提出"要从全球视野谋划和推动创新"、"要实施创新驱动发展战略"、"着力增强创新驱动发展的新动力"。创新驱动的国家战略也要求通过物流服务创新,做强做大物流产业,为中国经济社会发展提供更好的物流服务。

(四) 物流企业竞争的不断升级

一方面,长期以来,中国物流企业发展较为缓慢,服务方式落后,加之中国大多数物流企业集中在中低端市场竞争,同质化竞争严重,中国物流企业的利润率不断下降,物流企业对物流服务创新具有较强的意愿。另一方面,随着一体化、网络化、定制化的高端物流服务需求日趋增长,迫切需要物流企业提供创新的服务模式。因此,竞争层次的不断升级促使物流企业加快服务创新步伐。

三、物流服务创新的发展现状

(一) 政府有关部委和各级地方政府大力推进服务创新

随着经济结构调整的力度不断加大,政府有关部委和各级地方政府将物流服务创新列为推动物流业和服务业发展的重要工程[①]。国务院、国家发展改革委、科

① 中国物流与采购联合会,中国物流学会. 中国物流发展报告(2011—2012). 北京:中国物资出版社,2012.

技部、工业和信息化部、商务部等纷纷出台重要文件，引导物流服务向创新驱动、效益优先的集约化发展方式转变，有力地推动了物流服务创新的发展。商务部2011年以来陆续出台了《商贸物流发展专项规划》、《关于推进现代物流技术应用和共同配送工作的指导意见》、《商务部关于加快现代物流发展的指导意见》、《关于促进仓储业转型升级的指导意见》等多个涉及物流服务创新的重要政策文件，有力地推动了商贸物流服务创新。

许多省（市、自治区）的物流工作牵头部门和相关行业协会积极营造物流服务创新的发展环境。国务院发布《物流业调整和振兴规划》后，超半数省市（如上海、天津、山东、湖南等）出台了物流业调整和振兴规划配套实施方案，并将物流服务创新作为重要发展方向。北京、上海、深圳、浙江等省市出台的现代物流业"十二五"发展规划也将物流服务创新作为优先的战略选择。陕西、山东、安徽等省纷纷制定促进物流业发展的指导意见，支持物流服务模式创新，具体见表11-1所示。

表11-1　部分省市出台的推动物流服务创新的政策文件

序号	发布部门及文号	出台日期	政策文件	内容
1	国务院国发〔2009〕8号	2009.03.10	物流业调整和振兴规划	以满足生产者和消费者不断增长的物流需求为出发点，不断创新物流服务方式，提升服务水平；鼓励中小物流企业加强信息沟通，创新物流服务模式，加强资源整合，满足多样性的物流需要。
2	国务院办公厅国办发〔2011〕38号	2011.08.02	国务院办公厅关于促进物流业健康发展政策措施的意见	鼓励中小物流企业加强联盟合作，创新合作方式和服务模式，优化资源配置，提高服务水平，积极推进物流业发展方式转变，推进物流技术创新和应用。
3	工业和信息化部工信部信〔2013〕7号	2013.01.07	关于推进物流信息化工作的指导意见	推进物流相关信息服务业和信息技术创新与发展，支持以信息化带动供应链金融等服务创新。
4	科技部国科发计〔2012〕70号	2012.01.29	现代服务业科技发展"十二五"专项规划	创新服务机制与模式，建设海铁公联运物流信息服务平台，形成一体化物流服务解决方案。结合电子商务对物流配送的需求，创新网购物流服务模式。

（续表）

序号	发布部门及文号	出台日期	政策文件	内容
5	商务部、国家发展改革委、供销总社商贸发〔2011〕67 号	2011.03.14	商贸物流发展专项规划	引导和鼓励企业物流服务模式创新，推进商贸物流服务的专业化、信息化、网络化、规模化发展，不断完善商贸物流服务体系；鼓励中小企业加强合作，创新物流合作方式和服务模式，发展共同配送。
6	商务部商服贸发〔2013〕11 号	2013.01.09	关于加快国际货运代理物流业健康发展的指导意见	要创新经营模式，开拓新兴市场，提高行业利润率和市场竞争力。
7	商务部商流通发〔2012〕435 号	2012.12.18	关于促进仓储业转型升级的指导意见	坚持创新经营模式与利用仓储资源相结合，引导企业充分利用仓储资源，转变经营模式，实现转型升级；支持仓储企业创新经营模式。
8	商流通发〔2012〕211 号	2012.06.21	商务部关于推进现代物流技术应用和共同配送工作的指导意见	鼓励商贸物流模式创新。支持商贸、物流企业以联盟、共同持股等多种形式开展共同配送；鼓励连锁零售企业、网络零售企业构建新型配送体系，提高统一配送率。
9	商务部商改发〔2008〕53 号	2008.03.03	商务部关于加快现代物流发展的指导意见	鼓励现代物流企业进行资源整合和业务创新；建立物流技术创新机制。
10	北京市商委，北京市国家发展改革委京商务物流字〔2011〕6 号	2011.11.11	北京市“十二五”时期物流业发展规划	加快推进物流业结构调整与服务创新，进一步提升本市物流业发展的现代化、国际化、高端化水平；鼓励物流服务创新，提高信息化、自动化、智能化、标准化水平，创新驱动首都物流业的可持续发展。
11	上海市人民政府沪府发〔2012〕51 号	2012.05.24	上海市现代物流业发展“十二五”规划	大力发展技术、知识、资金密集型的高端物流服务，进一步强化信息化的基础作用和人力资源的关键作用，加快推动物流服务模式创新；加快本市物流服务模式和业务流程创新。

（续表）

序号	发布部门及文号	出台日期	政策文件	内容
12	浙江省人民政府浙政发〔2011〕41号	2011.06.14	浙江省物流业“十二五”发展规划	大力发展现代物流，鼓励物流企业开展业态创新、技术创新和商业模式创新，提供多样化、集成化物流服务。
13	安徽省人民政府皖政〔2009〕89号	2009.08.21	安徽省现代物流业发展规划	以现有专业市场配载物流为基础，创新物流服务模式和运营组织形式，促进专业市场转型提升和物流服务升级。鼓励中小物流企业加强信息沟通，创新物流服务模式，加强资源整合，满足多样性物流需要。
14	陕西省人民政府办公厅陕政办发〔2012〕88号	2012.09.11	陕西省人民政府办公厅关于促进物流业健康发展的实施意见	鼓励中小物流企业建立联盟合作，创新合作方式和服务模式，通过联盟合作实现优化资源配置，提高服务水平。
15	山东省交通运输厅鲁交运管〔2012〕4号	2012.03.07	关于促进交通物流发展的指导意见	创新物流服务模式，简化通关手续，提高通关效率；对发展先进物流方式做出创新、试点、示范的项目给予政策和资金扶持。

（二）物流企业的物流服务创新意识不断增强

在物流成本不断上升的环境下，许多物流企业通过物流服务创新来应对成本上升。根据本报告2013年度的调查结果，86.9%的物流企业认为开展物流服务创新很有必要，显示了物流企业对服务创新有较强的意愿。另外，69.2%的物流企业已经开始进行物流服务创新，另有29.9%的企业正在准备进行物流服务创新，表明中国绝大多数物流企业已经进行或者准备进行服务创新。

（三）物流服务创新涉及范围日益扩大

物流服务创新不仅涉及的细分行业较广，创新涉及的领域也不断增多。根据首届物流行业企业管理现代化创新成果的资料①，评选出的创新成果覆盖了资源型生产企业物流、加工制造业物流、商贸流通业物流、农业和农村物流、第三方物流及物流园区（中心）等多个领域，其范围涉及工业物流改造升级、制造业与物流业联动发展、供应链物流管理模式创新、物流配送体系构建和优化、电子商务物流服务创新、物流功能集聚区建设与发展、农村物流网络建设、国际物流与保税物

① 中国物流与采购联合会．公示：2012 年度物流行业企业管理现代化创新成果奖．http://www.chinawuliu.com.cn/office/18/104/9577.shtml，2012-10-08．

流、物联网应用、绿色物流与应急物流等多个创新的主题,显示出中国物流服务创新涉及的范围较为宽广,涉及的主题也在不断扩展,具体如图 11-1 和图 11-2 所示。

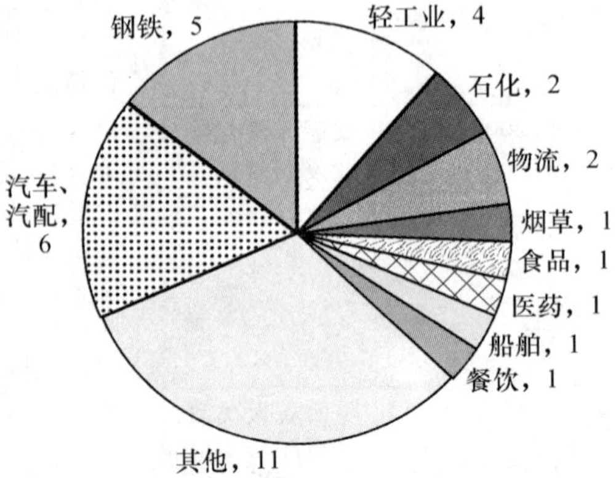

图 11-1 物流创新成果企业所属行业分布情况

注:图中“其他”指的是该物流服务创新示范企业并不针对特定行业提供物流服务,而是提供多个行业的物流服务。

资料来源:中国物流与采购联合会. 公示:2012 年度物流行业企业管理现代化创新成果奖. http://www.chinawuliu.com.cn/office/18/104/9577.shtml,2012-10-08.

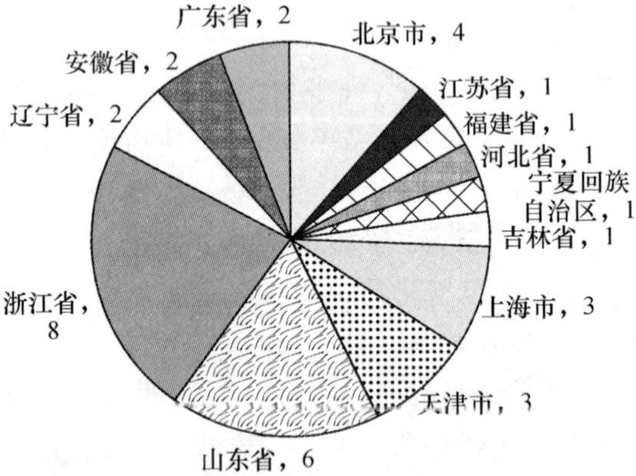

图 11-2 物流创新成果企业所属省市分布情况

资料来源:中国物流与采购联合会. 公示:2012 年度物流行业企业管理现代化创新成果奖. http://www.chinawuliu.com.cn/office/18/104/9577.shtml,2012-10-08.

(四) 物流服务创新模式日趋多样化

许多工商企业和物流企业根据客户需求,结合自身的物流服务能力,积极开展了多种模式的物流服务创新。在这些创新模式中,既有各种功能型物流服务的创新，也有一体化物流服务创新和供应链集成服务创新；既有企业内部的物流服务创新，也有面向企业外部和供应链网络的服务创新；既有应用现有技术的服务创新，也有完全自主开发的服务创新；既有物流企业的服务创新，也有制造企业、商贸企业和农业企业的物流服务创新。这些创新各具特色，满足了不同的服务创新需求。

根据本报告2013年度的调查结果，在具体的物流服务创新模式中，集成化(一体化)的物流服务、供应链一体化服务、供应商管理库存服务等成为当前物流服务创新最多的三种模式，如表11-2所示。从表11-2中也可看出，电子商务与物流的一体化服务、物流金融(供应链融资)服务、代收货款服务、保税物流等也是企业较为关注的服务创新模式。

表11-2　企业主要采取的物流服务创新模式及比例(有多选)　(单位 %)

模式	比例	模式	比例
集成化(一体化)的物流服务	55.14	物流金融(供应链融资)服务	23.36
代理采购服务	10.28	供应商管理库存服务	32.71
代收货款服务	11.21	代销货品服务	3.73
循环取货服务(或共同配送服务)	9.34	电子商务与物流的一体化服务	30.84
供应链一体化服务	42.05	保税物流服务	11.21
其他	1.86	—	—

资料来源：根据本报告2013年度调查的结果整理。

第二节　物流服务创新的基本过程和主要模式

近年来，许多制造企业与物流企业积极推进物流服务创新，涌现出一大批成功案例和典型发展模式。这些创新模式涉及了不同的主体、不同的创新环节、不同的创新技术以及不同的细分产业，为中国企业开展物流服务创新提供了有益的经验借鉴。

一、物流服务创新的基本过程

(一) 物流服务创新的四个维度

一般来说，服务创新可以从"新服务概念"、"新顾客界面"、"新传递系统"以及"技术"等四个维度展开①(如图11-3所示)。物流服务创新也可以从这四个维度展开，利用其中一个维度或者多个维度进行创新。

"新服务概念"是指为客户提出新的物流服务概念，如企业为客户提出"亲人

① 蔺雷，吴贵生. 服务创新. 北京：清华大学出版社，2007：85—86.

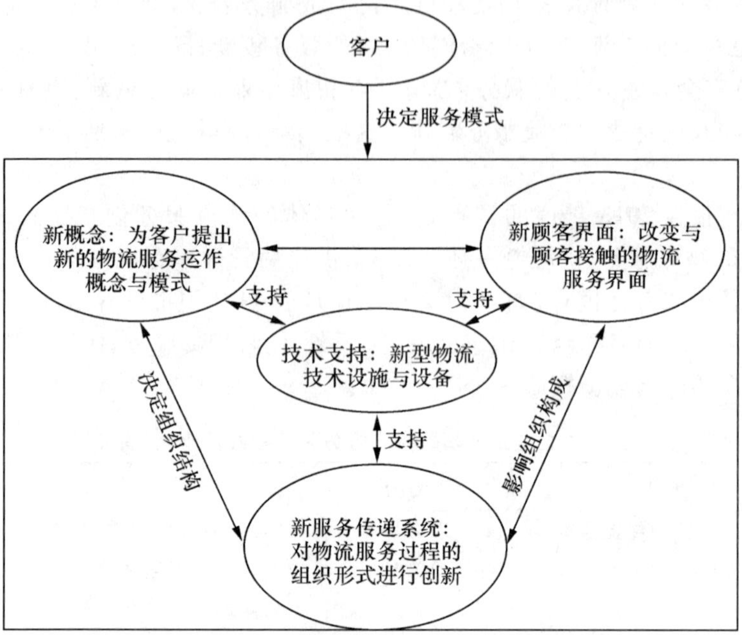

图 11-3 物流服务创新的四个维度

资料来源：蔺雷，吴贵生. 服务创新. 北京：清华大学出版社，2007. 本报告已根据物流服务创新的特点做了修改。

服务”的服务理念；“新顾客界面”是指改变与顾客接触的界面，如企业改变以往由客户自行将服务订单送上门的服务模式，转为驻厂服务；“新传递系统”是指对物流服务过程的组织形式进行创新，如企业发挥自有运输网络和零库存销售模式的优势，通过运输调度创新，减少运输距离和装卸次数，降低了运费成本；“技术”维度是指利用新型物流技术设施与设备，为客户提供更为方便、快捷、高效的物流服务，如企业借助铁路运输优势，为客户提供量身定制的铁路卸车设备，提高了装卸效率。

（二）物流服务创新的主要过程

物流服务创新主要包括客户需求识别与分析、物流服务产品和服务模式设计、物流服务资源整合与能力配置、物流服务实际提供与不断完善等过程。以物流企业为例，物流服务创新的主要过程如下所示。

1. 客户需求识别与分析。物流企业要对各种显性和隐性的物流服务需求进行沟通、识别、归类和诊断，提出服务创新的方向。

2. 物流服务产品和服务模式设计。物流企业从服务创新的四个维度出发，设计相应的服务产品与服务模式。

3．物流服务资源整合与能力配置。物流企业整合、开发、利用、引进各种物流资源和物流技术，合理配置服务创新所需的物流能力。

4．物流服务实际提供与不断完善。物流企业利用物流服务能力和资源，将创新的物流服务产品提供给客户，客户提出相应的改进建议，不断完善物流服务创新产品和创新模式。

二、物流服务创新的主要模式

针对不同的需要，中国工商企业和物流企业开发出了各具特色的物流服务创新模式，表 11-3 给出了物流服务创新的主要模式。

表 11-3　物流服务创新模式分类及主要特点

分类方式	创新模式		主要特点
按环节分类	功能型物流服务创新	运输创新	开发新的运输模式，如甩挂运输、对流运输等模式
		仓储创新	在仓储环节基础上开展各类增值业务
		流通加工创新	利用新的流通加工技术与设备对流通加工环节进行服务创新
		包装创新	采用新的包装方式对包装环节进行改进
		装卸搬运创新	设计新型的装卸搬运器械或者采用新的装卸搬运方式
		信息创新	利用各类信息技术或者信息平台对物流信息环节进行创新
		配送创新	设计新型的配送模式，如定日达配送、城乡联合配送、循环取货配送等
	一体化物流服务创新	两个功能型物流组合创新	两个功能型物流服务同时进行创新
		多个功能型物流组合创新	多个功能型物流服务同时进行创新
	供应链集成性服务创新	生产与销售环节组合创新	在生产物流与销售物流两个环节进行集成创新
		采购与生产组合创新	在采购物流与生产物流两个环节进行集成创新
		采购、生产、销售一体化创新	在企业的采购、生产与销售物流等多个环节进行集成创新
按创新主体涉及范围分类	企业内部创新		对企业内部的物流服务活动创新
	企业之间的联合创新		企业与合作伙伴之间的创新
	供应链网络的创新		在供应链上下游企业之间的网络进行创新
	产业集群的创新		面向制造业产业集群的创新

(续表)

分类方式	创新模式		主要特点
按创新技术的应用分类	应用既有先进技术		将已有的先进技术应用到创新成果中
	自己开发		针对自身具体情况开发新的技术
	外包开发		与其他企业合作开发或全权委托开发新的技术
按创新融合的产业分类	与金融融合		围绕金融领域进行物流金融、供应链金融创新
	与环保融合		在绿色物流、逆向物流等环节进行创新
	与生产融合		在生产制造领域进行物流服务创新
	与消费融合		在消费品批发零售领域进行服务创新
	与电商融合		在电子商务领域进行创新
按创新的主体分类	物流企业物流服务创新	平台型物流企业	以大型物流园区、物流中心为企业主体进行创新
		功能型物流企业	以功能型物流企业为主体进行创新
		综合型物流企业	以大型第三方综合物流企业为主体进行创新
		供应链企业	以供应链公司为主体进行创新
	制造企业物流服务创新		以制造企业为主体进行服务创新
	商贸企业物流服务创新		以商贸企业为主体进行服务创新
	农业企业物流服务创新		以农业企业为主体进行服务创新

资料来源:[1]国务院国有资产监督管理委员会.第十六届国家级企业管理现代化创新成果正式发布.http://www.sasac.gov.cn/n1180/n1566/n258252/n258614/6909601.html,2010-01-18.[2]中国物流与采购联合会.公示:2012年度物流行业企业管理现代化创新成果奖.http://www.chinawuliu.com.cn/office/18/104/9577.shtml,2010-10-08.[3]全国现代物流工作部际联席会议办公室.全国制造业与物流业联动发展案例精编.北京:中国物资出版社,2011.[4]上海市经济委员会.上海市六大支柱行业物流发展调查报告.2007-10.

三、按照物流服务创新的环节分类

物流服务创新的复杂性体现在创新的环节不同,按照这种分类方式,可以分为功能型物流服务创新、一体化物流服务创新、供应链集成型服务创新等三类不同的模式,如表11-4所示。

表 11-4　基于不同环节的物流服务创新模式及案例

创新模式		典型案例
功能型物流服务创新	运输创新	海尔物流公路甩厢运输解决方案
	仓储创新	中储股份金融业务创新
	流通加工创新	山东博远物流商品钢筋物流服务创新
	包装创新	山东博远物流潍柴发动机包装改革创新
	装卸搬运创新	八达物流杭钢集团车辆装卸设备改进
	信息创新	青岛远洋大亚集装箱堆场实时管理系统
	配送创新	天地华宇物流"定日达"公路快运产品
一体化物流服务创新	两个功能型物流组合创新	安得物流青岛啤酒透明化物流管理方案
	多个功能型物流组合创新	山东物流协会智能化"物流一卡通"供应链整合方案
供应链集成型服务创新	生产与销售环节组合创新	正本物流"保姆式"石化企业供应链服务解决方案
	采购与生产组合创新	天津丰田物流汽车零配件采购供应链集成化管理模式
	采购、生产、销售一体化创新	中铁快运5100冰川矿泉水项目的物流服务创新

资料来源:[1]国务院国有资产监督管理委员会.第十六届国家级企业管理现代化创新成果正式发布.http://www.sasac.gov.cn/n1180/n1566/n258252/n258614/6909601.html,2010-01-18.[2]中国物流与采购联合会.公示:2012年度物流行业企业管理现代化创新成果奖.http://www.chinawuliu.com.cn/office/18/104/9577.shtml,2010-10-08.[3]全国现代物流工作部际联席会议办公室.全国制造业与物流业联动发展案例精编.北京:中国物资出版社,2011.[4]上海市经济委员会.上海市六大支柱行业物流发展调查报告.2007-10.

运输创新:以海尔物流公司为例,该公司学习英国ARGOS公司先进的甩厢运输技术,并自主研发海尔物流甩厢运输模式。甩厢运输的推广产生了可观的经济效益、影响深远的社会效益和良好的环境效益。

仓储创新:以中储股份公司为例,该公司以仓储服务为核心,大力发展仓储服务基础上的物流金融业务,主要模式包括动产监管(如质押监管、抵押监管和贸易监管)和物流监管(如提单模式、保兑仓模式、供应链模式和其他模式)两类运作方式,显著提高了仓储业务的利润率。

流通加工创新:以山东博远物流公司为例,该公司利用国外引进的先进全自动数字化切割设备进行商品钢筋切割,并向山东各大建筑工地配送切割完好的商品钢筋,替代了原有的每个建筑工地独自采用人工切割商品钢筋的方式,不仅降低了钢筋切割成本,而且提高了客户满意度,取得了很好的成效。

包装创新:以山东博远物流公司为例,该公司改变了潍柴发动机原有的木材包装运输方式,转而采用先进的铁皮包装方式,不仅降低了包装成本,而且有效减少了木材资源浪费,促进了包装的多次利用。

装卸搬运创新:以八达物流公司为例,该公司作为上海铁路局的多经企业,凭借多年的铁路运输服务优势,为杭钢集团量身定制专用的 K14k 型自卸车,该车型按杭钢集团球团矿专用车设计,采用自卸方式,使整列卸车时间由原来的平均 5 小时缩短为 1.5 小时,同时卸车作业人员由原来的每车 4 人减少到 1 列(44 辆车)2 人,极大地提高了卸车效率,也降低了铁路车辆长时间停留所产生的停时费用和作业人员成本。

信息创新:以青岛远洋大亚公司为例,该公司的集装箱堆场实时管理系统通过采用先进的技术方案,针对集装箱管理的实际问题,实现实时采集集装箱和货物作业信息并记录到数据库;在此基础上,重新设计集装箱和货物的实时化操作流程,通过优化的流程,建立良好的调度管理体制,从而打造全新的集装箱堆场和物流中心的管理秩序与管理方式。

配送创新:以天地华宇物流公司为例,该公司于 2009 年 2 月率先推出中国首个覆盖全国的高端公路定日快运服务——“定日达”。它采取专线运营,定点、定时发车,并对“定日达”运营的各个节点做了极为详细的时间规定,从而能够确保货物在指定时间内到达,准时率高达 95% 以上。天地华宇还可提供上门自提业务、送货到门服务,达到快递的服务水平。

两个功能型物流组合创新:以安得物流公司为例,该公司实施的青岛啤酒透明化物流管理方案属于两个功能型物流模块的组合创新。该创新模式囊括了仓库监控系统、仓库管理系统和运输管理系统等两大服务环节,推动物流供应链全程可视化管理技术的推广应用。

多个功能型物流组合创新:以山东物流协会为例,该协会提出的智能化“物流一卡通”供应链整合方案属于多个功能型物流组合创新。通过应用价值共享、互联互通的物流一卡通方案,物流企业可以建立起包括信息、资金支付结算、运力资源采购、加油、车辆管理、物流园区、加油站、高速公路在内的供应链整合管理,实现了从移动互联到物联网络的整体解决方案。

生产与销售环节组合创新:以正本物流公司为例,该公司的“保姆式”石化企业供应链服务解决方案属于生产与销售环节组合创新。正本物流致力于为山东方宇润滑油有限公司提供全天候保姆式服务,双方建立长久的战略合作联盟,这种集成式服务具有很强的成本控制能力。

采购与生产组合创新:以天津丰田物流有限公司为例,该公司的汽车零配件采购供应链集成化管理模式属于采购与生产组合创新。天津丰田物流有限公司针对丰田汽车企业的国内外零配件采购物流需求,打造了一个为丰田企业服务的集成式供应链管理平台,包括“需求驱动”的物流业务流程集成与优化、国际商贸通关与运输综合系统的优化、基于动态调度的仓储系统空间布局优化、VMI(供应商管理库存)补货系统与按时间窗口配送等几个方面的创新。

采购、生产、销售一体化创新:以中铁快运为例,该公司的5100冰川矿泉水项目的物流服务创新属于采购、生产、销售一体化创新。5100矿泉水的所有原材料采购、供应、生产物流设计、产品销售物流和产品经销全部由中铁快运独家完成,西藏冰川矿泉水公司的物流功能完全由中铁快运公司独家承担。

四、按照物流服务创新涉及的范围分类

按照物流服务创新涉及的范围分类,可以分为企业内部创新、企业与企业之间的联合创新、供应链网络的创新和产业集群的创新四个方面,如表11-5所示。

表11-5 基于创新涉及范围的物流服务创新模式及案例

创新模式	典型案例
企业内部创新	宝供物流多库区协同运作解决方案
企业之间的联合创新	浙江陆通行业组合创新模式
供应链网络的创新	天津物产供应链综合服务模式
产业集群的创新	浙江中捷环洲制造业产业集群供应链服务解决方案

资料来源:[1]国务院国有资产监督管理委员会.第十六届国家级企业管理现代化创新成果正式发布.http://www.sasac.gov.cn/n1180/n1566/n258252/n258614/6909601.html,2010-01-18.[2]中国物流与采购联合会.公示:2012年度物流行业企业管理现代化创新成果奖.http://www.chinawuliu.com.cn/office/18/104/9577.shtml,2010-10-08.[3]全国现代物流工作部际联席会议办公室.全国制造业与物流业联动发展案例精编.北京:中国物资出版社,2011.[4]上海市经济委员会.上海市六大支柱行业物流发展调查报告.2007-10.

企业内部创新:以宝供物流公司为例,该公司以先进的IT技术为支撑,从库存储存布局设计、入库控制机制、订单分配处理机制三个方面对多库区分销仓的运作模式和运作流程进行了变革和重组,该协同运作方案的实施,解决了多库提货的问题。

企业之间的联合创新:以浙江陆通物流公司为例,该公司以玉环陆通物流中心和货运专线为依托,通过体制创新、经营创新、机制创新、技术创新和文化创新五大手段,经过多次物流企业整合,从最初38家物流企业的小规模整合发展为如今由130多家企业组成的大联盟,成功实现了物流转型升级。

供应链网络的创新:以天津物产能源资源公司为例,该公司的"以供应链为基础的综合服务"的创新模式,针对中国钢铁企业在资源获取、融资、物流、加工、产品分销等方面存在的问题和需求,提出了有效的解决方案。

产业集群的创新:以浙江中捷环洲公司为例,该公司顺应了汽摩配产业发展与物流服务变革的要求,以汽摩配产业集群为依托,提供钢材贸易、钢材延伸加工、码头仓储、物流配送、金融服务、实业投资、进出口等一条龙供应链服务。

五、按照创新技术的应用分类

物流服务创新过程中,一般会选用一些新的物流技术。按照创新的技术分类,可以分为应用既有先进技术、自行开发、外包开发等三种类型,如表11-6所示。

表11-6 基于创新技术应用的物流服务创新模式及案例

创新模式	典型案例
应用既有先进技术	浙江宇石国际制造业物流公共服务平台
自行开发	安吉物流信息可视化管理平台
外包开发	浙江物产物流集中式管控信息化方案

资料来源:[1]国务院国有资产监督管理委员会.第十六届国家级企业管理现代化创新成果正式发布. http://www.sasac.gov.cn/n1180/n1566/n258252/n258614/6909601.html,2010-01-18.[2]中国物流与采购联合会.公示:2012年度物流行业企业管理现代化创新成果奖. http://www.chinawuliu.com.cn/office/18/104/9577.shtml,2010-10-08.[3]全国现代物流工作部际联席会议办公室.全国制造业与物流业联动发展案例精编.北京:中国物资出版社,2011.[4]上海市经济委员会.上海市六大支柱行业物流发展调查报告.2007-10.

应用既有先进技术:以浙江宇石国际物流公司为例,该公司自2006年起自行开发了一套管理操作软件,建立了自有的服务器,并在每辆集装箱卡车上装载了GPS全球卫星定位系统,从2007年1月开始全面实行信息化管理制度、操作、核算与结算,为巨石集团提供物流信息服务。

自行开发:以安吉物流公司为例,该公司的物流信息可视化管理平台属于自行开发的技术。安吉物流信息可视化管理利用IT信息系统,构建可视化管理平台,让管理者有效掌握企业信息,实现管理上的透明化与可视化。安吉物流建立的可视化系统,极大地方便了顾客查询、跟踪运输过程,提高了顾客满意度。

外包开发:以浙江物产公司为例,该公司的物流集中式管控信息化方案由高达软件系统有限公司研发,解决了区域差异化和集中管控的矛盾。在技术上实现了供应链融资对跨区域监管和物资流通过程的全面监控,在管理上实现了总公司对遍布全国的物流基地集中管控和区域差异化管理。

六、按照创新融合的产业分类

物流服务创新过程中,经常会与其他行业如金融、生产、消费、环保、电商等产业进行融合,形成交叉性的创新模式,如表11-7所示。

表11-7 基于产业融合的物流服务创新模式及案例

创新模式	典型案例
与金融融合	天津滨海泰达物流集团供应链金融物流服务
与环保融合	鞍钢股份鲅鱼圈钢铁分公司打造沿海钢厂生态物流模式创新
与生产融合	中国物流公司汽车零部件供应链管理运作模式

（续表）

创新模式	典型案例
与消费融合	物美超市物流信息化服务创新
与电商融合	上海新杰货运公司"第三方物流+电子商务管理"的服务模式

资料来源：[1]国务院国有资产监督管理委员会. 第十六届国家级企业管理现代化创新成果正式发布. http://www.sasac.gov.cn/n1180/n1566/n258252/n258614/6909601.html,2010-01-18.[2]中国物流与采购联合会. 公示：2012年度物流行业企业管理现代化创新成果奖. http://www.chinawuliu.com.cn/office/18/104/9577.shtml,2010-10-08.[3]全国现代物流工作部际联席会议办公室. 全国制造业与物流业联动发展案例精编. 北京：中国物资出版社，2011.[4]上海市经济委员会. 上海市六大支柱行业物流发展调查报告. 2007-10.

与金融融合：以天津滨海泰达物流集团公司为例，该公司主要是以商品购销为基本方式，牢固控制采购物品货权，以自有或租赁仓储地为主要监管场地，目前主要业务类型有原材料采购型供应物流、贸易型采购物流、出口型金融物流。

与环保融合：以鞍钢股份鲅鱼圈钢铁分公司为例，该公司从打造最具国际竞争力沿海钢厂生态物流模式目标出发，在系统规划、工艺布局、设施布置、绿色运作、信息技术、企业管理等方面实施总体策划、系统创新、持续改进，打造出一个现代化沿海钢厂实践循环经济的样板物流运作模式。

与生产融合：以中国物流公司为例，该公司为华晨汽车集团提供生产物流服务过程中，合理规划物流中心库区、科学制定标准操作流程，搭建了可靠的IT系统平台，加强学习型组织建设，持续改善公司运营方案。目前华晨项目实现了从初期的"批次供应"到"看板拉动"的精益供应模式的成功转换，极大地提高了生产物流的管理水平。

与消费融合：以物美超市物流信息化服务为例，该公司与燕京、统一、伊利、宝洁等大品牌供应商建立了战略合作关系，为供应商提供信息共享、库存分析等专项报告和促销支持；公司的SAP-ERP系统，有效地支持了顾客需求预测、采购作业、供应商管理、物流配送作业等环节的信息化。

与电商融合：以上海新杰货运公司为例，该公司为配合3M公司拓展中国三四线城市销售市场的要求，投资500万元进行了信息系统改造和物流配套建设，增加了网上商城运营服务和产品售后支持服务内容，线下配送服务也拓展到全国各地。

七、按照创新的企业主体类型分类

按照创新的企业主体类型来分，物流服务创新可以分为物流企业创新、制造企业创新、商贸企业创新和农业企业创新，其中，物流企业创新又可分为平台型物流企业、功能型物流企业、综合型物流企业和供应链型物流企业等四类，如表11-8所示。

表 11-8 基于不同创新主体的物流服务创新模式及案例

创新模式		典型案例
物流企业物流服务创新	平台型物流企业	传化物流公路港物流服务平台的建设与运营
	功能型物流企业	远成物流星级服务运作模式
	综合型物流企业	上海惠尔物流公司物流与销售双网联动模式
	供应链型物流企业	怡亚通供应链股份有限公司 VMI 联合 JIT 创新模式
制造企业物流服务创新		安徽江汽物流企业 MCU 管理模式
商贸企业物流服务创新		绍兴轻纺城国际物流中心建设方案
农业企业物流服务创新		北京天安农业发展有限公司的蔬菜供应链全程质量追溯体系

资料来源:[1]国务院国有资产监督管理委员会.第十六届国家级企业管理现代化创新成果正式发布. http://www.sasac.gov.cn/n1180/n1566/n258252/n258614/6909601.html,2010-01-18.[2]中国物流与采购联合会.公示:2012 年度物流行业企业管理现代化创新成果奖. http://www.chinawuliu.com.cn/office/18/104/9577.shtml,2010-10-08.[3]全国现代物流工作部际联席会议办公室.全国制造业与物流业联动发展案例精编.北京:中国物资出版社,2011.[4]上海市经济委员会.上海市六大支柱行业物流发展调查报告.2007-10.

平台型物流企业:以传化物流公路港为例,该公司的物流港是一个"以信息交易为核心、以公路运输为依托、以国内物流为基础"的物流企业集群发展平台。该平台具有"6+1"功能模式,即通过"管理服务、信息交易、运输、仓储、配送、零担快运"六大中心及完善的配套服务功能模块,最终形成专业化运营的公路港物流服务平台,为吸引、整合、集聚资源创建了一个有形的载体。

功能型物流企业:以远成物流为例,该公司首次在物流行业内引入酒店管理模式的星级服务,根据自身的物流服务过程,制定了远成物流各岗位面向客户的服务标准,然后进行全面培训,通过监督和检查来贯彻落实,通过竞赛来巩固。通过星级服务系列措施在远成集团内部的贯彻执行,通过每一个远成人的服务,远成物流在行业中产生了巨大的影响,给客户留下了深刻的印象。

综合型物流企业:以上海惠尔物流公司为例,该公司通过物流网络与销售网络的融合,采取循序渐进的联动方式,分阶段接收了上海家化联合股份有限公司的物流设施、设备、人员,承接了上海家化物流外包业务,为上海家化联合股份有限公司解决了物流难题。

供应链型物流企业:以深圳怡亚通供应链股份有限公司为例,该公司集合供应商原材料,根据华录松下工厂生产 BOM 的信息进行拣货并及时出货,协助供应商根据生产预测与计划调整 VMI HUB 的库存量。怡亚通的 WMS 系统可做出补货提醒。通过 VMI 项目,华录松下降低了存货水平,降低了采购价格,减少了采购时间,提高了采购效率。

制造企业物流服务创新:以安徽江汽物流企业为例,该公司提出了 MCU(Mini Cost Unit,微型经营成本单元)管理模式。该公司以整车物流业务为切入点,实施企业 MCU 管理模式创新项目。在以效益为中心、以客户服务为导向、以发展为主线、以变革为动力的经营纲领下，实现了经营主体划分、预算结构、绩效评价、薪酬管理等多方面的创新与突破。

商贸企业物流服务创新：以绍兴轻纺城国际物流中心为例，该公司着力创新，在传统物流模式转型、物流集聚和整合上积极探索，整合和优化了轻纺城物流资源，为改善轻纺城市场和柯桥城市环境做出了贡献。

农业企业物流服务创新：以北京天安农业发展有限公司为例，该公司主要经营蔬菜及其他特色农产品的生产、初级加工和销售。公司是北京市蔬菜安全追溯示范企业，率先探索和实现了蔬菜供应链全程质量追溯体系，引入了 ERP（企业资源计划）系统，在蔬菜生产、采摘、配送领域率先实践了信息化管理，全面掌控从订单、采购、生产、库存、配送、质量追溯等多个环节的数据，为广大客户提供质量更好的蔬菜及特色农产品。

第三节　中国物流服务创新的制约因素和发展建议

中国企业的物流服务创新意识不断增强，不断涌现出物流服务创新的新模式和新案例，但总体来看，中国物流服务创新仍然存在许多制约因素，需要在今后的物流服务创新中予以重视和解决，以推动中国物流服务又好又快地发展。

一、中国物流服务创新的主要制约因素

目前，仍然有不少因素制约着中国物流服务创新的开展，具体说来主要表现在以下几个方面。

（一）企业方面的制约因素

（1）企业对物流服务创新的认识还有待提高

现代物流服务的理念自 20 世纪 90 年代末才刚刚兴起，历时较短，许多地方特别是中西部的一些物流企业虽然对物流服务创新有较强的主观意愿，但由于对物流服务创新的过程与方法缺乏充分认识，不了解物流服务创新的方法和程序，导致难以开展物流服务创新。一些物流企业认为实施物流服务创新将对企业运作流程进行全面改革，创新实施过程过于复杂，不敢实施物流服务创新。一些物流企业认为，物流服务创新的风险成本较高，根据本报告 2013 年度的调查结果，有 53.3% 的企业认为"物流服务创新的投入成本太高而不敢创新"是企业实施物流服务创新的最大困难；有 14.0% 的企业认为，物流服务创新的经济效益不明显是企业不愿意开展创新的原因。因此，中国企业对物流服务创新的认识还需进一步加强。

（2）部分企业的创新机制存在障碍

受长期计划经济影响，中国许多工商企业仍然保留着传统的经营组织方式，

物流服务的创新机制存在不少障碍。例如,许多企业的物流活动主要依靠企业内部组织的自我服务完成,服务创新的需求动力不足。虽然也有部分工商企业希望进行物流服务创新,但由于现代企业制度的不完善,企业无法将其内部低效率的物流设施和组织有效剥离,这就使得企业不得不继续沿用以往的物流方式,导致服务质量和管理水平不高,难以进行创新。

(3) 部分企业的规模和经营水平制约了物流服务创新

由于国内大多数物流企业是从运输公司、仓储中心等转变过来的,普遍存在规模小、功能单一的状况,受限于规模、资金等多种因素,许多物流企业特别是中小物流企业在信息系统应用水平、经营管理制度、员工素质等各方面都还难以达到先进水平,提供系统性的物流服务创新比较困难,这也使得部分物流企业很难深入地开展物流服务创新。

(二) 行业方面的制约因素

(1) 物流业管理体制不适应物流服务创新的需要

物流业是融合运输业、仓储业、货代业和信息业等的复合型服务产业。虽然多数省区市已经建立了物流联席会议制度,但牵头部门有的隶属于国家发展改革委,有的在经信(工信)部门,有的在商务部门或交通部门,甚至一个省内都有不同归属,导致上下不对口、左右不衔接,且部门保护主义现象较为严重。这种条块分割的管理体制使全社会的物流管理分割开来,抑制了物流服务创新的快速发展。

(2) 物流基础设施不足与人才匮乏抑制了物流服务创新

近年来,中国物流基础设施得到了较大投入和发展,但中国物流基础设施条件与物流产业的发展要求相比仍有较大的差距,一定程度上抑制了服务创新。例如,中国集装箱海铁联运基础设施和协调机制仍然不足,致使许多集装箱在运输、装卸、配送环节中难以实现一体化、高效率的流动,物流服务创新也受到制约。

目前,中国物流教育和人才培养相对滞后,从事物流活动的专业人才仍然较为缺乏,特别是缺乏精通物流、制造、贸易、法律、海关、商检等领域专业知识的复合型人才。根据本报告2013年度的调查结果,82.24%的企业认为,缺乏专门的物流服务创新人才是企业实施物流服务创新过程中遇到的主要困难。由于缺乏专业性人才,许多物流企业只能凭借经验来制定企业服务内容,这就使物流服务缺乏新颖性,难以满足社会需求,阻碍了物流服务创新。

(3) 物流服务创新受到其他行业的制约

物流企业开展服务创新不仅与物流业有关,也与其他行业相关。例如,提供物流信息服务时会受到信息技术产业的影响,提供物流金融服务时会受到银行主导作用的影响,而且由于全社会信用风险、信息不对称等问题较为突出,中国物流金融服务创新存在很大障碍,2012年发生的上海钢贸事件就是物流金融创新过程中产生的问题之一。

二、加快中国物流服务创新的有关建议

为进一步推动物流服务创新的发展,需要结合中国经济和物流业发展的实际,积极稳妥地推进物流服务创新工作。为此,本文提出以下几个方面的建议。

(一)加强研究与交流,提高对物流服务创新的认识

当前,物流企业和工商企业物流管理部门对物流服务创新有很高的意愿,各省市物流主管部门也积极地推进物流服务创新工作。但目前对物流服务创新的认识仍然有限,特别是对物流服务创新的基本过程和基本方法、物流服务创新的基本途径和前提条件等尚未充分认识,迫切需要开展深入的研究与总结,提出可供广大物流企业和工商企业物流部门借鉴的物流服务创新方法。各级物流行业协会应该积极发挥纽带作用,帮助企业之间加强服务创新交流,通过多种途径宣传物流服务创新的成功案例,抓典型做示范,提高对物流服务创新工作的认识。

(二)坚持企业创新主体,营造良好的外部环境

根据本报告2013年度的调查结果,只有42%的企业总部所在地区有专门的物流服务创新支持政策,仍有58%的地区没有物流创新专项政策。此外,专项资金扶持政策和税收减免政策是企业最希望政府提供的物流服务创新政策,分别占到了89.7%和83.2%的比例。另外,有49.5%的企业希望政府能提供产业扶持政策。因此,建议各省、市、自治区的物流主管部门,依据当地物流企业发展实际,出台有利于物流企业开展服务创新的政策,为物流服务创新提供良好的政策环境。在这个过程中,一是要积极开展市场调研,了解物流企业发展现状、问题与趋势,创新思路,有针对性地提出适合本地的物流服务创新专项政策;二是要破除不利于物流服务创新的各种地方保护等行政性垄断行为,废除不利于物流市场发展的有关规定,为各类物流企业开展物流服务创新创造良好的外部条件;三是物流行业协会要及时传递企业在物流服务创新方面的合理化建议,推动物流服务创新快速发展。

(三)加强创新方向引导,推进产业融合发展

中国正着力推进经济结构战略性调整和企业转型升级,大力支持重点产业发展,增强自主创新能力。政府和行业协会要加强创新方向指引,鼓励企业从功能单一、比拼价格的传统物流服务向系统集成、合作共赢的供应链管理服务转型,提升企业核心竞争力。引导行业从成本驱动、速度优先的粗放式发展方式向创新驱动、效益优先的集约化发展方式转变,提高物流业发展的质量和效益。引导物流服务从物流行业内的独立创新向融合多个行业(如制造业、金融业、商贸业、农业、电子商务、信息技术等)的协同创新方向转变,推进产业融合创新发展。

（四）坚持科技引领，推进物流服务科技创新

当前，中国正处于新技术革命的战略机遇期，与前几次技术革命不同，中国具有一定的先发优势①。要密切关注新兴技术、新型能源、节能减排、物流信息化等领域科技发展的新动向，推进物流服务科技创新。依托国家现代服务业综合改革试点工作，开展现代物流领域的科技创新和推广应用。鼓励符合条件的物流企业及为物流业提供技术服务的企业申请高新技术企业认定。强化节能环保导向，开展新能源汽车在城市物流配送中的试点应用，推进绿色物流体系建设。调整完善物流企业申请高新技术企业的认定标准，符合条件的享受高新技术企业的相关政策。

（五）加大宣传力度，积极开展创新成果推广示范

各级政府有关部门应结合物流服务创新开展情况，适时出台推动物流服务创新的有关指导意见，并与财政部（厅）等有关部门商榷设立示范项目专项基金。可以选择部分具有科学物流规划和完善组织保障的物流服务创新项目作为示范工程，通过财政专项、税收减免等方式，积极协调有关部门，加大对示范工程项目的政策扶持。各级地方政府还可以结合当地实际情况，在政策引导、项目安排、资金扶持等方面向物流服务创新成果示范企业倾斜，充分发挥其示范作用。此外，还可以评选地方物流服务创新成果先进企业，挖掘本地物流服务创新优秀成果并进行总结推广，进一步推动物流服务创新的开展。

① 何黎明.稳中求进、开拓创新，推动我国物流业持续健康发展——2012 年我国物流业发展回顾与 2013 年展望.http://csl.chinawuliu.com.cn/html/19886525.html,2013-02-06.

第十二章　中国物流金融发展状况

物流金融是物流企业和金融机构在物流服务基础上向工商企业提供的一种融资服务，是改善企业融资效率、提升物流业服务水平和提高社会资本周转率的有效途径。在物流企业和金融机构的积极推动下，我国物流金融业务迅速发展，现已成为物流业重要的新兴业务领域。本章主要介绍我国物流金融业务的发展状况、基本模式以及存在的问题和发展趋势。

第一节　物流金融概述

物流金融服务可以提升物流企业的服务水平和业务范围，降低信息不对称给金融机构带来的风险，帮助客户实现低成本融资。中国许多物流企业已经开展了多种形式的物流金融业务，物流金融已成为物流企业提升竞争力的重要手段和新的利润增长点。

一、物流金融的内涵

物流金融是将物流与金融两种服务结合在一起的复合业务。物流金融业务涉及物流企业、工商企业和金融机构三个主体，物流企业与金融机构合作为工商企业提供融资服务是物流金融业务的基本内容。从物流企业的角度看，它是在运输、仓储等服务的基础上叠加了金融服务的物流业务；从金融机构的角度看，它是通过与物流企业合作，为工商企业提供融资、结算和保险等服务的金融业务。

金融机构与工商企业间的融资活动一般情况下采用抵押或质押担保贷款的模式。由于信息不对称以及金融机构对担保物的监管和控制能力有限，金融机构对担保物和担保方式都有比较明确甚至苛刻的要求。这些限制使得企业的融资需求很难得到满足，特别是中小企业取得银行贷款的难度较大。物流企业对工商企业的原材料或产成品具有监管职能，且对其生产经营活动十分了解。因此，具备一定资质的物流企业可以同时接受金融机构和工商企业双方的委托，这就在很大程度上解决了金融机构与工商企业间的信息不对称问题。

综上所述，物流金融是以物流服务为载体，建立在物流企业、金融机构和工商企业三方合作基础上的一种创新性融资安排。它通过金融机构与物流企业的合作，在不影响工商企业生产经营活动的情况下，以物流活动中工商企业的原材料、存货和产成品等动产作为担保,在保证金融机构贷款安全的同时满足了工商企业的融资需求。

物流金融既不同于传统的抵押或质押融资,也不同于金融机构面向供应链企业开展的供应链金融。供应链金融是金融机构在向供应链核心企业提供融资和其他结算、理财等服务的同时,向这些大客户的供应商提供货款及时收达的便利、或向其分销商提供预付款代付及存货融资等服务,是金融机构与供应链核心企业达成的面向供应链成员企业的一种系统性融资安排。物流金融强调在物流服务的基础上嵌入金融服务,而供应链金融则是以合作伙伴关系为基础的供应链上资金流的进一步优化。

传统融资模式、物流金融和供应链金融的异同如表12-1所示。

表12-1 传统融资模式、物流金融与供应链金融比较

	传统融资模式	物流金融	供应链金融
参与者	银行、客户企业	银行、物流企业、工商企业	银行、供应链核心企业、供应链成员企业
主导者	银行	银行或物流企业	银行、供应链核心企业
受益方	银行、客户企业	银行、物流企业、工商企业	银行、供应链核心企业、供应链成员企业
风险控制机制	贷款担保	存货担保	银行与核心企业的业务基础以及供应链合作伙伴关系

二、物流金融的发展背景

融资难是困扰中国工商企业发展的重要瓶颈。市场竞争的压力也要求物流企业和金融机构提升服务水平、开发新的业务增长点。物流金融是解决工商企业融资难、实现三方共赢的有效途径。近年来,随着三方合作的深入和法律法规环境逐渐完善,中国物流金融业务得到了快速发展。

(一)企业融资需求不断增加

供应链环境下一般由核心企业进行生产组织。由于核心企业给上下游企业的账期压力普遍较大,加之上下游多为中小企业,很难从金融机构获得贷款,因此上下游企业经营中流动资金压力很大。同时,随着市场竞争的日趋激烈,工商企业在提升自身核心竞争力的同时,也越来越要求物流企业能提供整合物流、信息流和资金流的综合物流服务。

物流金融业务允许企业以动产和权利进行质押,可以盘活企业暂时闲置的原材料和产成品资金,是解决企业融资难问题的有效途径。自20世纪90年代中期出现以来,物流金融业务一直备受中国中小企业的重视。但由于运作模式和发展环境尚不成熟,该业务发展较为缓慢。

近年来，随着物流金融业务的理论实践及运作环境逐渐成熟，中小企业已成为中国物流金融业务市场需求的重要主体。截至 2012 年 6 月，中国实有企业 1 308.6 万户，其中中小企业的数量占企业总数的 95% 以上①。物流金融在这种背景下得以快速发展，迅速成为中国中小企业融资的重要途径。

（二）商业银行竞争日益激烈

加入 WTO 后，外资银行开始进入中国银行业市场。同时，中国本土商业银行也在迅速发展。截至 2012 年年底，中国银行业金融机构已有法人 3 747 家②。金融机构数量的快速增加使得行业竞争日益加剧，为了在竞争中获得优势，金融机构普遍将创新金融产品作为竞争的重要手段。

金融机构通过与物流企业的合作，解决了贷款业务中担保物的仓储与监管瓶颈问题以及担保物的评估与资产处理等问题，可以把看不见的信用风险转化为看得见的操作风险。上升到供应链层面的物流金融业务不仅能为金融机构稳定老客户，而且金融机构还可以以供应链为依托，集群化的开发和培养新客户。因此，许多商业银行都着力推动该项业务，并将其作为新的利润增长点。

（三）物流企业积极寻求服务创新

中国物流业竞争较为激烈，行业整体的利润率较低。在传统物流业务接近饱和的情况下，提供更多的增值服务已成为物流企业争取客户的重要手段。物流企业在提供物流服务的过程中有效控制着工商企业的原材料或产成品资产，因此，一些规模较大、资信好的物流企业开始探索在传统的物流服务基础上将金融服务作为业务创新的重要领域。

物流企业开展物流金融业务的收益可以来自两个方面：一是向工商企业收取存放与管理货物的费用；二是向银行收取价值评估与质押监管中介服务的费用。开展物流金融业务不仅可以帮助物流企业开发高附加值的增值服务，而且是物流企业提供差异化服务形成竞争优势的有效途径。因此，物流企业在中国物流金融业务发展中起到了重要的推动作用。

三、中国物流金融的发展现状与特征

中国物流金融业务开始于 20 世纪 90 年代，2000 年后快速发展，现已成为很多物流企业和银行重点发展的业务领域。物流金融是物流业提升服务附加值和转型升级的重要途径，也与中国银行业金融服务产品的创新密切相关。

（一）中国物流金融的发展现状

物流金融是一个新兴业务领域。物流服务和金融服务的特点和创新思路各

① 国家工商行政管理总局. 发挥工商职能作用 促进中小企业规范健康发展. http://www.saic.gov.cn/,2012.

② 银监会. 中国银行业监督管理委员会 2012 年报. http://www.gov.cn/,2013-04-24.

不相同,中国物流金融业务的发展也呈现出多种形态。

1. 物流企业开展物流金融业务的状况

中国物流企业开展的物流金融业务大致可分为三个层次:一是融通仓类①业务,主要包括仓单质押、存货质押和保兑仓;二是物流企业与商业银行合作为工商企业提供从原材料采购到产成品销售、覆盖多个物流服务环节的全程物流金融服务;三是物流企业提供面向供应链多成员的系统性物流金融解决方案。

(1) 融通仓业务开展情况

物流企业开展融通仓业务的主要内容是接受商业银行的委托,对工商企业作为融资担保的货物进行监管并提供相应的物流服务。该类业务是中国物流企业开展最早也是最普及的物流金融业务。资信状况良好的仓储型物流企业大多已开展该类业务。1999年,中国物资储运总公司在国内率先开展了仓单质押业务。截至2011年,中储质押监管业务实现收入超过2亿元,总质押量近5 000万吨②。天津港散货物流有限公司是我国第一家涉足物流金融业务的港口企业,煤炭是该公司的主要监管货类。截至2011年,该公司已累计为港口客户融资额度83亿元,带动港口货物吞吐量逾千万吨,并通过完善的风险控制和优质的服务取得24家合作银行的授信③。

(2) 全程物流金融业务开展情况

全程物流金融业务是基于“多节点在库+在途”抵押监管下的存货融资模式,包括代收代付货款、仓单质押、在途监管以及物流保险等多项内容。目前,中储、中远、中海、中铁、中外运等具有完善的全国物流运作网络的物流企业都已开展了此类业务。

中远物流在全国拥有1.5万名员工,400多家网点,其推出的“海陆仓”业务即属于全程物流金融业务。中远物流结合传统的海运业务,借用仓单质押理念,发展出基于海上在途货物质押、连带发货地和目的地仓库质押的全程点对点质押融资模式。中远物流负责从生产地到消费地,以及中间的海运和陆运全程质押监管。目前,上海中远物流开展的该业务信贷额已超过人民币70亿元④。

---

① 融指金融、通指物资流通、仓指物流仓储。融通仓是三者的集成、统一管理和综合协调,是一种把物流、信息流和资金流进行综合管理的业务创新。

② 中储发展股份有限公司. http://finance.sina.com.cn/stock/t/20120330/053511717507.shtml/2012.

③ 天津港散货交易市场联手奥地利银行打造“物流金融链”. http://finance.ifeng.com/roll/20110603/4110108.shtml.

④ 中远物流“供应链金融彰显社会责任”. http://news.xd56b.com:8086/2009.

(3) 面向供应链多成员的物流金融业务开展情况

面向供应链多成员的物流金融业务是物流企业在动产抵押、货权质押、应收账款融资及代收代付货款等物流金融业务的基础上,综合运用商业汇票、银行汇票、付款保函和信用证等多种信用工具,将资金服务融入到供应链上多个企业的运作和管理中。开展此类物流金融业务不仅需要规模、信誉和融资能力的保障,而且需要较强的供应链管理和产融结合能力。目前,中国开展该类服务的物流企业相对较少,主要有越海物流、飞马国际和怡亚通等。

越海物流的一体化供应链涵盖了运输配送、国际货代、进出口代理、VMI 仓储、保税物流、国际采购、供应链金融、分销及渠道管理、供应链解决方案以及电商物流等诸多模块和环节。2009 年公司业务量为 223 亿元,2010 年攀升到 269 亿元,2011 年已达到 399 亿元[①]。怡亚通于 2012 年成立了宇商资产管理公司和宇商融资租赁公司,以细分金融服务领域为切入点,专门为企业提供供应链金融服务。截至 2012 年 12 月底,宇商小额贷款公司的利息及手续费收入为 7 090 万元,实现净利润 3 199 万元[②]。

2. 银行业开展物流金融业务的状况

企业的存货、应收账款、预付账款等资产可以作为融资担保物后,银行业陆续推出了多项面向中小企业的物流金融业务,如保兑仓、保理仓、订单融资、保单融资、动产质押和电商融资等。部分银行的物流金融类业务如表 12-2 所示。

表 12-2 部分银行物流金融类业务一览表

银行名称	业务名称	产品
中国银行	中小企业融资	沃尔玛供应链、黄金宝
中国工商银行	中小企业融资	供应链融资、钢贸通、车辆通、油贸通
中国建设银行	中小企业融资	购船抵押贷款、成长之路
浦东发展银行	中小客户服务	提供成长型企业金融服务方案
华夏银行	中小企业服务	易贷宝(包括仓单质押贷款、保兑仓等)
招商银行	点金成长计划	经营之道(包括国内采购、汽车销售、项目城建等金融特色产品)
交通银行	蕴通供应链	与物流公司、保险公司共同搭建质押监管平台提供综合性金融服务方案

① 越海物流为何能够逆风飞扬. http://finance.ifeng.com/roll/20120925/7079928.shtml/2012.

② 深圳市怡亚通供应链股份有限公司. http://stock.sohu.com/20130426/n374146920.shtml/2013.

（续表）

银行名称	业务名称	产品
深发展银行	贸易融资	进口全程货权质押授信、动产质押融资、未来提货权融资、未来货权质押开证
广东发展银行	贷款业务	包括动产质押贷款、品牌质押贷款、法人账户透支、卖方信贷、买方信贷
北京银行	供应链融资	包括商票保贴、国内保理、回购型保理、买断型保理、买方信贷、票易票、保兑仓、质押贷款
上海银行	中小企业成长金规划	商易通(包括动产质押融资、应收账款融资、票据融资等)、小巨人(支持具有良好成长性的小企业)

深圳发展银行在国内率先提出了“面向中小企业,面向贸易融资”的发展战略,重点发展中小企业的物流金融业务。中信、广发、兴业、华夏和招商银行等商业银行也陆续开展了此项业务。目前,我国主要商业银行均已开展了物流金融类业务。

（二）中国物流金融发展的主要特征

物流金融是物流企业和金融机构面向市场需求进行的业务创新。物流金融业务的特征也反映了中国物流市场、金融市场乃至中国总体市场环境的一些特征。

1. 物流企业和中小商业银行是物流金融发展的主要推动力量

中国物流金融业务的主要推动力量是物流企业和中小商业银行。中国物流业的市场化程度较高,竞争十分激烈。由于传统业务趋于饱和,物流企业在日益激烈的竞争压力之下迫切需要开发新的服务领域。因此,物流企业推动物流金融业务发展的积极性较高。

在金融业,中国的优质企业客户资源大都已与中农工建交五大国有商业银行建立较为稳定的业务关系。股份制商业银行和新兴城市商业银行的发展需要开发新的客户资源和业务领域。因此,深发展、中信、广发等一批具有较强业务创新能力的股份制商业银行成为中国较早开展物流金融业务的金融机构。

2. 物流金融业务的服务对象以中小企业为主

长期以来,贷款难一直是困扰中国中小企业发展的难题。物流金融业务整合了物流企业的监管、金融机构的授信和中小企业的融资需求,在一定程度上解决了中小企业贷款难的问题,可以使中小企业、物流企业和金融机构实现三方共赢。因此,面向中小企业的物流金融业务成为了中国物流企业和金融机构的重要发展方向。自1999年以来,中储的自管库仓单质押监管业务每年都以超过130%的速度增长。截至2011年,业务规模已达1 020亿元。目前该公司此服务的客户中

90%以上都是中小型企业①。

3. 业务种类繁多,以融通仓业务为主

由于市场需求复杂多样,且没有形成相应的业务规范,中国物流金融服务的业务种类繁多,所用名称五花八门。从整体上看,受物流企业的服务能力和金融机构的风险控制等方面因素的限制,中国物流金融服务还是以相对简单的融通仓业务为主,综合性的物流金融解决方案仍然较少。中国商业银行物流金融类业务开展情况如表12-3所示。

表12-3 银行业开展物流金融业务情况

	样本数量	存货融资(%)	应收账款融资(%)	预付账款融资(%)	综合授信(%)	联保信贷(%)
全部样本	138	63.04	68.84	31.88	31.16	28.26
国有商业银行	5	100.00	80.00	60.00	20.00	0.00
全国性质股份制商业银行	12	100.00	100.00	58.33	41.67	41.67
城市商业银行	94	67.02	64.89	32.98	35.11	34.04
外资银行	27	25.93	66.67	11.11	14.81	7.41

注:存货融资类业务包括仓单质押业务和存货质押业务,应收账款融资类业务包括应收账款融资、国内保理和国外保理,预付账款类业务包括先票/款后货授信业务和保兑仓授信业务。

资料来源:本报告根据138家银行官方网站业务介绍整理。截止到2011年12月31日。

商业银行中,开展存货融资和应收账款融资的分别达到63.0%和68.8%,表明这两项物流金融业务在我国发展较为普遍;预付账款类物流金融业务开展率仅达到31.9%,尚属于有待开发的领域;国内银行开展存货融资业务和应收账款融资业务的比重基本持平,外资银行则更加重视应收账款融资,其存货融资业务开展比重仅为25.9%。综合授信和联保信贷等综合物流金融业务在各类商业银行中都开展较少,仅占全部样本的三成左右。

4. 抵/质押担保是最主要的风险控制手段

物流金融与传统银行信贷的重要区别在于实行了风险的集成式管理。传统贷款业务更注重评估申请企业的规模大小、固定资产价值、财务指标和担保方式等方面。物流金融服务中在注重中小企业的存货或权利担保的同时,更多的考虑申请贷款企业与上下游企业间的贸易关系。由于市场信用体系还不完善、企业间合作关系不稳定、中国物流市场缺少较为成熟的服务标准和风险控制机制等原因,中国物流金融业务的风险控制手段与发达国家差异较大。抵/质押担保仍是银行主导下的物流金融业务最主要的风险控制手段。因此,中国物流金融业务大

① 物流金融方兴未艾. http://www.chinawuliu.com.cn/zixun/201205/25/182957.shtml/2012.

多以存货或仓单的抵/质押担保方式进行。信用缺失也是中国高端物流金融业务开展较少的一个重要原因。

5. 权利义务关系复杂,业务开展难度较大

物流企业的介入虽然缓解了金融机构与工商企业间的信息不对称,但共赢运作机制的形成需要平衡多方的权利义务关系,而且需要相关经济、法律和政策环境的支持。因此,开展物流金融业务的难度明显高于传统的物流和金融业务,特别是对物流企业的业务能力要求较高。

如物流企业的监管资质需要金融机构的认可,物流企业也要具备必要的专业知识对担保货物的质量、种类、价值等商品特性进行鉴定;全程物流金融服务要求全程的物流监管,物流企业需要协调各业务环节,保证对担保货物实现门到门的全程控制;面向供应链的融资更需要物流企业具备很强的供应链管理和风险控制能力。技术上的复杂性也在一定程度上限制了中国物流金融业务的发展。

第二节　中国物流金融业务的主要模式

中国物流企业开展较多的物流金融服务是融通仓业务。在此基础上,物流企业通过与金融机构的深度合作,又开发出覆盖物流活动多环节的全程物流金融服务以及面向供应链多成员的融资服务模式。

一、融通仓业务

融通仓业务主要有仓单质押、存货质押和保兑仓三种形式。它为工商企业融资提供了新渠道,为商业银行增加了新的贷款对象,也为第三方物流企业开辟了新的增值服务内容。成功的融通仓运作能实现金融机构、工商企业和物流企业多赢的良好结果。

(一) 运作流程

1. 仓单质押

仓单质押业务是指银行与借款人(出质人)、保管人(物流企业)签订合作协议,以保管人签发的借款人自有或第三方持有的存货仓单作为质押物向借款人办理贷款的信贷业务。仓单质押能够有效缓解企业因库存过多造成的流动资金不足问题,多应用于流通企业。

仓单质押业务流程主要包括七个环节。如图12-1所示。

2. 存货质押

存货质押与仓单质押业务运作相似。存货质押融资是企业以原材料、半成品和产成品等存货作为担保物向金融机构融资,金融机构委托第三方物流企业监管的业务。仓单质押业务中银行对于货物的监管能力较弱,为规避风险一般都会降低贷款比例。存货质押业务中银行对企业存货有较强的控制力,因此在业务运作

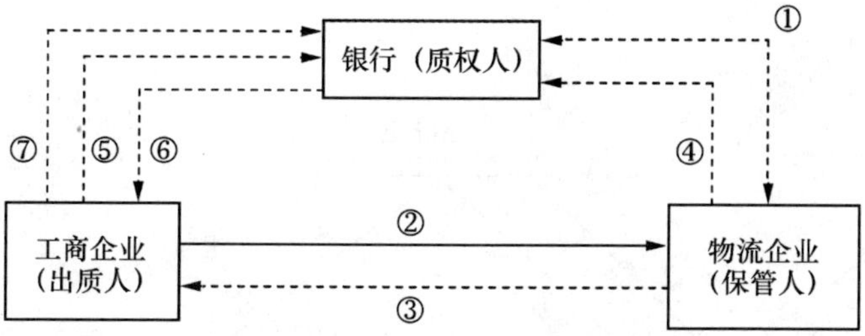

图 12-1　仓单质押业务运作流程示意图

注：① 签署合作协议：银行与物流企业签署合作协议；
② 交付货物：工商企业向物流企业提交质物信息、交付货物、申请仓单；
③ 出具仓单：物流企业向工商企业出具仓单；
④ 质物信息：物流企业将工商企业货物的信息向银行传递；
⑤ 交付仓单：工商企业向银行递交仓单；
⑥ 贷款：银行向工商企业贷款；
⑦ 还贷款：工商企业向银行归还贷款，解除质押。

过程中更加注重抵押货物的质量与数量。

存货质押有静态质押和动态质押两种。静态质押是指企业以库存货物为抵押向银行申请贷款，银行委托第三方物流企业对货物进行监管。其静态性体现在贷款方只能以款赎货，不能以货易货，因此多用于贸易型企业。动态质押的抵押方式与静态抵押相同，但银行可以对抵押商品价值设定最低限额，企业在保证最低库存的前提下能够以货易货，自由办理出入库手续。动态质押方式下要求存货的性质与类别完全相同，因此较适用于生产性企业。静态质押和动态质押业务的运作流程如图 12-2 所示。

3．保兑仓

保兑仓是贷款企业取得银行授信并交纳保证金后，银行向供货商支付全部货款，供货商将全部产品运至银行指定的物流企业，全部货物充当抵押物，转为存货融资。随着贷款企业不断补充保证金，银行向物流企业发布指令逐步释放抵押物。该模式密切了贷款企业与上游供货商之间的业务关系，贷款企业能够通过大规模采购来降低购货成本，供货商也能提高销售预测准确性，合理安排生产节奏。

保兑仓业务流程如图 12-3 所示。

保兑仓还有一种延伸的业务模式。其流程为：银行向供货商支付全部货款，但供货商的货物仍保存在自有仓库中，并不转移至物流企业。当贷款企业向银行补充保证金后，银行向供货商发布指令使其释放相应的货物。该模式下供货商与物流企业两个角色合二为一，降低了系统风险，同时也解决了贷款企业违约情况下质押物品变现问题。但由于银行没有直接对货物进行监控，需更加注重供货商

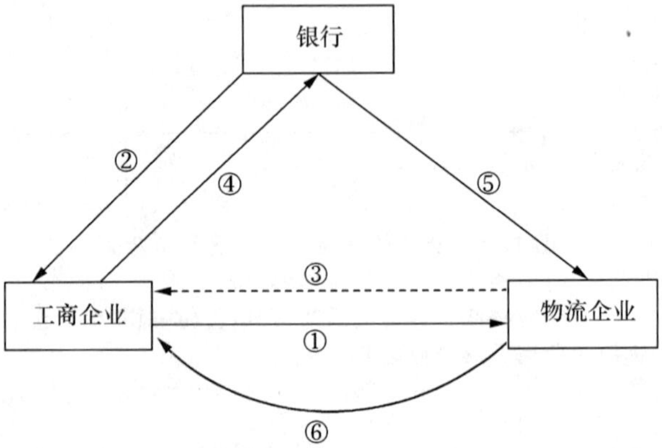

图 12-2 存货质押业务流程示意图

注1:① 交付质押物:签订银行、工商企业、物流企业三方协议后,工商企业向物流企业交付质押物;
② 出账:银行将贷款发放给工商企业;
③ 最低限额让抵质押物自由进出:允许质押物在保证最低限额库存的基础上流动;
④ 追加保证金:工商企业向银行追加保证金;
⑤ 放货指令:银行向物流企业发出放货指令,允许其向工商企业放货;
⑥ 放货:物流企业允许工商企业提货。

注2:虚线部分为动态质押业务较静态质押业务流程多出的环节。

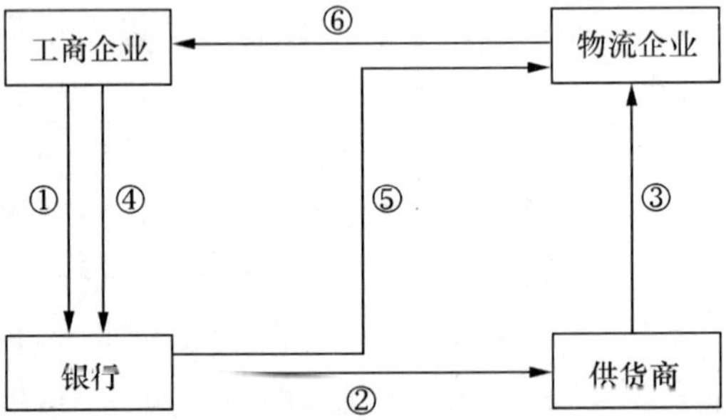

图 12-3 保兑仓业务流程示意图

注:① 交纳保证金:工商企业首次向银行缴纳保证金,得到银行全部贷款;
② 支付贷款:银行向供货商支付货款;
③ 交付质押物:供货商向物流企业方交付质押物;
④ 追加保证金:工商企业根据自身经营需要,向银行追加保证金;
⑤ 通知放货:银行根据保证金追加数量,通知物流企业释放部分质押物;
⑥ 放货:工商企业向物流企业提取部分质押物。

的信用等级。

（二）三方权利责任关系

融通仓业务中，工商企业在发货后即可获得货款，可以大大加速资金周转，对于高附加价值及发货频率高的企业，融通仓业务收益十分可观。

物流企业是货物物流过程的执行者和监控者，可以协助银行做好质押物的规格、型号、质量、原价和净值、销售区域以及安全库存等信息的确认工作，是金融机构开展该类业务的重要助手。

金融机构是融通仓业务的核心参与者。金融机构作为该类业务风险的最终承担者，对于业务操作的流程规范、质押物的选择评估、监管企业的资质认定等方面都具有最终的决定权。

（三）风险控制

融通仓业务量通常较小但次数频繁。因此，业务操作的规范化、程序化是该业务顺利进行的重要基础。程序上应事先明确各方的权利义务、具体的业务运作方式以及违约责任，签订合作协议，并将各业务环节的分工与协作制度化。该类业务风险控制的重点内容主要包括：

（1）金融机构对融通仓业务各环节，特别是质押物的评估、入库、出库、货款结算等环节实施适度的监控；

（2）提供融通仓服务的第三方物流企业须具备相应的资质，可以按照金融机构的要求，承担并完成委托监管责任。

二、全程物流金融服务

由于拥有较大的运营规模、有效的地区覆盖以及较强的信息和技术支持，中国一些大型物流企业已经具备了包括运输、仓储、包装、加工和配送等多业务环节的门到门全程物流服务能力。随着新《物权法》的出台，浮动抵押①的概念和操作具备了实践的可行性。这种背景下，物流企业利用全程履行货物监管责任的便利与银行合作，操作全程物流金融服务就具备了基础条件。

（一）业务简介

实践中看，大型生产流通企业普遍面临降低物流成本、提高供货效率、减少库存和压缩非主营业务资产等方面的压力，在库单点监管模式下的融通仓业务已经越来越不能满足这些企业对物流过程中的融资要求。大型企业的库存总量比较稳定，而各节点上的存货数量则会有较大波动。传统模式下对不同节点库存进行分散授信，但是单点上的库存量并不稳定，其预测与控制的不确定性较大。

---

① 浮动抵押是一种特别抵押，指抵押人将其现在和将来所有的全部财产或者部分财产设定担保，在行使抵押权之前，抵押人对抵押财产保留在正常经营过程中的处分权。

全程物流金融服务是现货动态质/抵押业务的延伸和发展，它突破了只能对本地仓储货物进行监管融资的限制，通过对企业的集合库存总量进行管理，最大限度地拓宽了动态库存监管模式的适用范围。这不仅更能控制风险，也可以有效减少抵押和赎货等日常操作，实现了银行、客户和物流企业三方共同受益。该业务是在企业的货物存放于多个仓储节点或处于运输过程的情况下，由经银行认可的第三方物流企业对上述货物进行 24 小时全流程封闭监管，在保证监管货物总体价值高于银行授信所要求的最低价值并完善抵押登记的基础上，银行向工商企业或第三方物流企业提供统一授信。

(二) 运作流程

全程物流金融服务模式流程如图 12-4 所示[①]。

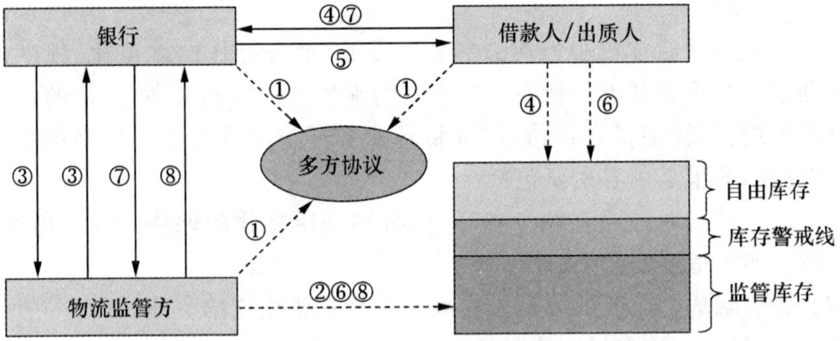

图 12-4 全程物流融资业务流程示意图

注：① 银行、物流监管方、借款人签订多方仓储监管协议；

② 物流监管方对全程物流多个节点和渠道上的存货及在途货物实施监管；

③ 借款人出质时，银行向物流企业发出《抵押通知书》，对质押物进行查询，物流监管方根据盘点的情况向银行出具《查复确认书》、《抵押清单》，并盖章确认；

④ 借款人将《抵押清单》项下对应的货物抵押给银行，与银行签订单笔业务合同及相关法律文件；

⑤ 银行给予借款人发放单笔授信；

⑥ 借款人申请提货时，如高于抵押给银行的最低库存可自由提取，如低于抵押给银行的最低库存时，则须向银行补足保证金/或申请还贷；

⑦ 银行扣划相应的保证金或收贷后签发《提货通知书》；

⑧ 物流监管方凭银行签发的《提货通知书》给予办理相关抵押物的放行手续，同时签发《提货通知书回执》并送达银行。

(三) 各方权利义务关系

工商企业方面，全程物流金融服务充分盘活了沉淀于物流环节的动态价值存

① 深圳发展银行、中欧国际工商学院"供应链金融"课题组. 供应链金融——新经济下的新金融. 上海：上海远东出版社，2009.

量,获得银行融资的同时没有占用额外的担保资源,不会对正常的经营活动和产品流通配送造成任何障碍。银行对抵押物的价值要求是流通环节全流程的价值加总,抵押物最低价值的要求更容易得到满足。仓储、运输、存货管理、应收账款催收等环节都有物流公司和银行的协助和参与,工商企业还可以更加专注于生产及销售。

银行方面,各节点上质物的动态监管外包给专业的物流企业,转移了银行风险,降低了监管成本,在实质风险并未增加的前提下,拓宽了业务渠道,形成新的利润增长点。同时,由于监管是建立在客户物流外包战略的基础之上,物流和监管服务合二为一,银行在营销上也更容易取得成功。

物流企业方面,在承包企业物流服务的基础上,进一步提供监管的增值服务,在资源投入没有明显增加的情况下,获得了更大的综合收益。同时,物流企业与银行合作的层次明显提升,在银行给予物流企业整体授信的情况下,物流企业兼具物流服务和贷款银行双重角色,成为物流企业争取物流外包业务的有利条件。

（四）风险控制

物流企业提供的全程核定库存现货抵押监管是本业务风险控制的关键。全程物流核定库存现货抵押监管是指物流公司派驻监管员对各个仓储地点及运输渠道实施全程监管,并将各仓储地点的存货和渠道上的在途货物核定总量总额,并纳入库存总量统筹管理。因此,全程物流金融服务模式的操作应具备以下条件。

(1) 监管公司具备全国性乃至跨国的物流和监管能力,如涉及在途监管,监管公司应具备相应的运输资质。

(2) 所抵押货物的性状和品质较统一,数量和价值便于计量,该条件有利于银行向监管方提出明确和可操作的监管要求。

(3) 抵押货物的权属清晰,在抵押物的所有权涉及多个法人主体的情况下,应要求所有受信以外的第三方承担连带担保责任。

三、面向供应链多成员的融资模式

资金需求在供应链上下游企业中普遍存在。物流企业基于供应链管理平台寻求物流、信息流特别是资金流的合理配置,在物流服务基础上为供应链多成员提供融资服务,是物流金融服务中的一种高级形态。

（一）业务简介

面向供应链的融资是物流企业在为客户提供全程物流服务的基础上,将服务对象扩展到客户的上下游企业,将银行借贷资金通过供应链管理服务方式投放到客户的采购、生产、分销等各环节,通过产融结合整合供应链上的物流与资金流,从而在整个供应链上形成系统性的融资解决方案。供应链融资模式中包含的物流金融业务如图 12-5 所示。

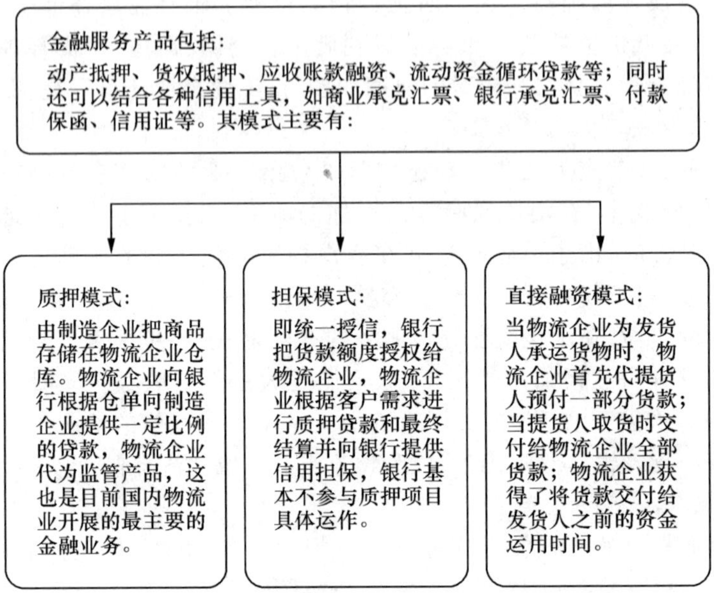

图 12-5　供应链融资业务的主要内容

（二）运作流程

供应链融资业务的一般运作流程如图 12-6 所示。

金融机构是物流企业开展供应链融资业务最重要的资金来源。在供应链融资业务中,除银行授信外,物流企业在提供从原材料采购到产成品终端配送全过程物流服务的基础上,还可以与银行合作通过质押、担保和直接融资等多种手段为供应链上的多成员提供融资服务。

（三）各方权利义务关系

工商企业方面:融资与物流、供应链管理服务整体外包后,不仅降低了库存成本,拥有更充裕的流动资金,还可以更加专注于核心业务。这些都将有利于形成企业的竞争优势。实践表明,供应链融资模式下企业生产流通过程中的事故率、纠纷和损失都大大降低。

银行方面:供应链融资方式首先扩大了业务量,可以更多使用信用证项下融资、应收账款、应付账款、预付账款等作为担保物融资;其次,银行直接面对一个产业链而不再是点对点地开发业务,既提高了效率,又降低了风险;最后,银行可以实时追踪供应链中货物及资金的走向,可以通过灵活的融资解决方案,为客户降低交易风险,实现服务和产品的价值增值。

物流企业方面:通过整合供应链的各环节,物流企业可以提供囊括物流、采

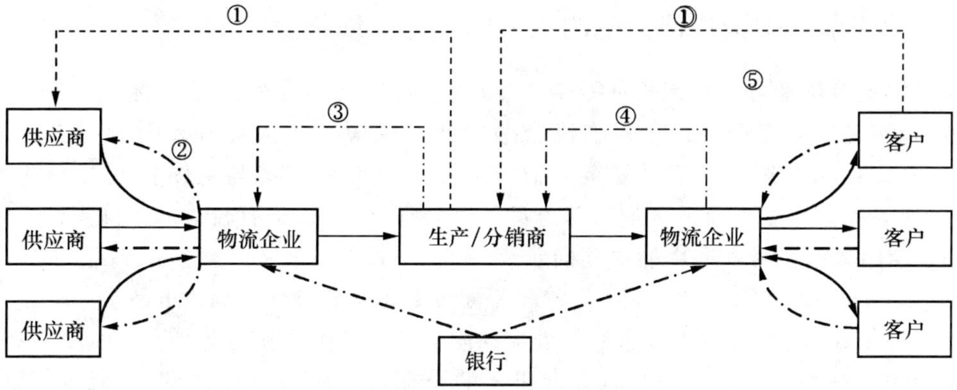

图 12-6　供应链融资业务流程示意图

注 1:实线为物流,虚线为商流,间断线为资金流。

注 2:① 形成订单:客户对生产/分销商、生产/分销商对供应商下订单;

② 垫付货款:采购环节,物流企业在客户资源信息系统内选择合适的供应商,并通过电汇、信用证或保函方式代生产/分销商垫付货款;

③ 生产/分销商付款收货:物流企业将货物运送至生产/分销商收款放货;

④ 物流企业预付货款:销售环节,物流企业提货时代客户预付货款;

⑤ 客户付款提货:物流企业收到客户货物款项后放货。

购、分销、收款及相关结算服务等多项服务,极大扩展了业务范围;将银行借贷资金通过供应链管理服务方式投放给客户,还可以从中赚取"服务费";最重要的是供应链融资服务大大强化了物流企业与客户的业务关系,物流企业已经成为客户供应链中不可或缺的重要角色。

(四) 风险控制

由物流企业提供的面向供应链多成员的融资解决方案充分利用了整个供应链上的信用体系,实际上是将供应链上各成员间的业务关系转化为上下游企业的融资能力。一旦供应链的整体信用出现风险,这种风险也必然会随着交易链条扩散到系统中的上下游企业,进而影响供应链融资的安全性。因此,物流企业的供应链管理和掌控能力是影响该融资模式风险控制的重要因素。

(1) 物流企业首先要对供应链上各成员企业进行评价,针对同类型企业进行统一的资信和跟踪信用调查,参考资产类型、资本结构、交易记录和经营状况等信息,决定对供应链上各成员企业的授信与额度,把风险控制在系统风险范围内。

(2) 在供应链融资过程中,银行应追踪供应链上资金的走向,提出灵活的融资解决方案,协助物流企业降低交易风险,实现双赢。

第三节　中国物流金融的主要问题与发展趋势

物流金融业务运作流程涉及企业生产流通、银行信贷和物流企业监管多个环节,特别是集成度较高的全程物流金融和面向供应链的融资服务中参与主体众多,各方权利义务关系相对复杂。中国物流金融业务在参与主体相互之间的关系、风险控制模式以及业务规范等方面的发展还不成熟,仍有较大的不确定性。

一、中国物流金融发展中的主要问题

(一)合作关系不完全对等,尚未成为物流企业真正的利润增长点

与金融业相比,物流业是相对低端的服务业,且中国物流业市场集中度不高,竞争更加激烈。在物流企业与金融机构的合作过程中,虽然二者根本利益一致,但在权责区分方面,双方意见往往并不统一。行业背景决定了物流企业大都处于弱势地位,话语权不强,主要表现为监管收入低、额外责任多、承担风险大以及退出机制不健全等。

金融机构在物流金融业务中承担着最终风险。由于政策和管理成本的限制,金融机构希望物流企业能够承担更多的责任,如质物保管、保质、保真、确认货权、价格确认、担保以及安全等。但由于双方合作关系并不对等,物流企业往往得不到相应的权益,因此只愿承担监管责任。由此带来的问题是虽然融资额巨大,但物流企业的收益并不明显。根据中国物资储运协会的调查,2012 年 67 家会员单位质押监管量增长达到了 39%,但物流金融业务收入仅增长 15%。因此,多数物流金融业务还只是物流企业的营销手段,并没有成为真正的利润增长点。

(二)风险控制模式还不成熟,受经济环境影响较大

物流金融对于工商企业、金融机构和物流企业三方都是一项新的业务形态。虽然在需求拉动下,业务发展较快,但并没有形成行业性的业务规范和标准,各方对物流金融业务的性质、特点、模式、风险的理解也不完全一致。加之具体操作中在客户和质物的选择、信息共享、业务流程等方面管理的缺位,物流金融业务的风险控制问题已逐渐显现。

2012 年,中国质押融资业务出现问题较多。在国家实行紧缩货币政策的经济背景下,企业资金紧缺,借贷成本普遍提高。在开展质押融资业务较多的钢材流通领域,上海、天津、哈尔滨、大连和昆明等多地都发生了以质押物以次充好、虚假仓单及改变资金用途等方式套取信贷资金的案件。由于缺少适当的风险控制手段,有的监管企业甚至采取了收缩、退出的策略,金融机构也进退两难。

(三)高端业务开展较少,仅局限在少数行业或局部范围内

目前,操作相对简单的融通仓业务在中国发展较快也最为普遍。全程物流金融和面向供应链的融资服务还比较少,全程物流金融服务主要集中在钢铁、能源

等大宗货类，面向供应链的融资服务主要集中在电子、汽车、电信等行业。

中国物流企业自身的服务能力不足、市场信用体系不完善以及信息自动化技术应用相对滞后是制约物流金融高端业务发展的主要原因。首先，除去中远、中海、中储和中外运等几家国有大型物流企业外，中国真正具备全国性物流运作网络、具备全程物流服务能力的物流企业还比较少；其次，行业内供应链管理意识还比较薄弱，供应链成员之间关系松散且边界模糊，内部约束机制的有效性难以保证，使得面向供应链的融资难以实现；最后，中国商业银行业务平台运作的程式化和自动化程度还不够高，在单证、文件传递、出账、赎货、应收账款确认等环节很大程度上还需要人工确认，这不仅严重影响了供应链融资的效率，也在很大程度上增加了业务操作风险。

二、中国物流金融的发展趋势

（一）物流企业的角色将出现较大转变

现代物流活动服务于企业采购、生产和销售的各个环节，在生产组织和市场经营活动中发挥着重要作用。在强大信息技术和物流服务网络平台的支撑下，物流企业开展一体化的供应链管理服务，将使物流、信息流和资金流的关系日趋紧密，物流企业在物流金融业务中的作用也将越来越重要。目前，以 UPS 和马士基等为代表的跨国物流企业已经将物流金融作为重要的业务领域。

金融业市场竞争的加剧将使金融机构更加重视物流金融业务。随着市场秩序的逐步完善和物流企业服务能力的增强，物流企业在物流金融业务中的话语权将有较大提升。如金融机构与物流企业将从当前的委托监管向统一授信甚至合作成立物流银行方向发展，物流企业可以将仓储企业和贷款银行的职责进行整合，使工商企业的物流融资更加便捷高效。该模式下，商业银行根据物流企业的规模、经营业绩、经营现状及信用等级等情况，对物流企业授予一定信贷额度，银行不直接参与中小企业的物流融资运作，贷款权利下放给物流企业，由物流企业直接与工商企业开展质押贷款业务。统一授信或物流银行模式运用集成化的管理手段，在降低银行风险的同时，极大地提高了物流企业在物流金融业务中的地位和作用。

（二）风险控制技术和法律法规逐渐完善、业务规范趋于标准化

物流金融业务出现以来，一直没有一个统一规范的语言、流程和行为准则。随着风险控制技术和法律法规的完善，物流金融的业务规范也将趋于标准化。

风险控制技术方面，互联网、无线传输、计算机管理等信息化技术将广泛应用于银行、监管企业以及出质人的信息系统对接，使现场监控、远程查询和联合巡查等风险控制手段更加有效。政策法规方面，2012 年，国家商务部已委托中国物资储运协会等单位编制了“动产质押监管服务规范”、“动产监管企业评估指标”两项

标准。风险防范也将放在重要位置,粗放经营将向精细化管理转变。针对以往违规案例中生产制造业客户少、贸易类客户较多的情况,金融业将调整业务结构、重新选择合作伙伴,物流企业也将收缩战线、改造流程。

(三)业务模式不断创新、高端物流金融服务将逐渐增加

物流金融是物流产业与金融市场的交叉领域,其发展水平与中国物流业和银行业的发展水平直接相关。随着物流产业的转型升级和银行业市场竞争机制的不断完善,物流金融的服务对象、业务领域和风险管理手段也将得到进一步的扩展与提升。以动产动态质押服务模式为例,如果企业贷款质押物循环更迭,不同贷款周期交织在一起,可以组成一个动态循环的多周期融资体系。这个融资体系随供应链生产周期一起运转,可以确立物流企业、金融机构和工商企业的长期合作伙伴关系。长期合作伙伴关系的确定不仅能够降低企业间交易成本,而且有助于提高合作伙伴间的信任程度。特别是在金融机构的池融资①模式下,物流金融体系的运作效率将大幅提高。

随着物流企业服务能力的提升和金融机构业务模式的不断创新,我国物流金融业务的服务水平将不断提升。从静态到动态、从流通性客户向生产性客户、从现货质押向买方信贷、从单一环节向多环节以及从单一客户到面向供应链多成员的系统性融资服务将是我国物流金融发展的必然趋势。

① 池融资是商业银行面向企业实际需求的一种物流金融融资模式创新。它是将动产的动态质押授信、应收账款池融资、出口发票池融资、出口退税池融资、票据池融资等业务领域进行整合,根据"池"中整体价值余额进行授信,企业各种担保性资产能够在池中自由更迭。池融资可以全面整合中小型企业各类分散的账款、票据及动产动态质押,盘活企业各类资产提高资金流动性。

第十三章　中国网购物流的运作模式与发展趋势

随着现代信息技术的革新和市场商业体系的发展，中国网络购物交易发展迅速，逐步成为社会产品分销和企业流通渠道发展的新趋势。对中国网络购物电子商务企业而言，物流运作模式的设计和执行，尤其是各物流环节的自营和外包决策，是企业战略的关键组成部分之一，不仅直接影响了企业的运营成本和服务水平，也对企业长期竞争优势的形成和战略资源的积累起到重要作用。

第一节　网购物流的发展背景与现状

电子商务可以在多种不同的交易主体之间发生，其中，企业与消费者（B2C）、消费者与消费者（C2C）之间的电子商务被称为网络购物或网购。信息技术的进步、要素成本的提高以及商业模式的创新，推动了社会传统交易模式向电子商务模式的转化，网购也逐渐成为消费者日常购物的重要渠道。中国网购交易飞速发展，网购物流在运作流程和业务种类上也呈现出多样化特征。

一、网购物流的发展背景

网络购物的快速发展带动了网购物流总体规模扩张和服务能力提升。从2006到2012年，中国网络购物交易规模年均增长74.6%①，除少量数字产品之外，这些订单均由物流系统完成交付。同时，网络购物覆盖的产品种类繁多，消费者分布广泛，对物流的时效性需求也多种多样，这些都要求网购物流在服务网络、专业化水平和运作效率上不断提升。

此外，技术、政策等社会环境改善和配套产业的建立健全也支持了网购物流的快速发展。一是物流业信息技术、基础设施和装备水平不断提升，GPS、RFID等智能化、自动化技术在物流领域的应用范围不断扩展；二是近年来政府重视运输、仓储和快递行业的发展，制定了一系列政策改善物流业运营环境，减轻行业成本负担，引导行业健康发展；三是与网购物流相关的支付、信息系统、地产、仓库、通关代理等配套服务产业也取得快速发展。

二、网购物流的总体规模

中国网购物流正处在快速发展的过程中。2012年，中国网购用户规模达到

---

① 根据艾瑞咨询集团发布的《中国网络购物行业年度监测报告》（2010—2012）相关数据整理。

2.47 亿人,同比增长 21.7%;网络购物交易规模约 13 000 亿元,同比增长 66.2%。网购规模的扩张直接带动了中国网购物流的发展,仅从城市快递环节来看,2008—2012 年,中国快递业包裹年增长率达到 39.2%,其中,电子商务带动的快运物流包裹量超过 60%[①]。近五年来中国快递行业业务量如图 13-1 所示。

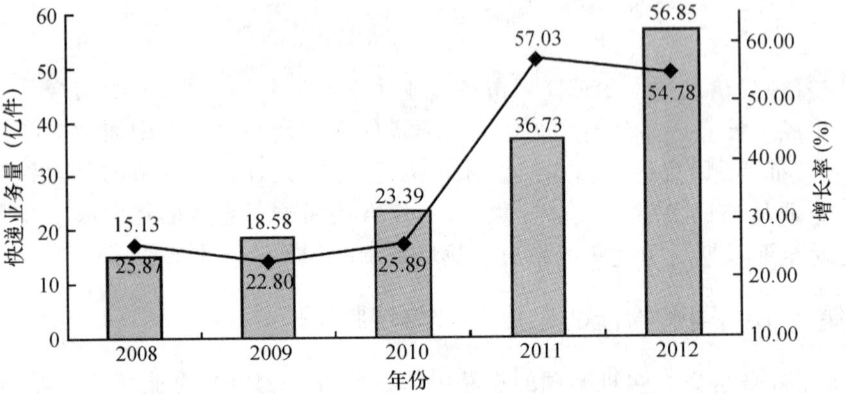

图 13-1 2008—2012 年中国快递业务量及其增长情况

资料来源:根据《中国统计年鉴(2012)》和《2012 年中华人民共和国国民经济和社会发展统计公报》相关数据整理。

三、网购物流的一般流程

物流实现了网购商品的最终交付,物流交付过程也伴随着信息流和服务流的过程。目前,中国网购物流的流程可由图 13-2 表示。消费者通过电子商务平台下达订单后,对于规模较大的 B2C 电商平台,首先通过订单汇总整理,选择合适的区域配送中心进行拆包、分拣、搬运、装车、出库等环节,经由干线运输送到城市小型配送站,再通过终端快递送达到消费者指定的收货地点;对于规模较小的 C2C 商家,一般由商家进行订单汇总和分拣、包装,再交由快递企业进行搬运、装车、干线运输和城市快递服务,完成最终交付。

四、中国网购物流的主要业务种类

中国网购物流的业务种类可分为核心业务和增值业务两类。网购物流的核心业务是指完成从订单处理到产品送达到消费者的全部物流作业。其中,订单处理、产品拣选、组配、包装等业务一般由配送中心完成;城市间长距离的干线运输业务由运输公司或全国性的快递公司完成;供应链末端的城市上门配送业务由区域和城市快递公司负责完成。对于各个环节的核心业务作业,电商平台都可以选择自营和外包的运作模式。

① 《货运车辆》研究部,华夏物联网研究中心. 中国电子商务与物流发展报告:2012.

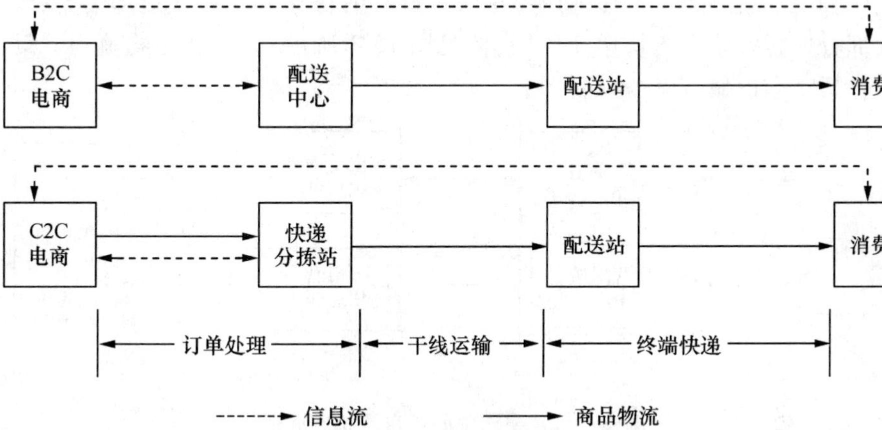

图 13-2 网络购物物流的一般流程

网购物流的增值业务是指在完成产品交付的同时,为电商企业和消费者提供的其他价值增值服务。目前,物流环节可以提供代收货款、代理安装、协助试穿、上门办理退换货等增值业务,这些业务一般由承担终端递送的快递企业完成。

此外,网络购物的物流业务一般允许消费者选择不同的服务内容和服务水平。按照递送时间划分,消费者可选的物流业务一般可以分为限时到达、次日到达、普通不限时间到达等。一些网络购物平台允许消费者选择产品到达的具体时间段,例如晚间到达、工作时间达到、固定时间段到达等。另外,有些网络购物平台允许顾客选择提供快递服务的具体企业,如电商自有快递公司、中国邮政 EMS 快递公司或其他第三方快递公司等。

第二节 中国网购物流的主要运营模式

网络购物物流作业包含订单处理、货物分拣、包装、运输、门到门配送等多个环节,不同环节都可以由电商平台自营,或外包给第三方物流企业。其中,自营业务可以由全资子公司承担,也可以由公司的物流部门承担;外包业务可以选择简单合同外包关系,也可以建立长期稳定的联盟关系。本节从自营与外包模式选择的视角出发,主要考察配送中心和快递两个主要物流环节的运作模式①。

一、自营配送中心与自营快递服务

一些电子商务企业选择了以自营物流系统为主的网购物流运作模式,包括自营配送中心业务和自营快递服务,即企业通过自建或租赁的区域性配送中心,实

① 除了京东商城这样的大型电商企业之外,网购物流干线运输环节一般由具有长途干线运输能力的第三方运输公司承担。

现对全国商品物流的集散配送功能,并依靠自有的快递公司或快递部门,实现对全国大部分地区实施自营快递业务(具体见图13-3所示)。以自营物流模式为主的企业包括京东商城、苏宁易购等①。

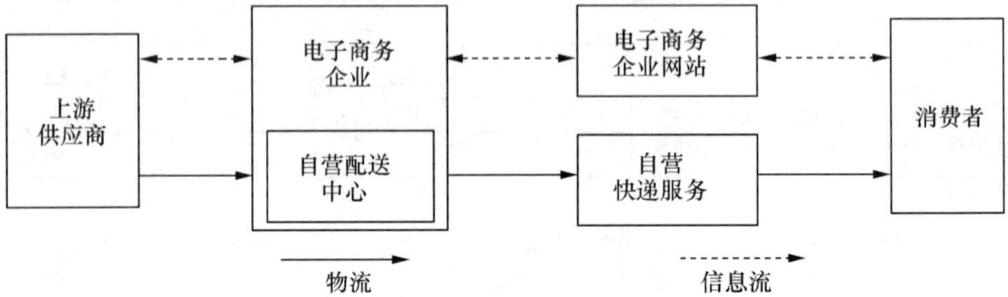

图13-3 自营配送中心与自营快递服务

(一)京东商城

目前,京东商城是国内销售额排名第一的B2C综合电子商务企业。早在2009年,京东商城(JD.com)②获得了2 100万美元的外部投资,其中70%用于自建物流体系,包括自建配送中心和自有快递公司。之后,京东商城又多次大规模投资,提升仓储、配送和售后等物流快递服务。目前,京东商城已经拥有北京、上海、广州、成都、武汉和沈阳等六处大型物流中心,并在西安、杭州等城市设立二级库房,物流中心仓储的总面积超过50万平方米。此外,京东还在天津、苏州、杭州、南京、深圳等超过180座城市建立了城市配送站,并在全国大部分高校建立高校代理点和自提点,为用户提供物流配送、货到付款、移动POS刷卡、上门换取件等服务③。2012年度《中国网络零售市场数据监测报告》数据显示,京东商城平均每天接收订单数量达到80万单,其中80%的商品通过自建物流体系配送,其余的商品则采用价格较低廉的快递公司、邮局包裹等完成终端配送④。

(二)苏宁易购

苏宁易购(suning.com)是中国电器销售企业"苏宁云商"旗下的B2C综合网

① 对于网购物流各个环节而言,自营与外包的分类是针对企业的主要服务内容来讲。事实上,在中国全境实现完全自营配送中心和自营快递服务的企业并不存在。对于一些偏远地区,只有EMS等极少数快递企业才能提供送达服务,网购企业只能选择外包物流服务。此外,对于京东的开放网购平台部分,由小型B2C或C2C企业利用京东的平台提供网购业务,这些企业的物流体系一般外包给京东的物流体系或其签约的合作伙伴。

② 2013年3月30日,京东商城正式更名为JD.com,此前,京东商城的域名为360buy.com。

③ 京东商城:自建物流系统,力破快递"瓶颈". http://www.bj.xinhuanet.com/bjfs/2012-01/10/content_24513774.htm,2012-01-10.

④ 中国电子商务研究中心. 2012年度中国网络零售市场数据监测报告. http://www.100ec.cn/zt/upload_data/wenjian/2012wlls.pdf,2013-01-29.

上购物平台。2012 年 2 月，公司宣布未来三年，苏宁将投入 220 亿元发展物流项目，打造 60 个区域性物流终端，10 多个跨地区分拣中心及多个中转点等①。目前，依托原有销售企业的网络基础，苏宁易购拥有南京、北京、上海、广州、沈阳、成都、武汉、西安、杭州、深圳等十个物流中心，其中南京、北京、上海、广州四个仓库提供全国发货服务，沈阳、成都、武汉、西安四个仓库分别提供东北、西南、华中、西北片区发货服务，杭州仓库提供浙江省发货服务，深圳仓库提供同城服务，物流服务覆盖全国绝大部分区域。到 2015 年，苏宁计划完成 60 个物流基地，12 个自动分拣中心，5 000 个售后服务网点的发展建设目标，同时区域配送中心也将进一步深入到更小型的城市和乡镇区域②。

二、自营配送中心与自营核心城市快递服务

在自营配送中心的基础上，一些电子商务企业将自营快递服务集中在核心城市，而对非核心城市选择外包快递服务策略（见图 13-4 所示）。企业自营快递服务的范围一般是针对消费需求比较集中的少量大中型城市，如北京、上海、广州等。与京东商城在全国范围内的自营快递服务相比，这种模式下，电商企业提供的快递服务保持有限能力，并将服务能力投入到需求集中的单一城市或小块区域。采用这种物流模式的企业包括亚马逊中国、好乐买等。

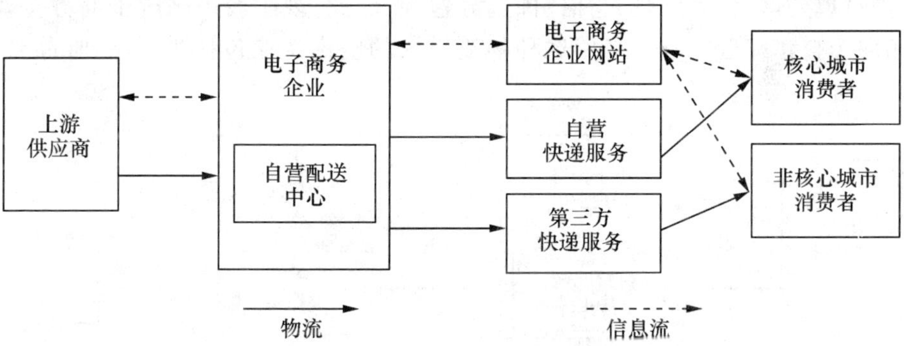

图 13-4　自营配送中心与核心城市自营快递服务

（一）亚马逊中国

全球电子商务巨头亚马逊在中国十分注重物流体系的管控，但相比于京东商城，亚马逊中国（Amazon. cn）在自营快递网络的覆盖范围上相对有限，自建配送中心规模较大，但数量相对较少，自营快递业务占全部快递业务的比例相对较低，对

① 国家邮政局. 苏宁计划三年投资 220 亿元发展物流项目. http://www. spb. gov. cn/folder47/2013/03/2013-03-08123160. html,2013-03-08.

② 中国电子商务研究中心. 到 2015 年苏宁计划完成 60 个物流基地. http://b2b. toocle. com/detail-6096389. html,2013-04-24.

于多数非核心区域,亚马逊实行快递物流外包策略。在中国,亚马逊的物流体系拥有11个运营中心,总面积50万平方米,能够在17个城市实现当日送达,53个城市实现次日送达①。亚马逊旗下的快递企业,包括"亚马逊中国北京世纪卓越信息技术有限公司"和"北京世纪卓越快递服务有限公司",主要负责北京、上海、广州的快递服务,对于其他二、三线中小城市,亚马逊中国采用外包快递物流的形式实现"最后一公里"的交付。

(二) 好乐买

好乐买(okbuy.com)是中国专营鞋类网络购物的垂直电子商务网站②。截止到2012年,好乐买在北京、上海、广州、成都、杭州等10余个大、中型城市自建物流配送中心和配送团队,支撑好乐买在这些区域的全境物流配送工作,目前该部分区域订单数量接近好乐买全部订单量的40%③。对于其他区域,好乐买一般采用外包快递服务的形式,通过第三方快递企业实现终端派送。

三、自营配送中心与第三方快递服务

与完全的自营物流或外包物流相比,很多电子商务企业选择了一种折中的"轻资产"模式,即自营配送中心并由与其合作的第三方物流快递企业完成终端配送服务,如图13-5所示。由于配送中心可以担负起电子商务物流全过程的主要环节,如订单处理、收货检验、仓储、拣选分包等,因此,现阶段中国电子商务企业一般倾向于自建配送中心。采用这种物流模式的电商企业包括当当网、唯品会、品尚红酒等。

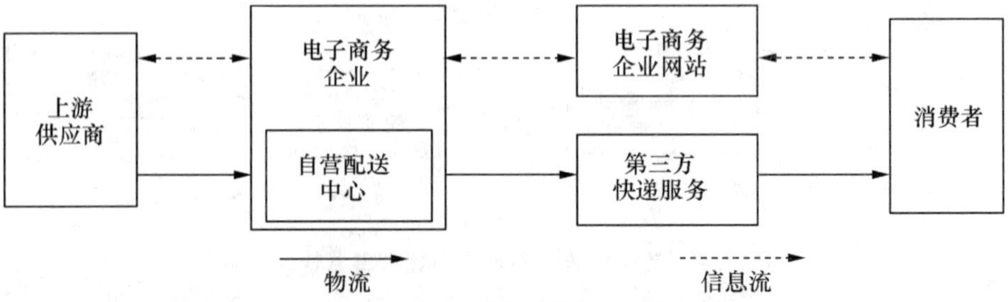

图13-5 自营配送中心与第三方快递服务

① 物流大师亚马逊是怎么赚钱的? http://finance.eastmoney.com/news,2013-03-08.

② 垂直电子商务是指在某一个行业或细分市场深化运营的电子商务模式,垂直电子商务网站旗下商品都是同一类型的产品。与之对应的是综合类电子商务,指经营产品种类多样的电商商务模式。随着电子商务市场的发展和竞争加剧,网络购物企业开始出现以特定类型商品和服务为经营范围的垂直电子商务企业,目前主要以书籍类、服装鞋帽类、数码产品类、奢侈品类、母婴用品类、化妆品类、票务服务类等为主。

③ 好乐买自建物流完成一、二线城市全覆盖. http://www.chinawuliu.com.cn/zixun,2012-04-19.

(一) 当当网

当当网(Dangdang. com)是以图书网络销售起家的综合型电子商务网站。当当网物流采用自营物流配送中心,但外包全部末端配送环节。一般情况下,顾客订单上需要的产品被供应商直接派送到区域配送中心,再由配送中心委派第三方快递企业完成终端配送。当当网与国内超过 100 家快递企业和第三方物流企业建立了合作关系,由它们负责到当当网的区域物流中心取货,并进行终端派送①。当当网的配送中心一部分是自己出资建设的,另一部分则是租赁仓库作为配送中心。

(二) 唯品会

唯品会(Vipshop. com)是以品牌特卖为经营特色的电子商务企业,目前是华南地区最大的 B2C 垂直型电商企业。公司提出了"全国分仓战略",即在国内每一个大区都建立自己的仓储物流中心,缩短物流半径,提高配送速度和效率。2011 年下半年,唯品会的华南物流中心、华东物流中心、西南物流中心、华北物流中心相继扩容或投入使用;2012 年,武汉、沈阳仓库建立并投入使用。目前,公司在全国的仓储面积达 10 万余平方米②。对于末端配送,唯品会与快递公司签订协议,由快递公司按照协议完成。

(三) 品尚红酒

品尚红酒(Wine9. com)是专业经营进口红酒零售业务的垂直电子商务企业,成立于 2010 年 1 月。品尚红酒 80% 的产品由海外直接选购,2011 年实现销售额 1.3 亿人民币,2012 年会员量超过 300 万人,仓库面积超过 12 000 平方米,均为租赁性质的恒温仓库③。公司与快递企业的合作策略是各个分区仓库直接和当地的物流公司合作,跨区域的快递业务则由中通、韵达和宅急送等快递企业完成。

四、第三方配送中心和第三方快递服务

除以上几种模式之外,还有相当数量的中小型电子商务企业,采用完全的物流外包策略,即配送中心和终端快递服务都通过与其合作的第三方快递企业来实现。采用这种模式的电商企业分为两类,一是依托于淘宝等大型电子商务平台的小型网上商店,在客户订单产生后,这些企业会按照顾客要求进行简单的产品拆装、打包作业,然后交由第三方物流企业进行后期的分拣、组配、干线运输、城市配送和快递业务。二是天猫商城等电子商务平台型企业,他们自身不直接进行产品交易,而是为品牌电子商务企业提供网上交易平台。对于这类平台型电子商务企

① 电子商务物流的几种模式简析. http://info. china. alibaba. com/detail/1119229786. html,2013-03-21.

② 唯品会:2013 年,物流先行. http://kfq. ce. cn/kfqsy/gdxw,2013-04-26.

③ 品尚红酒张辉军:B2C 如何提升盈利能力? http://www. ebrun. com/,2012-05-18.

业,其配送中心和快递作业均由在平台上经营的企业主导解决,依靠品牌企业自身的物流体系或第三方物流企业完成物流作业,如图13-6所示。

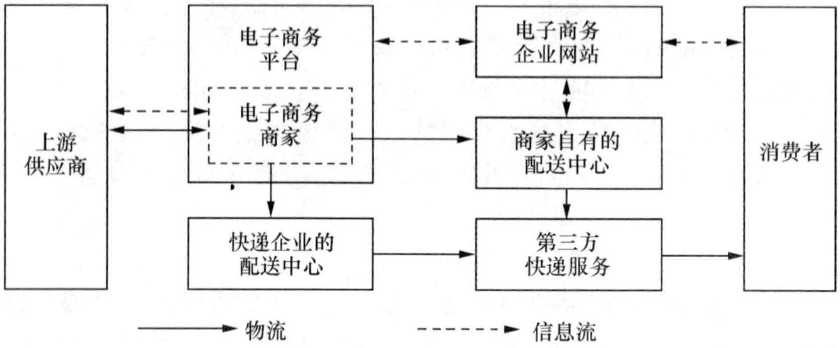

图13-6 第三方配送中心与第三方快递服务

(一) 淘宝网小店

淘宝网(Taobao. com)是中国最大的跨越B2C和C2C两种模式的电子商务商圈。淘宝网以交易平台的身份为各类中小型零售业者和消费者提供网上电子零售交易、二手交易平台。淘宝网的小商户一般规模较小,没有建立自营物流系统的需要,也没有自营物流的实力。淘宝网通过联盟的形式与许多第三方物流企业达成协议,整合供需信息和资源,为在自己平台上经营的小商家提供物流支持。在需求端,淘宝将大量客户发货信息汇总、整理、发布,在供给端,淘宝将诸多联盟的小物流公司运送能力整合起来,无论是仓储配送还是终端快递方面,都利用"云物流"概念构建物流平台,实现商家与第三方快递企业实时对接,形成中小型商家与中小型仓储、快递公司的合作,完成物流配送的全部过程。

(二) 天猫商城

天猫商城(Tmall. com)是品牌商品网上零售的B2C电子商务平台,天猫与淘宝网同属于阿里巴巴集团。天猫商城的物流一般由品牌零售商按照自身销售的产品特点和经营方式解决物流配送。与淘宝网一样,天猫商城是一个平台型电子商务企业。在天猫商城平台上开展电子商务的企业,一般采用自营仓储和外包快递业务,如三星与顺丰快递、EMS与联邦快递合作,对于显示器、笔记本等大件商品由EMS负责快递,对于电视机、冰箱、洗衣机等由联邦快递发货;优衣库与雅玛多、顺丰、EMS等快递公司合作,雅玛多负责上海地区的快递业务,顺丰等负责其他城市的快递业务。一些商家也利用自己的配送中心和物流服务商完成在天猫商城销售产品的快递服务,如海尔公司的冰箱、洗衣机、空调等大家电产品由海尔公司的物流中心配送进行订单处理,并由海尔自营物流服务商配送到用户。

五、总结

从网购物流运营模式总体情况来看，当前，规模较大的 B2C 电子商务企业，一般采用配送中心自营形式，并对城市快递环节采用不同程度的外包，包括完全外包、重点城市外包以及基本完全自营三种形式；对于规模较小的 C2C 电子商务，则一般采用快递企业的外包配送中心和外包快递服务。对于其他物流环节，干线运输方面一般采用外包；对于仓库等其他物流环节，依据不同企业的具体情况和市场的区域分布情况，企业选择不同程度的外包与自营混合策略。具体见表 13-1。

表 13-1　企业物流环节的自营与外包情况

	配送中心	干线运输	城市快递	仓库	其他环节
京东商城	自营	自营	自营	自营为主	混合
苏宁易购	自营	混合	自营为主	自营为主	混合
亚马逊中国	自营	外包	重点区域自营	混合	混合
好乐买	自营	外包	重点区域自营	混合	混合
当当网	自营	外包	外包	混合	混合
唯品会	自营	外包	外包	混合	混合
天猫	外包或商家自营	外包	外包或商家提供	外包为主	外包为主
淘宝	外包	外包	外包	外包为主	外包为主

第三节　网购物流运营模式选择的影响因素

物流体系的自营与外包决策是电子商务企业经营模式的重要战略选择。其中，第三方物流企业的服务能力、电子商务企业自身的资金规模与实力、企业城市空间布局战略、主营产品的物流特征、企业定位与经营策略等因素在很大程度上影响着电子商务企业物流系统的自营与外包决策。

一、物流企业的服务能力与服务水平

第三方物流企业发展水平滞后，不能满足电子商务企业的服务要求，这是很多电子商务企业谋求自营物流的出发点之一。目前，大型国有、外资物流企业的服务对象主要集中在国内外大型制造和贸易企业，涉足网络购物电子商务物流的并不多见。与电子商务交易规模的快速扩张相比，提供第三方物流服务的快递企业整体上依然存在供给能力不足、网络覆盖水平低、基础设施落后和从业人员素质不高等问题。

在一些网络购买密集的节假日和电商企业促销时期，第三方物流企业常常发生“爆仓”现象。2012 年 11 月 11 日，阿里巴巴集团进行了大规模促销活动，据该公司 11 月 12 日凌晨统计的数据显示，天猫和淘宝当天通过支付宝完成的总销售

额达到 191 亿元,销售规模同比增长 2 倍多①。订单量的猛涨使快递企业不堪重负,很多消费者遇到快递包裹延误、丢失、产品破损等问题。消费者投诉同比大幅增加,国家邮政局②当月共受理消费者快递有效申诉共 16 003 件,比 2012 年 10 月增长 50.4%,其中有关快件延误的有效申诉增长 80% 以上③。

2011 年与 2012 年国家邮政局统计的快递行业整体投诉情况见表 13-2 所示,从中可以看出,中国快递物流企业的服务能力和服务水平有待进一步提升。

表 13-2 2011 年与 2012 年快递业务有效申诉问题

	延误	丢失短少	损毁	违规收费	收寄服务	投递服务	代收货款	其他	合计
2012 年合计(件)	63 138	21 993	8 273	1 213	3 392	37 455	1 535	352	137 351
占全部申诉比例(%)	46.0	16.0	6.0	0.9	2.5	27.3	1.1	0.3	100.0
2011 年合计(件)	25 704	8 753	3 779	638	0	9 829	684	78	49 465
占全部申诉比例(%)	52.0	17.7	7.6	1.3	0.0	19.9	1.4	0.2	100.0
2012 年比 2011 年增加(件)	37 434	13 240	4 494	575	3 392	27 626	851	274	87 886
2012 年比 2011 年增长(%)	145.6	151.3	118.9	90.1	—	281.1	124.4	351.3	177.7

资料来源:国家邮政局. 国家邮政局关于 2012 年 12 月邮政业消费者申诉情况的通告. http://www.spb.gov.cn/folder87/2013/01/2013-01-17119916.html.

二、企业规模和资金实力

企业的规模和资金实力是影响物流企业运作模式选择的重要因素。现阶段,很多规模较大和资金实力较强的电子商务企业都在大力扩展企业的自营物流范围,实现了利用资金投入建设自营物流体系,从而加强了物流控制,提升了物流服务能力和服务水平。

京东商城依靠风险投资基金构建了配送中心、干线运输加终端快递的全套自营物流体系,大大提高了企业的物流服务能力。在 2009 年获取 2 100 万美元的风险投资之后,京东商城又于 2010 年 2 月获得了老虎环球基金 1.5 亿美元的投资,这些资金有至少 50% 被投入到物流体系建设中。目前,京东商城可以对北京、上海、广州、成都等超过 20 个城市地区的客户实现"限时达"服务,在很大程度上提升了顾客的购买体验。

---

① 天猫"11·11"购物狂欢节总销售额 191 亿元. http://news.xinhuanet.com/tech/,2012-11-12.

② 全称为"中华人民共和国国家邮政局",为中国快递业的行政主管政府机构。2007 年,原国家邮政局实施政企分开,分离出"中国邮政集团公司",经营邮政、邮政速递及邮政银行三大业务;国家邮政局履行行政管理职能,归属于交通运输部,负责邮政事务的规划、监督、管理,快递行业的监督与管理是其现阶段的重要职能之一。

③ 国家邮政局. 国家邮政局关于 2012 年 11 月邮政业消费者申诉情况的通告. http://www.spb.gov.cn/folder108/folder2711/folder2713/,2012-12-18.

自营物流的投资需要占用了大量资金，增加了流动性风险，需要企业具有从多个渠道获取资金支持的能力。从 2011 年 11 月开始，京东商城改变了以往“全场免运费”的物流策略，开始对不足 39 元的订单收取 5 元配送费，体现出自营物流运作给企业带来的巨大资金压力。

自营物流的运营也需要占用大量资金，随着企业业务量的增加以及各个区域业务量的不均匀，自营物流运营成本还可能不断增加。凡客诚品（Vancl. com）2011 年上半年配送费用率为 13.6%，而同年三季度已高达 19.0%；2012 年，凡客诚品旗下的如风达快递不堪物流成本重负，一方面实行企业裁员，另一方面将提供自营快递服务的 26 个城市缩减为 6 个①。

三、企业的城市空间布局战略

中国国土面积广大，区域之间发展不平衡。电子商务企业一般采用层级化空间服务战略，分地区确定物流服务水平。对于北京、上海、广州等大型城市，人口规模大、需求较为集中，一般能够达到自营物流的经济规模，很多电子商务企业都在这些城市实施自营物流战略，自建物流配送中心，甚至自营终端快递服务；而对于需求较分散的小城镇或乡村区域，电子商务企业一般通过第三方的物流服务实现。

目前，当当网、亚马逊中国、凡客诚品等电子商务企业都选择在大型城市布局自营物流体系。其中，当当网、乐友（Leyou. com）、新蛋中国（Newegg. com）等电商采用自营配送中心、外包快递配送的形式；亚马逊中国、凡客诚品等电商则采用自营配送中心和自建快递团队完成终端配送服务。即使京东商城、苏宁易购等自营比例较高的电商企业，在部分偏远的地区也只能采用外包物流，通过 EMS 等网络覆盖能力较强的快递企业或当地小型快递企业完成终端快递服务。

企业对不同城市采用的物流策略也受到企业规模的影响。一般来讲，规模中等的电商企业多在北京、上海、广州、成都等大城市布局自营物流体系，主要覆盖网购需求集中的长三角、珠三角等区域。对于其他地区，需要根据服务成本和潜在盈利的比较进行科学决策②。

四、企业主营产品类型及其物流特性

随着中国网络购物市场的发展，在某一个行业或细分市场深化运营的垂直型

---

① 张波. 凡客裁撤自营物流. http://money. 163. com/12/0918/03/8BLEBNAB00253B0H. html, 2012-09-18.

② 乐蜂网（Lefeng. com）副总裁沈玄昊认为，年销售规模在 20 亿至 30 亿元左右的垂直类电商，一般在北京、上海、广州、成都这四个城市布局仓库就足够了。因为国内主要的网购人群还是以大城市居多，这四个城市能够辐射长三角、珠三角等网购集中的地区。他同时认为，年销售规模在 30 亿元以下的电商企业，仓库建设太多的话，成本并不划算，并且可改进的空间会很小。观点来自：剖析垂直类电商的物流系统建设——访乐蜂网副总裁沈玄昊. 物流技术与应用. 2012(9)：74—77.

电子商务企业逐渐增加。在物流经营策略上,垂直型电子商务企业需要选择适应主营产品类型的相关物流作业和运营策略。

(一) 服装鞋帽类

目前,中国经营男女服装、鞋帽等产品的垂直电子商务企业包括凡客诚品、好乐买、梦芭莎(Moonbasa.com)、唯品会、乐淘(Letao.com)、走秀网(Xiu.com)、趣天麦网(M18.com)等。由于这类产品种类、尺码多样,顾客可能会要求验货、试穿,退换货频率也较高。电子商务企业需要保持对物流体系的良好控制能力,以形成良好的客户体验,提升客户服务水平。

为此,服装鞋帽类垂直电商一般会在一定程度上自建物流体系,如凡客诚品旗下的如风达快递,作为凡客诚品的自营快递团队,可以做到货到付款、当面试穿、30日内免费退换货等优质的客户服务业务,使得凡客诚品比其他同类型电子商务企业更有优势;时装、时尚奢侈品电商走秀网正在利用融资资金在中国大型城市建设自己的物流体系;鞋类垂直电商好乐买等也都在大型城市布局自营物流体系,力求让用户体验到实体商城一样的购物体验,包括当场试穿、上门退换货等。在客户试穿鞋类产品的时候,快递员能提供专用的垫子,并帮助顾客完成试穿过程。

(二) 3C信息家电

目前,国内主营3C数码产品的电子商务企业不仅包括易讯(51buy.com),新蛋中国等纯平台类电子商务企业,还包括联想(Lenov.com)、戴尔(Dell.com)、三星(Samsung.com)等3C数码生产企业推出的网上销售平台。3C产品(计算机、通信和消费类电子产品)一般体积小巧,外包装形状较为规制、时效要求也不高,但含有锂电池的电子产品的空运受到限制,产品退换货频率稍高,较一般商品也更容易在物流过程中损坏。中国3C产品电商采用的物流策略一般是混合策略,对于大型城市,自建配送中心并自营快递团队;对于其他城市则委托第三方快递企业完成终端配送。如新蛋中国在上海嘉定建设物流园区,并自营奥硕物流完成重点城市的门到门快递,对于其他城市,有圆通、EMS和邮政包裹完成快递;易讯网也自建易讯物流,对大型城市实施自营快递业务,但对于中小城市,易讯均采用圆通和EMS提供快递服务。

(三) 白色家电

不同于3C数码家电,白色家电一般体积庞大,不适宜普通快递企业进行入户配送,一般由制造企业的自营物流或专业的第三方快递负责交付网上订货。如海尔公司拥有自营的城市配送团队,可以完成顾客在天猫商城的订单;苏宁易购网上售出的许多品牌的白色家电,则由苏宁易购的专业自营物流团队完成入户配送。

五、企业定位与经营战略

企业经营战略和战略转型因素是影响企业自营与外包物流决策的重要因素。首先,出于多元化经营战略考虑,一些企业大规模投资物流基础设施建设和快递团队建设,为企业进入第三方物流服务领域甚至实体连锁经营领域创造了条件。如京东商城建设自营物流体系,有利于未来企业多平台商业模式转型。京东商城也提出过物流开放化战略,希望未来京东的物流体系可以发展成为服务社会的第三方物流平台。

其次,企业的市场定位决定了企业需要实施与之相适应的物流策略,才能达到既定的服务水平目标和物流管理目标。快书包(Kuaishubao. com)定位为“精选”、“低价”和“一小时到货”。快书包的服务范围仅为北京、上海、深圳、杭州、西安、成都和长沙的部分地区①,且周六、日不送货。网站每天在网上推出精选书籍,承诺一小时送到消费者指定的地方。按照这样的定位,快书包的物流采用小库房、少品种和快速订单处理的方式,接到订单后寻找离顾客最近的小库房,由小库房直接打印订单,立即开始送货。快书包的自营库房和快递团队是实施这一市场定位和经营策略的关键支撑因素。

最后,企业的物流体系设计与财务策略也密切相关。由于代收货款服务需要快递企业承担,电商企业若要获得较快的回款,加快资金流速,就需要高效、可信的快递服务团队进行配合。较为可靠的方式是自己组建、自己运营快递团队,也可以通过相互持股、签订长期协议等形式与第三方物流快递企业建立联盟关系。京东商城、凡客诚品、好乐买以及乐友(Leyou. com)等电商的自营快递团队都有代收货款业务。天猫商城的一些商家也通过第三方物流企业开展代收货款业务。

六、总结

对网络购物电子商务企业来讲,不同物流运作模式各有所长。企业自营物流的优势在于:一方面,自营物流可以优化自身物流体系,提升物流服务运作效率和服务水平;另一方面,作为企业长期战略,自营物流体系可以实现平台化运营,成为企业的利润增长点。企业外包物流的优势在于:一方面,“轻资产”经营极大减少了企业的资金成本、运营成本等成本负担,降低企业资金流动性不足带来的经营风险;另一方面,外包物流有利于发挥物流企业专业化的物流作业能力,也有利于企业专注自身核心竞争力建设,实现分工与专业化带来的效率提升。

综合分析企业自营、外包物流决策的影响因素,可以发现,企业自营物流的客观因素是物流企业配套服务能力不足和企业经营产品的物流特殊性要求,主观因

① 对于超过服务范围的顾客,不能享受一小时配送,可以到快书包在淘宝网上开的店进行购买,但只能享受普通快递服务。

素是企业的整体战略,包括定位与经营战略、空间布局战略等。此外,如果企业选择自营物流,还受企业资金实力的限制。影响企业自营或外包物流的主要因素如表13-3所示。

表13-3 网购物流自营与外包决策影响因素

影响因素	倾向自营	倾向外包
物流服务能力与水平	与要求差距过大	基本满足要求或配套完善
企业规模、资金实力	规模大、实力强	规模有限,无力承担投资
空间布局战略	需求集中的核心城市	需求少而分散的区域
主营产品类型、特征	产品有特殊物流要求,市场配套不足	产品物流无特殊要求
企业定位	物流服务要求高质量	物流服务要求低成本
多元化战略	物流业务可以平台化,成为新盈利点	专注网购平台运作

除了以上因素之外,企业自营或外包物流体系的决策还会受到其他因素的影响。例如,出于资产保值增值的目的,企业也愿意投资物流基础设施和设备等;此外,民族文化、企业家偏好等因素也或多或少的影响企业物流运作模式选择。

第四节 中国网购物流运作模式的发展趋势

网络购物的飞速发展深刻影响着消费者和生产者的市场行为,改变着中国的商品流通模式,对未来中国的市场体系、产业体系和经济发展也将产生极大影响。中国网购物流运作模式也将随之不断发展演变,专业化、信息化、集成化水平和运作效率也将逐步提升。

一、各类企业整合物流资源,扩展在线业务

网络购物是现代流通体系的重要分销渠道。随着网络购物的日益发展,各类市场主体都会更加积极的尝试扩展线上业务,并利用企业原有的物流配送资源,或通过整合多种社会物流资源,形成网购物流的支持体系。

制造业方面,联想集团正在打造联想手机网上商城、笔记本网上商城和服务网上商城,并通过分离原有物流部门构建神州数码物流公司,进行物流运作;海尔集团正在建设海尔网上商城,并利用海尔物流体系自营物流。

商贸业方面,传统电器零售商国美通过并购库巴网(Coo8.com)建立综合型网上分销渠道,苏宁则通过升级自身的网上商城,建立综合型网络购物平台——苏宁易购。在物流体系建设方面,这些企业充分利用了自身原有物流资源。2011年8月,综合型网购平台1号店(Yihaodian.com)获得沃尔玛的战略投资,并开始与沃尔玛合作,利用沃尔玛的仓库和干线运输资源,提升了物流运作效率。

除了制造业和商贸业,目前银行金融机构(如交通银行交博汇)、网络服务商

(如中国移动网上商城)、在线内容提供商(如新浪奢品),以及快递物流企业(如顺丰优选)等都在尝试线上销售服务。

二、实体销售与网络购物融合,共享物流资源

基于对物流资源的共享,实体连锁零售店与虚拟网络商店的融合也是未来网购物流发展的趋势之一。这种模式融合了实体店与网店的优势,并形成两种渠道在物流体系方面的资源共享和相互支撑。

这种运作模式已经开始出现并逐渐扩展,如乐友集团除了拥有母婴用品垂直B2C电商乐友网之外,在北京、天津、西安、沈阳、廊坊、青岛等城市建立了100余家母婴用品实体连锁店,并在北京、天津、西安、沈阳、青岛等地建立多个配送中心支持连锁店和乐友网运行,形成目录销售、电话销售和实体连锁店多种销售模式共用物流资源的模式。

在物流运作中,实体店和网络销售可以相互支持,每个实体店都可作为一个配送站,实现对网络订单的快速响应和就近配送。通过实体店支持的配送服务,乐友在很多城市能够实现当日订单(当日15点之前)当日送达。

三、云物流平台与网购平台对接

目前,中国市场上存在大量规模较小的网络零售企业,也同时存在许多网络集中、服务能力有限的小微型物流公司。为了实现中小型电商企业与物流快递企业建立多点对多点的供需对接平台,可以建立整合网购物流需求信息和物流能力供给信息的"云物流"信息平台。通过云物流平台,一方面可为诸多小微型电子商务企业提供及时、可比的物流信息,另一方面也给存在闲置资源的物流企业提供及时、可选的需求信息。

目前,平台型电子商务企业正在进行这方面的尝试。2013年,阿里巴巴集团宣布要投资一个前所未有的智能物流骨干网络(CSN),目标是在全国任何一个地区,都能做到24小时内送货必达。阿里巴巴集团曾经在物流平台方向进行了多方探索:一是直接投资,包括投资百世物流、星晨急便等新型物流企业;二是结盟,与多个第三方物流服务商联盟合作。2012年年初,阿里巴巴与包括中国邮政在内的九大物流商已经结成联盟,初步形成支持小微型电商的"云物流"形态。

四、社会化、专业化的第三方物流运作将更加普遍

分工与专业化是市场经济发展的方向,社会化、专业化的第三方物流将是网购物流运作模式发展的大势所趋。目前,许多自营物流的电商企业一般也将下属的物流资源注册为子公司进行独立化运作,如京东商城下属的京东物流、新蛋中国下属的奥硕物流以及易讯网下属的易讯物流等。

网购物流的社会化,可以更好的应对物流需求的波动,并实现物流资源的充分利用。例如,凡客诚品旗下的如风达快递,除为凡客诚品提供快递业务外,还利

用过剩的物流能力,承担了百丽集团旗下的鞋类垂直电商优购网(Yougou.com)、小米公司的手机销售垂直电商小米网(Xiaomi.com)等电子商务企业部分城市的快递业务,既避免了物流资源闲置,也实现了企业收入增加。

网络购物涉及的产品领域将逐步增加,对物流的专业化运作能力提出了更高要求。例如,药品、食品的网购渠道需要低温物流系统的配合,珠宝、钻石等昂贵奢侈品的电商物流需要更加安全和封闭化的物流运作等。物流的专业化也是网购物流的发展趋势之一。

五、快递网络"最后一公里"整合程度不断提升

为了应对快递企业在"最后一公里"交付环节的各种问题,城市终端快递网络开始出现进一步整合的趋势。其中,社区自提点网络建设是一种典型模式,社区自提点是以社区实体门店的形式整合社区范围的快递交付业务,自提点允许消费者在方便的时候自助提取网购商品,体现了网络整合的诸多优势。首先,自提点可以解决快递员上门时间与消费者要求不匹配的问题;其次,自提点可以减少"最后一公里"的终端配送次数,提升配送效率;最后,自提点也能保护消费者隐私,防止消费者住址等家庭信息的泄露。

2012年7月9日,当当网宣布在北京、上海、广州、深圳、武汉、济南、福州、青岛、无锡等全国9个核心城市开通120个自提点,当地社区用户可以选择"上门自提"快递服务,三天内可就近取货[①];京东商城很早就在大学校园等需求集中的机构设立自提门店;2012年10月起,北京的淘宝网及天猫商城用户也可利用在北京市朝阳、丰台、通州、昌平、海淀各区设立的243家"天猫社区服务站"代收网购包裹[②]。可以预见,随着网购规模的扩张,社区化的自提网络也将成为终端快递物流服务的发展趋势之一。

六、通过产品虚拟化绕开物流环节

一些特殊的数字虚拟产品不需要实体物流运作,如音乐、电影、唱片等。从改变商品形态入手,将商品数字化,可为解决电商物流问题提供新的思路,这也成为电商物流新的发展趋势。

首先,电子书、股票、基金等数字产品可以通过网络直接发送;其次,票务服务、餐饮服务、通信服务等传统的付费服务项目可以通过条码打印、密码发送等方式实现数字化销售,从而回避物流环节,如云网(Cncard.com)是销售福利彩票、优惠卡、游戏充值卡、电话卡、软件、驾校课程等数字产品的B2C电商,产品可以直接

---

① 当当开通9城市120个自提点 北京占1/3. http://www.ebrun.com/20120709/50273.shtml,2012-07-09.

② 王璀一.自提模式促电商配送升级. http://money.163.com/12/1030/22/8F3KJG0V00253B0H.html,2012-10-30.

通过网络发送；再次，3D 打印技术的发展使尽可能多的商品从物理介质转化成信息“比特”介质，并能够绕开物流环节直接通过网络发送给消费者，免除了物流环节。最后，一些服务产品通过 O2O(online to offline)电子商务模式销售，也在很大程度上减少了物流环节，如美团网(Meituan. com)、大众点评网(Dianping. com)等团购电商平台，消费者和商家在网上完成交易，消费者可以凭条码、密码等凭证在指定时间内随时到指定的实体店进行消费。

调研篇

第十四章　中国现代物流市场发展调查

2012 年,随着国民经济的缓中企稳和世界经济的复苏放缓,中国工商企业的物流外包出现新的特点,物流企业的经营环境发生了新的变化,物流企业的发展状况也呈现出新的特征。为了全面把握 2012 年中国物流市场发展动态,国家发展改革委经济运行调节局和南开大学现代物流研究中心于 2013 年 1—5 月开展了第十一次全国物流市场问卷调查,并对部分直辖市、省会城市或自治区首府和典型地区的地级市进行了实地访谈调研。

第一节　调查问卷设计、调查范围与方式

一、调查问卷设计

本调查问卷包括以下两种类型:(1) 工商企业问卷,以工业企业和商业企业为调查对象,旨在了解工商企业的物流需求特点、物流运作模式和物流外包状况等内容;(2) 物流企业问卷,旨在了解物流企业的业务类型、人力资源、设施设备使用、经营状况、经营环境等内容。

二、调查范围

本次调查的样本覆盖了中国直辖市、省会城市或自治区首府及主要的计划单列市和随机抽取的地级市。

三、调查方式

(一) 问卷调查

2013 年 3 月,南开大学现代物流研究中心在国家发展改革委经济运行调节局的领导和组织下,通过电子邮件或传真的方式,将调查问卷下发到各地区政府物流主管部门。各地政府物流主管部门按照统一要求,在本地区分别抽取一定数量的物流企业和工商企业,组织企业填写问卷。问卷回收截止日为 2013 年 4 月底,由南开大学现代物流研究中心负责回收、整理和统计分析。

(二) 深度访谈

2013 年 1—5 月,南开大学现代物流研究中心选择十余个省、市和典型地区,与部分工商企业、物流企业的管理人员进行了深入访谈。

四、问卷统计及结果分析的说明

（一）问卷回收情况

本次调查共发放问卷 1 640 份，回收问卷 697 份，回收率为 42.5%。其中，工商企业问卷回收 306 份，有效问卷 286 份；物流企业问卷回收 391 份，有效问卷 356 份。

（二）问卷处理方法

本次问卷调查涵盖填空、单选、多选、等级等多种题型。单选题各选项比例总计为 100%；多选题各选项比例的合计不是 100%；等级题要求答卷人按 5 个重要程度等级对选项进行打分，其中 1 代表很不重要，2 代表不重要，3 代表重要性一般，4 代表比较重要，5 代表很重要，统计结果最终按得分从大到小排序。

第二节 工商企业的物流运作状况

本部分主要从企业基本信息、物流运营状况和物流设施使用情况三个方面对工商企业问卷中的数据进行整理和分析。2013 年的调查结果显示，工商企业继续整合物流服务功能，进一步扩大物流外包范围和程度，多数工商企业对于外包物流业务表示基本满意，并普遍认为物流外包服务效果较好。

一、企业基本信息

（一）企业的行业类型与所有制类型

本次调查的工商企业涉及多个行业类型，样本企业涉及的行业类型及比例如表 14-1 所示。

表 14-1 样本企业涉及的行业类型及比例 （单位：%）

行业类型	企业比例	行业类型	企业比例
农产品加工	7.3	医药	7.3
食品饮料	10.5	装备制造	8.7
烟草制品	1.4	交通运输设备制造	5.9
纺织服装	2.8	家用电器	5.9
家具制造	2.8	电子设备制造	1.4
建材批发	4.5	钢铁制造	6.3
金属制品	1.7	批发零售	12.6
印刷	1.7	其他	13.3
化工	5.9	合计	100

（二）企业物流总费用占销售收入的比例

调查结果显示：34.6% 的工业企业的物流总费用占销售收入比例低于 5%，工业企业物流总费用占销售收入比例的均值为9.70%；49.0%的商业企业的物流总费用占销售收入的比例低于5%，商业企业物流总费用占销售收入比例的均值为7.8%，具体情况如表14-2和表14-3所示。

表14-2 工业企业物流总费用占销售收入的比例

项目	比例(%)
低于5%	34.6
5%～10%	25.9
10%～15%	13.6
高于15%	25.9
合计	100
均值	9.7

表14-3 商业企业物流总费用占销售收入的比例

项目	比例(%)
低于5%	49.0
5%～10%	19.2
10%～15%	16.1
高于15%	15.7
合计	100
均值	7.8

（三）工业企业的采购和产品销售范围

1. 采购范围

2012年，中国工业企业采购范围继续扩大。63.6%的工业企业在全国范围内采购，较上年提高了1.9个百分点；23.1%的工业企业跨国境采购，较上年提高了1.8个百分点，具体数据如表14-4所示。

表14-4 工业企业的采购范围(有多选) （单位：%）

项目 \ 年份	2008	2009	2010	2011	2012
本市	10.4	7.4	7.1	6.7	7.3
本省(直辖市)	16.9	18.7	17.5	15.2	8.7
本省及周边地区	17.3	21.3	23.3	21.3	18.5
全国	51.1	54.9	57.8	61.7	63.6
跨国境	22.8	19.7	25.6	21.3	23.1

2. 销售范围

2012年,中国工业企业不断加大国内市场的开拓力度,产品销售范围继续扩大。71.7%的工业企业在全国范围内销售产品,24.5%的工业企业在本省及周边地区内销售产品,仅在本市或本省(直辖市)范围内销售产品的企业比例较小,30.4%的工业企业跨国境销售产品,具体数据如表14-5所示。中国多数工商企业产品销售范围的逐步扩大,也对中国区域物流、国际物流基础设施的完善和企业物流管理水平的提升提出了更为迫切的要求。

表14-5 工业企业的产品销售范围(有多选) (单位:%)

项目 \ 年份	2008	2009	2010	2011	2012
本市	5.1	5.9	6.5	5.3	4.2
本省(直辖市)	11.8	13.1	16.8	15.0	8.4
本省及周边地区	27.2	28.8	35.1	37.7	24.5
全国	67.8	64.5	68.2	73.3	71.7
跨国境	42.5	31.6	34.8	29.0	30.4

(四)企业电子商务经营状况及其运作模式

2013年调研问卷新增了工商企业电子商务经营状况与运作模式的调查,问卷中工商企业的电子商务,是指企业通过网络平台接受产品订单的业务。结果显示:29.0%的被调研企业开始通过电子商务网站销售产品,49.3%的企业还没有通过电子商务网站销售产品,21.7%的公司正准备开拓电子商务网站销售产品。在已经开展电子商务的企业中,88.3%的工商企业借助B2B平台或淘宝、天猫等B2C综合电子商务平台开展在线业务,68.1%的公司采用"借助其他电子商务平台开展业务,第三方物流配送"的模式,具体数据如表14-6所示。

表14-6 工商企业开展电子商务的运作模式

所采用的模式	比例
自建电子商务平台,自营物流配送	1.2
自建电子商务平台,第三方物流公司完成配送	5.1
自建电子商务平台,经营服务类产品,无须配送	5.4
借助其他电子商务平台开展业务,自营物流配送	6.3
借助其他电子商务平台开展业务,第三方物流配送	68.1
借助其他电子商务平台开展业务,经营服务类产品,无须配送	13.9
合计	100

二、物流运营状况

（一）物流管理部门的设置与职责

截至 2012 年，已有接近半数的工商企业设置了独立的物流管理部门，该比例与前些年基本持平，反映出中国工商企业对企业物流核心能力构建的重视。结合实际访谈的结果可知，目前中国大中型工商企业已普遍设有独立的物流管理部门，具体数据如图 14-1 所示。

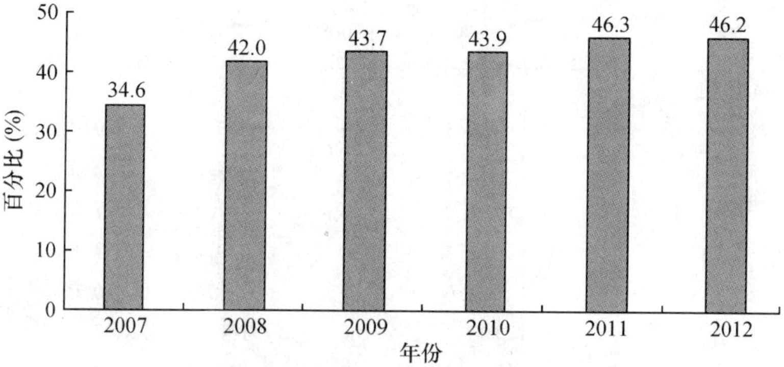

图 14-1　已设置独立物流管理部门的工商企业比例

调查结果显示，中国工商企业物流管理部门的职责仍以仓储与库存管理、运输管理和配送管理等物流业务为主。随着工商企业对于物流信息管理和供应链管理的重视，部分工商企业物流管理部门开始扩展更多的物流服务功能，如物流信息管理、采购管理和物流计划等，10.5% 的工商企业物流管理部门设置了供应链管理职能，具体数据如表 14-7 所示。

表 14-7　工商企业物流管理部门的职责（有多选）　（单位：%）

项目＼年份	2008	2009	2010	2011	2012
仓储管理与库存管理	79.6	78.7	80.5	82.5	81.1
运输管理	66.2	74.5	79.1	68.2	76.6
配送管理	62.5	59.6	66.5	67.7	70.0
物流信息管理	—	—	—	42.6	68.9
采购管理	3.3	11.2	18.8	38.6	36.0
物流计划	—	—	—	28.9	30.0
供应链管理	—	—	—	12.3	10.5
其他	1.1	8.5	8.5	2.3	4.5

(二) 企业的原材料和产成品(商品)库存期

2012年,随着经济总量增速回调和经济结构调整等因素的影响,中国工业企业原材料和产成品的平均库存期以及商业企业商品平均库存期略有波动。其中,原材料平均库存期为39.5天,与2011年基本持平,43.1%的工业企业的原材料库存期在1个月以上,具体数据如表14-8所示。

表14-8 工业企业的原材料库存期 (单位:%)

项目＼年份	2008	2009	2010	2011	2012
10天以下	9.2	10.2	11.5	12.5	16
10—20天	18.5	19.4	20.7	20.0	22.7
20—30天	27.9	28.8	29.2	22.5	18.2
1—2月	23.8	23.6	22.2	27.5	24.9
2—3月	12.6	10.7	9.6	7.5	8.4
3月以上	8.0	7.3	6.8	10.0	9.8
合计	100	100	100	100	100
均值(天)	41.2	39.1	37.4	40.8	39.5

工业企业产成品平均库存期为49.6天,比2011年略有增加,59.5%的工业企业的产成品库存期在1个月以上,具体数据如表14-9所示。

表14-9 工业企业的产成品库存期 (单位:%)

项目＼年份	2008	2009	2010	2011	2012
10天以下	9.8	9.5	9.5	9.0	10.1
10—20天	9.9	10.6	11.2	9.5	10.1
20—30天	21.7	23.4	23.7	23.0	20.3
1—2月	27.6	28.9	32.4	32.5	30.4
2—3月	16.1	15.4	13.5	15.5	17.5
3月以上	14.9	12.2	9.7	10.5	11.6
合计	100	100	100	100	100
均值(天)	52.0	48.9	45.9	48.1	49.6

商业企业商品平均库存期为42.9天,比2011年增加了1.3天,52.1%的商业企业的商品库存期在1个月以上,具体数据如表14-10所示。

表 14-10　商业企业的商品库存期　　（单位：%）

项目＼年份	2008	2009	2010	2011	2012
10 天以下	9.1	11.4	14.8	15.0	14.0
10—20 天	19.8	21.3	23.9	19.0	17.5
20—30 天	20.1	20.1	18.6	17.0	16.4
1—2 月	28.8	29.8	25.7	29.0	30.8
2—3 月	10.7	9.3	9.1	10.5	11.9
3 月以上	9.5	8.1	7.9	9.5	9.4
合计	100	100	100	100	100
均值(天)	42.3	40.1	38.0	41.6	42.9

（三）企业物流业务外包情况

1. 外包物流业务及其比例

干线运输和配送仍是中国工商企业外包物流业务的主要类型，2012 年，90.2% 的工商企业对干线运输或配送实施外包。与此同时，工商企业外包物流业务的范围逐渐扩大，对采购管理、物流系统设计、产品装配与安装等业务实施外包的工商企业比例进一步提高，具体数据如表 14-11 所示。

表 14-11　工商企业外包物流业务的种类(有多选)　　（单位：%）

项目＼年份	2008	2009	2010	2011	2012
干线运输	39.3	42.6	47.8	86.7	90.2
配送	37.4	38.3	43.1		
仓储保管	11.9	15.5	16.3	20.8	22.7
包装与流通加工	11.9	13.5	14.6	21.7	21.0
采购管理	—	—	—	15.7	17.0
物流信息管理	17.5	15.6	16.2	18.0	16.8
物流系统设计	10.6	10.7	11.5	14.6	15.4
产品装配与安装	—	—	—	13.3	14.3
库存管理	6.7	5.4	5.9	8.3	7.0

在了解外包物流业务类型的基础上，课题组进一步对物流业务外包的程度进行了调查。结果显示，在外包干线运输或配送的工商企业中，36.0% 的企业将其 70% 以上的干线运输或配送业务实施外包，表明干线运输或配送业务外包的程度较高，具体数据如表 14-12 所示。

表14-12 2012年工商企业物流业务外包的程度(有多选) (单位:%)

项目 \ 比例	10%以下	11%~30%	31%~50%	51%~70%	70%以上	本项合计
干线运输或配送	23.1	14.3	17.8	8.7	36.0	100
包装与流通加工	46.2	38.1	0.3	15.4	0	100
仓储保管	51.7	7.3	13.3	10.1	17.5	100
物流信息管理	42.3	5.2	5.2	15.7	31.5	100
采购管理	46.9	5.6	8.7	4.2	34.6	100
物流系统设计	29.4	11.9	0	29.4	29.4	100
产品装配与安装	46.9	13.3	3.5	3.1	33.2	100
库存管理	45.5	9.1	0	9.1	36.4	100

2. 外包物流服务的评价

(1) 外包物流业务的满意程度

2012年工商企业对于外包物流业务满意度的调查结果显示,大多数工商企业对于外包物流业务表示基本满意;从外包的各项物流业务看,干线运输或配送、仓储保管两项业务的满意程度是最高的,具体数据如表14-13所示。

表14-13 工商企业外包物流服务的评价

项目 \ 满意度	满意程度排序
干线运输或配送	1
仓储保管	2
采购管理	3
库存管理	4
物流信息管理	5
物流系统设计	6
包装与流通加工	7
产品装配与安装	8

(2) 物流外包后的绩效评价

90.6%的工商企业认为物流业务外包后服务质量有所提高,特别值得注意的是,其中70.3%的企业在服务质量提高的同时还降低了成本,表明目前中国工商企业的物流外包效果良好,具体数据如表14-14所示。

表 14-14　工商企业外包后的绩效评价　（单位：%）

项目＼年份	2008	2009	2010	2011	2012
成本降低，服务质量提高	66.2	65.8	67.5	68.0	70.3
成本降低，服务质量下降	8.4	7.1	6.2	3.7	8.7
成本增加，服务质量提高	24.6	26.5	25.9	27.7	20.3
成本增加，服务质量下降	0.8	0.6	0.4	0.6	0.7
合计	100	100	100	100	100

（3）物流服务商的选择标准

工商企业在选择物流服务商时，最看重物流企业的服务价格，其次看重物流企业的商业信用和服务水平。这一方面反映出工商企业对于降低物流成本的期待，另一方面也反映出对于物流服务商的企业信用和服务水平的重视。同时，这也表现出市场对物流企业尽快降低服务价格、提高信用水平的迫切要求。除此之外，部分问卷还提出“企业实力与规模”和“能否满足临时需求”等也是工商企业选择物流服务商的衡量标准，具体数据如表 14-15 所示。

表 14-15　工商企业选择物流服务商标准的排序

项目＼年份	2008	2009	2010	2011	2012
服务价格	3	3	1	3	1
企业信用	1	2	3	1	2
服务水平	2	1	2	2	3
网络覆盖范围	4	4	4	4	4
信息系统兼容性	—	—	—	5	5

3. 物流外包的目的

工商企业物流外包的最主要目的是降低物流成本，其次是为了提高生产效率和减少资本投资，具体排序情况如表 14-16 所示。

表 14-16　工商企业选择物流外包业务目的的排序

项目＼年份	2008	2009	2010	2011	2012
降低物流成本	1	1	1	1	1
提高生产效率	4	2	3	5	2
减少资本投资	5	4	4	2	3
提升客户物流服务水平	3	3	2	4	4
专注于核心业务	2	5	5	3	5

4. 物流外包的合作方式

(1) 委托物流服务商的数量

2012年,近半数工商企业委托2—3家物流服务商,选择比例达到49.0%,具体数据如表14-17所示。

表14-17 工商企业委托物流服务商的数量 (单位:%)

年份 项目	2008	2009	2010	2011	2012
1家	8.9	11.2	12.1	11.4	12.2
2—3家	41.2	43.6	45.7	48.8	49.0
4—5家	34.4	29.4	28.3	27.7	27.6
6家以上	15.5	15.8	13.9	12.1	11.2
合计	100	100	100	100	100

(2) 与物流服务商的合作形式

92.3%的工商企业通过签订合同与物流服务商合作,20.5%的工商企业与物流服务商结成战略联盟,具体数据如表14-18所示。

表14-18 工商企业与物流服务商之间的合作形式(有多选) (单位:%)

年份 项目	2008	2009	2010	2011	2012
签订合同	91.3	93.1	94.6	92.7	92.3
战略联盟	24.3	22.4	25.3	24.0	20.6
参股物流服务商	6.6	4.8	5.9	6.7	1.4
其他	0.1	0.2	0.4	1.1	1.4

(3) 与主要物流服务商签订合同的期限

2012年,70%以上的工商企业与主要物流服务商签订年度合同,与2011年相比,该比例有显著提高,这反映出工商企业更加注重与物流服务商之间建立年度合作关系,但与主要物流服务商签订长期合同的工商企业比例有所下降。具体数据如表14-19所示。

表14-19 工商企业与主要物流服务商的合同期限(有多选) (单位:%)

年份 项目	2008	2009	2010	2011	2012
临时合同	35.9	25.4	29.5	23.3	31.1
季度合同	5.2	6.7	15.6	10.0	1.4
半年合同	7.4	9.8	9.7	11.7	6.6

（续表）

年份 项目	2008	2009	2010	2011	2012
年度合同	53.7	56.7	58.9	61.0	72.4
长期合同	30.2	27.3	21.3	22.1	13.3

5. 物流外包的主要阻碍因素

调查结果显示，“服务水平和服务能力具有不确定性”、“外包物流成本难以估量，价格谈判困难”和“失去对物流活动的直接控制”是排名前三位的阻碍物流外包的因素，具体统计结果如表 14-20 所示。

表 14-20　阻碍企业物流外包的因素及其严重程度排序

严重程度排序 面临的问题	2012
服务水平和服务能力具有不确定性	1
外包物流成本难以估量，价格谈判困难	2
失去对物流活动的直接控制	3
仓储保管信息系统整合与维护的难度较大	4
企业文化和物流系统存在差异	5
物流管理人员需要再培训	6
本企业物流人员安置困难	7

（四）工商企业最紧缺的物流人才

2012 年，中国工商企业各类物流人才的紧缺程度均有所上升，尤其是综合性物流管理人员的缺口依然较高，具体数据如表 14-21 所示。

表 14-21　工商企业最紧缺的物流人才类型（有多选）　（单位：%）

年份 项目	2008	2009	2010	2011	2012
综合性物流管理	88.1	85.6	82.0	79.0	83.9
物流信息管理	55.3	42.2	41.5	35.7	51.0
运输管理	18.6	17.8	15.7	9.7	12.2
库存管理	15.3	11.9	10.4	8.3	13.6

三、企业的物流设施使用情况

（一）自有车辆利用率

2012 年，约半数工商企业的自有车辆利用率大于 90%，工商企业自有车辆利用率的均值为 78.8%，较 2011 年企业营运车辆平均利用率提高了 5.2 个百分点，具体数据如表 14-22 所示。

表 14-22 工商企业自有车辆的利用率 （单位:%）

项目	2011	2012
30% 以下	7.3	3.8
31% ~50%	10.3	7.7
51% ~70%	16.7	15.0
71% ~90%	27.3	24.1
90% 以上	38.4	49.3
合计	100	100
均值	73.6	78.8

（二）自有仓库情况

1. 自有仓库利用率

2012 年,80% 以上工商企业的自有仓库利用率大于 70%，工商企业自有仓库利用率的均值为 83.4%，与 2011 年持平,具体数据如表 14-23 所示。

表 14-23 工商企业自有仓库的利用率 （单位:%）

项目	2011	2012
30% 以下	2.0	2.8
31% ~50%	2.3	1.7
51% ~70%	9.0	7.7
71% ~90%	39.3	38.1
90% 以上	48.4	49.7
合计	100	100
均值	84.0	83.4

2. 自有仓库的作业方式

机械化作业、电子化信息处理已逐渐成为中国工商企业自有仓库的主要作业方式。2012 年,约 72.4% 的工商企业自有仓库采用机械化作业、信息处理电子化的作业方式;但仍有近 10% 的工商企业的自有仓库采用手工作业为主的作业方式,具体数据如表 14-24 所示。

表 14-24　工商企业营运仓库的作业方式(有多选)　(单位:%)

项目＼年份	2008	2009	2010	2011	2012
手工作业为主,信息处理采用人工方式	17.0	14.5	13.2	10.3	9.8
机械化作业,信息处理采用人工方式	28.9	40.9	39.5	36.7	36.7
机械化作业,信息处理电子化	61.1	66.8	67.1	70.3	72.4
全自动无人作业	2.8	3.3	3.2	3.3	4.5

(三) 信息技术的使用情况

1. 信息系统中的物流功能模块

工商企业物流信息系统的主要功能模块包括仓储管理、订单管理和财务管理等,具体数据如表 14-25 所示。

表 14-25　工商企业物流信息系统的物流功能模块构成(有多选)　(单位:%)

项目＼年份	2008	2009	2010	2011	2012
仓储管理	79.7	91.3	90.8	87.0	86.4
订单处理	54.2	80.4	81.6	82.0	80.8
财务管理	69.5	89.1	78.5	76.3	75.5
运输管理	84.6	63.0	65.3	60.0	67.2
配送管理	57.6	58.7	59.1	61.3	57.6
采购管理	59.3	67.4	63.7	65.0	57.3
销售管理	52.5	65.2	60.4	54.0	53.1
客户管理	25.4	56.5	56.9	55.7	50.3
车辆监控	57.6	41.3	46.8	50.0	48.3
设备管理	22.0	37.0	36.4	30.0	33.2
装配和包装管理	20.3	28.3	27.2	18.3	13.6
其他	1.7	2.2	1.9	6.7	7.5

2. 物流信息技术的使用情况

2012 年,接近 80% 的工商企业采用了条形码技术。此外,全球卫星定位系统(GPS)和电子数据交换系统(EDI)的应用比例也分别达到 45.1% 和 38.8%。目前,其他物流信息技术的应用比例均有所提高,具体数据如表 14-26 所示。

表 14-26 工商企业采用的物流信息技术种类(有多选) (单位:%)

项目＼年份	2008	2009	2010	2011	2012
条形码技术	62.2	67.4	72.5	78.7	76.9
全球卫星定位系统(GPS)	25.4	32.6	38.9	41.3	45.1
电子数据交换系统(EDI)	42.2	37.2	37.3	37.0	38.8
电子订货系统(EOS)	19.7	18.6	19.1	25.3	27.6
射频识别(RFID)	10.3	14.3	16.2	15.3	18.2
自动分拣系统(ASS)	18.5	17.2	15.7	14.3	15.4
其他	1.8	14.0	14.1	11.7	7.7

调查结果还显示,工商企业未来拟投资的物流信息技术主要有条形码技术和全球卫星定位系统,选择比例分别为38.5%和44.8%,具体数据如表14-27所示。

表 14-27 工商企业未来拟投资的物流信息技术设施(有多选) (单位:%)

项目＼年份	2010	2011	2012
电子订货系统(EOS)	24.6	20.0	32.5
条形码技术	43.1	45.0	38.5
电子数据交换系统(EDI)	29.8	21.7	32.5
全球卫星定位系统(GPS)	45.6	40.3	44.8
自动分拣系统(ASS)	23.7	13.3	17.1
射频识别(RFID)	19.1	15.0	17.5
其他	2.9	8.3	9.8

第三节 物流企业的发展状况

本部分主要从企业基本经营、人力资源、设施设备运营、基本财务和经营环境五个方面对物流企业问卷中的数据进行整理和统计分析。2012年的调查结果显示:多数企业积极扩张物流网络,超过半数的物流企业业务网络已覆盖到全国;设施设备使用率有所提高;运营成本的持续升高制约了利润率的提高;优化作业模式和拓展增值业务继续成为物流企业应对运营成本升高的主要策略。

一、物流企业的基本经营情况

(一)主要业务类型

2012年,物流企业在仓储管理、运输、配送等传统物流业务的基础上,逐渐提升服务功能和服务内容,进一步拓展高端物流服务,主要业务类型的企业比例如表14-28所示。

表 14-28 物流企业的主要业务类型(有多选) (单位:%)

项目＼年份	2008	2009	2010	2011	2012
仓储管理	63.4	66.7	67.7	70.2	88.5
运输	79.4	81.4	84.2	79.2	86.8
配送	45.2	46.6	51.4	59.3	70.5
装卸	71.6	76.1	76.5	73.4	66.6
物流信息服务	41.3	38.8	40.7	44.5	48.6
物流咨询与系统设计	22.5	23.3	25.8	21.9	25.8
包装	26.9	28.0	29.6	23.8	21.9
流通加工	27.3	29.5	31.9	26.7	18.0
物流金融	12.2	15.5	16.2	13.9	16.3
物流地产	15.7	9.7	9.2	8.9	10.4
其他	13.1	9.0	8.7	3.0	5.6

(二) 业务覆盖范围

2012 年,超过半数物流企业的业务网络已覆盖到全国。受中国对外贸易以及国际市场竞争等因素的影响,提供跨境物流服务业务的企业比例略有下降,具体数据如表 14-29 所示。

表 14-29 物流企业的业务覆盖范围 (单位:%)

项目＼年份	2008	2009	2010	2011	2012
本城市	2.1	1.5	1.4	1.2	2.0
仅本省	0.9	1.3	0.9	5.0	5.6
本省及周边省区	21.2	21.8	21.2	18.9	17.7
覆盖全国	48.3	48.5	48.9	54.2	56.2
跨国境(国际)	27.5	26.9	27.6	19.7	18.5
合计	100	100	100	100	100

二、物流企业的人力资源情况

(一) 员工年均收入

物流企业员工的年均收入普遍有显著提高。2012 年,物流企业中层以上管理人员的年均收入为 60 135 元,比 2011 年增加了 8 274 元,其中,36.5% 的中层以上管理人员的年收入达到了 6.6 万元以上,具体数据如表 14-30 所示。

表 14-30 物流企业中层以上管理人员的年均收入 (单位:%)

年份 年收入	2008	2009	2010	2011	2012
30 000 元以下	18.8	16.3	9.0	7.1	4.5
30 000 元—42 000 元	28.0	29.1	30.4	24.2	18.5
42 000 元—54 000 元	30.9	32.7	36.1	34.8	18.0
54 000 元—66 000 元	22.3	21.9	24.5	23.4	22.5
66 000 元以上				13.5	36.5
合计	100	100	100	100	100
均值(元/年)	45 956	46 482	49 222	51 861	60 135

2012 年,物流企业基层员工的年均收入水平为 29 844 元,比 2011 年增加了 3 504 元,其中,22.2% 基层员工的年收入达到了 3.6 万元以上,具体数据如表 14-31 所示。

表 14-31 物流企业基层员工的年均收入 (单位:%)

年份 年收入	2010	2011	2012
18 000 元及以下	—	10.2	4.8
18 000 元—24 000 元	—	30.6	24.7
24 000 元—30 000 元	—	33.6	28.4
30 000 元—36 000 元	—	13.3	19.9
36 000 元以上	—	12.3	22.2
合计	—	100	100
均值(元/年)	24 184	26 340	29 844

(二) 紧缺物流人才

调查结果显示,综合性物流管理、物流信息管理和营销管理仍是物流企业最紧缺的物流人才,所有选项的排序结果如表 14-32 所示。

表 14-32 物流企业紧缺物流人才排序 (单位:%)

年份 项目	2008	2009	2010	2011	2012
综合性物流管理	1	1	1	1	1
物流信息管理	2	2	2	2	2
营销管理	3	4	5	5	3
物流方案设计	5	3	3	3	4

（续表）

项目＼年份	2008	2009	2010	2011	2012
国际物流业务管理	4	5	4	4	5
运输管理	6	6	6	6	6
库存管理	7	8	7	8	7
特种作业	8	7	8	7	8
其他人才	9	9	9	9	9

（三）人才培训情况

2012 年，企业内部组织的不定期培训和定期培训是物流企业人才培训的主要方式，二者选择比例分别为 51.4% 和 48.0%，具体数据如表 14-33 所示。

表 14-33　物流企业进行人才培训的方式（有多选）　（单位：%）

项目＼年份	2008	2009	2010	2011	2012
企业内部不定期组织培训	55.9	52.8	57.2	50.5	51.4
企业内部定期组织培训	63.7	49.2	47.8	45.5	48.0
鼓励和资助员工进行专业深造	32.2	30.8	33.9	21.7	24.7
组织参加社会机构认证培训与考试	30.1	19.2	17.5	20.6	19.4
个人参加社会培训	46.1	42.2	40.6	30.7	30.6
其他	1.7	2.5	1.4	1.0	2.8

三、物流企业设施设备运营情况

（一）营运车辆

2012 年，物流企业营运车辆的平均利用率为 82.2%，较 2011 年略有提高。其中，80.9% 物流企业的营运车辆利用率超过 70%，具体数据如表 14-34 所示。

表 14-34　物流企业营运车辆的利用率　（单位：%）

项目＼年份	2008	2009	2010	2011	2012
<50%	6.3	5.5	3.9	5.6	3.9
50% ~70%	20.3	24.1	18.3	16.7	15.2
70% ~90%	32.1	31.7	32.2	28.9	31.7
>90%	41.3	38.7	45.6	48.8	49.2
合计	100	100	100	100	100
均值	78.7	78.0	81.0	80.9	82.2

(二) 营运仓库

1. 营运仓库利用率

2012 年,物流企业营运仓库的平均利用率为 82.1%,较 2011 年略有提高。其中,80.9% 物流企业的营运仓库利用率超过 70%,具体数据如表 14-35 所示。

表 14-35 物流企业营运仓库的利用率 (单位:%)

项目 \ 年份	2008	2009	2010	2011	2012
<30%	2.9	1.8	1.2	1.0	0.8
30% ~50%	2.2	3.1	2.1	3.3	2.0
50% ~70%	19.9	21.2	16.3	16.6	16.3
70% ~90%	39.2	37.8	42.5	37.2	36.2
>90%	35.8	36.1	37.9	41.9	44.7
合计	100	100	100	100	100
均值	78.6	78.5	80.8	81.0	82.1

2. 营运仓库作业方式

机械化作业已逐渐成为中国物流企业营运仓库的主要作业方式。2012 年,60.7% 的物流企业采用机械化作业、电子化信息处理的仓库作业方式,尚有 24.4% 的物流企业仍使用较为原始的手工作业方式,具体数据如表 14-36 所示。

表 14-36 物流企业营运仓库作业方式(有多选) (单位:%)

项目 \ 年份	2008	2009	2010	2011	2012
手工作业为主	23.7	19.2	18.7	20.6	24.4
机械化作业,信息处理采用人工方式	42.2	34.5	45.0	36.5	39.6
机械化作业,信息处理电子化	63.0	63.6	65.9	64.3	60.7
全自动无人作业	5.1	3.2	3.3	1.0	1.7

(三) 物流企业的信息化情况

1. 信息系统功能模块构成

2012 年,物流企业信息系统中仍主要包括仓储管理、运输管理和财务管理等功能模块,具体数据如表 14-37 所示。

表 14-37 物流企业信息系统的功能模块构成(有多选) (单位:%)

项目 \ 年份	2008	2009	2010	2011	2012
仓储管理	66.7	73.5	75.8	76.0	81.7
运输管理	65.7	67.3	73.5	74.0	81.7
财务管理	64.8	71.7	72.7	75.0	72.2
配送管理	54.9	55.4	62.1	58.0	59.8
订单处理	51.0	55.7	61.1	58.0	58.1
车辆监控	41.2	50.2	53.4	56.0	57.6
客户查询、管理	43.9	43.9	49.0	39.0	40.4
设备管理	31.4	31.9	33.1	38.0	35.1
销售管理	24.5	28.3	29.2	29.0	26.7
采购管理	23.5	25.7	26.4	29.0	23.9
装配和包装管理	17.7	16.6	18.3	17.0	12.4
其他	1.2	1.7	1.6	2.0	2.8

2. 物流信息技术与设备的应用状况

2012 年,物流企业使用较多的物流信息技术仍然是全球卫星定位系统(GPS)、条形码技术和电子数据交换系统(EDI),使用其他物流信息技术的企业比例还相对较低,具体排序结果如表 14-38 所示,其中接近 80% 的企业选择了全球卫星定位系统,半数以上的企业选择了条形码技术。

表 14-38 物流企业信息技术与设备应用情况的排序

项目 \ 年份	2008	2009	2010	2011	2012
全球卫星定位系统(GPS)	2	1	1	2	1
条形码技术	3	3	2	1	2
电子数据交换系统(EDI)	1	2	3	3	3
无线射频识别技术(RFID)	5	4	4	4	4
电子订货系统(EOS)	4	5	6	5	5
自动分拣系统(ASS)	6	6	5	6	6

物流企业计划投资的物流信息技术与设备主要有全球卫星定位系统(GPS)、射频识别(RFID)和电子数据交换系统(EDI),具体数据如表 14-39 所示。

表 14-39 物流企业计划投资的物流信息技术与设备排序 （单位:%）

项目	2011	2012
全球卫星定位系统(GPS)	41.0	37.9
射频识别(RFID)	38.6	37.9
电子数据交换系统(EDI)	34.9	31.6
条形码技术	27.7	30.5
电子订货系统(EOS)	28.9	29.5
自动分拣系统(ASS)	24.1	28.4
其他	9.6	6.3

四、物流企业的基本财务状况

(一) 年营业收入

2012年,中国物流企业年均营业收入为2 307.6万元,较2011年增加318.4万元,较上年的年均营业收入增幅有所回落,具体数据如表14-40所示。

表 14-40 物流企业的年营业收入 （单位:%）

项目＼年份	2008	2009	2010	2011	2012
300万及以下	54.8	55.7	54.6	40.5	35.1
300万—1 000万	14.3	16.5	17.3	19.9	12.9
1 000万—2 000万	11.9	10.5	9.5	13.8	19.9
2 000万—5 000万	10.5	9.1	10.2	14.0	18.3
5 000万以上	8.5	8.2	8.4	11.8	13.8
合计	100	100	100	100	100
均值(万元/年)	1 273.7	1 227.7	1 239.9	1 654.1	1 972.5

(二) 利润率

2012年,中国物流企业平均利润率为5.06%,比2011年减少了0.53个百分点。其中,半数以上的物流企业的利润率分布于0%～5%之间,仅有10.4%的物流企业的利润率达到10%以上,具体数据如表14-41所示。

表 14-41 物流企业的利润率水平 （单位:%）

项目＼年份	2008	2009	2010	2011	2012
亏损	7.3	4.9	4.2	6.1	6.5
0～3%	18.8	19.5	18.2	14.8	21.3
3%～5%	23.9	27.2	28.6	26.4	32.3

（续表）

年份 项目	2008	2009	2010	2011	2012
5% ~10%	40.5	42.3	42.1	43.9	29.5
10%以上	9.5	6.1	6.9	8.8	10.4
合计	100	100	100	100	100
均值	5.33	5.32	5.40	5.59	5.06

（三）物流企业利润率的主要影响因素

2012年，物流企业利润率的主要影响因素表现为运营成本的升高和物流有效需求不足。此外，市场不规范竞争也是多年来物流企业利润率的重要影响因素之一，具体数据如表14-42所示。

表14-42 物流企业利润率的主要影响因素（有多选） （单位：%）

年份 项目	2008	2009	2010	2011	2012
运营成本的升高	31.6	75.2	81.1	86.5	82.0
物流有效需求不足	36.1	80.0	45.3	40.1	58.7
市场不规范竞争	28.0	60.3	61.9	66.1	55.9
外汇汇率的波动	3.5	8.5	4.5	6.2	4.8
其他	0.8	5.2	2.2	2.1	5.6

（四）导致物流企业成本居高不下的主要因素

调查显示，人工费用上涨、燃油价格上涨过快、车辆保养维修费用上涨、过路过桥费用过高、乱罚款现象严重、车辆各项税费上涨、土地使用税提高已经成为导致物流企业升高的主要影响因素。其中，超过80%的物流企业普遍认为人工费用上涨、燃油价格上涨过快、车辆保养维修费用上涨导致了物流企业成本升高，具体数据如表14-43所示。

表14-43 导致企业物流成本升高的主要因素（有多选） （单位：%）

项目	2011	2012
人工费用上涨	95.2	96.1
燃油价格上涨	92.2	92.4
车辆保养、维修费用上涨	71.3	82.9
过路过桥费用过高	88.3	75.0
乱罚款现象严重	56.4	74.2
车辆各项税费上涨	67.4	73.3

（续表）

项目	2011	2012
土地使用税提高	55.3	60.4
其他	2.9	8.7

（五）物流企业应对成本上涨的策略

面对不断升高的物流成本，大多数企业通过"优化作业模式，提高运作效率"和"拓展利润较高的增值业务"来应对成本的升高，选择比例分别为89.5%和74.2%，这两项的比例比上年均略有提高，具体数据如表14-44所示。

表14-44 物流企业应对成本上涨的策略(有多选) （单位:%）

项目	2011	2012
优化作业模式，提高运作效率	88.4	89.6
拓展利润率较高的增值业务	50.2	54.2
更新设备，降低各种消耗	40.9	41.9
提高运价、仓储租金或服务价格	26.6	31.5
减少对新设施、新设备的投资	9.7	10.4
其他	2.9	2.8

五、物流企业的经营环境

（一）物流企业经营的制约因素

2012年，大多数物流企业认为劳动用工问题、税收问题和市场规范性是物流企业经营的主要制约因素。其中，劳动用工问题对于物流企业经营的制约最为突出，具体如表14-45所示。

表14-45 物流企业经营制约因素的排序

项目 \ 年份	2008	2009	2010	2011	2012
劳动用工问题	—	—	—	4	1
税收问题	—	—	—	2	2
市场规范性	4	1	1	1	3
物流公共信息平台	1	6	5	9	4
公共部门服务效率	5	5	6	3	5
物流基础设施	3	3	4	8	6
政策法规体系建设	2	2	2	7	7
物流标准化	6	4	3	5	8

（续表）

项目＼年份	2008	2009	2010	2011	2012
企业融资问题	—	—	—	10	9
市场诚信问题	—	—	—	6	10

（二）物流企业之间的合作

1．与同行企业合作的比例

调查结果显示，2012 年，59.8% 的物流企业与同行企业建立了合作关系，较 2011 年有所提高，具体数据如图 14-2 所示。

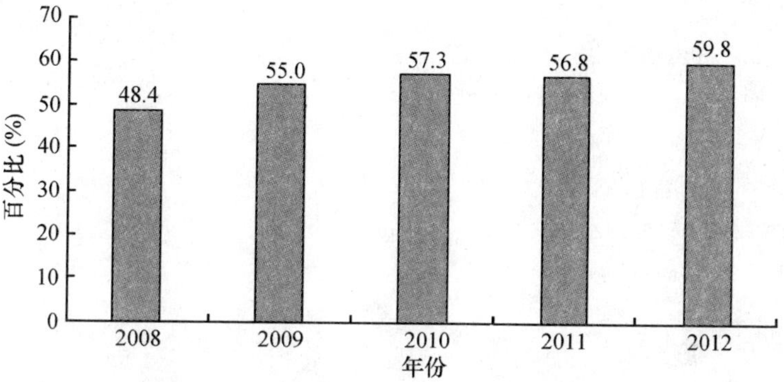

图 14-2　物流企业与同行企业间的合作比例

2．与同行企业间的合作形式

2012 年，80.6% 的物流企业通过签订合同与同行企业合作，46.6% 的物流企业与同行企业建立了战略联盟，具体数据如表 14-46 所示。

表 14-46　物流企业与同行业企业间的合作形式（有多选）　（单位：%）

项目＼年份	2008	2009	2010	2011	2012
签订合同	89.3	89.5	92.3	87.4	80.6
战略联盟	45.2	47.3	49.0	44.2	46.6
参股	20.3	14.1	17.8	15.9	13.8
其他	3.9	4.9	3.7	1.1	1.1

3．与同行企业签订合同的期限

物流企业开始重视企业间长期稳定合作关系的建立。2012 年，69.7% 的物流企业与同行企业签订年度合同，与 2011 年相比提高 1.2 个百分点。仅与同行企业签订临时合同的企业比例持续下降，20.8% 的物流企业与同行企业签订一年以上的长期合同，与 2011 年相比基本持平，具体数据如表 14-47 所示。

表 14-47 物流企业间签署合同的期限(有多选) (单位:%)

项目 \ 年份	2008	2009	2010	2011	2012
临时合同	45.8	36.5	38.6	23.6	20.2
半年合同	25.2	11.9	13.2	8.5	7.6
年度合同	51.2	61.8	63.7	68.5	69.7
长期合同(一年以上)	19.6	21.7	19.4	21.1	20.8

附　录

附录 A　2012 年中国物流相关规划一览表

发布部门	题目	相关内容	发布日期
国务院	“十二五”综合交通运输体系规划	《规划》提出“十二五”时期，初步形成以“五纵五横”为主骨架的综合交通运输网络，总里程达 490 万公里。要基本建成国家快速铁路网，营业里程达 4 万公里以上；基本建成国家高速公路网，通车里程达 8.3 万公里；扩大和优化民用航空网络，80% 以上的人口在直线距离 100 公里内能够享受到航空服务；基本建成 42 个全国性综合交通枢纽；形成跨区域、与周边国家和地区紧密相连的原油、成品油和天然气运输网络。并提出了基础设施、技术装备、运输服务、安全保障、节约环保方面的主要任务。	2012.07
国务院	电子口岸“十二五”规划	《规划》分析了“十一五”期间电子口岸发展情况，提出了“十二五”发展目标，并从中央层面电子口岸建设、地方层面电子口岸建设、配套基础设施建设方面提出了主要任务。	2012.07
工业和信息化部	电子商务“十二五”发展规划	为推动电子商务发展，《规划》提出了指导思想、基本原则、发展目标，并提出重点任务：提高大型企业电子商务水平，推动中小企业普及电子商务，促进重点行业电子商务发展，推动网络零售规模化发展，提高政府采购电子商务水平，促进跨境电子商务协同发展，持续推进移动电子商务发展，促进电子商务支撑体系协调发展，提高电子商务的安全保障和技术支撑能力。	2012.03
工业和信息化部	物联网“十二五”发展规划	《规划》提出，要在核心技术研发与产业化、关键标准研究与制定、产业链条建立与完善、重大应用示范与推广等方面取得显著成效，初步形成创新驱动、应用牵引、协同发展、安全可控的物联网发展格局。并提出大力攻克核心技术等八方面重点任务和关键技术创新工程等五个重点工程。	2011.11

（续表）

发布部门	题目	相关内容	发布日期
国家口岸管理办公室	国家口岸发展规划（2011—2015年）	《规划》分析了口岸"十一五"期间的成就和现阶段面临的形势，提出"十二五"规划的发展目标和重点任务，加快口岸发展。	2012.05
国务院	服务业发展"十二五"规划	《规划》提出了交通运输业、现代物流业、电子商务等生产性服务业以及生活性服务业的发展重点，提出扩大服务业开放和改革完善服务业发展体制机制的措施，并说明规划实施保障。	2012.12
国务院	国内贸易发展"十二五"规划	该《规划》对统筹国内贸易协调发展、建立和完善现代商品流通体系、促进内贸领域服务行业大发展、全面提高流通企业竞争力、大力推进流通现代化、保障国内市场稳定运行、营造规范有序的市场环境、深化国内贸易的改革开放等方面提出了要求。	2012.09
交通运输部	公路水路交通运输环境保护"十二五"发展规划	《规划》提出了发展目标和重点，指出推进交通运输环境保护工作的主要任务和重点建设工程。	2012.01

附录B　2012年中国物流相关政策一览表

发布部门	文号	题目	相关内容	发布时间	实施时间
国务院	国发〔2012〕39号	国务院关于深化流通体制改革加快流通产业发展的意见	《意见》在确立了指导思想、基本原则和主要目标的基础上，提出了七个方面主要任务。	2012.08	2012.08
国务院	国发〔2012〕10号	国务院关于支持农业产业化龙头企业发展的意见	《意见》明确提出通过强化市场营销、发展新兴流通业态、加强品牌建设等措施创新农产品流通方式，完善农产品市场体系。	2012.03	2012.03
商务部	商务部公告2012年第58号	《药品批发企业物流服务能力评估指标》等五个药品流通行业标准	五项标准规定了企业的物流信息管理、质量监控、风险管理、服务能力、软硬件条件、业务流程等方面的具体评估指标等内容，该五项标准的实施对行业发展具有里程碑性质的意义。	2012.09	2012.12
国务院	国务院令第625号	国内水路运输管理条例	《条例》共6章46条，分为总则、水路运输经营者、水路运输经营活动、水路运输辅助业务、法律责任、附则。主要围绕规范市场准入，加强市场监管，提升管理能力和水平这一主线，通过完善水路运输及其辅助市场准入的条件和程序，建立市场动态监管及退出机制，规范水路运输及其辅助业务经营者的经营行为，强化市场主体的安全保障义务和优质服务意识，明确水路运输管理部门的各项权利、义务和责任等，保障和促进国内水路运输业的健康、安全发展。	2012.10	2013.01

（续表）

发布部门	文号	题目	相关内容	发布时间	实施时间
交通运输部	交水发〔2012〕262号	关于促进我国国际海运业平稳有序发展的通知	《通知》为促进国际海运业平稳有序发展，明确提出，提高对国际海运业健康发展重要性的认识，积极推动国际海运业结构调整升级，着力构建良好的行政服务环境，强化企业守法诚信经营，加强维护公平有序的竞争秩序等九项要求。	2012.06	2012.06
交通运输部	交水发〔2012〕352号	关于完善管理促进国内航运业健康平稳发展的意见	《意见》为进一步加强国内水路运输管理工作提出五条意见。	2012.07	2012.07
交通运输部	交海发〔2011〕388号	全国沿海船舶定线制总体规划	《规划》我国沿海船舶定线制可以分为干线船舶定线制和支线船舶定线制两类，支线船舶定线制又可以分为重要水域船舶定线制和港口船舶定线制两型，即两类两型，最终形成“6515”共26处船舶定线制规划布局，即6处干线航路船舶定线制，5处港口（区）船舶定线制，15处支线航路重要水域船舶定线制。	2011.11	2011.11
交通运输部	交海发〔2011〕666号	全国沿海船舶航路总体规划	《规划》综合考虑我国沿海港口布局、水运发展趋势和船舶航行习惯，在我国沿海规划以南北水运主通道为干线、以沿海重要水域和主要港口的出海航路为支线的沿海航路体系。	2011.11	2011.11
财政部 国家税务总局	财税〔2012〕13号	关于物流企业大宗商品仓储设施用地城镇土地使用税政策的通知	《通知》规定对物流企业自有的（包括自用和出租）大宗商品仓储设施用地，减按所属土地等级适用税额标准的50%计征城镇土地使用税。	2012.01	自2012年1月1日起至2014年12月31日止
商务部	商流通发〔2012〕435号	关于促进仓储业转型升级的指导意见	《意见》在确立指导思想、基本原则和发展目标的基础上，提出六条主要任务和相关保障措施。	2012.12	2012.12
交通运输部	交规划发〔2012〕160号	关于鼓励和引导民间资本投资公路水路交通运输领域的实施意见	《意见》提出鼓励民间资本进入交通运输基础设施、服务、新兴业务领域，为民间投资营造良好的发展环境，加强对民间投资的服务、指导和规范管理。	2012.04	2012.04

（续表）

发布部门	文号	题目	相关内容	发布时间	实施时间
国家发展改革委等12个部门	发改经贸〔2012〕1619号	关于鼓励和引导民间投资进入物流领域的实施意见	为贯彻落实《国务院关于鼓励和引导民间投资健康发展的若干意见》精神，《意见》提出关于引导民间资本投资第三方物流服务领域等方面的十三条意见。	2012.05	2012.05
铁道部	铁政法〔2012〕97号	关于鼓励和引导民间资本投资铁路的实施意见	《意见》提出鼓励和引导民间资本依法合规进入铁路领域，深入推进铁路投融资体制改革等意见。	2012.05	2012.05
国务院	国发〔2012〕15号	国务院关于加强进口促进对外贸易平衡发展的指导意见	《意见》在明确指导思想基本原则和主要任务的基础上，提出一系列加大财税政策支持力度、加强和改善金融服务等方面意见。	2012.04	2012.04
国务院办公厅	国办发〔2012〕49号	国务院办公厅关于促进外贸稳定增长的若干意见	为稳定外贸增长，《意见》提出做好出口退税和金融服务，提高贸易便利化水平，改善贸易环境，优化贸易结构，加强组织领导。	2012.09	2012.09
商务部	商服贸发〔2013〕11号	关于加快国际货运代理物流业健康发展的指导意见	《意见》在分析基本状况的基础上，明确指导思想、基本原则和发展目标，并提出完善行业管理制度等主要任务及相关保障措施。	2013.01	2013.01
国务院	国发〔2012〕24号	国务院关于促进民航业发展的若干意见	为促进民航业发展，《意见》提出加强机场规划和建设，科学规划安排国内航线网络，大力发展通用航空等主要任务。	2012.07	2012.07
国务院办公厅	国办发〔2011〕63号	关于进一步促进道路运输行业健康稳定发展的通知	为促进道路运输行业健康稳定发展，《通知》提出清理和规范收费，减轻道路运输经营者和从业人员负担，建立完善运价和油价联动机制，消化油价大幅波动对运输成本的影响等内容。	2011.12	2011.12
国务院	国发〔2012〕30号	国务院关于加强道路交通安全工作的意见	《意见》在总体要求基础上，提出强化道路运输企业安全管理，严格驾驶人培训考试和管理，加强车辆安全监管，提高道路安全保障水平，加大农村道路交通安全管理力度等内容。	2012.07	2012.07

（续表）

发布部门	文号	题目	相关内容	发布时间	实施时间
国家邮政局 商务部	国邮发〔2012〕1号	国家邮政局 商务部关于促进快递服务与网络零售协同发展的指导意见	《意见》在明确促进快递服务与网络零售协同发展的指导思想与原则基础上，提出相关政策措施和有关要求。	2012.02	2012.02
国务院	国发〔2012〕52号	国务院关于第六批取消和调整行政审批项目的决定	《决定》取消并调整了部分物流相关领域的行政审批项目，如取消了国内水运货运代理、船舶代理审批和铁路货物装载加固方案审批等，对物流及交通行业的健康发展具有促进作用。	2012.09	2012.09
财政部 国家税务总局	财税〔2011〕137号	关于免征蔬菜流通环节增值税有关问题的通知	《通知》对从事蔬菜批发、零售的纳税人销售的蔬菜免征增值税，并对属于通知所述蔬菜的范围进行描述。	2011.12	2012.01
财务部 办公厅 商务部 办公厅	财办建〔2012〕15号	关于2012年开展肉菜流通可追溯体系建设试点有关问题的通知	《通知》确定了试点任务及支持重点，说明了组织申报及实施程序，对项目建设城市条件和项目承办企业资质条件提出要求。	2012.02	2012.02
财政部 国家税务总局	财税〔2012〕38号	关于在部分行业试行农产品增值税进项税额核定扣除办法的通知	《通知》规定以购进农产品为原料生产销售液体乳及乳制品、酒及酒精、植物油的增值税一般纳税人，纳入农产品增值税进项税额核定扣除试点范围。附有农产品增值税进项税额核定扣除试点实施办法和全国统一的部分液体乳及乳制品扣除标准表。	2012.04	2012.07
财政部 国家发展改革委	财综〔2012〕71号	关于取消和免收进出口环节有关行政事业性收费的通知	《通知》自2012年10月1日起取消海关监管手续费。自2012年10月1日起至2012年12月31日，对所有出入境货物、运输工具、集装箱及其他法定检验检疫物免收出入境检验检疫费。	2012.09	2012.10
商务部	商流通发〔2012〕211号	《关于推进现代物流技术应用和共同配送工作的指导意见》	《意见》明确工作目标，提出完善城市共同配送节点规划布局等工作任务及相关保障措施。	2012.06	2012.06

（续表）

发布部门	文号	题目	相关内容	发布时间	实施时间
工业和信息化部	工信部信〔2013〕7号	关于推进物流信息化工作的指导意见	在深刻认识推进物流信息化工作的重要性和紧迫性基础上，《指导意见》明确了指导思想、基本原则和发展目标，提出七项主要任务。	2013.01	2013.01
交通运输部 国家质量监督检验检疫总局	交水发〔2012〕795号	关于开展交通质检信息共享共用窗口建设和电子闸口推广示范项目的通知	《通知》综合考虑港口信息化基础、合作情况等因素，首批选取天津、大连、连云港、青岛、上海、宁波、厦门、深圳港8个港口作为共享窗口建设和电子闸口推广项目示范点，主要在示范建设共享窗口和示范推广电子闸口监管模式方面开展示范建设工作。	2012.12	2012.12

附录C 2008—2012年中国物流相关统计数据

一、国内生产总值

表C-1 国内生产总值增幅情况

年份	指标	国内生产总值	第一产业增加值	第二产业增加值	第三产业增加值
2008	增加值(亿元)	300 670	34 000	146 183	120 487
	占国内生产总值(%)	—	11.3	48.6	40.1
2009	增加值(亿元)	335 353	35 477	156 958	142 918
	占国内生产总值(%)	—	10.6	46.8	42.6
2010	增加值(亿元)	397 983	40 497	186 481	171 005
	占国内生产总值(%)	—	10.2	46.8	43.0
2011	增加值(亿元)	471 564	47 712	220 592	203 260
	占国内生产总值(%)	—	10.1	46.8	43.1
2012	增加值(亿元)	519 322	52 377	235 319	231 626
	占国内生产总值(%)	—	10.1	45.3	44.6

资料来源:根据《中华人民共和国国民经济和社会发展统计公报》(2008—2012)相关数据整理。

二、农业

表 C-2 主要农产品产量

（单位：万吨）

产品名称	2008 年	2009 年	2010 年	2011 年	2012 年
粮食	52 850	53 082	54 641	57 121	58 957
夏粮	12 041	12 335	12 310	12 627	12 995
早稻	3 158	3 327	3 132	3 276	3 329
秋粮	37 651	37 420	39 199	41 218	42 633
棉花	750	640	597	660	684
油料	2 950	3 100	3 239	3 279	3 476
糖料	13 000	12 200	12 045	12 520	13 493
肉类	7 269	7 642	7 925	7 957	8 384
水产品	4 895	5 120	5 366	5 600	5 906
木材（万立方米）	7 894	6 938	7 284	7 272	8 088
烤烟	260	280	271	287	320
茶叶	124	135	145	162	180

资料来源：根据《中华人民共和国国民经济和社会发展统计公报》（2008—2012）相关数据整理。

三、工业

表 C-3 全国规模以上工业企业工业增加值增长速度

（单位：%）

指标	2008 年	2009 年	2010 年	2011 年	2012 年
规模以上工业	12.9	11.0	15.7	13.9	10.0
其中：国有及国有控股企业	9.1	6.9	13.7	9.9	6.4
集体企业	8.1	10.2	9.4	9.3	7.1
股份制企业	15.0	13.3	16.8	15.8	11.8

（续表）

指标	2008 年	2009 年	2010 年	2011 年	2012 年
外商及港澳台投资企业	9.9	6.2	14.5	10.4	6.3
私营企业	20.4	18.7	20	19.5	14.6
其中：煤炭开采和洗选业	19.1	8.3	—	—	—
石油和天然气开采业	6.1	4.8	—	—	—
纺织业	—	8.5	11.6	8.3	12.2
农副食品加工业增长	15.0	15.9	15.0	14.1	13.6
通用设备制造业	16.9	11.0	21.7	17.4	8.4
电气机械及器材制造业	18.1	12.0	18.7	14.5	9.7
非金属矿物制品业	16.9	14.7	20.3	18.4	11.2
黑色金属冶炼及压延加工业	8.2	9.9	11.6	9.7	9.5
化学原料及化学制品制造业	10.0	14.6	15.5	14.7	11.7
有色金属冶炼及压延加工业	12.3	12.8	13.2	13.6	13.2
电力热力生产和供应业	8.6	6.0	11.0	10.1	5.0
石油加工炼焦及核燃料加工业	4.3	5.2	9.6	7.6	6.3
高技术产业	14.0	7.7	16.6	16.5	12.2

资料来源：根据《中华人民共和国国民经济和社会发展统计公报》(2008—2012)相关数据整理。

表 C-4　规模以上工业企业实现利润

（单位：亿元）

指标	2008 年	2009 年	2010 年	2011 年	2012 年	2012 年与去年同比增长%
规模以上工业	24 066	25 891	38 828	54 544	55 578	1.9
其中：国有及国有控股企业	7 985	7 514	11 924	14 989	14 163	-5.5
集体企业	687	545	689	882	819	-7.1

（续表）

指标	2008 年	2009 年	2010 年	2011 年	2012 年	2012 年与去年同比增长%
股份制企业	13 467	13 890	21 100	31 651	32 867	3.8
外商及港澳台投资企业	6 374	7 511	11 131	14 038	12 688	-9.6
私营企业	5 495	6 849	10 430	16 620	18 172	9.3

资料来源：根据《中华人民共和国国民经济和社会发展统计公报》（2008—2012）相关数据整理。

表 C-5　主要工业产品产量

产品名称	单位	2008 年	2009 年	2010 年	2011 年	2012 年
纱	万吨	2 148.9	2 393.5	2 717.0	2 900.0	2 984.0
布	亿米	710.0	740.0	800.0	837.0	840.8
化学纤维	万吨	2 415.0	2 730.0	3 090.0	3 390.0	3 800.0
彩色电视机	万台	9 033.1	9 898.8	11 830.0	12 231.4	12 823.3
家用电冰箱	万台	4 756.9	5 930.5	7 300.8	8 699.2	8 427.0
房间空气调节器	万台	8 230.9	8 078.2	10 899.6	13 912.5	13 281.1
一次能源生产总量	亿吨标准煤	26.0	28.0	29.9	31.8	33.3
原煤	亿吨	27.9	30.5	32.4	35.2	36.5
原油	亿吨	1.9	1.9	2.0	2.0	2.0
粗钢	万吨	48 966.0	50 091.5	56 803.3	68 388.3	71 716.0
钢材	万吨	56 894.4	58 488.1	69 626.3	88 258.2	95 317.6
十种有色金属	万吨	2 350.8	2 520.3	2 650.1	3 434.0	3 672.2
水泥	亿吨	13.6	14.0	16.5	20.9	22.1
乙烯	万吨	1 047.7	998.3	1 066.3	1 527.5	1 486.8
化肥（折 100%）	万吨	5 786.9	6 012.7	6 599.7	6 217.2	7 296.0

（续表）

产品名称	单位	2008 年	2009 年	2010 年	2011 年	2012 年
汽车	万辆	888.7	934.6	1 379.5	1 841.6	1 927.7
大中型拖拉机	万台	20.3	21.7	37.1	40.2	46.3
移动通信手持机	万台	54 857.9	55 964.0	61 924.5	113 257.6	118 154.3
微型电子计算机	万台	12 073.4	13 666.6	18 215.1	32 036.7	35 411.0

资料来源：根据《中华人民共和国国民经济和社会发展统计公报》(2008—2012)相关数据整理。

四、固定资产投资

表 C-6　固定资产投资额

（单位：亿元）

指标	2008 年	2009 年	2010 年	2011 年	2012 年	2012 年与去年同比增长%
全社会固定资产投资	172 291	224 846	278 140	311 022	374 676	20.5
其中：农村投资	24 124	30 707	36 725	9 089	9 841	8.3
城镇投资	148 167	194 139	241 415	301 933	364 835	20.8
其中：第一产业	2 256	3 373	3 966	6 792	9 004	32.6
第二产业	65 036	82 277	101 048	132 263	158 672	20.0
第三产业	80 875	108 489	136 401	162 877	197 159	21.0
其中：东部地区	87 412	95 653	115 970	130 319	151 742	16.4
中部地区	45 384	49 846	62 894	70 783	87 909	24.2
西部地区	35 839	49 662	61 875	71 849	88 749	23.5
东北地区	—	23 733	30 726	32 687	41 243	26.2

资料来源：根据《中华人民共和国国民经济和社会发展统计公报》(2008—2012)相关数据整理。

表 C-7　分行业城镇固定资产投资额

（单位:亿元）

行业	2008 年	2009 年	2010 年	2011 年	2012 年
总计	148 167	194 139	3 966	301 933	364 835
农、林、牧、渔业	2 256	3 373	9 653	6 792	9 004
采矿业	6 913	8 093	3 770	11 810	13 129
其中:煤炭开采及洗选业	2 411	3 021	2 893	4 897	—
石油和天然气开采业	2 715	2 793	74 528	3 057	—
制造业	46 345	58 817	3 626	102 594	124 971
其中:农副食品加工业	2 058	2 826	1 944	5 229	—
食品制造业	1 137	1 513	2 076	2 386	—
石油加工、炼焦及核燃料加工业	1 832	1 835	6 863	2 234	—
化学原料及化学制品制造业	4 787	6 006	7 556	8 899	—
非金属矿物制品业	4 113	5 948	3 465	10 448	—
黑色金属冶炼及压延加工业	3 240	3 206	2 924	3 860	—
有色金属冶炼及压延加工业	1 854	2 202	3 622	3 861	—
金属制品业	2 189	2 836	5 459	5 054	—
通用设备制造业	3 224	4 465	4 154	7 702	—
专用设备制造业	2 265	3 111	6 554	5 893	—
交通运输设备制造业	3 787	4 965	4 996	8 406	—
电气机械及器材制造业	2 334	3 545	3 889	7 851	—
通信设备、计算机及其他电子设备制造业	2 463	2 627	27 820	5 266	—
交通运输、仓储和邮政业	15 552	23 278	2 392	27 260	30 296

（续表）

行业	2008 年	2009 年	2010 年	2011 年	2012 年
信息传输、计算机服务和软件业	2 130	2 515	5 216	2 161	2 834
批发和零售业	3 166	4 451	57 557	7 322	9 816
房地产业	35 215	43 065	1 288	75 685	92 357
科学研究、技术服务和地质勘查业	708	1 066	22 261	1 650	2 176
水利、环境和公共设施管理业	12 262	17 814	3 966	24 537	29 296

资料来源：根据《中华人民共和国国民经济和社会发展统计公报》（2008—2012）相关数据整理。

表 C-8　交通固定资产投资新增主要生产能力

指标	单位	2008 年	2009 年	2010 年	2011 年	2012 年	2012 年与去年同比增长%
新建铁路投产里程	公里	1 719	5 557	4 986	2 167	5 382	148.4
增建铁路复线投产里程	公里	1 935	4 129	3 747	1 889	4 763	152.1
电气化铁路投产里程	公里	1 955	8 448	5 948	3 398	6 054	78.2
新建公路	公里	99 851	121 013	104 457	55 285	58 672	6.1
其中：高速公路	公里	6 433	4 391	8 258	9 124	9 910	8.6
港口万吨级码头泊位新增吞吐能力	万吨	33 099	31 318	27 202	26 639	49 522	85.9

资料来源：根据《中华人民共和国国民经济和社会发展统计公报》（2008—2012）相关数据整理。

五、国内贸易

表 C-9　社会消费品零售总额

（单位：亿元）

类别	2008 年	2009 年	2010 年	2011 年	2012 年	2012 年与去年同比增长%
社会消费品零售总额	108 488	125 343	156 998	183 919	210 307	14.3
其中：城市消费品零售额	73 735	85 133	136 123	159 552	182 414	14.3
县及县以下消费品零售额	34 753	40 210	20 875	24 367	27 893	14.5
其中：批发和零售业零售额	91 199	105 413	139 350	163 284	186 859	14.4
住宿和餐饮业零售额	15 404	17 998	17 648	20 635	23 448	13.6

资料来源：根据《中华人民共和国国民经济和社会发展统计公报》(2008—2012)相关数据整理。

表 C-10　限额以上批发零售业零售额增长情况

（单位：%）

类别	2008 年	2009 年	2010 年	2011 年	2012 年
汽车类	25.3	32.3	34.8	14.6	7.3
石油及制品类	39.9	—	—	—	—
通信器材类	1.4	-1.3	21.8	27.5	28.9
家用电器和音像器材类	14.2	12.3	27.7	21.6	7.2
建筑及装潢材料类	-12.0	26.6	32.3	30.1	24.6
日用品类	17.1	15.6	25.1	24.1	17.5
家具类	22.6	35.5	37.2	32.8	27.0
服装类	25.9	20.8	25.8	25.1	17.7

资料来源：根据《中华人民共和国国民经济和社会发展统计公报》(2008—2012)相关数据整理。

六、对外经济

表 C-11　进出口主要分类情况

（单位:亿美元）

指标	2008 年	2009 年	2010 年	2011 年	2012 年	2012 年与去年同比%
货物进出口总额	25 616	22 072	29 728	36 421	38 668	6.2
货物出口额	14 285	12 017	15 779	18 986	20 489	7.9
其中:一般贸易	6 626	5 298	7 207	9 171	9 880	7.7
加工贸易	6 752	5 870	7 403	8 354	8 628	3.3
其中:机电产品	8 229	7 131	9 334	10 856	11 794	8.7
高新技术产品	4 156	3 769	4 924	5 488	6 012	9.6
其中:国有企业	2 572	1 910	2 344	2 672	2 563	-4.1
外商投资企业	7 906	6 722	8 623	9 953	10 227	2.8
其他企业	3 807	3 384	4 813	6 360	7 699	21.1
货物进口额	11 331	10 056	13 948	17 435	18 178	4.3
其中:一般贸易	5 727	5 339	7 680	10 075	10 218	1.4
加工贸易	3 784	3 223	4 174	4 698	4 812	2.4
其中:机电产品	5 387	4 914	6 603	7 533	7 824	3.8
高新技术产品	3 419	3 098	4 127	4 630	5 068	9.5
其中:国有企业	3 538	2 885	3 876	4 934	4 954	0.3
外商投资企业	6 200	5 452	7 380	8 648	8 712	0.8
其他企业	1 593	1 719	2 693	3 852	4 512	17.2
出口大于进口	2 955	1 961	1 831	1 551	2 311	52.9

资料来源:根据《中华人民共和国国民经济和社会发展统计公报》(2008—2012)相关数据整理。

表 C-12　我国对主要国家和地区进出口额

（单位：亿美元）

国家和地区	2008 年		2009 年		2010 年		2011 年		2012 年		2012 年与去年同比增长%	
	出口额	进口额	出口额	出口额	出口额	进口额	出口额	进口额	出口额	进口额	出口额	进口额
欧盟	2 929	1 327	2 363	2 452	3 112	1 685	3 560	2 112	3 340	2 121	-6.2	0.4
美国	2 523	814	2 208	2 327	2 833	1 020	3 245	1 222	3 518	1 329	8.4	8.8
中国香港	1 907	129	1 662	1 844	2 183	123	2 680	155	3 235	180	20.7	15.9
日本	1 161	1 507	979	1 021	1 211	1 767	1 483	1 946	1 516	1 778	2.3	-8.6
东盟	1 141	1 170	1 063	942	1 382	1 546	1 701	1 928	2 043	1 958	20.1	1.5
韩国	740	1 122	537	561	688	1 384	829	1 627	877	1 686	5.7	3.7
俄罗斯	330	238	175	285	296	258	389	403	441	441	13.2	9.2
印度	315	203	297	240	409	208	505	234	477	188	-5.7	-19.6
中国台湾	259	1 033	205	235	297	1 157	351	1 249	368	1 322	4.8	5.8

资料来源：根据《中华人民共和国国民经济和社会发展统计公报》(2008—2012)相关数据整理。

表 C-13　外商投资企业投资额及投资行业情况

指标	2008 年		2009 年		2010 年		2011 年		2012 年	
	绝对数	所占比重(%)	绝对数	所占比重(%)	绝对数	所占比重(%)	绝对数	所占比重(%)	绝对数	所占比重(%)
新设立外商直接投资企业(家)	27 514	—	23 435	—	27 406	—	27 712	—	24 925	—
实际使用外商直接投资金额(亿美元)	924	—	900.3	—	1 057.4	—	1 160.1	—	1 117	—
其中：制造业	—	54.0	467.7	52.0	495.9	46.9	521.0	44.9	488.7	43.8
房地产业	—	20.1	168.0	18.7	239.9	22.7	268.8	23.2	241.2	21.6
租赁和商务服务业	—	5.5	60.8	6.8	71.3	6.7	83.8	7.2	82.1	7.4
交通运输、仓储和邮政业	—	3.1	25.3	2.8	22.4	2.1	31.9	2.7	34.7	3.1

资料来源：根据《中华人民共和国国民经济和社会发展统计公报》(2008—2012)相关数据整理。

表 C-14　外商直接投资分行业情况

行业名称	2008 年		2009 年		2010 年		2011 年		2012 年	
	企业数（家）	实际使用金额（亿美元）	企业数（家）	实际使用金额（亿美元）	企业数（家）	实际使用金额（亿美元）	企业数（家）	实际使用金额（亿美元）	企业数（家）	实际使用金额（亿美元）
总计	27 514	924.0	23 435	900.3	27 406	1 057.4	27 712	1 160.1	24 925	1 117.2
农、林、牧、渔业	917	11.9	896	14.3	—	—	865	20.1	882	20.6
采矿业	149	5.7	99	5.0	—	—	—	—	—	—
制造业	11 568	498.9	9 767	467.7	11 047	495.9	11 114	521.0	8 970	488.7
交通运输、仓储和邮政业	523	28.5	395	25.3	396	22.4	413	31.9	397	34.7
信息传输、计算机服务和软件业	1 286	27.7	1 081	22.5	1 046	24.9	993	27.0	926	33.6
批发和零售业	6 338	26.8	5 854	44.3	5 100	53.9	7 259	84.2	7 029	94.6
房地产业	1 444	170.9	452	185.9	569	168.0	466	268.8	472	241.2

资料来源：根据《中华人民共和国国民经济和社会发展统计公报》（2008—2012）相关数据整理。

七、交通、邮电

表 C-15　交通邮电行业指标完成情况

指标	单位	2008 年	2009 年	2010 年	2011 年	2012 年
交通运输、仓储和邮政业增加值	亿元	16 590	17 058	22 412	32 000	—
规模以上港口完成货物吞吐量	亿吨	58.7	69.1	80.2	90.7	97.4
其中：外贸货物吞吐量	亿吨	19.2	21.4	24.6	27.5	30.1
全国港口集装箱吞吐量	万标准箱	12 835	12 082	14 500	16 231	17 651

资料来源：根据《中华人民共和国国民经济和社会发展统计公报》（2008—2012）相关数据整理。

八、交通基础设施建设

表 C-16　交通固定资产投资完成情况(公路及其他)

(单位:万元)

地区	公路建设					其他建设				
	2008 年	2009 年	2010 年	2011 年	2012 年	2008 年	2009 年	2010 年	2011 年	2012 年
总计	59 954 006	86 577 820	103 958 321	114 092 638	114 717 399	3 106 098	2 535 581	2 668 936	2 586 592	2 189 078
东部地区	23 235 090	31 636 430	34 787 199	36 328 492	37 475 248	1 639 659	1 224 755	1 442 577	1 446 307	1 062 796
中部地区	15 566 693	25 589 800	30 008 672	31 787 316	30 316 434	870 934	570 780	750 927	672 290	398 283
西部地区	21 152 223	29 351 590	39 162 450	45 976 830	46 925 717	595 505	740 046	475 432	467 995	727 999
北京	1 552 718	1 081 625	560 808	604 251	559 897	—	43 918	—	733	—
天津	642 484	755 491	857 611	1 233 844	612 042	6 776	5 470	4 180	5 523	2 969
河北	2 887 280	3 989 311	5 771 203	6 369 110	6 476 832	305 315	66 589	43 976	84 538	126 542
山西	1 730 085	5 156 854	5 783 467	6 480 131	5 611 167	—	—	—	—	43 225
内蒙古	2 614 317	3 154 885	3 885 641	5 024 490	5 590 612	21 518	15 000	2 520	3 063	4 500
辽宁	1 700 961	3 469 651	1 930 948	1 961 681	2 363 051	19 262	30 776	51 115	20 168	38 472
吉林	1 472 150	2 234 400	2 663 894	1 298 265	1 107 197	—	—	—	—	—
黑龙江	1 846 191	3 306 404	3 303 579	2 996 473	2 105 797	—	—	2 264	3 210	8 080
上海	1 413 177	2 213 304	1 350 385	936 146	860 358	1 146 720	843 977	1 013 225	1 063 338	735 519
江苏	3 073 325	3 284 281	3 887 519	4 335 417	3 850 564	12 269	15 101	5 704	6 676	14 911
浙江	3 307 112	4 120 364	4 784 009	4 975 280	5 496 963	3 543	16 297	6 878	21 501	18 288
安徽	1 563 607	1 696 574	1 777 434	2 257 129	2 897 750	7 490	7 784	9 508	11 623	6 530
福建	2 834 133	3 978 445	5 231 489	5 814 165	6 630 332	5 672	49 348	5 450	8 882	17 874
江西	1 222 455	1 848 318	2 414 960	2 868 963	2 418 424	1 381	2 011	5 983	850	2 944
山东	2 147 988	2 946 565	3 501 717	3 863 002	4 430 410	2 482	36 338	146 637	26 803	24 340

（续表）

地区	公路建设					其他建设				
	2008 年	2009 年	2010 年	2011 年	2012 年	2008 年	2009 年	2010 年	2011 年	2012 年
河南	2 284 140	2 027 968	2 774 990	3 391 776	4 387 109	—	—	1 999	2 527	15 590
湖北	2 794 562	3 925 311	4 259 926	4 665 344	4 821 825	861 913	560 185	731 173	637 308	310 126
湖南	2 653 503	5 393 971	7 030 422	7 829 235	6 967 165	150	800	—	16 772	11 788
广东	3 474 789	5 340 946	6 731 848	6 034 575	5 783 864	58 714	85 282	94 550	122 012	5 771
广西	1 853 477	2 940 460	3 917 376	4 837 878	4 856 582	52 711	277 712	33 019	36 182	87 357
海南	201 123	456 447	179 662	201 021	410 935	78 906	31 659	70 862	86 133	78 110
重庆	2 755 410	2 673 985	3 033 164	2 852 790	3 469 284	46 068	17 602	36 884	48 655	53 767
四川	2 927 156	5 060 507	6 972 305	9 235 964	9 884 656	265 006	281 190	256 689	289 758	431 429
贵州	1 825 813	2 706 483	3 793 835	4 814 788	5 554 464	3 514	4 513	2 926	473	2 895
云南	2 345 954	3 135 436	5 821 218	5 723 329	4 197 961	31 755	64 151	1 125	6 970	5 184
西藏	439 151	603 436	713 747	801 255	960 100	—	2 580	—	500	650
陕西	3 053 451	4 556 463	5 434 600	5 084 245	3 263 754	3 500	6 438	15 287	4 307	965
甘肃	1 256 965	1 657 864	2 064 876	2 358 252	3 345 847	75 980	57 500	93 372	77 257	96 754
青海	655 127	822 834	1 057 336	1 318 648	1 554 942	95 453	13 360	12 610	830	44 498
宁夏	402 240	449 080	581 400	754 190	727 320	—	—	—	—	—
新疆	1 023 162	1 590 157	1 886 952	3 171 001	3 520 195	—	—	21 000	—	—

资料来源：中华人民共和国交通部网站. http://www. moc. gov. cn。

表 C-17　交通固定资产投资完成情况(航运)

(单位:万元)

地区	内河建设					沿海建设				
	2008 年	2009 年	2010 年	2011 年	2012 年	2008 年	2009 年	2010 年	2011 年	2012 年
总计	1 639 548	2 439 850	2 809 342	3 352 238	4 227 414	6 566 168	6 593 304	7 179 719	9 407 960	9 377 492
东部地区	731 884	1 311 246	1 199 923	1 360 032	1 672 188	6 323 452	6 269 044	6 692 546	8 684 587	8 621 509
中部地区	449 416	591 203	793 740	1 096 901	1 499 321	—	—	—	—	—
西部地区	458 248	537 401	815 679	895 305	1 055 905	242 716	324 260	487 173	723 373	755 983
北京	—	—	—	—	—	—	—	—	—	—
天津	—	—	—	—	—	1 089 771	1 150 383	1 149 213	1 216 237	1 246 317
河北	—	—	—	—	—	386 045	711 971	608 160	1 461 752	1 772 009
山西	—	—	—	—	—	—	—	—	—	—
内蒙古	1 254	435	—	1 300	580	—	—	—	—	—
辽宁	20 480	10 896	4 664	550	1 055	461 462	852 897	1 337 112	1 764 408	738 978
吉林	1 730	600	172	260	439	—	—	—	—	—
黑龙江	55 551	5 495	20 760	25 152	24 733	—	—	—	—	—
上海	64 394	237 441	150 453	59 670	36 865	1 072 044	603 935	441 111	271 495	111 454
江苏	424 941	765 140	819 723	1 012 930	1 331 222	601 969	156 622	365 653	585 330	584 625
浙江	151 533	178 530	142 305	142 229	168 295	809 877	845 761	820 615	1 190 389	1 195 670
安徽	171 104	207 266	189 336	264 635	330 477	—	—	—	—	—
福建	1 519	1 000	9 200	800	3 500	512 880	660 930	762 405	843 936	955 666
江西	17 906	24 294	29 816	36 696	134 528	—	—	—	—	—
山东	8 065	37 184	24 225	104 311	91 858	662 366	724 358	713 526	723 085	930 278
河南	13 680	24 850	15 238	21 410	80 320	—	—	—	—	—

（续表）

地区	内河建设					沿海建设				
	2008 年	2009 年	2010 年	2011 年	2012 年	2008 年	2009 年	2010 年	2011 年	2012 年
湖北	152 305	312 424	432 492	578 502	658 103	—	—	—	—	—
湖南	37 140	16 274	105 926	170 246	270 721	—	—	—	—	—
广东	60 952	81 055	49 353	39 542	39 393	640 612	424 278	408 725	449 869	709 563
广西	43 580	86 387	273 670	274 992	355 642	242 716	324 260	487 173	723 373	755 983
海南	—	—	—	—	—	86 426	137 909	86 026	178 086	376 949
重庆	294 765	275 140	310 525	312 148	278 433	—	—	—	—	—
四川	88 142	142 187	191 687	253 101	356 124	—	—	—	—	—
贵州	12 203	14 015	17 106	21 730	34 090	—	—	—	—	—
云南	12 841	11 297	15 702	16 667	15 841	—	—	—	—	—
西藏	—	—	—	—	—	—	—	—	—	—
陕西	1 529	3 344	259	5 040	3 758	—	—	—	—	—
甘肃	3 934	4 596	4 700	5 672	5 837	—	—	—	—	—
青海	—	—	2 030	4 655	3 500	—	—	—	—	—
宁夏	—	—	—	—	2 100	—	—	—	—	—
新疆	—	—	—	—	—	—	—	—	—	—

资料来源：中华人民共和国交通运输部网站. http://www.moc.gov.cn。

九、货运总量和货运周转量

表 C-18　各种运输方式完成货物运输量

指标	单位	2008 年	2009 年	2010 年	2011 年	2012 年	2012 年与去年同比增长%
货物运输总量	亿吨	249.0	278.8	320.3	368.5	412.1	11.8
铁路	亿吨	33.1	33.3	36.4	39.3	39.0	-0.8
公路	亿吨	181.7	209.7	242.5	281.3	322.1	14.5
水运	亿吨	29.7	31.4	36.4	42.3	45.6	7.8
民航	万吨	407.6	445.5	557.4	552.8	541.6	-2.0
管道	亿吨	4.5	4.4	4.9	5.4	5.3	-1.9
货物运输周转量	亿吨公里	105 512.9	121 211.3	137 329	159 014.1	173 145.1	8.9
铁路	亿吨公里	25 111.8	25 239.2	27 644.1	29 465.8	29 187.1	-0.9
公路	亿吨公里	12 998.5	36 383.5	43 005.4	51 333.2	59 992.0	16.9
水运	亿吨公里	65 218.2	57 439.9	64 305.3	75 196.2	80 654.5	7.3
民航	亿吨公里	119.6	126.3	176.6	171.7	162.2	-5.5
管道	亿吨公里	2 064.7	2 022.4	2 197.6	2 847.2	3 149.3	10.6

资料来源：根据《中华人民共和国国民经济和社会发展统计公报》(2008—2012)相关数据整理。

(一) 铁路运输

表 C-19　铁路全行业主要指标完成情况

指标	计算单位	2008 年	2009 年	2010 年	2011 年	2012 年	2012 年与去年同比增长%
货运总发送量	万吨	330 058	333 348	364 271	393 263	390 438	-0.7
其中：国家铁路	万吨	275 385	277 572	309 541	329 535	323 559	-1.8
合资铁路(非控股)	万吨	27 984	31 903	35 641	41 549	43 971	5.8
地方铁路	万吨	26 689	23 873	19 089	22 179	22 907	3.3

(续表)

指标	计算单位	2008 年	2009 年	2010 年	2011 年	2012 年	2012 年与去年同比增长%
货物发送量	万吨	328 734	332 041	362 929	391 852	389 215	-0.7
其中:国家铁路	万吨	274 068	276 276	308 209	328 136	322 346	-1.8
合资铁路(非控股)	万吨	27 977	31 892	35 630	41 537	43 963	5.8
地方铁路	万吨	26 689	23 873	19 089	22 178	22 906	3.3
行包发送量	万吨	1 324	1 307	1 342	1 411	1 222	-13.4
其中:国家铁路	万吨	1 317	1 296	1 332	1 399	1 214	-13.2
合资铁路(非控股)	万吨	7.3	10.5	10.3	12.0	8.3	-30.8
地方铁路	万吨	—	0.3	0.3	—	—	—
日均装车数	车	144 868	145 162	157 277	168 746	166 072	-1.6
货运总周转量	亿吨公里	25 118.04	25 239.17	27 644.13	29 465.79	29 187.09	-0.9
其中:国家铁路	亿吨公里	23 664.92	23 649.88	25 937.35	27 631.67	27 220.50	-1.5
合资铁路(非控股)	亿吨公里	1 304.87	1 462.71	1 590.72	1 695.4	1 830.41	8.0
地方铁路	亿吨公里	148.25	126.59	116.07	138.72	136.18	-1.8
货物周转量	亿吨公里	24 828.39	24 943.49	27 332.68	29 130.3	28 891.9	-0.8
其中:国家铁路	亿吨公里	23 375.48	23 354.50	25 626.19	27 296.49	26 925.53	-1.4
合资铁路(非控股)	亿吨公里	1 304.66	1 462.43	1 590.45	1 695.1	1 830.19	8.0
地方铁路	亿吨公里	148.25	126.56	116.04	138.71	136.18	-1.8
行包周转量	亿吨公里	289.65	295.68	311.45	335.49	295.18	-12.0
其中:国家铁路	亿吨公里	289.44	295.37	311.16	335.17	294.96	-12.0
合资铁路(非控股)	亿吨公里	0.21	0.28	0.27	0.31	0.21	-32.3
地方铁路	亿吨公里	—	0.029	0.03	—	—	—

资料来源:中华人民共和国铁道部网站. www. china-mor. gov. cn。

（二）公路运输

表 C-20　公路货物运输量

地区	货运量（万吨）					货运周转量（亿吨公里）				
	2008 年	2009 年	2010 年	2011 年	2012 年	2008 年	2009 年	2010 年	2011 年	2012 年
全国总计	1 637 412	2 097 000	2 220 862	2 555 412	2 922 522	11 679.22	36 383.50	39 219.04	46 400.70	54 170.71
北京	15 771	—	17 197	18 856	23 063	64.62	85.80	80.85	92.60	126.95
天津	24 621	19 800	19 110	21 633	26 163	93.06	205.90	212.00	245.33	305.29
河北	77 094	—	122 010	151 590	179 546	813.80	2 998.50	3 614.81	4 746.74	5 649.39
山西	80 023	54 793	55 339	59 377	65 888	426.34	906.40	887.81	954.51	1 083.31
内蒙古	86 415	70 832	77 671	94 841	114 926	601.70	1 885.30	2 042.16	2 495.57	3 020.76
辽宁	92 464	105 088	116 918	140 182	162 003	617.17	—	1 749.03	2 128.97	2 472.87
吉林	31 196	—	30 384	36 198	43 626	128.76	—	608.65	726.91	876.59
黑龙江	51 144	—	36 666	40 275	43 201	292.30	657.10	683.60	753.53	829.62
上海	34 220	37 745	37 430	39 135	39 321	81.41	—	239.24	256.89	260.98
江苏	85 252	—	108 846	124 541	138 744	558.54	—	1 027.20	1 179.36	1 317.29
浙江	95 504	—	94 833	99 446	103 627	476.87	542.60	1 188.42	1 303.08	1 386.88
安徽	64 067	—	166 772	199 479	235 575	570.61	—	4 522.28	5 537.70	6 578.00
福建	35 227	40 317	42 693	47 579	53 656	323.63	507.20	531.10	590.39	691.10
江西	30 401	75 102	80 680	89 245	102 269	241.93	1 536.50	1 686.06	1 875.40	2 268.15
山东	178 848	252 000	241 107	255 051	271 585	1 227.64	6 045.00	5 658.93	6 040.92	6 417.28
河南	89 021	151 300	165 422	198 239	227 873	754.35	3 927.10	4 400.28	5 368.72	6 206.85
湖北	43 544	—	64 060	74 277	87 250	328.69	—	975.64	1 147.35	1 401.43
湖南	83 348	111 358	114 523	128 243	148 343	705.46	1 259.90	1 376.42	1 667.35	2 125.82

（续表）

地区	货运量(万吨)					货运周转量(亿吨公里)				
	2008 年	2009 年	2010 年	2011 年	2012 年	2008 年	2009 年	2010 年	2011 年	2012 年
广东	114 568	125 015	128 831	149 593	171 907	948.51	1 514.40	1 569.20	1 892.22	2 266.54
广西	32 949	—	84 415	101 862	121 303	301.94	—	1 045.85	1 323.59	1 659.73
海南	9 943	—	12 394	13 052	14 755	94.81	100.70	79.18	83.76	98.03
重庆	43 026	53 532	63 006	75 115	86 575	218.25	—	551.22	704.56	831.52
四川	74 279	—	109 523	126 345	143 234	362.83	779.20	881.45	1 017.77	1 184.87
贵州	17 464	—	27 912	33 463	40 903	122.71	233.20	257.73	319.01	422.29
云南	52 098	—	40 637	50 497	58 327	357.36	—	480.61	554.54	639.73
西藏	265	920	905	929	990	24.77	—	23.99	24.47	25.10
陕西	30 546	—	70 939	83 238	96 248	298.88	—	1 084.07	1 336.93	1 586.66
甘肃	25 291	20 800	21 726	26 005	35 567	156.22	489.70	469.46	581.62	801.17
青海	6 016	—	7 311	8 240	8 945	54.10	—	210.56	238.59	258.72
宁夏	6 476	23 263	23 103	26 157	29 301	76.17	497.00	487.68	549.00	631.83
新疆	26 331	38 657	38 498	42 729	47 808	355.78	—	593.59	663.34	745.95

注:公路货物运输量每年均截至 11 月底。

资料来源:中华人民共和国交通运输部网站. http://www.moc.gov.cn。

（三）水路运输

表 C-21　全国沿海主要港口指标完成情况

（单位：万吨）

港口名称	2008 年		2009 年		2010 年		2011 年		2012 年	
	货物吞吐量	外贸货物吞吐量	货物吞吐量	外贸货物吞吐量	货物吞吐量	外贸货物吞吐量	货物吞吐量	外贸货物吞吐量	货物吞吐量	外贸货物吞吐量
全国总计	541 301	178 842	633 433	196 990	734 820	226 030	832 452	252 741	890 960	276 735
沿海合计	395 467	165 842	433 586	180 200	498 858	206 869	564 557	230 902	607 976	252 300
大连	22 328	7 919	24 984	8 993	29 020	9 898	31 049	9 756	34 214	9 941
营口	13 796	2 625	16 552	3 228	20 766	4 502	24 134	5 054	27 753	4 592
秦皇岛	23 624	2 639	22 541	1 988	24 218	1 591	26 248	1 126	24 787	1 047
天津	32 995	16 951	34 842	17 835	36 946	18 844	41 333	20 273	43 744	22 186
烟台	10 451	3 633	11 531	4 234	13 940	5 211	16 565	6 794	18 513	6 681
青岛	27 530	19 036	28 920	20 308	31 979	23 628	34 485	24 407	37 489	26 317
日照	13 850	9 606	17 009	12 029	20 777	13 900	23 549	15 609	26 107	18 501
上海	47 401	25 598	44 537	23 234	51 471	27 633	57 021	30 869	58 332	32 793
连云港	9 199	5 248	10 015	6 029	11 586	7 016	14 484	8 256	15 929	8 838
宁波—舟山港	48 158	21 410	52 593	22 342	57 557	25 563	64 104	29 100	68 348	31 697
温州	3 887	127	5 772	—	6 408	—	—	—	—	—
福州	6 068	1 387	7 549	2 600	6 498	2 459	7 404	2 974	10 318	4 741
泉州	6 549	605	7 051	1 239	7 781	1 703	8 638	1 774	9 509	2 010
厦门	8 852	4 966	10 039	5 054	11 517	6 326	14 303	7 330	15 690	7 760
深圳	19 609	15 102	17 502	12 989	20 209	15 626	20 341	16 004	20 907	16 285
广州	31 506	7 292	33 557	7 492	36 834	8 182	39 288	8 785	39 766	9 851
珠海	3 587	1 209	—	—	—	—	—	—	—	—
湛江	6 187	3 823	10 457	4 113	12 425	4 327	14 305	5 011	15 612	5 128

注：全国沿海主要港口指标完成情况每年截至 11 月。

资料来源：中华人民共和国交通运输部网站. http://www.moc.gov.cn。

表 C-22　全国港口国际标准集装箱吞吐量前 10 名排序表

排名	2008 年		2009 年		2010 年		2011 年		2012 年	
	港名	吞吐量（万 TEU）	港名	吞吐量（万 TEU）	港名	吞吐量（万 TEU）	港名	吞吐量（万 TEU）	港名	吞吐量（万 TEU）
1	上海	2 798.00	上海	2 500.23	上海	2 657.63	上海	2 907.70	上海	2 972.44
2	深圳	2 140.00	深圳	1 825.01	深圳	2 070.88	深圳	2 069.77	深圳	2 107.00
3	青岛	1 032.00	广州	1 119.99	宁波—舟山港	1 215.22	宁波—舟山港	1 356.82	宁波—舟山港	1 497.34
4	宁波—舟山港	1 122.60	宁波—舟山港	1 050.33	广州	1 130.69	广州	1 288.75	青岛	1 330.87
5	广州	1 100.13	青岛	1 026.24	青岛	1 098.17	青岛	1 196.39	广州	1 323.10
6	天津	850.00	天津	870.35	天津	916.58	天津	1 060.38	天津	1 129.47
7	厦门	503.46	厦门	468.04	厦门	527.46	厦门	583.32	大连	731.51
8	大连	450.27	大连	457.65	大连	479.19	大连	578.42	厦门	649.97
9	连云港	300.05	连云港	303.18	连云港	361.59	连云港	444.19	连云港	455.36
10	营口	203.00	营口	253.73	营口	310.46	营口	377.78	营口	451.21

注：全国沿海主要港口指标完成情况每年截至 11 月。

资料来源：中华人民共和国交通运输部网站. http://www.moc.gov.cn。

表 C-23　国际港口集装箱吞吐量排名前 10 名排序表

	2008 年		2009 年		2010 年		2011 年		2012 年	
	港名	吞吐量（万 TEU）	港名	吞吐量（万 TEU）	港名	吞吐量（万 TEU）	港名	吞吐量（万 TEU）	港名	吞吐量（万 TEU）
1	新加坡	2 992	新加坡	2 587	上海	2 907	上海	3 174	上海	3 253
2	上海	2 798	上海	2 500	新加坡	2 843	新加坡	2 994	新加坡	3 165
3	香港	2 430	香港	2 098	香港	2 363	香港	2 440	香港	2 313
4	深圳	2 140	深圳	1 825	深圳	2 251	深圳	2 257	深圳	2 294
5	釜山	1 342	釜山	1 195	釜山	1 428	釜山	1 618	釜山	1 703
6	迪拜	1 200	广州	1 119	宁波—舟山	1 314	宁波—舟山	1 451	宁波—舟山	1 617

（续表）

	2008年		2009年		2010年		2011年		2012年	
	港名	吞吐量（万 TEU）	港名	吞吐量（万 TEU）	港名	吞吐量（万 TEU）	港名	吞吐量（万 TEU）	港名	吞吐量（万 TEU）
7	广州	1 100	迪拜	1 112	广州	1 212	广州	1 440	广州	1 455
8	宁波—舟山港	1 093	宁波—舟山港	1 050	青岛	1 201	青岛	1 302	青岛	1 450
9	鹿特丹	1 083	青岛	1 026	迪拜	1 150	迪拜	1 160	迪拜	1 328
10	青岛	1 032	鹿特丹	974	鹿特丹	1 110	鹿特丹	1 110	天津	1 230

资料来源：中国港口网. www. chineseport. cn。

（四）航空运输

表 C-24　民航各运输机场吞吐量和飞机起降架次统计

机场	货邮吞吐量								起降架次							
	排名	2009年	排名	2010年	排名	2011年	排名	2012年	排名	2009年	排名	2010年	排名	2011年	排名	2012年
合计		9 455 645.2		11 289 372.1		11 577 677.2		11 993 970.853		4 840 710		5 531 716		5 979 664		6 603 207
上海浦东	1	2 543 393.6	1	3 228 080.8	1	3 085 267.7	1	2 938 156.944	3	287 916	2	332 126	3	344 086	3	361 720
北京	2	1 475 656.8	2	1 551 471.6	2	1 640 231.8	2	1 799 863.700	1	487 918	1	517 585	1	533 166	1	557 159
广州	3	955 269.7	3	1 144 455.7	3	1 179 967.7	3	1 248 763.783	2	308 863	3	329 214	2	349 259	2	373 314
深圳	4	605 469.2	4	809 125.4	4	828 375.5	4	854 901.358	5	202 627	5	216 897	5	224 329	5	240 055
上海虹桥	5	439 071.9	5	480 438.1	6	454 069.4	6	429 813.850	7	189 071	4	218 985	4	229 846	6	234 942
成都	6	373 515	6	432 153.2	5	477 695.2	5	508 031.403	6	190 094	7	205 537	6	222 421	4	242 658
杭州	8	226 307.9	7	283 426.9	7	306 242.6	7	338 371.139	10	134 058	11	146 289	12	149 480	12	166 340
昆明	7	258 755.3	8	273 651.2	8	272 465.4	10	262 272.291	8	172 572	9	181 466	9	191 744	10	240 055
厦门	10	196 025.1	9	245 644	9	260 575.1	8	271 465.836	15	105 939	13	116 659	13	135 618	13	146 183
南京	9	200 099	10	234 359	10	246 572.2	11	248 067.469	14	106 142	14	116 087	14	120 534	15	128 440
天津	12	168 103.1	11	202 484.1	12	182 856.7	12	194 241.042	19	75 116	20	85 034	21	84 831	23	83 700
重庆	11	186 005.9	12	195 686.6	11	237 572.5	9	268 642.354	11	132 619	12	145 705	11	166 763	11	195 333
青岛	13	135 364.4	13	163 748.7	14	166 533.1	14	171 891.873	16	98 033	17	103 975	17	105 835	18	116 176

（续表）

机场	货邮吞吐量								起降架次							
	排名	2009 年	排名	2010 年	排名	2011 年	排名	2012 年	排名	2009 年	排名	2010 年	排名	2011 年	排名	2012 年
西安	14	127 000.2	14	158 054	13	172 567.4	13	174 782.673	9	146 272	10	164 430	10	185 079	9	204 427
大连	15	125 832	15	140 554.3	15	137 859.1	16	136 546.806	17	85 390	18	91 628	19	94 344	20	100 231
沈阳	16	112 444.6	16	123 816.4	16	133 903.5	17	131 931.328	21	67 027	23	70 786	23	77 866	24	82 294
武汉	17	101 874.7	17	110 190.8	17	122 762.4	19	128 196.236	12	113 332	16	112 521	15	117 010	14	132 417
长沙	18	86 995	18	108 635.2	18	114 831.1	20	110 608.037	13	110 023	15	115 635	16	116 727	16	127 041
乌鲁木齐	20	77 632.3	19	95 124.2	19	107 580.5	18	131 372.499	22	65 511	19	86 491	18	97 801	17	118 701
海口	19	77 779.6	20	91 667.3	21	97 826.9	21	99 944.899	20	69 114	22	73 824	22	83 057	21	87 245
郑州	21	70 533	21	85 798.1	20	102 802.4	15	151 193.475	18	75 743	21	84 180	20	93 014	19	109 249
福州	23	64 400.9	22	79 350.2	22	87 573.8	22	96 948.099	28	51 575	26	62 108	26	67 866	29	72 512
哈尔滨	22	66 152	23	71 265.2	24	76 490.6	23	85 947.828	25	57 440	28	61 002	29	62 520	28	74 626
济南	24	56 596.6	24	70 175.3	23	77 623.9	27	74 070.169	23	63 602	25	69 145	24	77 856	26	78 465
长春	26	48 085.3	25	61 672.4	28	62 255.8	28	66 213.584	35	35 909	37	42 199	41	41 364	39	49 732
贵阳	25	51 619	26	61 653	25	69 130.3	25	79 586.501	26	57 354	27	61 231	27	67 759	27	77 173
无锡	27	47 021.3	27	57 070.7	27	66 208	24	84 026.727	49	19 723	47	21 978	49	26 040	51	28 499
宁波	28	46 839.7	28	55 966.6	29	58 763	29	61 662.382	33	37 512	40	39 289	40	44 083	41	44 924
南宁	29	46 268.7	29	55 633.5	26	67 633.5	26	78 134.365	32	44 597	30	52 396	31	59 181	31	61 793
温州	30	44 326	30	50 024.2	30	48 997.2	31	49 714.058	31	44 800	33	49 854	34	49 995	38	50 211
三亚	31	38 396.9	31	45 255.6	31	48 290.8	30	52 603.854	24	59 811	24	70 575	25	74 392	25	81 456
烟台	34	29 189.6	32	41 514.2	32	40 331.6	36	37 233.868	45	25 830	45	27 932	47	26 573	47	31 301
太原	32	34 495.7	33	41 227.3	33	39 702.7	33	42 258.881	27	52 236	29	57 525	28	62 746	30	68 789
桂林	33	29 636.2	34	32 543.2	36	33 613.7	39	33 762.384	29	49 525	34	48 103	38	47 431	40	48 531
南昌	37	24 524.4	35	32 417.8	35	34 330.5	35	37 856.940	30	48 050	32	51 820	33	50 177	34	55 783
合肥	35	28 115.8	35	31 883	34	38 425.3	32	42 602.368	36	35 814	35	46 452	37	48 001	36	51 641
兰州	36	27 021.2	37	30 742.6	38	32 033.3	37	35 946.856	41	28 353	43	33 700	43	34 510	44	43 146

（续表）

机场	货邮吞吐量								起降架次							
	排名	2009 年	排名	2010 年	排名	2011 年	排名	2012 年	排名	2009 年	排名	2010 年	排名	2011 年	排名	2012 年
石家庄	38	18 672.3	38	25 709.8	37	33 229.1	34	39 660.939	39	32 481	31	51 929	32	54 903	35	54 647
泉州	42	13 792.3	39	22 931.9	39	31 226.6	38	35 711.084	51	16 842	49	20 123	53	19 992	59	21 211
呼和浩特	41	14 513.2	40	20 675.3	40	25 218.2	41	28 673.598	38	33 190	36	43 331	35	48 870	33	55 990
银川	40	15 127.5	41	20 343.2	41	23 742.5	42	26 900.968	48	21 393	46	26 334	45	29 889	45	33 950
潍坊	39	15 969	42	18 608.8	43	18 688.8	43	17 083.228	89	3 145	94	3 376	98	3 699	107	3 741
珠海	43	13 759.6	43	17 578.8	44	16 768.3	44	16 270.384	46	23 149	42	37 651	36	48 059	42	43 815
北京南苑	45	12 528	44	17 476.3	42	23 557.3	40	30 053.964	54	13 252	53	16 507	51	21 642	50	29 365
拉萨	44	12 872.6	45	13 827.3	46	11 347.1	45	15 339.329	58	10 064	57	11 720	61	13 932	62	17 084
西宁	47	7 458.7	46	12 265.9	45	11 882.3	46	15 278.148	55	12 326	54	15 645	54	18 176	54	23 864
汕头	46	9 088.7	47	10 842.5	47	10 160.9	—	—	52	13 517	51	16 761	55	17 903	—	—
西双版纳	48	6 664.9	48	7 400.9	56	4 814.8	58	4 888.406	50	18 193	50	17 772	56	17 729	58	21 234
常州	49	6 173.3	49	6 720	48	8 362.7	48	11 057.622	66	5 800	71	6 765	68	10 160	56	22 367
包头	50	4 678.6	50	6 075.1	49	7 491.7	51	9 265.220	57	10 099	58	11 502	65	11 261	65	13 623
绵阳	52	3 812.2	52	4 833.8	58	4 491.5	57	4 935.189	93	2 897	8	189 906	7	207 140	8	207 112
南通	64	1 877.7	53	4 654.2	50	6 496.7	47	11 104.881	40	30 634	44	28 435	46	27 538	46	32 092
延吉	57	3 126.4	54	4 192.1	55	4 915.6	55	5 391.378	62	7 457	67	7 962	74	7 884	80	7 972
柳州	54	3 285.6	55	3 844.4	53	5 035.3	53	6 214.217	80	4 083	88	3 949	71	9 136	68	11 931
义乌	55	3 259.4	56	3 802.1	64	3 414	70	2 696.637	73	5 322	77	6 148	77	6 746	78	8 330
徐州	56	3 251	57	3 772.3	54	4 930	54	6 069.184	61	9 065	64	8 951	64	11 523	52	28 091
威海	58	3 003.4	58	3 751.5	57	4 570.4	56	5 092.485	59	9 850	59	10 579	62	12 006	71	10 548
德宏	59	2 888.1	59	3 654.1	61	3 929.9	59	4 882.112	82	3 870	86	4 528	91	4 927	87	6 605
喀什	60	2 445.4	60	3 207.2	63	3 705.7	60	4 744.303	76	5 093	76	6 189	69	9 880	75	9 406
宜昌	53	3 498.4	61	3 184.7	62	3 769.3	66	3 995.523	60	9 082	66	8 204	39	45 492	43	43 354
鄂尔多斯	65	1 823.2	62	3 074.1	52	5 992.9	50	9 752.399	69	5 588	65	8 862	60	14 118	55	22 912

（续表）

机场	货邮吞吐量								起降架次							
	排名	2009 年	排名	2010 年	排名	2011 年	排名	2012 年	排名	2009 年	排名	2010 年	排名	2011 年	排名	2012 年
丽江	66	1 674.8	63	3 058.7	59	4 370.2	52	6 951.264	47	22 143	48	21 085	52	20 138	53	26 097
北海	76	1 130.6	64	2 849.2	60	4 027.9	63	4 260.232	71	5 357	60	10 553	50	24 931	60	21 096
攀枝花	61	2 378.5	65	2 848.4	110	545.5	181	—	109	1 858	124	1 696	161	588	181	—
西昌	62	2 037.3	66	2 550.8	65	3 366.6	75	2 306.377	79	4 134	84	4 702	88	5 156	105	3 842
赣州	71	1 459.7	67	2 205.5	68	2 948.1	61	4 566.770	78	4 241	82	5 066	81	6 106	83	7 041
宜宾	63	2 008	68	2 205.1	69	2 737.6	69	2 760.547	97	2 468	93	3 429	95	3 859	114	3 511
海拉尔	77	1 094.5	69	2 130.4	142	34.3	65	4 045.444	67	5 642	74	6 202	96	3 846	74	9 640
万县	69	1 623.9	71	2 078.1	66	3 200.4	83	1 741.153	88	3 202	87	4 471	76	7 181	102	4 117
临沂	75	1 163.4	72	2 016.6	75	2 104.2	64	4 097.864	44	26 241	69	6 979	72	9 065	79	8 015
湛江	70	1 590.3	73	1 969.6	70	2 425.6	72	2 427.905	75	5 213	63	8 993	101	3 518	72	9 697
泸州	67	1 663.2	74	1 791.5	78	1 993.3	79	2 138.366	94	2 854	98	2 974	122	2 462	104	3 916
达州	74	1 188.2	75	1 691.3	73	2 192.6	78	2 160.543	111	1 728	118	1 986	73	8 132	123	2 492
运城	78	1 024.1	76	1 677.8	71	2 323.3	71	2 430.224	65	6 116	70	6 820	118	2 558	73	9 641
盐城	73	1 211.5	77	1 615.2	84	1 429.5	67	2 842.351	103	2 216	115	2 092	90	5 024	116	3 350
黄山	79	963.3	78	1 499.8	76	2 075.7	82	1 884.979	86	3 396	89	3 752	70	9 381	92	5 932
张家界	68	1 633.1	80	1 272.3	83	1 528	77	2 224.926	56	10 760	62	9 363	107	3 173	76	9 234
满洲里	86	582.7	81	1 217.8	90	1 206.3	84	1 709.490	107	1 872	111	2 323	146	1 090	112	3 563
锦州	89	545.6	82	1 204.6	80	1 799.3	100	1 120.360	137	880	137	1 144	103	3 428	148	1 326
大同	91	484.8	83	1 193.5	92	1 158.3	80	2 133.500	115	1 668	112	2 305	8	198 086	81	7 426
洛阳	72	1 239.8	84	1 170.1	86	1 374.4	102	1 060.842	4	212 008	6	212 738	84	5 408	7	211 798
连云港	81	944.8	85	1 148.7	74	2 116.2	95	1 387.849	83	3 747	79	5 548	80	6 160	89	6 229
库尔勒	88	564.3	86	1 131.4	100	758.5	74	2 345.713	70	5 371	72	6 360	123	2 230	82	7 244
佳木斯	90	517.7	87	1 053.4	98	839.6	114	615.781	105	1 970	117	2 038	87	5 249	101	4 182
武夷山	82	799.7	88	1 047.9	110	545.5	86	1 657.600	74	5 235	78	5 740	161	588	90	6 040

（续表）

机场	货邮吞吐量								起降架次							
	排名	2009 年	排名	2010 年	排名	2011 年	排名	2012 年	排名	2009 年	排名	2010 年	排名	2011 年	排名	2012 年
牡丹江	84	759.8	89	979.1	85	1 387.2	91	1 472.873	85	3 414	97	3 126	106	3 202	100	4 240
和田	83	771.5	90	859.5	88	1 270.4	93	1 408.845	111	1 728	110	2 326	105	3 236	99	4 262
济宁	97	413.5	91	881.8	123	258.6	125	366.343	116	1 658	96	3 284	115	2 712	113	3 534
迪庆	85	697.5	92	871.9	111	512.5	121	460.408	92	2 904	92	3 440	93	4 167	95	4 790
恩施	80	948.1	93	840.2	89	1 215.4	92	1 420.569	68	5 637	99	2 962	129	1 677	128	2 158
井冈山	113	151.7	94	769.8	93	1 121.5	88	1 574.625	98	2 336	106	2 614	102	3 502	97	4 400
长治	92	466.3	95	769.7	81	1 641.3	87	1 617.238	77	4 595	83	4 982	82	5 555	88	6 459
南阳	87	582.4	96	721.2	107	677.4	109	812.052	42	27 765	38	39 850	57	16 256	66	12 527
榆林	102	327.4	97	639	87	1 312.5	73	2 408.102	63	6 675	61	9 774	67	10 304	69	11 691
丹东	94	452.3	98	634.1	97	864.4	94	1 404.001	134	999	143	972	143	1 160	142	1 548
临沧	101	338	99	589	113	500.6	118	495.271	122	1 406	130	1 412	139	1 304	146	1 358
伊宁	100	353.1	100	556	102	712.7	85	1 669.044	84	3 555	75	6 201	78	6 562	84	7 009
林芝	95	436.1	101	544.3	114	477.3	111	696.157	136	918	135	1 296	136	1 362	124	2 438
普洱	109	215	103	508	101	734.4	112	692.289	104	2 002	105	2 628	117	2 572	126	2 337
齐齐哈尔	93	462.2	104	507.1	105	685	108	857.972	119	1 476	136	1 230	137	1 354	139	1 712
通辽	106	275.4	105	477.4	91	1 186.7	90	1 485.209	108	1 868	113	2 217	104	3 351	85	6 809
襄樊	99	353.7	106	473.9	109	611.9	103	1 025.355	37	33 633	39	39 388	42	40 434	37	50 955
景德镇	104	307.7	107	466.9	106	678.5	104	1 022.415	99	2 308	103	2 666	109	3 104	106	3 820
大理	98	361.2	108	465.4	96	952.9	117	596.212	95	2 688	102	2 764	100	3 559	103	4 090
阿克苏	108	247	109	454.2	—	—	101	1 113.755	81	3 996	81	5 168	—	—	91	5 962
舟山	96	434.7	111	377.2	120	286.6	122	425.146	64	6 416	68	7 644	66	10 314	67	12 317
保山	116	137.6	112	361.9	117	306.6	124	368.005	113	1 680	123	1 704	127	1 740	136	1 804
赤峰	110	212.5	113	333.9	112	509.3	98	1 244.986	87	3 243	85	4 553	92	4 757	94	5 290
昌都	105	297.8	114	316.4	119	291.9	123	402.206	140	776	146	872	155	816	149	1 319

（续表）

机场	货邮吞吐量								起降架次							
	排名	2009 年	排名	2010 年	排名	2011 年	排名	2012 年	排名	2009 年	排名	2010 年	排名	2011 年	排名	2012 年
南充	119	123.8	115	306.1	104	695.4	97	1 377.797	34	36 798	41	39 188	44	33 690	48	31 030
秦皇岛	111	192.8	116	256.9	116	349.2	116	605.610	133	1 005	100	2 900	110	3 046	127	2 286
常德	120	110.1	117	251.1	127	159.7	134	161.936	91	2 930	52	16 717	30	60 399	22	86 496
锡林浩特	115	138.2	118	214.6	—	—	96	1 378.844	100	2 300	91	3 568	—	—	70	11 675
嘉峪关	122	83.2	120	201.1	108	615.9	105	945.984	123	1 330	125	1 650	120	2 521	119	2 843
衢州	112	172.1	121	180.2	121	263.8	120	470.209	114	1 674	122	1 716	133	1 474	144	1 540
东营	107	273.2	122	167.4	132	96.1	119	476.932	118	1 490	128	1 486	135	1 448	93	5 326
敦煌	121	108.5	123	162.5	128	137.3	132	182.849	96	2 570	95	3 312	97	3 796	96	4 666
文山	141	5.9	124	156.7	129	126	139	85.433	142	740	151	774	130	1 563	153	1 222
黑河	114	139.9	125	153.8	131	109.9	133	167.482	135	960	141	1 036	141	1 232	134	1 915
乌海	128	28.6	127	129.2	103	711.5	99	1 220.326	121	1 420	114	2 115	114	2 778	111	3 607
乌兰浩特	118	127.9	128	120.5	124	224.7	110	745.230	102	2 220	119	1 980	108	3 137	109	3 694
格尔木	123	78.7	129	108.8	126	165.9	127	275.040	150	555	155	651	153	885	155	1 166
铜仁	140	7.5	130	104.9	130	118.4	144	54.549	106	1 882	133	1 355	138	1 326	130	2 008
九江	134	15.3	132	64.2	133	81.3	126	317.624	126	1 128	129	1 442	131	1 516	150	1 312
漠河	125	38.3	133	51.9	138	42.5	140	85.137	129	1 100	148	814	148	1 026	133	1 954
延安	129	28.4	134	42.9	140	38.8	143	61.389	101	2 256	101	2 860	116	2 614	118	2 906
昭通	124	73.3	135	41.9	135	49.6	150	39.555	151	520	161	488	158	694	167	547
库车	133	19.8	136	36.1	141	36.7	137	103.103	146	626	138	1 140	144	1 152	121	2 639
长白山	132	22.6	137	33	144	26.4	130	218.739	139	792	126	1 623	125	2 052	117	3 196
永州	138	10.7	138	32.5	151	6.2	160	5.509	154	412	153	678	159	632	171	410
邯郸	127	33.2	139	31.1	148	10.6	142	69.837	110	1 767	108	2 497	111	2 879	122	2 584
汉中	131	24	140	30.8	165	—	180	—	147	618	162	480	174	480	180	6
安庆	136	12.3	141	25.8	122	263.8	129	254.715	127	1 118	121	1 732	128	1 720	131	1 978

（续表）

机场	货邮吞吐量								起降架次							
	排名	2009 年	排名	2010 年	排名	2011 年	排名	2012 年	排名	2009 年	排名	2010 年	排名	2011 年	排名	2012 年
哈密	144	4.4	142	25.4	139	39.3	138	98.191	144	688	150	808	132	1 484	143	1 544
那拉提	126	33.4	143	23	158	1.8	157	20.723	143	712	164	422	167	310	163	750
梅县	137	11.9	144	20.9	143	27.8	152	35.591	125	1 223	127	1 566	124	2 052	129	2 114
阿勒泰	135	14.4	146	19.8	134	56.3	135	132.152	117	1 616	109	2 481	112	2 814	120	2 836
中卫	156	—	147	14.3	136	46.2	147	51.821	128	1 108	134	1 320	59	14 139	49	30 930
兴义	142	5.3	148	10.4	137	44.7	153	33.322	141	772	142	1 012	126	1 990	132	1 962
梧州	139	8.1	149	9.6	145	14.7	156	25.153	43	26 800	56	12 113	85	5 357	141	1 627
天水	143	4.8	150	9.1	155	2.2	158	11.095	130	1 072	166	344	170	190	170	462
且末	150	1	151	5.6	162	0.3	182	—	161	200	169	258	173	82	182	—
阜阳	153	0.4	152	5.3	149	8.8	136	131.193	156	360	107	2 512	121	2 518	115	3 468
克拉玛依	146	3.6	153	4.4	152	5.5	145	54.330	138	863	104	2 659	63	11 606	61	17 744
黎平	148	1.6	154	2.4	157	2	162	4.254	153	488	158	624	164	522	164	684
塔城	152	0.4	156	1.9	156	2.1	159	6.640	145	668	152	749	157	696	159	938
喀纳斯	145	3.8	158	1.5	159	1.5	163	3.424	157	306	149	808	150	978	140	1 644
安康	149	1.2	160	1.4	—	—	183	—	158	250	170	200	—	—	183	—
怀化	147	3.5	161	0.9	153	4.7	151	39.089	131	1 049	120	1 753	145	1 096	157	1 106
朝阳	156	—	162	0.5	165	—	164	1.970	152	509	168	296	48	26 094	32	59 984
庆阳	159	—	163	0.2	—	—	178	—	124	1 242	145	952	—	—	178	218
黔南州	159	—	165	0.1	161	0.3	168	0.021	166	14	171	175	166	348	179	183
吐鲁番	—	—	—	—	165	—	174	—	—	—	—	—	168	240	172	389
九寨沟	159	—	167	—	165	—	169	—	53	13 411	55	15 126	58	14 946	63	16 632
安顺	159	—	168	—	165	—	177	—	165	26	116	2 077	113	2 790	173	389
百色	158	—	169	—	165	—	173	—	120	1 428	131	1 400	142	1 167	169	474
连城	159	—	171	—	163	0.2	170	—	148	598	160	504	156	730	162	768

（续表）

机场	货邮吞吐量								起降架次							
	排名	2009 年	排名	2010 年	排名	2011 年	排名	2012 年	排名	2009 年	排名	2010 年	排名	2011 年	排名	2012 年
甘孜	154	0.2	172	—	165	—	172	—	155	365	163	445	163	542	166	644
固原	159	—	172	—	165	—	175	—	167	—	172	—	151	940	64	14 226
黔江	159	—	172	—	165	—	148	49.734	167	—	172	—	160	614	145	1 498
日喀则	159	—	172	—	154	3.7	161	4.675	167	—	172	—	171	148	176	275
金昌	159	—	172	—	164	—	166	1.189	167	—	172	—	172	142	154	1 172
长海	159	—	172	—	165	—	179	—	167	—	172	—	165	450	175	333
张掖	159	—	172	—	165	—	165	1.191	167	—	172	—	175	70	165	664
阿尔山	159	—	172	—	165	—	154	29.003	167	—	172	—	176	16	152	1 252
巴彦淖尔	159	—	172	—	165	—	113	656.681	167	—	172	—	177	8	138	1 731
鞍山	159	—	172	—	165	—	176	—	167	—	172	—	178	6	177	238
台州	159	—	172	—	51	6 179.1	62	4 384.648	167	—	172	—	79	6 212	110	3 638
玉树	159	—	172	—	142	34.3	115	606.077	167	—	172	—	152	910	158	1 098
大庆	159	—		—	79	1 939.5	76	2 288.109	167	—	172	—	99	3 645	98	4 351
腾冲	159	—	172	—	95	981.2	107	884.871	167	—	172	—	86	5 258	86	6 694
佛山	159	—	172	—	72	2 200	68	2 840.217	167	—	172	—	149	1 016	147	1 335
鸡西	159	—	172	—	118	293	128	260.135	167	—	172	—	140	1 236	125	2 348
广元	159	—	172	—	125	176.3	131	184.655	167	—	172	—	147	1 066	151	1 258
唐山	159	—	172	—	94	1 004.8	106	905.746	167	—	172	—	119	2 537	135	1 809
二连浩特	159	—	172	—	150	7.1	141	74.8	167	—	172	—	134	1 466	137	1 780
伊春	159	—	172	—	146	13.3	149	42.667	167	—	172	—	154	842	156	1 164
阿里	159	—	172	—	147	11.7	146	52.178	167	—	172	—	169	214	174	362
博乐	159	—	172	—	160	1	155	28.834	167	—	172	—	162	560	160	931

资料来源：根据 2009—2012 民航机场生产统计公报相关数据整理。

十、物流业

表 C-25 社会物流总费用和社会物流总额

一、社会物流总费用					
项目	金额(万亿元)	与上年同比(%)	增幅与上年同比(%)	占社会物流总费用的比重为(%)	增幅与上年同比(%)
社会物流总费用	9.4	+11.4	-7.1	—	—
其中:运输费用	4.9	+10.7	—	52.5	-0.3
管理费用	1.2	+13.1	—	12.3	+0.1
保管费用	3.3	+11.8	—	35.2	+0.2
其中:利息费用		+13.3	—	—	—
二、社会物流总额					
项目	金额(万亿元)	与上年同比(%)	增幅与上年同比(%)	占社会物流总额的比重(%)	
社会物流总额	177.3	+9.8	-2.5	—	
其中: 一季度增长 上半年增长 前三季度增长		 +10.9 +10 +9.6			
其中: 工业品物流总额	162	+10	—	—	
进口货物物流总额	11.5	+7.8	—	—	
农产品物流总额		+4.5	—	—	
再生资源物流总额		+10.2	—	—	
单位与居民物品物流总额		+23.5	—	—	
三、物流业增加值					
项目	金额(万亿元)	与上年同比(%)	增幅与上年同比(%)	占 GDP 比重(%)	占服务业比重(%)
物流增加值	3.5	+9.1	—	6.8	15.3

资料来源:根据国家发展改革委、国家统计局、中国物流与采购联合会联合发布《2012 年全国物流运行情况通报》整理。

参 考 文 献

［1］ 国家统计局.中华人民共和国国民经济和社会发展统计公报(2000—2012).

［2］ 国家统计局.中国统计年鉴(2006—2012).

［3］ 国际货币基金组织.世界经济展望(2013).

［4］ 中国物流与采购联合会.2012 年中国物流业发展回顾与 2013 年展望.2013-02-07.

［5］ 国家发展改革委,国家统计局,中国物流与采购联合会.2012 年全国物流运行情况通报.2013-02-26.

［6］ 中国物资储运协会.2012 年仓储业发展回顾与 2013 年展望.http://search.10jqka.com.cn/snapshot/news/112f6c1fd046a7fb.html? qs = cl_news_ths&ts = 2.

［7］ 政府工作报告(2012 年).http://news.xinhuanet.com/politics/2012lh/2012-03/15/c_111660147.htm,2013-03-05.

［8］ 商务部.中国对外贸易形势报告(2012 年秋季).http://zhs.mofcom.gov.cn/aarticle/cbw/201210/20121008403601.html.

［9］ 关于国务院机构改革和职能转变方案的说明.http://www.gov.cn/2013lh/content_2350848.htm,2013-03-10.

［10］ 国家发展改革委,国家统计局,中国物流与采购联合会.全国物流运行情况通报(2008—2012).

［11］ 交通运输部.公路水路交通运输行业发展统计公报(2008—2012).

［12］ 中国民用航空局.全国机场生产统计公报(2008—2012).

［13］ 国家邮政局.邮政行业发展统计公报(2008—2012).

［14］ 国家邮政局.2012 年邮政行业运行情况.2013-01-16.

［15］ 中国港口协会集装箱分会.中国主要港口集装箱吞吐量快报(2008—2012).

［16］ 交通运输部.2012 年交通运输经济运行情况.http://www.moc.gov.cn/zhuzhan/zhengwugonggao/jiaotongbu/guihuatongji/201302/t20130204_1364588.html,2013-02-04.

［17］ 陈军君.京东成本费用率是多少.http://jjsb.cet.com.cn/articleContent2.aspx? articleID = 143807,2012-08-22.

［18］ 国家发展改革委.2012 年医药产业经济运行总结分析.http://www.sdpc.gov.cn/jjxsfx/t20130228_530240.htm,2013-02-28.

［19］ 国家发展改革委.2012 年全国重点企业物流统计调查.http://www.chinawuliu.com.cn/lhhkx/201212/07/200061.shtml,2012-12-07.

［20］ 商务部.2011 年度药品流通行业运行统计分析报告.http://www.gov.cn/gzdt/2012-

06/21/content_2166920.htm,2012-06-21.

[21] 铁道部.铁道统计公报(2008—2012).

[22] 中国民用航空局.民航行业发展统计公报(2008—2012).

[23] 中国物流与采购联合会,中国物流学会.第三次全国物流园区(基地)调查报告.http://www.chinawuliu.com.cn,2012-09-13.

[24] 刘军,王永刚.益丰医药物流园落户长沙高新区.常德日报,2012-10-18.

[25] 黄庭辉.苏宁中山物流基地开工建设.广州日报,2012-05-11.

[26] 甄燕红.苏宁电器兰州地区管理总部及物流中心入驻高新区七里河园区.兰州晚报,2012-07-28.

[27] 陈勇.华东医药下沙现代物流中心投入运行.杭州日报,2012-04-19.

[28] 王继祥.中国物流装备业发展现状与趋势.中国远洋航务,2013(3):46—47.

[29] 国家发展改革委办公厅.2012年第13、28、41、42号中国国家标准批准发布公告.

[30] 中国物流与采购联合会.物流标准化动态(3—12期).

[31] 浙江省统计局.浙江省国民经济和社会发展统计公报(2006—2012).

[32] 韩叙,黄平.浙江加大民营经济扶持力度.经济日报,2012-03-05.

[33] 郭占恒.浙江经济发展特点、问题和战略举措.观察与思考,2012(9):14—19.

[34] 浙江商品交易市场发展迅猛.http://www.china.com.cn,2012-10-10.

[35] 毛光烈.发展特色工业设计 推进块状经济转型升级.今日浙江,2011(20):10—11.

[36] 浙江省人民政府.浙江省"十二五"物流业发展规划.

[37] 浙江省统计局.浙江省统计年鉴(2012).

[38] 浙江省人民政府.浙江省公路水路民用机场交通运输发展"十二五"规划.2012-11-20.

[39] 数字义乌.http://www.yiwu.gov.cn.

[40] 楼前飞.义乌联托运发展和模式研究.中外企业家,2007(12):56—59.

[41] 福建省发改委.福建省"十二五"产业布局和重点区域产业发展研究.2010-07-06.

[42] 福建省统计局.福建省统计年鉴(2008—2012).

[43] 福建省统计局.福建省国民经济和社会发展统计公报(2006—2012).

[44] 国务院.福建省海洋经济发展规划.2012-09-25.

[45] 李向娟.福建省2012年台资企业新设户数首次超过港资企业.福建日报,2013-03-14.

[46] 福建省交通运输厅.2011年福建省公路水路交通运输行业发展统计公报.2012-06-20.

[47] 福建省交通运输厅.福建省交通运输"十二五"发展规划.2011-05-18.

[48] 厦门市财政局.利用财政政策推动厦门现代物流园区物流业健康快速发展.2009-12-03.

[49] 陕西省统计局.陕西省国民经济和社会发展统计公报(2006—2012).

[50] 王芳.陕西发展外向型经济的现状、问题与对策.理论导刊,2012(10).

[51] 陕西省统计局.陕西省县域经济十年发展报告.

[52] 陕西服务业发展情况分析. http://www.sei.gov.cn/ShowArticle.asp? ArticleID = 228790,2013-01-31.

[53] 陕西省统计局.陕西省统计年鉴(2006—2012).

[54] 香港特别行政区政府统计处.香港统计数字一览(2012— 2013).

[55] 香港特别行政区政府港口发展局.香港港口运输统计摘要(2013).

[56] 香港特别行政区政府统计处.服务业统计摘要(2012).

[57] 澳门特别行政区政府统计暨普查局.运输及通讯统计(2012).

[58] 澳门特别行政区政府统计暨普查局.运输、仓储及通讯业调查(2012).

[59] 台湾地区交通部门统计处.交通统计月报(2013年2月).

[60] 曹丽平,邵小华,傅师申.物流在纺织服装市场营销中的作用.纺织导报,2012(4):103—105.

[61] 梁建芳.服装物流与供应链管理.上海:东华大学出版社,2009.

[62] 艾瑞咨询集团.2011—2012年中国服装网购市场研究报告(2012年12月).

[63] 欧海光.服装产业向中西部转移,开辟一片新天地.中国纺织报,2012-07-02.

[64] 周少杰.中国服装行业去库存周期已近尾声.证券时报,2013-03-15.

[65] 毕康,张东亮.国内现代服装行业物流发展模式研究.沿海企业与科技,2005(9).

[66] 中国港口年鉴(2012).上海:中国港口杂志社,2012.

[67] 蔺雷,吴贵生.服务创新.北京:清华大学出版社,2007:85—86.

[68] 中国物流与采购联合会,中国物流学会.中国物流发展报告(2011—2012).北京:中国物资出版社,2012.

[69] 全国现代物流工作部际联席会议办公室.全国制造业与物流业联动发展案例精编.北京:中国物资出版社,2011.

[70] 上海市经济委员会.上海市六大支柱行业物流发展调查报告.2007-10.

[71] 何黎明:稳中求进、开拓创新,推动我国物流业持续健康发展——2012年我国物流业发展回顾与2013年展望. http://csl.chinawuliu.com.cn/html/19886525.html,2013-02-06.

[72] 国家工商行政管理总局.发挥工商职能作用 促进中小企业规范健康发展. http://www.saic.gov.cn/,2012.

[73] 中远物流"供应链金融彰显社会责任". http://news.xd56b.com:8086/2009.

[74] 物流金融方兴未艾. http://www.chinawuliu.com.cn/zixun/201205/25/182957.shtml/2012.

[75] 深圳发展银行、中欧国际工商学院"供应链金融"课题组.供应链金融——新经济下的新金融.上海:上海远东出版社,2009.

[76] 艾瑞咨询集团.中国网络购物行业年度监测报告(2010—2012).

[77] 《货运车辆》研究部,华夏物联网研究中心.中国电子商务与物流发展报告:2012.

[78] 中国电子商务研究中心.2012年度中国网络零售市场数据监测报告. http://www.100ec.cn/zt/upload_data/wenjian/2012wlls.pdf,2013-01-29.